劉君祖易經世界

身處變動的時代，易經教你掌握知機應變，隨時創新的能力。

易斷全書

理解《易經》斷卦的
實用寶典

Volume 2

劉君祖
著

The Comprehensive Book of I Ching Readings

目錄

15. 地山謙（䷎）

謙卦為全易第十五卦，在大有之後，豫卦之前。〈序卦傳〉稱：「有大者不可以盈，故受之以謙；有大而能謙必豫，故受之以豫；豫必有隨，故受之以隨。」大有資源豐富，不可驕侈揮霍，須謙和低調才能保有富強安樂，才能吸引眾人追隨。這個說法未免太淺，由大有至隨的時序變化非常精微，得深入理解才能了悟，〈序卦傳〉作者未必不知，限於篇幅只好從簡。

前文解大有卦時已述明，「大有」絕非「有大」，真正標榜的應是大家都有，而非一陰擁有眾陽，那樣反成壟斷了！〈序卦傳〉兩提「有大」，引人誤會，必須駁正。

「謙」字為「言之兼」，表示一切言論主張兼顧各方利益的平衡，絕不行壟斷欺壓之事。同人、大有所戮力建構的大同社會，「不患寡而患不均，不患貧而患不安」。人際問題妥善後，還要進一步處理好人與天地自然間的關係，不浮濫開發，不破壞生態，「滿招損，謙受益」，此即謙卦之道。謙之卦序第十五，亦有甚深意蘊。洛書九宮數縱、橫、斜三數相加皆為十五，顯示從任何角度看都一樣持平。

謙卦（䷎）上卦坤順為地，為民眾，下卦艮止為山，九三一陽剛健有實，卻止於地下服務群眾，任事不圖名利。豫卦（䷏）上卦震動，下卦坤順為地，為民眾，九四一陽強悍活躍，動於地上領袖群倫，叱咤風雲求表現。謙卦待人平和謙恭，彬彬有禮；豫卦熱烈奮發，積極行動，領導者往往顯現個人中心的生命情調。「豫」字左邊的「予」為我，即突顯自己為宇宙萬象的中心，由自我出發，去探討和周遭世界的關係，是否可預測而提早預備，以趨吉避凶，得享豫樂。

「豫」有伸張個人意志、積極備戰之意，「謙」則設身處地為他人著想，力圖和平共存。兩卦相綜一體，近乎同時並在，實有極深意涵，也大可巧妙運用。《六韜．發啟第十三》有云：「鷙鳥將擊，卑飛斂翼，猛獸將搏，弭耳俯伏，聖人將動，必有愚色。」猛禽猛獸將要撲擊獵物時，一定先擺出最低的姿態，使對方疏於防範，英雄豪傑出手前，也會裝愚鈍，好出其不意，攻其不備。「謙」的另一面為「豫」，表面低調平和，可能暗含殺機，卑飛俯伏的動作，正是預備攻擊的前兆；「豫」的另一面為「謙」，擺出作戰的姿態，其實目的是和解。這種和戰兩手策略，有些類似師、比二卦的交相運用，在人生各方面經常遇到，須懂得不為表相所惑，才能應對得宜。

〈雜卦傳〉稱：「謙輕，而豫怠也。」謙、豫相綜，這是互文見義的論斷。謙輕則豫重，豫怠則謙不怠，這是什麼意思呢？「輕」是將個人的名利權位看得輕，所以能謙和為人服務；「豫」則

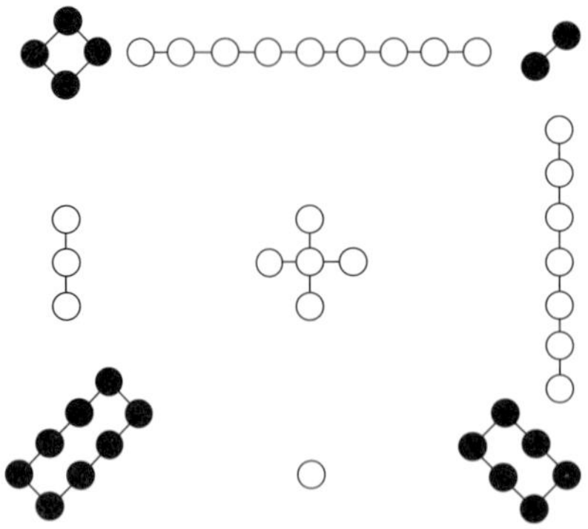

巽☴ 四	離☲ 九	坤☷ 二
震☳ 三	中 五	兌☱ 七
艮☶ 八	坎☵ 一	乾☰ 六

洛書九宮數

我執甚重，竭力突顯自己。「豫」的熱情領導如果成功則可，若未達成預期而失敗，激發起的士氣反而更見懈怠，這就是期望愈高，失望愈大。「謙」則不然，以平常心持續服務，成敗在所不計，反而可以力行不怠。

前些年有本美國出版的經營暢銷書，英文書名為「Good to Great」，台灣中文版譯為《從A到A⁺》，並以A及A⁺做區分，以探討基業長青的奧秘。該書將企業成敗繫於領導者，而領導風格劃分為五級：第四級優秀的領導，深具群眾魅力，本身才情出眾，善於提出輝煌的願景，以激勵人熱情參與。第五級卓越的領導，宅心仁厚但意志堅強，謙沖為懷而勇敢無畏，成功歸功他人，有過自己承擔。第四級領導似豫卦九四，最高的第五級領導似謙卦九三，往下卦爻深入分析後便可理會。三、四爻居卦中人位，為是非輻輳之處，謙、豫二卦唯一陽爻處人位，和比、師二卦處天地中心之位不同，承上啟下的人際互動關係，特別重要。

䷎

謙卦卦辭：

亨。君子有終。

謙卦為全《易》功德最圓滿的一卦，卦跟六爻全吉，幾乎沒有任何瑕疵。其他六十三卦，爻辭總是有吉有凶，連乾、坤兩卦都不例外：乾卦上九「亢龍有悔」，為窮之災；坤卦上六「龍戰于野，其血玄黃」。乾為天，坤為地，天地猶有所憾，為何謙卦獨能全吉？這在謙卦〈彖傳〉中會有說明。

人能謙和，萬事亨通，而且必得善終。「亨」為嘉之會，「嘉會足以合禮」，人間各種禮制的建立，就是為了促進交流並消弭爭端。〈繫辭下傳〉第七章排比憂患九卦，履（䷉）為第一，謙為第二：「謙，德之柄也……謙，尊而光……謙以制禮。」「柄」為入手處，人生修行執持謙德，方能進入真理大道之門，方可贏得各方尊重而現光明。「履以和行」是依禮而行，禮因何而制定呢？則源於謙。履、謙二卦相錯，相反相成，觸類旁通。

《詩・大雅・蕩》有云：「靡不有初，鮮克有終。」人生通常都會有光輝的一段，剛開始幹的時候很起勁，卻極少維持到最後，轟轟烈烈起手、羞羞慚慚結束的事蹟太多太多。謙卦之所以難能可貴，就在結果圓滿。《論語・子張篇》記子夏的感慨：「有始有卒者，其惟聖人乎？」能力行謙道者，可躋於聖人的境界。坤卦六三「無成有終」，需卦九二、上六「終吉」，訟卦六三「貞厲，終吉」，同人卦九五「先號咷而後笑」，都屬人生佳境，值得再三玩味。

〈彖〉曰：謙亨，天道下濟而光明，地道卑而上行。天道虧盈而益謙，地道變盈而流謙，鬼神害盈而福謙，人道惡盈而好謙。謙尊而光，卑而不可踰，君子之終也。

謙卦下卦艮，止欲修行有光明之象，艮卦〈彖傳〉稱：「艮，止也。時止則止，時行則行，動靜不失其時，其道光明。」九三一陽在下，博施濟眾，又為天道下濟之象。謙卦上卦坤為地為民眾，地位本卑微，卻高升在上接受福報供養。天道好還，已經盈滿的會變虧損，原本不足的會受增益，正如月亮每月的盈虧變化。大地風貌的變遷亦然，滄海桑田，高岸為谷，低谷為陵，河道滿了就會溢流至其他空窪處。冥冥不可見的鬼神，對資源太多且驕矜自滿者會危害懲罰，對資源不足但謙和待人者會福祐照顧。人情也是厭惡驕盈，而喜好謙恭。滿遭損，謙受益，真正是放諸四海而皆準，百世以俟聖人而不惑，質諸鬼神而無疑，宇宙間一切有形無形的力量都依循這個法則。因此，謙德之人一定蒙受尊重而光顯，雖謙卑處世，卻沒有人能真正超越他，謙謙君子必得善終。

謙為解決人事紛爭的美德，如大海下百川包容消化一切。《中庸》稱：「小德川流，大德敦化。」老子則論斷：「夫唯不爭，故天下莫能與之爭。」「卑而不可踰」，「尊而光」，謙卑反而造就了最後的尊高，謙德其實是最有競爭力的。乾坤二卦只談天地，有「亢龍之悔」與「龍戰之災」，謙卦全面照應天地人鬼神，故而圓善有終。

〈文言傳〉藉乾卦九五暢發大人之義：「大人者與天地合其德，與日月合其明，與四時合其序，與鬼神合其吉凶。先天而天弗違，後天而奉天時，天且弗違，而況于人乎？況于鬼神乎？」大人為知《易》行《易》的最高境界，所作所為與天地人鬼神皆能相合。據此，謙德還不僅僅是聖人的修為，已經躋於大人的極境矣！

《韓詩外傳・卷三》記述，周公曾告誡其子伯禽曰：「《易》有一道，大足以守天下，中足以守其國家，小足以守其身，謙之謂也。」謙和受益，自古即為共識。

〈象〉曰：地中有山，謙。君子以裒多益寡，稱物平施。

謙卦上卦坤為地，下卦艮為山，山本來高於地面，而今卻藏於地中，有謙抑之象。「裒」字為引聚，「裒多益寡」，指多方引聚資源以擴大生產，創造財富；「稱物平施」，則是視對象不同而均勻合理地分配，以弭平紛爭。經濟學的基本原則就是生產和分配，謙卦這八字就是一部經濟學，做到了，即成就富而好禮的美好社會。由於謙卦涵蓋天地人鬼神所有層面，發展經濟的同時，兼顧到自然生態與歷史文化的保全與均衡，為永續發展的極好範例，值得現代人深思取法。

過去一些錯誤的解釋，將「裒」字說成是減少，減多益寡以追求公平正義，齊頭點的形式平等只會造成怠惰，社會總財富不易增加。聚多則將餅先做大，水漲船高自然益寡，整體致富後，再求合理分配，考慮貧富與個人不同的條件，加權平均，才是立足點的真正平等。中國大陸改革開放三十餘年的成功經驗，脫貧致富，欣欣向榮，即為創造和諧社會的極佳例證。

占例

●二〇〇九年十月中，我在講述易理與佛學的課程中屢有新悟，跟學生討論一些人生終極關懷的問題，也意趣橫生。有次談到基督教，占問：上帝是什麼？得出不變的謙卦。全《易》最好的卦，天地人鬼神皆獲福祐，亨通且圓善有終。前大有上九占例，問宇宙有無造物主、人格神存在，易占答以「自天祐之，吉无不利」，與此例合參，深富啟發性。大有上九下接謙卦，由人際和平更擴充至人與天地鬼神的全面諧衡，自中即蘊含有天，小宇宙就是大宇宙的具體而微的呈現，上帝、道、佛性、乾元，就在人的心性中啊！

●二〇〇四年九月下旬，我已在用心探索易理與佛法間的關係。《楞嚴經》上說末法時期群魔亂舞，且現佛相以迷惑眾生，很難辨識。針對這種魔強法弱、佛皮魔骨的現象，修行人當如何辨識？易占答以不變的謙卦，又是精采已極，準確到位。謙德至高，天人同欽，鬼神敬服，識魔降魔絕對沒有問題，必然亨通有終。

●二〇〇九年十一月下旬，我占問自己的佛學造詣如何？得出不變的謙卦。一則表示佛學全面探究天地人鬼神的互動關係，而我已進入狀況；二則也指繼續謙虛學習，假以時日，可圓善有終。

●一九九三年九月下旬，我在那家出版公司負責實際經營，勵精圖治下績效卓著，但股權之爭的陰影始終揮之不去，遲早會生後患。當時占問：再多方努力一年，可不可能真正主導公司？得出比卦六四爻動，已如前述，外比從上，為受制於人的宿命，沒有任何奇蹟。於是續問我應如何處置？得出不變的謙卦。只能低調謙和，儘量兼顧各方勢力與利益的均衡，才能「君子有終」。

●二〇一〇年十一月二十七日，當天為台灣五都市長大選日，傍晚開票，我一邊看電視報導，一邊占問選舉結果。其中台中市長部分，國民黨的胡志強為不變的謙卦，民進黨前來挑戰的蘇嘉全為遯卦三、四、五爻動，九五值宜變成旅卦，貞悔相爭為剝卦。兩下比較，蘇遇遯之剝，又有旅卦失位之象，胡謙亨君子有終，勝負應該很明顯。結果揭曉：胡以得票率不到百分之三的領先險勝，守住了大台中地區的執政權。

●二〇〇一年十月下旬，台灣即將進行縣市長改選，人口最多的台北縣為兩黨必爭之地。我問綠營蘇貞昌的勝算，為不變的謙卦；藍營的王建煊為頤卦下三爻全動，六二值宜變成損卦，貞悔相爭為蠱卦。頤卦下三爻全凶，損卦受挫吃虧，蠱卦為敗壞之意，謙卦「亨通有終」，蘇勝王負很明確。結果揭曉：蘇貞昌僅以五萬多票的領先險勝。

●二〇〇八年七月下旬，我針對二十世紀一些重要的軍政領導人，占算其人其業的歷史地位。美國總統杜魯門為不變的謙卦，相當切合。二戰末期，羅斯福總統去世，雄才大略的英明領袖撒手人寰，似乎平易無奇的副總統繼任，雖無赫赫之功，卻謙和待眾，竭力維持世界和平而獲善終。

●二〇一〇年十一月上旬，美國聯準會宣布將推行第二輪量化寬鬆措施（QE2），以購買公債的方式，增加六千億美元供應量，刺激景氣復甦，改善居高不下的失業率。這種靠印鈔票以振興國內經濟、卻極可能以鄰為壑的做法，實在令人反感。當時我占了一系列的卦，問世界各國家或地區可能受的影響，首先是概略來說，對全球的經濟如何？得出不變的謙卦。看來還好，亨通君子有終，〈大象傳〉稱「裒多益寡，稱物平施」，尤其傳神。聚多益寡，水漲船高不成問題，難的是稱物平施，料想其他各國也會全力自保，不可能任其為所欲為。

●二〇一一年三月初，我受邀赴基隆海洋大學演講，主題是「以易經看台灣海洋的未來」。針對未來十年台海形勢的變化、各國實力的消長都有推估，大致來說，中國大陸突飛猛進，美、日、台均陷消退。那麼為台灣計，最好的海洋戰略為何？得出不變的謙卦，兼顧各方勢力及利益的均衡，謙和共存，顯然是唯一的結論。

●二〇一一年五月下旬，我與兩位師兄赴鄂、湘一行，距前次隨父母返鄉又快十年，住在長沙嶽麓書院當晚，我占問此生與湖南一地的緣分？得出不變的謙卦。祖籍地無有不好，「謙亨，君子有終」，將來若有服務桑梓之處，亦當用心盡力。

●二〇〇六年七月上旬，我給學生講三十六計與《易經》的關係，「借刀殺人」為不變的謙卦。謙、豫二卦相綜，一體兩面，豫卦建侯行師，謙卦貌似平和，借力使力，用涉大川。「夫唯不爭，故天下莫能與之爭。」

初六：謙謙君子，用涉大川，吉。

〈小象傳〉曰：謙謙君子，卑以自牧也。

初六居謙之初，又在全卦最基層的位置，有謙而又謙的低調之象，順勢用柔，度過一切重大險難而獲吉。「自牧」即修養自己，謙卑恭謹，與人無爭。〈彖傳〉稱「卑而不可踰」，最後沒有任何人能超越，真是不爭之爭啊！本爻爻變，為明夷卦（䷣），利艱貞，用晦而明，涵容忍耐的功夫一流。

「用涉大川」和「利涉大川」不同。前述需卦、同人卦卦辭稱「利涉大川」，訟卦稱「不利涉大川」，往後還有許多卦爻亦復如是，唯獨謙卦初六稱「用涉大川」。「利」與「用」不同，「利」字以刀取禾，本身有實力有利器，是用剛、用自有資源；「用」字似網罟，憑藉人際網絡調度他人資源，為借力使力，順勢用柔。謙初卑恭已甚，與人無爭，各方受益而度過險難，故稱「用涉大川」。《老子》第四十章稱：「反者道之動，弱者道之用。」第十一章直稱：「有之以為利，無之以為用。」將利與用的區別講的很清楚。

占例

●二〇〇七年中，我的一位女學生上課中休時問占。她的夫婿任職外商金融界高層，公司想外派他去英國幾年，家庭因素頗費躊躇，自占得謙卦初六爻動，爻變有明夷卦之象。遠赴重洋，須謙和低調處理好各方關係，以「用涉大川」。公私若難兩顧，則會相當辛苦。當然，理論上謙卦沒有壞爻，去亦未嘗不可。後來他們還是放棄了出國的機會，工作上不差，長久糾葛兩代的家庭因素仍舊造成二人離婚，看來明夷之象事出有因。

六二：鳴謙，貞吉。

〈小象傳〉曰：鳴謙貞吉，中心得也。

六二中正，上承九三謙卦主爻，陰承陽柔承剛，衷心信服其偉大的理念及實踐，而起共鳴，進而為之宣揚推廣，讓天下更多人分享。這樣依正道幹事，必可己立立人、己達達人而獲吉。本爻變，為升卦（䷭），表示大力推廣的結果，使九三的志業青雲直上，成就非凡。一般所謂的護法或功德主，即六二所扮演的角色。

占例

● 二〇一〇年元月中旬，我給學生講授《金剛經》，至〈離相寂滅分第十四〉，佛祖跟須菩提說忍辱波羅蜜，前生為歌利王割截身體，節節肢解時，不生嗔恨。我問何以故？占得謙卦六二爻動，爻變有升卦之象。面對天地人鬼神，中心謙恭和柔，以待一切橫逆之境，遂得升入修行的更高果位。「無我相，無人相，無眾生相，無壽者相，無一切諸相」，故成諸佛。

● 一九九八年十二月初，我受邀參加某易學團體的座談，主題是「台灣當代命理活動的理念與策略」。當然，將易學視為「命理」，是謬誤和器識不足，藉此機會正好駁正，也配合談了談命理活動發展的情形。當時還占了兩卦：命理活動的理念為遇鼎之坤，策略為謙卦六二動，有升卦之象。鼎卦（䷱）〈大象傳〉稱：「君子以正位凝命。」坤為眾，也是順勢之意。命理活動應教導廣土眾民正確認識自己，依理順勢，好好修行以落實天命。謙卦謙和服務人群，面對天地人鬼神的綜合效應，推廣引人共鳴，以提升命理指導的績效。謙卦為眾而非為己，若自私自利，以術自炫，甚而招搖撞騙，圖財謀色，必然不得善終。

䷎

九三：勞謙，君子有終，吉。

〈小象傳〉曰：勞謙君子，萬民服也。

九三陽居陽位當位，為下卦艮山之頂，止欲修行已至登峰造極之境，正為全卦謙德精神之表率。勞心勞力為群眾服務，對社會有大貢獻卻不居功，這樣的有德君子必得善終，天下萬民心服口服。本爻爻變，為坤卦（䷁），正是廣土眾民、厚德載物之象。九三爻辭與謙卦卦辭近乎全同，為全卦之主。

〈繫辭上傳〉第八章引用此爻爻辭，稱：「子曰：『勞而不伐，有功而不德，厚之至也，語以其功下人者也。德言盛，禮言恭，謙也者，致恭以存其位者也。』」「伐」是誇耀自大，有功勞而不誇耀，不自以為有德，厚德載物到了極點，不爭名不爭利，甘居人下持續服務。德業盛大，待人謙恭，這樣的人必為眾人所欽服，不在其位，功德永遠長存人心。「存」與「在」不同，左上同一部首，為「才」之意，亦即資源。「在」為「土之才」，是重視當下這塊土地的資源，「存」為

「子之才」，則進一步考慮到給後代子孫留下些什麼東西。謙德影響深遠，「存其位」，而不止是在其位。

《論語‧公冶長篇》記孔子與弟子言志，顏淵說：「願無伐善，無施勞。」伐、施皆為誇耀之意，勞謙行善，絕不驕矜自誇，難怪為孔子所激賞。

謙卦九三處六二、六四之間，為坎水流動之象。〈說卦傳〉稱：「坎者水也……勞卦也，萬物之所歸也，故曰勞乎坎。」爻辭稱「勞謙」正相宜。《老子》第八章稱：「上善若水，水善利萬物而不爭，處眾人之所惡，故幾於道。」三十二章稱：「譬道之在天下，猶川谷之於江海。」六十六章則稱：「江海所以能為百谷王者，以其善下之，故能為百谷王……是以聖人處上而民不重……是以天下樂推而不厭，以其不爭，故天下莫能與之爭。」勞謙若水，卑恭服務，利萬物而不爭，獲萬民歸心。聖人處上而民不重，正是〈雜卦傳〉所稱「謙輕」之意，不給民眾帶來壓力，領導得自然而然。

占例

● 一九九三年三月下旬，我妻懷孕即將生產，由於胎位不很正，超音波檢驗又是男孩，我有些擔心能否順產。問占的結果為謙卦九三爻動，「勞謙，君子有終，吉」。爻動有坤卦之象，坤「順也」，坤為母，一定順利生產，母子均安。謙卦外坤為母為腹，內卦艮為少男，亦與胎兒性別相同。四月八日麟兒降生，果然康泰無事。

● 二〇〇三年六月上旬，時當SARS肆虐期，我占問台灣資訊產業未來三至五年的策運，得出謙卦九三爻動，有坤卦之象。「勞謙，君子有終，吉」，業績是會不錯，但還是賺的辛苦錢，畢竟全球代工生產的利潤太低，殺價競爭已至微利的地步。坤卦廣土眾民，為吃苦耐勞之象，大勢如此，不得不然。占算時，正與大一同窗李焜耀會晤過不久，他想在短期內自創品牌成功，只怕大大不易。

●二〇一〇年六月下旬，我和幾位學生會面，他們都精通資訊電腦的操作，其中一位曾成功研發出「大衍之術」的程式，試驗很久都相當準確，但仍偶有不穩定的現象。為圖盡善盡美，討論有無改進空間，他提出故障時自動切換成手占模式的設計，但既然如此，何不直接手占？果然，仍用傳統親手操作的方法為謙卦九三動，「勞謙，君子有終，吉」。就是辛苦多花些時間，但比較準確且穩定，更均衡反映出天地人鬼神全方位的作用及影響。

●二〇一〇年二月底，我的《四書的第一堂課》書稿快殺青，針對仲尼弟子及後世幾位大儒，有占其修為境界，順便也問了我的老師愛新覺羅毓鋆，結果為謙卦九三爻動，有坤卦之象。「勞謙君子，萬民服也」，真是說得精切！毓老師已於二〇一一年三月二十日仙逝，享壽一百零六歲，在台講經一甲子，育才無數，贏得學生無上的尊重與懷念，完全是「勞而不伐、有功而不德，厚之至」的典範。

六四：无不利，撝謙。

〈小象傳〉曰：无不利撝謙，不違則也。

六四陰居陰位為正，進入外卦坤廣土眾民之境，順九三「勞謙」有成之勢，繼續大力推廣發揮，使域外更多的人受福。「撝」同發揮的「揮」，九三「勞謙」，已打下穩固的基礎，確立謙和服務的正道規範，六四發揚光大時，不可違反其基本原則。「无不利」申明在前，表示經過內卦三爻的努力後，形勢已一片大好，依循去做即可，不必另搞一套。本爻爻變，為小過卦（䷽），謹小慎微，依原則發揮時，勿偏離原始精神而致過與不及。

〈文言傳〉論及乾卦時有稱：「大哉乾乎！剛健中正純粹精也，六爻發揮旁通情也。」乾卦所昭示的天道，需透過不同時位的發揮，觸類旁通，以顯現其真實情狀。〈繫辭上傳〉第九章論筮法亦稱：「引而伸之，觸類而長之，天下之能事畢矣！」基本規則確立後，引申發揮，觸類旁通，可將天下事都悟通做通。六爻全變的錯卦也稱旁通卦，變動再劇烈，也能找出規律，解決錯綜複雜的問題。

「不違則」的「則」，即天道自然的規律，乾卦〈文言傳〉稱：「乾元用九，乃見天則。」群龍无首天下治，雲行雨施天下平，勞謙不伐萬民服，都體現大公無私的自然法則。同人卦九四私心用事，據勢爭奪，〈小象傳〉勸其放棄，稱：「困而反則也。」「則」字為用刀在貝殼上刻劃，是人人都應遵守奉行的金科玉律啊！

占例

●二〇〇三年六月底，我在工商建研會上課，時值台灣大選前一年，大家關心選情，有學生問陳水扁會不會在選前被刺殺？我當場占出謙卦六四爻動，有小過卦之象。當時不甚了了。隔年三一九槍擊案發生，徹底逆轉了選情，我才恍然大悟，「撝謙」原來是苦肉計！擺出「勞謙」的低姿態，以爭取民眾的同情，藉此發揮而獲利。小過卦辭稱：「不宜上，宜下，大吉。」〈大象傳〉亦稱：「行過乎恭，喪過乎哀，用過乎儉。」謙恭的悲情演出，只花兩顆子彈極少的成本，就以一萬多票的差距險勝。易象提前探測的靈敏精微，令人嘆為觀止。

●二〇〇四年三月底，三一九事件後，陳水扁連任，連戰提告選舉及當選無效，台局敏感而動盪。我問往後還會不會有戲劇性的轉折變化？先後占測大陸及美國的動向，會出手表態或干預嗎？結果都得出不變的小過卦。「可小事，不可大事，不宜上，宜下」，肯定不會有大動作，陳水扁應能低空閃過無虞。後事果然如此，妙的是前一年的「撝謙」之占，爻變即小過，似乎也預料到了這樣的形勢。

●二〇一〇年三月上旬，建研會易經班下課後晚宴，有學生關心年底台北市長選情，我以手機當場快占：郝龍斌為謙卦六四爻動，有小過之象；蘇貞昌為中孚卦初、上爻動，上爻恰值宜變，成節卦，雙爻變又有坎卦之象。中孚為誠信孚眾望，上九卻是唱高調失信之象，爻辭言「貞凶」，〈小象傳〉稱「何可長也」，看來蘇情勢不妙。謙卦六四「无不利，撝謙」，應屬吉占，爻變小過，會以不大差距勝選，後來果然應驗。

六五：不富以其鄰。利用侵伐，无不利。

〈小象傳〉曰：利用侵伐，征不服也。

六五居謙卦君位，有維持全卦和平秩序的責任，謙德之所以能亨通有終，就在擴大生產且公平分配，如〈大象傳〉所言。九三「勞謙」，創造了社會的公共財，可視為內卦的擴大生產，再經六四「撝謙」，更增其富，六五統領全局，需注意均衡分配了。「不富以其鄰」，正是分配出了問題，有人陰虛不富，以鄰為壑，將相當負面的情勢轉移波及周邊近鄰。這時領導當局須毫不猶豫強勢介入，將影響公平秩序的禍源遏止或制裁，這就是「利用侵伐」。由於侵伐是為了整體的安危，不是為個人私利，大家也都接受，故稱「无不利」。九三「勞謙，而不伐」，萬民敬服，六五「利用侵伐」，「征不服」亦無傷。按爻序由內而外、由下而上的發展歷程看，先有「勞謙」的基礎，令人信服，再出手「侵伐」，得獲認同，也是非常合理。

謙卦六爻爻辭多有「謙」字，唯獨六五不言「謙」，這是《易》卦特有的不言之象，值得習《易》者深思。我們在前面已經闡析過蒙卦六三不言「蒙」、需卦上六不言「需」、師卦上六不言「師」、同人九三、九四不言「同人」的道理。〈繫辭上傳〉第十二章記述孔子的話：「書不盡言，言不盡意。然則聖人之意，其不可見乎？」《易》辭精簡扼要，往往還有言外之意，得善自體會，了悟會更深更透。《論語・衛靈公篇》記子曰：「當仁，不讓於師。」謙卦主張謙讓不爭，六五君位卻不讓，因為大仁不仁，「寧可一家哭，不可一路哭」，剷除害群之馬後，天下可安矣！大有卦倡導世界大同，〈大象傳〉不是照樣講「遏惡揚善」麼？遏惡正為了揚善，除暴以期安良啊！

謙卦不僅僅考量人際國際的和平，連人與天地自然的互動也敬慎以待。舉例來說，地球生態變化的影響是跨國界的，若有國家濫墾濫伐熱帶雨林，造成環境的嚴重破壞，聯合國就可以干涉禁止；臭氧層的破洞以致全球暖化，必須訂定國際公約節能減碳，亦復如是。其他例如傳染病疫流行、金融風暴肆虐等都是。除了自然環境外，重要的人類文明遺產亦應尊重保護，不容任何個人團體或國家肆意破壞，這才合乎天地人鬼神都福祐謙德的精神。六五「利用侵伐」，正是所謂替天行道啊！

「不富以其鄰」亦見於泰卦六四爻辭，正是由盛轉衰的徵兆，若掉以輕心不防備，將產生連鎖反應般的災難，一路崩跌至上六「城復于隍」的滅亡情境。泰與謙的上卦皆為坤，一旦出現危機，順勢發展的結果必至傾覆，所以得及早處置。小畜卦九五爻辭稱：「有孚攣如，富以其鄰。」好事壞事都會由近及遠傳播，人生在世，得特別注意鄰近周邊的關係。

「侵」與「伐」不同，「侵」較淺，警告意味濃厚，「伐」則大張旗鼓深入痛擊。「利用侵伐」，「侵」若收效，則適可而止，不然則繼之以「伐」，這也是國際行事的規範。《周禮‧夏官》稱大司馬以「九伐之法」正邦國：「馮弱犯寡則眚之，賊賢害民則伐之，暴內陵外則壇之，野荒民散則削之，負固不服則侵之，賊殺其親則正之，放弒其君則殘之，犯令陵政則杜之，外內亂鳥獸行則滅之。」眚、伐、侵、正、滅等字都見於《易》卦爻辭，各有其涵義及適用情境。

謙卦六五爻變，為蹇卦（䷦），大家遭遇困難時，須同舟共濟。〈繫辭下傳〉第九章稱：「三與五，同功而異位。」「勞謙」與主持公平正義的「侵伐」並行不悖，分工合作，以保障天地人鬼神間的安寧。

占例

● 一九九九年元旦，我作年度之計，問當年「謀道」的策運，得出謙卦六五爻動，有蹇卦之象。低調謙和已久，看來會有轉守為攻的反擊之勢。當年那家出版公司營運每況日下，內外糾紛不斷，且被媒體公然報導，等於名存實亡；老友基金會的授易課程，因其經營失利也陷危機；我老師那兒的弘道志業未見開展，似乎一切又到了個新的轉關期。果然，冥冥中皆有安排，當年最後一季，《中國時報》文化廣場開張，我的易經課招生爆滿，同時開了三個大班，每班近百人。當時跟老學生笑談授《易》進入量產時代，確實從此也帶動許多新的機緣萌生。

上六：鳴謙。利用行師，征邑國。

〈小象傳〉曰：鳴謙，志未得也；可用行師，征邑國也。

上六居謙卦之終，將轉豫卦的戰備狀態。豫卦辭稱：「利建侯行師。」故而六五、上六皆有行師侵伐之象。隨著謙卦的爻位愈高，愈難維持原先謙和低調的態度，恐怕也是人之常情，勢弱時倡導和平，強大後難免驕矜。上六和平已至最後關頭，仍不輕易動武，先號召呼籲和平解決紛爭，國際上所謂的「哀地美敦書」，最後通牒即是「鳴謙」。上六與九三「勞謙」相應與，對其理念有共鳴認同，時移勢轉仍想儘量維繫，故而先打招呼。這與六二上承九三的「鳴謙」不同，彼時爻位猶低，內卦情勢較單純，而今六五侵伐在前，已創先例，外卦或高層的情勢複雜的多，謙和不易啊！

「志未得」，是說「鳴謙」未獲善意回應，和平之志難以實現。既然仁至義盡，遂利用為藉口出兵攻打，雖非美事，國際輿論也能接受。六五「利用侵伐」，屬國際戰爭，必須大公無私合乎整體利益；上六「利用行師，征邑國」，則為國內戰爭，據城邑為國，等同造反叛亂，關門打孩子屬內政，域外列強都不便干預。本爻爻變為艮卦（☶），障礙如山，和諧互動困難，其〈彖傳〉稱：「艮其止，止其所也。上下敵應，不相與也。」彼此敵意對峙，不願和解，只有訴諸武力解決。

以身體易練功觀點來看，謙卦下盤艮卦，不動如山，上身坤卦，柔和順勢，如風擺楊柳，是極高修為的表現。正因下盤立樁甚穩，所以上身順勢，可隨心所欲出拳攻擊，這也是兵法立於不敗之地，「先為不可勝、以待敵之可勝」的道理。謙卦六爻全變為履卦（☰），履六三胯部未鬆柔，遂有「履虎尾」遭虎噬之凶。由履勤練至謙，顯然氣脈已開，功力大進。

占例

● 二〇〇四年八月底，台局陷入三一九兩顆子彈的選舉爭議中，形勢窒悶不開，兩岸關係與台美關係都相當詭譎難料，我也作了一系列的大局占測。其中大陸未來十年的國勢發展為謙卦上六爻動，有艮卦之象。隨著國勢愈強，號召和平統一的力度會加大，而且絕對不容許外國勢力介入，謙極轉豫，可能的情勢變化值得大家關注。而今美國強勢重返亞太地區，侵門踏戶，造成中國海疆不靖，也與占象相合。

● 二〇〇八年十月底，我應學生溫泰鈞之邀赴宴，順便替他看看諸般事業的經營狀況。他的父親溫世仁是鼎鼎大名的俠商，對兩岸的經貿與文化交流都很有貢獻，不幸於二〇〇三年底中風病逝。世仁先生最膾炙人口的義行，是在甘肅黃羊川的窮鄉僻壤推動的資訊教育，以及進而擴充的千鄉萬才計畫。然而時移勢轉，他過世後，這項志業是否繼續亦成難題，至少黃羊川的部分，應可改弦更張了！如何作後續處理呢？得出謙卦上六爻動，有艮卦之象。艮為止，〈彖傳〉稱：「時止則止，時行則行，動靜不失其時，其道光明。」此一時彼一時，人生行事不必膠柱鼓瑟，完全可以與時俱進，不必拘執。謙和服務已至極，往後要整頓內部，轉型發展了！

多爻變占例之探討

有關謙卦六爻單變的解析已畢，下面進入更錯綜複雜的多爻變的占例探討。

二爻變占例

占事遇卦中二爻動，若其中一爻恰值宜變之位，該爻為主要變數，以其爻辭為主論斷，另一爻辭為輔參考。兩爻齊變所成之卦象亦可權衡考量，一般還是以本卦卦象為主。

●二〇一〇年九月中，我應邀赴德國慕尼黑授《易》，跟外國人講《易經》真是難得的經驗，還好翻譯極強，幾天課算是功德圓滿。然後主辦單位招待市區遊覽，參觀了不少很有內涵的大教堂。我有天坐在長板凳上，仰觀氣勢雄偉的廳堂，以手機占問：西方文明中教堂的功能為何？雖有些明知故問，易占給的答案還是很精采，得出謙卦三、五爻動，六五值宜變成蹇卦，兩爻齊變又有比卦（䷇）之象。謙德通天地人鬼神，九三「勞謙」為世人服務，贏得萬民敬服；六五獎善懲惡，主持公理正義，以救贖蹇難中受苦的人心。比卦提供有力的依靠，維繫世間穩定的秩序，遇謙之比，教堂之用大矣哉！

●二〇一一年六月上旬，我們策劃在兒子考完大學指考後家庭旅遊，選定希臘十日觀光。雖報名旅遊團甚早，名額尚不足成行，當時占問能順利成行否？得出謙卦三、五爻動，六五值宜變成蹇卦，齊變則有比卦之象。「勞謙，君子有終，吉」，「利用侵伐，无不利」，等候過程雖有些辛苦，最後比卦相偕出遊絕沒問題。謙德通天地人鬼神，希臘為西方文明的重要發源地，可觀覽之處甚多，大家放鬆心情遊覽，肯定身心受益。行程未定前，還同時報德國及捷克之旅的另一團，結果該團終未成行，我們一家四口還是去了希臘。八月二十四日出發，飽覽山海秀色及神殿、博物館的人文蘊藏。九月初家人隨團返台，我則由雅典直飛慕尼黑，接連十天給德國人講《易經》，三週在外旅行，寓教於樂，也寓樂於教，倒是不覺得辛苦。

●二〇〇六年二月下旬，我正在寫《詳解易經繫辭傳》的書，為求深入義理，針對〈繫〉傳每一章，都作了占測。下傳第九章的主旨為謙卦二、四爻動，齊變有恒卦（䷟）之象。前占例謙三、五爻動，本占例二、四爻動，都是「同功而異位」的關係，由不同的時位提供謙德的服務。〈繫〉下傳第九章全面探討易卦六爻的性質，並深刻闡析其間奧妙的分工關係，「同功而異位」恰恰即為本章所提出。「《易》之為書也，原始要終，以為質也。」「謙。亨，君子有終。」重視整體的平衡互動，才容易得到最好的結果。「若夫雜物撰德，辨是與非，則非其中爻不備。」謙為言之兼，各方面兼顧考慮，才能把是非利害看得周全完備。中爻指二至五的中間四爻，本占六二「鳴謙」、六四「撝謙」，內外先後協助九三「勞謙」，而有發揚光大之功，皆為中爻之效。恒卦為持之以恒的真理追求，〈大象傳〉稱：「君子以立不易方。」〈繫〉下傳此章講出了永恒的真理，值得好好品讀。

●一九九三年九月初，我在台北新店地區積極物色新居，看上了目前住的房子，經談判殺價後，占問若買下如何？得出謙卦初、二爻動，初六值宜變成明夷卦，兩爻齊變，又有泰卦（䷊）之象。

謙卦初六「卑以自牧」，「用涉大川，吉」，雖有初期明夷卦「利艱貞」的辛苦，熬過後「鳴謙貞吉，中心得」，應可致泰。於是下訂簽約，完工住進來十多年，除了九二一地震有些慌亂外，一切康安。

● 二〇一〇年十二月中旬，以易理印證佛經的課講多了，言談中不免涉及前世今生的話題。我純為好玩，占問自己上一世的角色為何？得出謙卦三、上爻動，齊變有剝卦（䷖）之象。先「勞謙」服務人群，後「鳴謙、行師、征邑國」，遂有剝卦刀兵之象，究竟是什麼志向未得實現呢？地山謙與山地剝為上下交易之卦，原本藏於地中的山冒出地面，反遭風化剝蝕之害？謙卑而不可踰，真人不露相；剝徒有其表，露相非真人？

● 二〇一一年元月上旬，仿佛教「一大事因緣」的說法，問我為何此生出現於世？得出謙卦九三爻動，有坤卦之象。入世為廣土眾民勞謙服務，不再「鳴謙行師」，真是乘願再來補修學分，以期功德圓滿？謙德通天地人鬼神，若當真如此，倒是得珍重此生好好修行，莫再虛度或空留遺憾！

● 二〇〇三年八月上旬，七夕剛過，我心有所感。自一九九四年中退出職場經營，已近十年，當時自勵奮發，期許第二春「十年乃字」，可有一定成果？結果占出謙卦二、上爻動，齊變有蠱卦（䷑）之象。「蠱」為任事以繼往開來，〈彖傳〉稱：「終則有始，天行也。」〈大象傳〉則期勉：「君子以振民育德。」專業講經十多年，「遇謙之蠱」，應該功不唐捐。謙卦六二、上六皆「鳴謙」，先「中心得」，後「志未得」，頗似蒙卦九二、上九的先「包蒙」後「擊蒙」。教育志業豈能盡如人意？但求無愧我心！

●一九九七年十一月下旬，我占問一劃開天地的伏羲氏是否確有其人？得出謙卦初、三爻動，有復卦（䷗）之象。謙為「言之兼」，立言兼攝天下事，包羅萬象，鉅細靡遺；復為生生不息的核心創造力，一元復始，萬象更新。「遇謙之復」，不正是易學思想的開闢鴻濛嗎？謙初六謙沖自牧，九三勞謙有終，萬民服，都合乎古代傳說中人祖羲皇的形象。謙、復又為憂患九卦之二，〈繫辭下傳〉第七章稱：「作《易》者，其有憂患乎？」謙為「德之柄」，復為「德之本」；「謙以制禮，復以自知」。伏羲為上古人民制定許多規範，神智天啟，不由人授，仰觀俯察，而作八卦，遂成開闢華夏文明之功。

●二〇〇九年十一月中旬，我們學會在台北縣烏來鄉台電訓練中心辦秋季研習營，主題為「利用安身以崇德：《易經》與養生」。我在會上發表論文：〈由頤觀復，養生有主——大易養生術初探〉。文末有占中醫治療的特色，得出謙卦初、三爻動，有復卦之象。謙卦和平不爭，兼顧節氣等自然環境與人類身心的動態均衡，圓善有終；復卦「出入無疾」，使病患徹底康復。「遇謙之復」，中醫有其高超的智慧。

●一九九七年四月下旬，我讀《易》至履卦上九，爻辭稱：「視履考祥，其旋元吉。」想徹底搞懂其涵義，針對「旋」字占問究為何意？結果得出謙卦四、五爻動，齊變有咸卦（䷞）之象。《孟子・盡心篇》稱：「動容周旋中禮者，盛德之至也。」履以行禮，謙以制禮，六四「撝謙」不違禮法，六五「侵伐，无不利」，有理有節，周旋無礙。雖似強勢應對，仍為平衡大局著想。咸卦〈彖傳〉稱：「聖人感人心而天下和平。」遇謙之咸，維持和平的初衷始終一貫。履、謙二卦相錯，以謙釋履，易理觸類旁通，迴環互證，精采極了！

●二〇一四年七月底，毓師骨灰安置於長白山天池，魂歸故土安否？我誠心占得謙卦四、五爻動，齊變有咸卦之象。謙亨，「君子有終」。咸卦「山上有澤」，正是天池之象，天光雲影共徘徊。遇謙之咸，老師安矣！

●二〇〇九年七月初，我們學會有架構英文網站的想法，易學資料的英譯很不簡單，在人才的儲備揀選上得用心。其中一位留法的學生程度不錯，除了試譯外也慎重占了卦，得出謙卦二、三爻動，有師卦之象。謙九三「勞謙」的成果，經六二「鳴謙」的認同與文宣，足以行師略地，達到推廣效果，後勢發展的確如此。

三爻變占例

占事遇卦中三爻動，變數已至半，以本卦為「貞」，三爻齊變所成之卦為「悔」，呈現貞悔相爭的微妙局面，結合兩卦卦象卦辭合參。三爻中若一爻值宜變之位，為主要變數，爻辭加重考量，另二爻辭為次要變數，亦列參考。

●二〇〇九年六月下旬，我應邀赴北京人民大學國學院講座，課程涵蓋面很廣，講一天《易經》、半天《春秋》、半天《尚書》及《禮記》，等於經學概論了！授課後還與學員互動聚餐，也接受了新浪網以及鳳凰電視台的專訪，行程排得非常緊湊。當時為此行成果評估，占得謙卦下三爻全動，貞悔相爭成臨卦（䷒），謙九三值宜變，單變為坤卦之象。「勞謙，君子有終，吉」，當然很圓滿。「鳴謙，貞吉」配合亦佳，遂成就了謙謙君子，「用涉大川」之吉。臨卦元亨利貞，〈大象傳〉稱：「君子以教思无窮，容保民无疆。」遇謙之臨，教育高端精英如何睿智的決策思考，一樂也。

●二〇一〇年八月底，我剛從北大國學研修班授課畢返台，好友巫和懋教授在北京時，因交通阻塞沒見到面，他接著率團來台開會，就約在我家小聚。和懋是我台中一中初中三年同學，二〇〇六年由台大轉赴北大中國經濟研究中心專任，當時還引起不少議論，之前也到我在台北市長官邸開的易經課堂，認真聽了一年。近半世紀的交情深厚無比，林毅夫轉任世界銀行副總裁後，經濟研究中心也擴大規模，升格成國家政策研究院。我替老友算他日後幾年的志業發展，得出謙卦三、四、五爻動，貞悔相爭成萃卦（䷬），謙九三值宜變，單變有坤卦之象。萃為精英相聚，出類拔萃，「遇謙之萃」，顯然大有發展。九三「勞謙」打底，六四「撝謙」、六五高居君位行師征伐，不斷擴大經濟研究的實質效益，從生產到分配都有均衡合理的籌謀大略，真是替老友高興。

16. 雷地豫（䷏）

豫卦為全易第十六卦，之前為謙，之後為隨。〈序卦傳〉稱：「有大而能謙，必豫，故受之以豫。豫必有隨，故受之以隨。」大有卦之後為謙，人際和諧、國際和平後，還得重視人與天地自然間的平衡，謙和面對宇宙裡一切有形無形的眾生。謙讓不爭固是美德，當仁不讓時，仍應出手維持公平正義。有文事者必有武備，豫為集體備戰之意，故須號召動員群眾追隨。英譯《易經》豫卦為enthusiasm，隨卦為follow，算是譯得傳神而中肯。

以上是依字面上的解釋，「豫必有隨」，較深的涵意為：所有預定的計畫不可拘執死守，須保持相當彈性，以因應隨時變化的現實。《孫子兵法．九地篇》稱：「踐墨隨敵，以決戰事。」以前木匠施工，先以墨線盒拉出尺寸，依既定計畫進行稱「踐墨」。兵家打仗前亦有沙盤推演，但戰事一旦進行，變化萬千，就得因應敵情而隨時修正調整，這樣才能與敵決戰。「踐墨」為「豫」，「隨敵」即「隨」，人生行事不能沒有計畫，卻不能定得太死，必須隨機應變。

豫字為「予、象」二字之合，以自我為中心，探討與宇宙萬象之間的關係是否可預測，然後據此做好預備。若預測夠精確、預備也周全，便可享受豫樂的結果。「凡事豫則立，不豫則廢」，又所謂「有備無患」，豫兼有預測、預備二義。豫卦所謂之樂常指眾樂樂，非僅獨樂樂，這也是孟子對齊宣王所言的「與民同樂」。《說文解字》解豫本為大象，草食性的巨獸性情溫和，不嗜殺生，只圖自保，故而引伸有自我防衛之意。立身立國之道，人不犯我，我不犯人，人若無理犯我，我必反擊。蒙卦上九「擊蒙，不利為寇，利禦寇」，師卦卦辭稱「貞」，不言「征」，皆為此義。

〈繫辭下傳〉第二章舉了十三個卦，談中華文明的演進，其中豫卦即為國防之象：「重門擊柝，以待暴客，蓋取諸豫。」內外設多重門關，萬一前線失守，可以將防線後撤，繼續抵抗，這是固定式的防衛措施；擊柝是敲梆子發出警訊，軍中傳令之用，輔以機動性的巡防設置。以此配合，防範暴起來犯的敵人。

河南省古稱豫州，上古即多大象，今日省會鄭州的博物館大廳內還有巨象的雕塑，顯示其義。《老子》第十六章稱：「豫焉若冬涉川，猶兮若畏四鄰。」大象體軀笨重，冬季過冰河時，自然猶豫試探，不敢輕易涉險，這都與豫卦之義有關。

屯卦動乎水中，生命來自於海洋；豫卦動乎地上，生命逐漸繁衍於陸上，用大象行地來代表物種的演化，相當合適。

䷏

豫卦卦辭：

利建侯行師。

豫卦為集體備戰，為了預期的戰爭多方做準備。「利建侯」之意，已於屯卦卦辭詳說，比卦〈大象傳〉亦有中明。「行師」是採取實際行動，「建侯」則搜集敵情，預先做好一切人事與組織的籌備工作。「俟」通「候」，周遭氣候等天地自然環境的信息變化亦得偵測，時候未至，勿輕易出手，寧可耐心等候。謙極轉豫，豫稱「建侯行師」，故謙卦六五「利用侵伐」、上六「利用行師」。屯卦排序第三，「利建侯」；比卦第八，「建萬國親諸侯」；豫卦第十六，「利建侯行師」，可見組織發展佈建愈見精實而成熟。師卦為勞師動眾的實戰，豫卦則為枕戈待旦的備戰。

〈彖〉曰：豫，剛應而志行，順以動，豫。豫順以動，故天地如之，而況建侯行師乎？天地以順動，故日月不過，而四時不忒。聖人以順動，則刑罰清而民服。豫之時義大矣哉！

謙、豫兩卦的〈彖傳〉都頗長，暢論天地人間的關係，韻味十足，值得好好品讀。豫卦主爻顯然為唯一陽爻的九四，強勢震動於上，下卦初六所代表的廣大基層深受影響，與之相應與。九四魅力四射，能驅使群眾實現其意志，故稱「剛應而志行」。下卦坤順，上卦震動，順勢以行動即為豫，不僅人間的備戰如此，連天地自然現象也都是依理順勢以變動。日月的運轉恆依軌道，春夏秋冬四季的更迭也毫無誤差，根據曆法皆可準確預測。聖人取法天道，順應人心人情行動，可以有效治理人民，不用刑罰，即得到群眾的由衷信服。預測、預備須抓緊時機時勢的變化，分秒必爭，當機立斷，這種敏銳行事的智慧太重要了！

「忒」是誤差，「不忒」是高度精確，沒有任何誤差，《易》以神機妙算的預測見稱，豫卦諸義正合易學的特色。精英領導群眾，必須高瞻遠矚，提出預言式的願景，激發大家的熱情，全力以赴。豫卦充滿了 passion and action，英譯 enthusiasm 傳神之至，領導人也是所謂魅力型（charisma）的英雄或梟雄人物，叱吒風雲，活躍於時代的舞台中心。二戰時幾位主要國家的領袖，如希特勒、史達林、羅斯福、邱吉爾等都是。謙卦九三稱「萬民服」，豫卦〈彖傳〉稱「刑罰清而民服」，領導人一定得有服眾的本事。

「豫之時義大矣哉！」時指客觀的大環境，義為人之所當為。易理說穿了，就是知機應變，Timing is everything!〈彖傳〉末這種讚嘆語法，除了豫卦外，還有「隨時之義大矣哉」、「遯之時義大矣哉」、「姤之時義大矣哉」、「旅之時義大矣哉」等，無論是隨機應變、急流勇退、危機防治、出門在外，都得抓住稍縱即逝的時機，做出最妥善的因應。另外，頤、大過、解、革四卦稱「時大矣哉」，坎、睽、蹇三卦稱「時用大矣哉」，這些卦稱為十二時卦，時機時勢的掌握特別重要。

〈象〉曰：雷出地奮，豫。先王以作樂崇德，殷薦之上帝，以配祖考。

豫卦的〈大象傳〉用詞很神，上卦震為雷，下卦坤為地，稱「雷出地奮」。〈說卦傳〉稱：「帝出乎震……萬物出乎震。」帝為主宰義，一切主宰從行動中來，萬事萬物亦有其內在的主宰，一旦被喚醒，便會熱情澎湃、奮發行動。豫卦的時節約陰曆二月末三月初，春分至清明間，也是春雷動之象。奮字為田中一隻大鳥欲高飛前的準備動作，卑身歛翼，所謂「不鳴則已，一鳴驚人，不飛則已，一飛沖天」。人生奮鬥亦當如是，愈低調佈局，愈有高調成功的可能。謙、豫二卦相綜，為一體的兩面，真正的豫必有謙卑之象，真正的謙和必有強悍行動的力量。

豫卦〈大象傳〉稱先王，不稱君子，與比卦相同。古代分封諸侯，功成作樂，唯天下共主始能行之。「謙以制禮，豫以作樂」，禮樂又是一體兩面的開國盛事。禮尚理性調節，樂重感情抒發，理想的人生不得偏廢。同人、大有之後，續接謙、豫二卦，真是意味深長。富庶之後，須重禮樂教化，而且將人與自然、人與祖先，亦即歷史文化的關係全面均衡考量，以建構更和諧美滿的社會。

夏、商、周三代開國，都有制禮作樂，因革損益，以反映時代精神。《論語・為政篇》記載：「子張問：『十世可知也？』子曰：『殷因於夏禮，所損益可知也；周因於殷禮，所損益可知也；其或繼周者，雖百世可知也！』」每一新朝都會延襲前朝的制度，也會與時俱進，有所創新。〈八佾篇〉記子曰：「夏禮吾能言之，杞不足徵也；殷禮吾能言之，宋不足徵也。文獻不足故也。足，則吾能徵之矣！」時代愈久遠，文獻佚失，就愈難了解其真相。若依《禮記・樂記》所述，堯樂名大章、舜樂名韶、禹樂名夏、黃帝之樂名咸池、殷樂名大濩、周樂名大武。所謂「聞其樂知其政」，皆彰顯其為政的特色。

〈八佾篇〉記載：「子謂韶盡美矣，又盡善也；謂武盡美矣，未盡善也。」堯舜禪讓有謙德，舜的韶樂盡善盡美；武王伐紂而有天下，有豫卦殺伐之音，盡美卻未盡善。〈述而篇〉又記：「子在齊聞韶，三月不知肉味。曰：不圖為樂之至於斯也！」孔子祖述堯舜，對韶樂所自然流露出的天下為公的王道神韻，深心嚮往，欣賞讚嘆達到了極點。豫卦本有豫樂之意，豫、謙一體相綜，先王樂教的境界，須以培養謙德為依歸。莊子〈齊物論〉中有「天籟、地籟、人籟」的說法，「謙以制禮、豫以作樂」，面對天地人鬼神全幅的存在，亦期致中和，使「天地位焉，萬物育焉」。

薦為祭祀上供，下對上、人對天、後代子孫對列祖列宗致敬意稱薦。殷為殷勤鄭重，熱烈盛大，殷薦為非常隆重的祭祀大典。上帝代表宇宙的主宰，古代天子帝王祭天祭地，以及在太廟祭祀祖先，都是國之大事，半點輕忽不得。崇德報功，飲水思源，祭祀並非迷信，而是返本開新，由此而激發出向未來奮鬥的情操及努力。開國會制定國歌，辦學校有校歌，軍隊訓練成軍有軍歌，以鼓舞士氣，都是這個基本原理。

本書前面談及《河洛理數》一書，略析人有先後天的本命元堂，我自己是先天「擊蒙」，轉後天「比之匪人」，回顧往事歷歷，若合符節。其實這類稍偏生辰宿命論的算法不少，還有一種方法推算，我的本命為豫卦。預測、預備、豫樂，大易以此見長，我這輩子真的是註定和《易經》結不解之緣了？蒙卦「初筮告」、比卦「原筮，元永貞」，再加上豫的因緣，真是命數使然，莫之能逃？豫卦〈大象傳〉稱：「先王以作樂崇德……以配祖考」，連我名字君、祖二字都登錄好了！其然乎？豈其然乎？

十多年前，幫我用此法查出豫卦本命的學生，先跟我要生辰八字。我第一次還給錯，年月日當然都對，辰時誤說成卯時，結果她後來交給我一張信封，我抽出紙條一看為剝卦！本也一笑置之，後來想不對，學生對老師會失去信心，才發現早了一個時辰，更正後當然滿意多了！八字本如是，早生晚生一個時辰，往往會有天差地遠的命途。

占例

●二〇〇二年十二月初，我提前占問中國大陸二〇〇三年的經濟情勢，得出不變的豫卦。「利建侯行師」，顯然將表現亮麗，形勢一片大好。當年發生SARS肆虐的疫情，以及美軍入侵伊拉克的戰禍，卻都壓不住經濟快速成長的勢頭，年終結算GDP，增長百分之九．一。

●二〇〇八年耶誕夜，台灣全民廣播電台News98邀我主持雙週一次一小時的節目，專門談易。主持廣播節目，我並不陌生，早期也有過經驗，空中談易，沒有任何輔助的圖像說明，如何深入淺出與聽眾溝通，煞費思量。我還是審慎地算了一卦，問接不接受？得出不變的豫卦，「利建侯行師」，顯然大有可為。依據《易經》的理氣象數分析時事，預測形勢發展，幾年下來頗受歡迎。豫樂之卦與聲音有關，廣播沒有畫面，透過聲調音色，與聽眾感通交流，激發共鳴，以傳播理念，效益不可低估。

●二〇〇九年十一月初，我赴北京參加孫子兵法的國際研討會，也代表台灣上台致詞，幾天議程下來，獲益匪淺。剛下機順便受邀，赴通縣一七二五會館演講，講題就是「孫子兵法的精義與應用」，聽眾為政企的高端人士，主辦方為樂成集團。負責人才三十多歲，年輕有為的溫州地產商，會館前身為雍正乳母的府邸，如今改裝成精英俱樂部的型態經營。會員聽講認真肅穆，令人印象深刻；演講後第三夜，集團的倪總裁還專邀至其處喝茶，再多談談兵法。既赴北京，當然與兩岸的舊雨新知聚晤，聊得相當愉快。一切行程結束，我在北京機場候機返台，占問此行績效，為不變的豫卦。「利建侯行師」，按預定計畫，做充分準備，得享豫樂成果。暢論兵法為此行主題，亦合乎「建侯行師」之旨。

䷏

初六：鳴豫，凶。

〈小象傳〉曰：初六鳴豫，志窮凶也。

初六為豫卦之始，又當組織基層之位，本身陰居陽不當位，上與全卦中心的九四相應與，受其激勵鼓舞起強烈共鳴，有盲目應和、喧嘩騷動之象。豫卦主戰，「建侯行師」以解決紛爭，初六受煽動盲從赴戰，極可能成為野心家的炮灰，故而「鳴豫」為凶。初六智識短淺，本身中心無主，才易受人利用，「志窮」所以致凶。

豫為預測、預備之意，本身的戰備計畫必須嚴守機密，怎可大鳴大放往外洩漏？初六爻變為震卦（䷲），倉卒付諸行動，自然招凶。豫又有豫樂之意，自己或一小撮人快樂歡呼，忘了周遭還有大多數未必歡樂的別人，騷擾人家安寧，惹人側目嫌惡，焉能不凶？謙為清正平和之道，「鳴謙，吉無不利」；豫則激情太過，「鳴豫」徒然遭凶。

占例

●二〇〇〇年九月下旬，我的老友來找我，他經營文教基金會多年，推動不少有益社會教育之事，我在台灣開講《易經》也是他起的頭。志業曾經紅火昌盛，但好景不長，財務上出了問題，營運不善，墜入惡性循環，甚至因此吃上詐欺的官司。他問訟事吉凶，我占得豫卦初六爻動，有震卦之象。「鳴豫，凶」，警示明確，切勿掉以輕心，學員群眾的嗆聲反彈，勢將損及他多年累積的聲譽。震卦〈大象傳〉稱：「洊雷震，君子以恐懼修省。」面對一波接一波的震撼考驗，若戒慎恐懼，也可能度過難關。〈彖傳〉稱：「震亨，震來虩虩，恐致福也；笑言啞啞，後有則也。」不經一事，不長一智，只能這樣看待了。後來纏訟一段時日，終算沒事過關，但事業大受衝擊被逼轉型，已不復舊貌矣！

●一九九三年元月底，我在那家出版公司打拼，立圖振興業績。市場派大股東的哥哥在公司行銷部門任職，能力嚴重不足，卻因靠山強，大家都得隱忍，偏偏他還野心十足，搞得有些烏煙瘴氣。當時一些經營高幹合議，想逼退他圖個清爽，我占問吉凶，得出豫卦初六爻動，有震卦之象。「鳴豫，凶」，顯然不行，絕對激起大股東的不滿，造成動盪不安，不僅不能做，連這預謀也別洩漏，就此打住吧！

䷏

六二：介于石。不終日，貞吉。

〈小象傳〉曰：不終日貞吉，以中正也。

六二中正，中立不倚，耿介自持，居下卦坤的群眾之中，卻始終保持清醒，不隨九四的魔音起舞，所謂眾人皆醉我獨醒，與九四狂熱的行動劃清界線，像石頭般堅定不可動搖。介紹、仲介、介面，介有隔離防護、嚴守中立之意。人能如此冷靜，一旦九四行動失敗，六二也能出手善後，維持全局不致墜滅。「不終日」，當機立斷，不等一天過完，即快速行動解決問題。本爻爻變，為解卦（䷧），〈彖傳〉稱：「解之時大矣哉！」豫卦〈彖傳〉末讚稱：「豫之時義大矣哉！」遇豫之解，該出手時就出手，人生行事當如是乎！

〈繫辭下傳〉第五章記載：「子曰：知機其神乎！君子上交不諂，下交不瀆，其知幾乎？機者，動之微，吉之先見者也。君子見機而作，不俟終日。《易》曰：『介于石，不終日，貞吉。』介如石焉，寧用終日？斷可識矣！君子知微知彰，知柔知剛，萬夫之望。」習易就是要學知機應變，抓到正確的時機迅即出手，以建立事功。豫卦六二往上不拍九四權臣的馬屁，往下也不迎合初六愚民的情緒，冷靜保留實力，等待出手整治的機會，真是有高瞻遠矚的大局觀啊！瀆為煩瀆、褻瀆，蒙卦卦辭即稱：「初筮告，再三瀆，瀆則不告，利貞。」情慾蒙蔽理智，使對待關係汙染不正稱瀆，貪污稱貪瀆，搞民粹迎合呼攏民眾，也是下交瀆，這是當今時代的通病，刻需駁正。對上逢迎、對下拉攏，其實長遠看未必有好結果，初六「鳴豫，凶」、六三悔之又悔，都是顯例。

機是什麼？趨勢變動都有徵兆，通常隱微不顯，不易察覺，但卻預示了往後重大的發展，這就是機。照講吉凶都有預兆，為何〈繫辭傳〉只稱「吉之先見」？人若有先見之明，就懂得及早防範，趨吉避凶，最後都能獲吉，不會遭凶。俟是等待，君子看到機會來了，立刻毫不猶豫採取行動，絕不等一天過完。「介于石」的「于」字作如字解，剛介如石，堅定不移。平時夠冷靜，機會來了，也能瞬間辨識，當機立斷，哪裡還需要等一天過完？君子知機順勢，清楚知道隱微不顯的徵兆，會發展成明確彰顯的大勢，也曉得何時該用剛，絕對強硬，何時得用柔，靈活變通。這樣的人才是真正的領袖，可為千萬人所仰望。

孔子表彰謙卦九三「勞謙」服務的精神，豫卦卻不選叱吒風雲的九四，反而稱揚六二的介石知機，其意義可真深遠。表面上看來，九四是萬眾擁戴的領導人，一旦失敗，卻也能陷民於水火，真正福國利民的領袖，其實是隱身民間的六二。其爻變成解卦，強調的仍是謙卦和平解決的精神，儒家反戰的主張一以貫之。

蔣中正字介石，名號美稱正由此爻而出，反諷的是他卻「建侯行師」了一輩子；謙卦〈大象傳〉稱「地中有山」，孫中山先生一生行事，倒是和平奮鬥救中國。易序由謙至豫，時代精神的演變，與民國史若合符節。謙卦之前為同人、大有，亦和民國初年辛亥革命的主張相通。

占例

● 一九九七年七月下旬，我針對幾位大思想家占問其歷史定位，至聖先師孔子為豫卦六二爻動，爻變為解卦之象。「介石知機」、「萬夫之望」，倡導和平解決一切紛爭，真是定位明確。〈彖傳〉稱：「聖人以順動，則刑罰清而民服。」孔子主張為政以德，反對嚴刑峻法。「豫之時義大矣哉！」孟子稱孔子為聖之時者，《論語》開章即稱：「學而時習之，不亦悅乎？有朋自遠方來，不亦樂乎？」都是與時俱進、得朋豫樂之象。

● 二〇〇八年元月中，台灣立委選舉結果，藍營大勝，掌握了國會的絕對優勢，接下來更重要的領導人大選勝負如何？我占問藍營馬英九能登大位否？得出豫卦六二爻動，有解卦之象。利建侯行師，「不終日，貞吉」，顯然是熱烈奮戰而獲勝之意，就在預期的三月二十二日當天，一舉定乾坤。功成作樂，「殷薦之上帝，以配祖考」，祭祀天地及列祖列宗，慶賀為國民黨贏回了執政權。豫之時義大矣哉！解之時大矣哉！確實緩和了緊繃的兩岸對峙情勢。

有趣的是，立委選戰稍前，綠營鼓動群眾向中正紀念堂嗆聲，教育部且將其牌匾拆除，改稱台灣民主紀念館，在堂中蔣介石的銅像周遭掛滿了風箏，弄得面目全非。杜正勝的主任秘書莊國榮後來更語出穢言，辱罵馬英九先人，更早還有陽明山老蔣的生前別墅無名火焚燒事件，這些過激的言行，造成立委選戰綠營慘敗。馬英九藉勢反擊，必獲大勝無疑。豫卦六二「中正介石」，正好反擊初六瘋狂的「鳴豫，凶」。當時我們開玩笑，說老蔣終於忍不住出手了，以他剛烈嚴峻的性格，受欺太久，必將反彈，護佑國民黨於選戰中獲勝。一九七五年四月五日蔣去世，其遺囑中有云：「中正之精神，自必與我同志同胞長相左右。」是耶？非耶？

六三：盱豫悔，遲有悔。

〈小象傳〉曰：盱豫有悔，位不當也。

六三不中不正，上承九四震動之主，身心完全受控，不得自由，一味揣摩上意，以定行止。盱為張目上視，瞪大眼睛想看清楚九四的動向，希望迎合，獲得垂青關愛而享豫樂。可是拿不準九四的真正意向，馬屁常拍在馬腿上，率先表態錯誤，後悔不已。受教訓後，變得猶豫遲疑，不敢輕易表態，又會錯過該表現的時機，有悔即又悔。本爻爻動，恰值宜變之位，變成小過卦（䷽），總是太過或不及，不會恰到好處，所以悔之又悔。「豫之時義大矣哉」，預測必須精準到位，才有豫樂的結果，六二即然，六三根本不合格。

占例

● 一九九二年六月中旬，我曾任職多年的那家出版公司股爭劇烈，我們實際負責經營的高幹群夾在中間，不好作為，創業的老闆債務如山，難以自拔，市場派的大股東步步緊逼，要求經營績效與財務透明。幾方勢力拔河下，召開了董事會，我會前占問對策，得出豫卦六三爻變，成小過卦。「盱豫悔，遲有悔」，因為「位不當」，順了姑情就失了嫂意，真的難搞。小過卦辭稱：「可小事，不可大事……不宜上，宜下。」只能低調謹慎以對，別無他法。會中我以代總經理職而獲真除，實非美事，違反了不宜上居高位之戒，以致兩年後被鬥垮下來，算是成了犧牲祭品，當然也從中學習歷練了很多。小過卦為小鳥練習飛翔之象，從人生長期的修為來看，其實不算吃虧，對人性人情都有更實際的體悟。

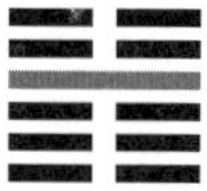

九四：由豫，大有得。勿疑，朋盍簪。

〈小象傳〉曰：由豫大有得，志大行也。

九四陽居陰，其實並不當位，卻為上卦震動之主，典型的大權在握、功高震主之象。六五居豫卦君位，卻陰虛被架空為傀儡，與九四的關係就像漢獻帝與曹操一樣，難過已極。九四令出由己，屬下六三與初六的廣大群眾無不遵從，真是意興風發，大行其志。這種情勢下，不必再有任何猶疑，各方朋眾都會聚攏身旁效力，就像婦女頭上的髮簪一樣，將散髮收束整齊，美觀大方。陰陽合為朋，盍通合，九四為卦中唯一陽爻，進入群陰之中，遂有髮簪集束之象，其實也像磁棒伸入一堆鐵粉中，立刻吸聚依附其上，其強大的引力無能抗衡。由字為田中作物自然往上生長，沒有強壓或拉抬，有些深具群眾魅力的領袖就是如此，大家不由自主就想跟隨。這種人往往也會提出某些動人的願景，深切打動不滿現實群眾的心，立刻嘯聚成一股可觀的力量，為彼此共同的目標熱情奮鬥，犧牲奉獻在所不惜。

豫卦的陰陽互動，其實也是合歡之象，男女情投意合，共享盡情交合的歡愉。因此爻辭中的簪字，又有一解。古代少女出嫁，新婚夜同房時，為防夫婿激情過度昏厥，甚至馬上風而猝死，隨身帶有髮簪當針刺急救。豫有預測、預備及豫樂之意，「朋盍簪」意象全合。工欲善其事，必先利其器，有備當然無患。我曾為此說一占，問正確可靠與否？得出家人卦（䷤）九五爻動，爻變有賁卦（䷕）之象。賁為美飾，髮簪正儀容，確為裝飾之用。家人卦辭稱：「利女貞。」九五爻辭稱：「王假有家，勿恤，吉。」〈小象傳〉解釋：「交相愛也。」看來此說完全正確，女孩成家為他人婦，帶了簪就不必擔心。

占例

● 一九九七年元月上旬，我的學生林獻仁當時還在美商ＩＢＭ任協理，專案研究電腦千禧蟲Ｙ２Ｋ的問題，發現危機深重。他跟我說明了狀況，並求占跨世紀前台灣應有的對策。我占出豫卦九四爻動，有坤卦之象。坤為廣土眾民，厚德載物責無旁貸，「豫之時義大矣哉」。既然預料到這個情況，就得爭分奪秒趕緊宣導防範，若能有備無患，台民仍可安和樂利。九四為豫卦行動之主，又當政府高層執政之位，由此發動可收全面戰備之效。卦爻之意明確已極，往後他就依此準則行事，整整賣力幹了三年，應該是消弭了不少原先頗為嚴重的禍患。

● 二〇〇四年六月下旬，陳水扁險勝連任已逾月，台灣社會為此仍極不安定，我在一班授易的課堂上教占，有學員問道：陳水扁能否安然續任四年？結果大家就以此合占，得出豫卦九四爻動，有坤卦之象。「由豫，大有得。勿疑，朋盍簪」，〈小象傳〉且稱「志大行」，看來還會做下去！事後果驗。

●二〇一〇年二月上旬，我在南下台中講課的車程中，針對東西方傳統一些預測的法門起占，檢驗其準確性。其中「子平八字」為豫卦九四爻動，有坤卦之象。「由豫，大有得。勿疑，朋盍簪」，看來順勢依理所做的命理分析相當準確，適用於大多數人，其貫通性不可小視。〈彖傳〉稱：「天地以順動，故日月不過，而四時不忒……豫之時義大矣哉！」八字論人降生時的年月日時的干支，正合此旨，大宇宙與人身的小宇宙息息相關。〈大象傳〉亦稱：「雷出地奮，豫……殷薦之上帝，以配祖考。」八字論命，人的一生與父母子女關係密切，先天註定的稟賦，後天奮鬥最好順此修行，才易有所成就。

●二〇〇九年六月中，我正開講高階班的易學課程，將錯綜交互變的卦際關係整體研討，八個卦融一爐而冶之。發揮起來觸類旁通，固然益人神智，卦爻不熟的同學就跟得很苦。好在有一位石姓同學天賦異稟，現場輔以電腦翻查資料，課後整理出的筆記詳實得令人驚豔，重點全部抓住分類編纂，還有漂亮的發揮，引經據典處全都查出列為附錄，同學爭相拷貝存檔。佛經開卷便稱：「如是我聞，一時，佛在……」據說是阿難博聞強記所為，真正不易。石同學如此卓越的表現，令人印象深刻，不免心念一動問占：他與我可有夙世因緣？得出豫卦九四爻動，有坤卦之象。「由豫，大有得。勿疑，朋盍簪」，還真是天造地設夙因前定呢！豫卦之前為謙，可是曾種福德？之後為隨，既有此遇合，就好好隨緣珍重吧。

石同學有此表現，之後一些重要的課都委由他做筆記，同學認購踴躍，堪稱洛陽紙貴。他原為台大農業化學碩士，做了一段貿易後，改行開發平板電腦出版品，同時去考上了淡江大學中文研究所的在職班，古典研究又多一位好手矣！

●二〇〇六年八月十四日，我的得意門生徐崇智不幸心疾猝發過世，得年不到四十歲。據其他學生說，他年初時自占年運，即為豫卦九四爻動，爻變有坤卦之象。「由豫」，「志大行」，應該是紅紅火火熱幹的一年。其時他在我們學會任執行長多年，為學做事皆有可觀，在一貫道講經帶眾的志業也巍巍有成，出此卦象正合實情，他也很受鼓舞。卻沒想於當年否卦之月往生，否之匪人，不亦傷乎？看來遇豫之坤，也有可能是唯一陽氣消耗盡，歸陰入土。演卦容易斷卦難，確確不是虛言。

●二〇〇八年三二二台灣大選前五天，我在《聯合報》的課堂教占，與學生們合占出馬英九的勝算為履卦初、五爻動，九五君位值宜變，「夬履貞厲，位正當」，應該當選無虞。但缺乏對照組，無暇再占謝長廷，還不敢完全確定。剛好一位戴同學說，他來上課前知道今晚會問馬英九，自己就先問：「周美青會不會是第一夫人？」結果得出豫卦九四爻動，有坤卦之象。豫卦雷出地奮，建侯行師，正為熱情選戰之象；九四「由豫，大有得」，「志大行」，酷酷嫂的魅力無限，肯定幫夫成功登上大位。坤卦厚德載物，又有母儀天下之象，第一夫人當定了。陳水扁執政期間，其妻吳淑珍奢侈浮華，貪贓枉法，台灣人民因而對周美青的樸實低調倍增好感，也是勢所必然。五天後揭曉，果如卦爻所示。

●二〇一一年六月上旬，北京友人幫我安排兩週一次共八天的授易課程，策劃半年，首度辦較長的系列性活動。我當然格外重視，遂占問能如期舉行否？得出豫卦九四爻動，有坤卦之象。「由豫，大有得。勿疑，朋盍簪」，「志大行也」，顯然沒問題。七月九、十日開課，八月二十、二十一日結業，順利完成首屆決策精英班的課程。

䷏

六五：貞疾，恒不死。

〈小象傳〉曰：六五貞疾，乘剛也；恒不死，中未亡也。

六五居豫卦君位，卻被架空而無實權，不僅不豫樂，還像生病一樣痛苦不堪。六五與九四為陰乘陽、柔乘剛的不正常關係，九四就是六五的心腹大患啊！六五爻變為萃卦（䷬），萃為因緣聚會，不是冤家不聚頭，既然擺脫不了，莫不如相忍共處。六五「貞疾」之「貞」，為坤卦順勢用柔、包容忍耐的牝馬之貞，居後而不搶先，這樣也能帶病延年，活得長長久久。六五居上卦之中，謹守時中之道，不會輕易滅亡。其實，換個角度想，讓九四當家握實權，六五樂得輕鬆不也很好？所謂錢多事少離家近，萬事不介於懷，做安樂公修心養性有何不可？九四囂張跋扈，可能成功也可能失敗，大家比氣長，看誰活得久，就給早死者送終！訟卦二、三、四爻均「不克訟」，鬥而不破、敗而不潰，還可能「終吉」，就是這樣的思維啊！

以此推演，人就是因為有真正痛恨的敵人，才可能拚命活下去以爭取最後的勝利。《孟子・告子篇》有稱：「入則無法家拂士，出則無敵國外患者，國恆亡。然後知生于憂患而死于安樂也。」豫卦六五爻辭不見「豫」字卦名，平日鬱鬱寡歡，卻有強烈求生慾而活得很久，其中必有因由。〈盡心篇〉亦稱：「人之有德慧術智者，恆存乎疢疾。獨孤臣孽子，其操心也危，其慮患也深，故達。」久病成良醫，「貞疾，恒不死」，其中道理很值得深思。

古代帝王生病，諱稱不豫，所謂龍體違和，應與豫卦君位的六五有關。謙卦六五不言謙，豫卦六五不稱豫，真是萬般不與政事同，帝王心事難與眾同啊！

以中醫治病養生之道來看，豫卦六二、六五亦有不同。六五「貞疾」，已染病患，以體內中氣與正氣維持平衡，帶病延年。六二「介石知機」，與病原徹底隔離，預防得當，根本不會生病。上醫治病於未發之先，下醫治病於已發之後，兩者高下立判。又，六五「貞疾之道」也有中醫治病的特色，能與強悍病毒和平共存，其中蘊含的戰略思維值得深想。

西醫治病常與病媒病菌對立抗爭，壓不住了就開刀割除患部，以求保全整體，既傷元氣，也有很大的後遺症。例如癌症的化學及放射性治療法，在消滅或抑制癌細胞的同時，難免也傷及正常的組織。中醫治療的重點設定在調節患者體內的陰陽平衡，還兼顧到與周遭氣候及環境的相應關係，五運六氣的理論，即考量小宇宙與大宇宙的互動，局部與整體息息相關，不宜隨便切除。其實這正是謙卦維持天地人鬼神全面平衡的觀念，只有這樣，才會真正圓善有終。

太極圖中分陰分陽，陰中有陽，陽中有陰，陰極轉陽，陽極轉陰。陽絕外陰盡，內陰又生問題，所以關鍵在陰陽諧衡，而不是誰消滅誰，以究竟論，其實誰也滅絕不了誰。現代的基因研究，發現致癌基因與生俱來，其實不宜輕易改變或置換，它也是生命中不可缺少的重要基因，在人體細胞中廣泛存在，主管增殖分化等重要功能。癌症的發生，其實是致癌基因和抗癌基因平衡失調，做了不適當的表達所致。這項發現真是意味深長，也完全合乎中國的易理與醫理。

「貞疾，恒不死」，可能也蘊藏了道教追求長生的信念與奧秘。不管如何保養防範，人不可能永遠不生病，染病後卻能與病原和平共存，建立新的動態平衡，使病毒不會致命。六五爻變為萃卦，精氣凝聚，神志專一，不會「遊魂為變」。萃卦之後為升卦（䷭），生命能量提升到很高的層次，亦未可知。

䷏ 上六：冥豫，成有渝，无咎。

〈小象傳〉曰：冥豫在上，何可長也？

上六為豫卦之終，又有上卦震動過度、離退失位之象。集體的豫樂已成過去，卻仍耽溺沉迷於往昔的熱鬧榮光中，難以自拔。冥是昏暗不明，如何還能預測預料世情？所做的一些論斷嚴重偏離現實，都與時代脫節，若不趕快清醒過來，速作調整，一定混不長久。「成」為曲終，豫有作樂之象，一曲終了必須改調，一般大型典禮最後，司儀會喊：「奏樂，禮成！」曲終就應人散，各奔東西，然而「冥豫」的人卻不甘心，還流連徘徊不肯下台。台語中有句話：「歹戲拖棚。」觀眾已經不要看，快走光了，台上唱戲的人還不肯散，真是情何以堪，大家難過。渝是變，「有渝」是又變再變，必須改絃更張，才能無咎。豫卦下接隨卦，時代變了，人也必須與時俱進，跟著調整。上六爻變為晉卦（䷢），「晉者，進也」，〈大象傳〉稱：「明出地上，君子以自昭明德。」以明破冥，苟日新，日日新，又日新，才是正道。

豫以作樂，初爻以「鳴」始奏，上爻以「成」告終。中間以九四「由豫」為主調，六三、六五跟從，又有六二中正不與同調，樂曲的內涵豐富，變化甚多。人生在組織中立身行事，每每如是。聞其樂觀其政，知其志業，不是虛言。《尚書・益稷》稱頌帝舜的政績：「簫韶九成，鳳凰來儀。」舜的音樂盡美盡善，和氣致祥，歷經九次變奏，臻於大成。孔子聞韶樂，曾嘆三月不知肉味。他又自許知樂，認為音樂之道與政相通，極度肯定禮樂的教化功能。《論語・泰伯篇》記子曰：「興于詩，立于禮，成于樂。」樂教陶冶人格成熟高尚。〈八佾篇〉中記載：「子語魯太師樂曰：樂其可知也！始作，翕如也；從之，純如也，皦如也，繹如也，以成。」如此簡潔的敘述，深得樂之精髓，幾乎就是豫卦六爻情境的呈現。〈憲問篇〉子路問成人，孔子列舉了一堆嚴苛的條件後，又稱：「文之以禮樂。」

《孟子・萬章篇》記載孟子稱頌孔子為：「聖之時者也。孔子之謂集大成。集大成也者，金聲而玉振之也。金聲也者，始條理也；玉振之也者，終條理也。」古樂演奏，先擊鏄鐘以發其聲，終擊特磬以收其音，條理指眾樂合奏的節奏。孟子以雅樂來比喻孔子人格思想境界的偉大，後世遂以「大成至聖先師」尊稱孔子。音樂是時間的藝術，夫子學而時習之，被稱頌為聖之時者，可稱精確到位。前占孔子的歷史地位為豫卦六二爻動，「介石知機，萬夫之望」，於此可更透徹矣！

通觀豫卦六爻，九四帶頭熱情行動，引起一大堆陰爻隨之起舞：初六「鳴豫，凶」，六三「盱豫悔，遲有悔」，六五「貞疾，恒不死」，上六「冥豫」、「何可長」，全部沒好結果。九四「大有得」、「志大行」，真所謂一將功成萬骨枯，將自己的快樂建構在眾人的痛苦上。這就是孔子撇開九四而讚揚六二的道理，真正的領袖應該大公無私，冷靜體察大勢所趨，當機立斷為民謀福，不宜煽動民眾盲動而致災。

預測涉及觀察，觀察須用心用眼。六三「盱豫悔」，瞪大了眼睛還是看不清楚；上六「冥豫」，「何可長」，老眼昏花，什麼也看不見。兩爻皆處過極之位，私心用事，情慾蒙蔽理智，遂有此失。

占例

●二〇〇五年元月中旬，我占問親民黨宋楚瑜的年運，得出豫卦上六爻動，有晉卦之象。二〇〇〇年及二〇〇四年連敗兩次大選，看來曾經顯赫一時的宋省長步入了窮途，「冥豫在上，何可長也？」大浪淘沙，俱往矣！那年他與陳水扁搞所謂「誠信」的扁宋會，不久即解體；次年還跳出來選台北市長，又遭慘敗。可說都是「冥豫」所致，完全失去了對時移勢轉的判斷力，實在也難以怨人。

●二〇一〇年底，我依例推算二〇一一年台灣的政局，得出豫卦上六爻動，有晉卦之象。「冥豫在上，何可長也？」完全說中了政壇大老們不甘寂寞、紛紛表態發聲的情境。二〇一二年又臨大位選戰，民進黨由較新世代的蔡英文擔綱角逐，老將說酸話的、扯後腿的、下指導棋的、依附幫忙或幫閒的比比皆是。藍營方面仍由馬英九競選連任，許多不滿意他施政風格的也多有怨言。台灣的政治人物似乎很難轉業，上台容易下台難。豫卦「雷出地奮」，「建侯行師」，為熱烈選戰之象，上六「冥豫」，激情過度，卻與時代民心脫了節。

多爻變占例之探討

豫卦卦、象與六爻單變的分析已畢，往下進入較複雜的多爻變的情境討論。

二爻變占例

占事遇一卦中任意兩爻皆動，若其中一爻值宜變之位，以該爻爻辭為主、另一爻爻辭為輔斷占。

若皆不值宜變爻位，以卦辭並參考兩爻爻辭論斷，兩爻齊變所成卦象，有時亦須參考。

●二〇〇六年八月上旬，施明德所領導的反扁紅衫軍運動，正如火如荼進行，看來當時的台北市長馬英九極有機會競逐二〇〇八年的大位。我占其參選勝算，得出豫卦三、四爻動，兩爻皆變有謙卦之象。雷出地奮，利建侯行師，為熱情選戰之象。九四「由豫，大有得。勿疑，朋盍簪」，小馬哥魅力無限；六三「盱豫」，代表追星仰望的粉絲一堆，若參選應可「志大行」。兩爻變所成謙卦，亨通君子有終，也是圓滿之局。二〇〇八年三月二十二日選舉結束，果如卦爻所示。

●一九九七年元月上旬，我由學生林獻仁處得知電腦千禧蟲Y2K的問題，當下占問其真實性如何？得出豫卦二、五爻動，齊變有困卦（䷮）之象。遇豫之困，應該會有預期中的困局，所言大致不虛。「豫之時義大矣哉！」利建侯行師，應該爭分奪秒，早日籌謀防範。六五「貞疾，恒不死」，表示確定有疾為患，與其染患後處理，不如設法提前消弭。六二介石知機，見機而作，「不俟終日」，就是最好的解決方式。

確認後，我們再問台灣如何因應為宜？得出完全一樣的卦象，還是豫卦二、五爻動，齊變有困卦之象，按照前述方式愈早處理愈好。

●二〇〇八年十一月上旬，我的中醫學生樓中亮想開發健康養生茶，問其推廣前景？我代其占得豫卦二、五爻動，齊變有困卦之象。養生當然是預防勝於治療，六二「介石，貞吉」，即便有疾，亦可如六五所示，調養體內正氣中氣，以平衡之。整體來說，雖有困象，若兩下都做到位，應仍有可為。我教他四年《易經》，前前後後都服用他研發的養生茶，以調養身心及喉嚨，效果不錯。

●二〇〇四年十月底，連宋敗選後提告的當選無效之訴即將宣判，我占問綠營勝算，得出豫卦初、四爻動，齊變有復卦之象。遇豫之復，「建侯行師」，強力行動而獲吉。豫卦初、四爻相應與，九四「由豫，大有得」，初六「鳴豫」鼓譟呼應，完全是極端民粹之象。雖非清明理性，卻可贏得訴訟勝利，宣判結果，藍營敗訴。

●一九九一年八月底，我所任職的那家出版公司形勢艱困，經營主體的母公司底氣較實，卻受其他子公司及關係企業嚴重拖累，幹部員工早就看不下去，終於逼得老闆下決心切割。他想將虧損累累的關係企業割讓給那邊經營的高幹，還是位強悍幹練的女性，幾年共事下來，彼此也磨合得很辛苦。看了他的分割草案，我占問吉凶，得出豫卦四、五爻動，六五值宜變，單變為萃卦，兩爻齊變，又有比卦（䷇）之象。豫本是團隊作戰，重視組織紀律，但九四強悍欺主，六五有被架空之虞，正說明了他們的相處關係。萃為精英相聚，比為互助合作，不是冤家不聚頭，斬不斷理還亂，恐怕不容易處理乾淨。結果確實如此，一直拖下去，很久沒個了局。

●一九九八年初，我作一年之計，其中在社會大學授課的機緣為豫卦二、三爻動，齊變有恒卦（䷟）之象。自一九九一年中起開始授易，連續未斷，不期已成為我生活中重大的轉向，也開拓了不少嶄新的人脈和機遇。「山重水複疑無路，柳暗花明又一春」，一九九四年中絕意職場後，這條教書的線變得更重要。遇豫之恒，建侯行師似可做長遠的佈局。豫六二「介石知機」，保持一定距離清醒觀察，免貽六三「盱豫」之悔，爻辭的提示更重要。「君子上交不諂，下交不瀆」，有上下之交而不諂不瀆，才是最好的應世態度。恒卦上震為雷、下巽為風，風雷動盪下仍堅持自己的理念及主張，〈大象傳〉稱：「君子以立不易方。」中道而立，不偏不倚，必要時見機而作，

「不俟終日」。

●就在那一年，一九九八年仲夏，我帶了二十幾位社大的學生，做了第一次的「易經溯源之旅」，遍遊天水、淮陽、安陽、曲阜等地，開始兩岸易學的初步交流。一九九九年開了一班政商高層的易經課，暢論決策機斷的精髓。二〇〇〇年後，社大財務出問題，經營每況愈下，而我的教學重心，也隨緣轉至《中國時報》的易經講堂。其間，社大曾邀我投資網路教學中心，不少朋友坎陷進去，弄得交誼都出問題，而我如如不動，始終無礙無虧，算是貫徹了「介石知機」的警示。雖然如此，在老友最困難之際，仍持續答應開小班至二〇〇五年，才真正結束了這段緣法，真的也是持之以恆了！

●二〇〇七年七月中旬，我一位從事貿易的林姓學生業務順利，賺了不少錢，跟我提議想贊助周易學會，方式是編印一本手冊式的隨身易典，提供好學深思者隨時翻查。林生曾於二〇〇一年在《時報》天母課堂上過一季的易經課，課後跟我說，想一人繼續聽完六十四卦。我當時並沒有太上心，不想一年多後，他還真的找到我，去給他上了幾個月的密集課，一對一講完全經。後些年，再以錯綜交互的順序，進階重講一遍，創了李登輝之後的單授紀錄，講起來跟我的機緣深厚。然而這樣的善意是否恰當，我還存疑，遂占問之。結果得出豫卦初、二爻動，初六值宜變成震卦，兩爻齊變又有歸妹卦（䷵）之象。豫有「建侯行師」的熱情，初六「鳴豫」響應卻凶。六二「介石知機」，冷靜俟時為宜。歸妹內兌悅、外震動，情躁以動沒好結果，卦辭稱：「征凶，无攸利。」既然如此，婉謝其誠意，後來他也覺得編印構思不成熟，轉為以其他方式贊助，幫了學會不少忙。

●二〇〇九年十一月下旬，我以易占探測一個中國經學上的疑案：六經中《樂經》早亡，何以故？得出豫卦四、上爻動，齊變有剝卦（䷖）之象。豫為作樂崇德之卦，〈大象傳〉已然明示。九四「由豫，志大行」，為樂教神髓所在；上六「冥豫，成有渝，无咎」，「何可長」，卻似乎隨著時光流逝，而消失了蹤影。剝卦五陰剝一陽，根基大量流失，遂至碩果不存。看來歷史上曾有《樂經》，何故亡失，仍難得其確解。

●我的學生邱雲斌入門甚早，做過學會的執行長與一任理事長，藉占習易也累積不少卦例。有次其妻之女性友人問占：婚姻能維續否？得出豫卦初、上爻動，初六值宜變成震卦，兩爻齊變，又有噬嗑卦（䷔）之象。遇豫之噬嗑，豫為交合歡樂，噬嗑則互不相容，險惡鬥爭，凶終隙末，前景可知。豫初以「鳴豫」始，至「冥豫」終，「志窮凶」，「何可長」？果然以離婚收場。次年，該女性友人又問：有一新識男友，感情發展順遂否？得出乾卦初九動，有姤卦（䷫）之象。姤為不期而遇的新機緣，但「潛龍勿用」的爻辭，顯然並不鼓勵積極交往，結果確實也是沒成。

三爻變占例

占事遇卦中任意三爻皆動，半數爻呈現不穩，以三爻齊變所成之卦為悔，本卦為貞，稱貞悔相爭，以兩卦卦辭卦象合參。若本卦其中一爻值宜變之位，則該爻爻辭為主要變數，其他二爻爻辭為次要變數，一並列入參考論斷。

●二〇一〇年八月中，因赴北大培訓中心授易，提前占測二〇一一年大陸的經濟情勢。得出豫卦二、四、五爻齊動，貞悔相爭成坎卦（䷜）。豫卦顯示經濟火熱、坎卦卻提醒過熱可能產生風險，需注意宏觀調控。豫卦九四「由豫，大有得」，為快速發展的主調；六五「貞疾，恒不死」，居君位者需防範過熱失控的毛病，例如物價飛漲等；六二「介石知機」，保持冷靜俟機而動，可獲貞吉。整體來說，皆有應驗。

●二〇一三年五月初，我問林毅夫往後的仕途發展，為豫卦三、五、上爻動，貞悔相爭成遯卦。豫卦充滿了願景與行動的熱情，遯卦卻是不進反退，二卦皆稱：「時義大矣哉！」林從世界銀行副總裁四年任滿退下來，很想在北京更上層樓。豫卦六三瞪大眼睛找好機會，上六卻至樂曲終章空遺恨，六五有位無權也無心只裝糊塗，遂成空夢一場。林當年由台灣金門前線泅往大陸投誠，爭議性極大。求官落空，也沒啥好說。

17.澤雷隨（䷐）

隨卦為全易第十七卦，之前為豫，其後為蠱。豫為預測、預備，代表人對未來的想像及探討；隨為重視當下眼前的現實情況，隨時隨地作調整；蠱則是事物經久會敗壞成空，成為一去不復返的過去。豫、隨、蠱三卦相連，其實就是未來、現在、過去，人對三段時空的感念與應對。隨著時間不斷的流逝，未來的想望成了眼下的現實，接著很快又成了過去。《金剛經・一體同觀分第十八》有云：「過去心不可得，現在心不可得，未來心不可得。」大易特重時機時勢的精確掌握，逝者如斯，後浪推前浪，我們當如何貞定自處？又如何奮發圖強？

隨（䷐）、蠱（䷑）二卦相綜也相錯，稱相錯綜，既為一體兩面，性質又截然相反，和泰（䷊）、否（䷋）兩卦類似。下經還有漸（䷴）與歸妹（䷵）、既濟（䷾）與未濟（䷿）兩組相錯綜的卦，卦際關係複雜深刻，值得深入玩味。

隨為當下，蠱為既往，現在跟過去幾乎同時俱起，剎那之間生生滅滅，教人難以把捉。因為一體兩面，顛倒過來看會起混淆，將已逝的看成當下，許多人不滿現實，活在過去的經驗和記憶裡，不適應時代的演變，就是這個緣故。隨、蠱與泰、否一樣，也是三陰三陽的卦，陰陽總量相等，分布的變化卻複雜萬端。六十四卦中有十組二十卦是三比三的卦，一般都比較難，參透了卻非常有用，初學者宜多下功夫。

蠱字為器皿中有蟲，隨著時間流逝，任何東西都難以保鮮，勢將腐化敗壞，必須整飭處置以挽救危亡。〈雜卦傳〉稱：「隨，无故也；蠱，則飭也。」故去的東西沒法保留，一旦不能修補就得捨棄，再設法創造新的東西。隨喜、隨緣、隨善、隨時、隨機應變、隨遇而安，隨卦不揹過去的包袱，永遠活在當下並往前看，充滿了順應變化的彈性。

〈序卦傳〉稱：「豫必有隨，以喜隨人者必有事，故受之以蠱。蠱者，事也。」豫卦為精英號召動員群眾，一定會有人跟隨，追隨者期望幹大事，以改善眼前的境遇；蠱卦為改革大業，為積極任事之意。序卦說得太簡略，豫、隨、蠱三卦間的因果關聯遠比這複雜的多，習易者得深心體會。

〈繫辭下傳〉第二章講「制器尚象」，舉了十三個卦闡析中國文明的演進，乾、坤為政治文明，豫為國防，隨則有陸運交通之象：「服牛乘馬，引重致遠，以利天下，蓋取諸隨。」

䷐

隨卦卦辭：

元亨利貞，无咎。

隨卦為元亨利貞四德俱全之卦，前有乾、坤、屯，後有臨、无妄、革，共七個頂級的卦，都顯示生生不息的創造過程。隨時變化合乎天道自然，故稱「元亨利貞」，當下即是，而獲無咎。〈繫辭下傳〉第十一章稱：「懼以終始，其要无咎，此之謂易之道也。」易道就在追求終始無咎，隨卦既具貞下啟元之德，又稱無咎，為大易之道的完美實現。〈繫辭上傳〉第三章稱：「无咎者，善補過也。」隨時檢討調整，從善如流。人恆過，過而必改，善莫大焉！

〈彖〉曰：隨，剛來而下柔，動而悅，隨。大亨貞无咎，而天下隨時。隨時之義大矣哉！

隨〈彖〉只有二十七字，為全易最簡短的彖文，而涵意非常深遠。「剛來而下柔」，指初九一陽居於二陰之下，成為內卦震動之主。雖自有主見，外卦兌悅，和顏悅色溝通，自然拉近與他人的距離，容易打成一片，使人樂於跟從。屯卦元亨利貞，〈彖〉稱「動乎險中，大亨貞」；隨卦元亨利貞，〈彖〉稱「大亨貞无咎」。天下萬事萬物皆隨時變化，不守故常，人豈能拘礙固執而不靈活變通？「隨時之義大矣哉！」不是「隨之時義大矣哉」，和豫、遯、姤、旅之時義都不同，不單單限於隨一卦，而是總括一切而言，隨卦的智慧幾乎就是大易精神的表率。

內動而外悅非常重要，以之待人處世，少卻很多無謂衝突，又拿捏得定，不會隨波逐流。《中庸》記載子路問強，子曰：「寬柔以教，不報無道，南方之強也，君子居之……君子和而不流，強哉矯；中立而不倚，強哉矯！」真正的強者並非強硬暴慢，而是待人隨和又中心有主。隨並非詭隨、隨便，而是極有原則，與眾親善而達到目的。舉個淺顯例子，一般銷售的賣場常以青春美貌的少女在櫃檯招呼，決定成交價錢負管理職責的男性主管，則在室內主控。隨外卦兌為少女，巧笑倩兮，吸引顧客上門搭訕；內卦震為長男，該堅持的可絕不含糊。這樣的配置無往不利，「元亨利貞，无咎」。若顛倒過來就不行，少女在內、長男在外，成了雷澤歸妹卦（䷵），卦辭稱：「征凶，无攸利。」少了外在的親和力，完全賺不到錢。再如有些通俗的畫報式刊物，必以賞心悅目的美女照做封面，都是同樣的考量。

〈象〉曰：澤中有雷，隨。君子以嚮晦入宴息。

以生命演化史的角度來看，屯卦為生命誕生於海洋中，豫卦為生命登上陸地，隨卦則為內陸的湖泊等水域中也繁衍了生命，隨著時間的流逝，生物圈愈見發達熱鬧。晦是黑暗，「嚮晦」即傍晚黃昏快要黑夜時，這時就該收拾東西，準備安止休息。古代農業社會日出而作、日入而息，遵守晝夜輪替的順序起居作息。隨卦下震上兌，依後天八卦方位，震居東方日出之時、兌當西方日落之際，由震至兌，剛好是白天工作的時段。休息是為了走更長遠的路，工作一天夠勞累了，該休息就得休息。生物作息有所謂「生物時鐘」，中醫養生講子午流注、五運六氣，小宇宙和大宇宙關係密切，最好不要違反自然，逆天而行。

需卦〈大象傳〉稱「飲食宴樂」，隨卦〈大象傳〉稱「嚮晦入宴息」，穿衣吃飯或睡覺，日常生活例行的要項，都可藉此修德，所謂平常心即是道。這兩卦其實也可以做策略運用，飲食、宴息皆蘊有兵法。當我們需要與某些人合作時，先請他們吃吃飯、大宴小酌以聯絡感情，酒酣耳熱熟悉了，往下就比較好談，正合需卦耐心等待、慢慢過河之義。我們與人談判或交手，情勢呈現阻滯不利時，與其硬撐下去，不如暫時休兵，下場轉換一下敗戰的氛圍，調息一段再上陣，說不定形勢就能扭轉。球賽中的叫停策略即為顯例，藉著突然中止打破慣性，此一時彼一時，時過往往境遷，真正「隨時之義大矣哉」！

早先日本圍棋沒有什麼時限，一盤棋可以花幾個月分幾次下完，某些名家接受後輩挑戰，局勢一旦不利就「打掛」，回去與門生弟子討論研究，能破解了就再開盤接著下，當年吳清源橫掃東瀛，也吃過這種虧。「嚮晦」了就要「入宴息」，別等全晦暗才行動，不要一條道跑到黑，人生必須懂得隨機應變。再如釣魚台的問題，美、日聯手強佔，一時不好處理，就先擱置爭議，但絕不放棄主權的堅持，將來國力接近甚至超越列強，形移勢轉，說不定水到渠成。隨卦外兌，保持和平溝通，內卦震，堅定主權絕不動搖，原則性與彈性具備，為處事的極高智慧。

占例

● 二〇〇三年四月底，其時SARS疾疫流行，美國發動二次伊拉克戰爭，世局動盪不安。我占問中國大陸往後十年的經濟情勢，得出不變的隨卦。「元亨利貞，无咎」。內震有主，外兌與世親和，既有強大的核心實力，又能與時俱進，創造新猷。十年一晃即過，預測已完全成了現實。

● 二〇〇九年元月上旬，我的老母親不慎摔傷骨折，就近送往地區醫院急診，醫師判斷要開刀，我占平安否？得出不變的噬嗑卦（䷔）。噬嗑即咬合併吞，為弱肉強食、兇猛鬥爭之意，看來辛苦且有風險。再問：轉至設備技術較佳的大型醫院動手術，合宜否？得出不變的隨卦，「元亨利貞，无咎」，顯然轉院好得多，遂立刻安排各項事宜，開刀一切均安。

● 二〇〇二年二月下旬，針對年底高雄市長選舉，我占問謝長廷能否連任，得出不變的隨卦，「元亨利貞，无咎」。年底果然擊敗國民黨候選人黃俊英勝選。

● 二〇〇九年八月中，我開始講授以易理印證佛經的一系列課程，對佛教人物與重要經典也有占測，其中問淨空法師的志業修為，得出不變的隨卦。「元亨利貞，无咎」，內卦震，中心有主，外卦兌，說經法喜充滿，隨緣隨喜隨和，「隨時之義大矣哉！」看來是相當不錯。我開始接觸佛經，是在大學畢業、準備唸研究所的那個暑假，啟蒙聽《楞嚴經》，就是在淨空法師的道場。那時他還年輕，但已經選定了淨土宗作為一門深入的專修法門。淨土宗崇尚念佛，一心持念阿彌陀佛，可往生西方淨土。隨卦卦象剛好呼應此旨，上兌為西方淨土法喜充滿，下震為東方眾生企望往生，〈大象〉稱「嚮晦入宴息」，正是時候到了安息之意。依「京房八宮」卦序，隨為震宮歸魂卦，宋儒張載〈西銘〉稱：「存，吾順事；歿，吾寧也。」意境與此相通。

● 〈說卦傳〉首章稱：「昔者聖人之作易也，幽贊于神明而生蓍，參天兩地而倚數，觀變于陰陽而立卦，發揮于剛柔而生爻，和順于道德而理於義，窮理盡性以至于命。」論聖人作易，依蓍、數、卦、爻而推至義理與天命，精微奧義，耐人深入品味，與《中庸》首章及孟子論性相近，可看成義理之學的《易傳》陳述。「參天兩地而倚數」不好懂，歷代的解釋也多語焉不詳，一九九七年十二月中旬，我以易占問其究為何意？得出不變的隨卦。「元亨利貞，无咎」，「隨時之義大矣哉！」以蓍草占筮，仿天地人時的運轉皆有數，卦爻象由此生出，辭生於象、象生於數，理氣象數渾然一體。隨卦在豫卦之後，所有占筮預測皆以隨時變化為依歸，易數並非死煞的定數，仍應活看活解啊！

初九：官有渝，貞吉。出門交，有功。

〈小象傳〉曰：官有渝，從正吉也；出門交有功，不失也。

初九居隨卦之初，為內震之主，充分體現隨機應變的精神。官為主守之意，一般政府組織設官分職，各有職守，不相干涉；人體各個器官亦各有所司，難以得兼。渝為變，「官有渝」，雖有主守，必要時也可打破框框權衡變通，但總以隨從正道為尚，所謂萬變不離其宗。官為較小的分際，貞則是必須堅持固守的大原則。《論語．子張篇》記子夏稱：「大德不踰閑，小德出入可也。」隨內震外兌，原則性與靈活性俱備，一切以和順達成目標為尚。初九以此態度出門與人交往，容易建功立業，決不失去時機。本爻變為萃卦（䷬），萃前為姤卦，因緣會聚之時，一定牢牢掌握。

「出門交，有功」也有另解，出門交往須擇重點，不要泛交，人生時光有限，儘量多與社會上奮鬥有成之人切磋往來，佛教說「親近善知識」，孔子在《論語．學而篇》也說：「弟子入則孝，出則弟，謹而信，汎愛眾而親仁。」雖泛愛群眾，仍親近有仁德之人。〈衛靈公篇〉子貢問為仁，子曰：「工欲善其事，必先利其器。居是邦也，事其大夫之賢者，友其士之仁者。」子貢政商兩得意，是治事之才，孔子教他到任何一個地方都廣結精英人脈，以為建功立業作準備。遇隨之萃，多親近出類拔萃的人物，當然容易成功。

隨卦之前的豫卦，上六爻辭稱：「冥豫，成有渝，无咎。」曲終要換調，以因應隨時變遷的新形勢。隨卦一開始的初九，爻辭接著稱：「官有渝，貞吉。」變變變，人生剎剎生新，不守故常，該變不變，就等著遭淘汰。〈雜卦傳〉稱：「隨，无故也。」信哉斯言。

以太極拳的動作來說，兩人對立練習推手，互探虛實，即似隨卦初九之象。雙腳重心移來移去，一有機會，即快速出擊絆倒或推倒對方，「官有渝，貞吉，出門交有功，不失也！」下卦震為足，初九恰當腳跟部位，湧泉放空，隨時應變。

同人初九「出門同人，无咎」；隨初九「出門交，有功。」人欲建功立業，必得積極行動，不能老待在家裡。孔子說「出門如見大賓」，吳起論兵，說「出門如見敵」，是戰是和，都得出門。

占例

● 二〇〇九年初，我依例算世局大勢，中美兩大國的關係為隨卦初九爻動，爻變有萃卦之象。內震外兌，既堅持主權，又和善互動，精英相聚，「出門交，有功」。「官有渝，貞吉」，抓大放小，原則性與彈性俱備，「隨時之義大矣哉！」前一年金融風暴爆發之後，全球經貿的危局，迫切需要大國合作，以謀同舟共濟。「嚮晦入宴息」，面對黑暗嚴峻的國際形勢，暫時擱置爭議，以安養生息，方為上策。當年的發展，確實也是如此。

● 一九九七年十月中，我去拜見毓老師，他問起我職場歷練的種種境況，我簡要跟他報告。其時我已從出版公司的股爭惡鬥中超拔出來，綱紀已亂，再攪和就是浪費生命，也徒勞無功。樂得避開正面，深自沉潛讀書、教書與著述，自況為文王羑里之囚，痛定思痛，參悟大道。山窮水複疑無路，柳暗花明又一春，隨著授易機緣的開展，許多嶄新的願景似乎清晰了起來。老師當年東北事敗，自書「長白又一村」以明志。我這點小事當然差之甚遠，卻也可藉此自勵，另創新猷。老師勉勵我四個字：藏晦待時。行走坐臥都在文化志業上下功夫，沒了公事的纏攪，反而一元化了！

朝乾夕惕，精進不息，豈非得其所哉！

返家後占問往後策運，得出隨卦初九爻動，有萃卦之象。「官有渝，貞吉。出門交，有功。」進可攻退可守，先為不可勝，以待敵之可勝，立於不敗之地，而不失敵之敗也。遇隨之萃，合乎兵法戰略的精義。老師開示的完全對，「嚮晦入宴息」，藏晦待時是最好的策略。其後再兩年多，步入二十一世紀，因緣成熟，我連辭呈都沒提，直接揚長而去，彼時公司已亂得不可開交，俱往矣！世路多歧，人海遼闊，揚帆待發清曉。有道是：莫愁前路無知己，此去誰人不識君！

●二〇一〇年五月上旬，我因前一個月赴武漢時腰疾發作，不良於行，在旅館養傷五天，錯過大好遊歷春光。返台後四處覓醫復健，剛好一位學生介紹我去一家日本公司試穿鞋墊，宣稱有特殊療效，還有國際專利。我答應去了，做了諸般測試，也咬牙買下昂貴鞋墊，當時一占：這玩意究竟有效否？得出隨卦初九爻動，有萃卦之象。下震為足，初爻正當足底之位，「官有渝，貞吉。出門交，有功」，站得既穩，行動亦靈便，應該會有療效。事後大致如此，那雙高價的鞋墊，也一直穿著至今。

䷐

六二：係小子，失丈夫。

〈小象傳〉曰：係小子，弗兼與也。

隨卦的爻際關係很特殊，論承乘，不論應與，且只有單向的承乘關係，以符合「隨无故」的當下即是之義。往者已矣！人生應學著立足現在，往前看。對六二來說，初九陽剛位正雖好，已成過去，稱「失丈夫」；六三不中不正，卻是眼前就得面對的現實，必須加緊把握，稱「係小子」。兩者不能得兼，無法兩個都要，勢必二選一，當然選擇當令的六三，才有前途。本爻變，為兩情相悅的兌卦（䷹），〈大象傳〉稱：「君子以朋友講習。」放掉舊朋友，依附新交，拿得起放得下。九五和六二中正相應與，一般卦是絕配，在隨卦卻沒有甚麼意義。隔三爻以後的發展如何，跟眼前無關，隨卦瞬息萬變，專注應付現勢都來不及，遠水難救近火，以後事以後再說。初隨二、二隨三、三隨四、四隨五、五隨上，就像排成一列縱隊，每人只需盯著前人的後腦勺就可以了，不必越過往前看。

比卦六三「比之匪人」、否卦六三「包羞」，皆未明言吉凶，隨卦六三「係小子，失丈夫」亦然，都有極深意蘊。處於這些情境，當事者的智慧修為可決定最後的吉凶，爻辭作者不輕下斷語，對人性人情有其深透洞識。

同人卦九四「乘其墉，弗克攻」，意欲兩頭討好，騎牆姿態明顯。屯卦六二「屯如邅如」，「匪寇婚媾」，天人交戰至於「十年乃字」，抉擇如此不易。隨卦六二係小失大，「弗兼與」，機斷何其明銳？人生種種處境，各個思慮及行動，令人憮然。

占例

●二〇〇四年十二月中，我的學生林獻仁想離開工作多年的ＩＢＭ公司，另謀發展。其中一個選項是投效一家美商轉台商企業，不知前景如何？我助其占得隨卦六二爻動，有兌卦之象。「係小子，失丈夫」，看來台商不如美商，但隨時之義大，當時還是選了後者，待了幾年後，再離開高就。「係小子」也者，只是個過渡的跳板啊！現在他的工作與其志業相近，幫名人溫世仁的遺孤溫泰鈞管理基金會，將其經營得有聲有色，而兩人正是在獻仁任職該台商企業時結識的，人生機遇妙不可言。

●二〇〇四年九月上旬，我習易已近三十載，心有所感，問學行進境，得出隨卦六二爻動，有兌卦之象。隨時俱進，朋友講習，自然很好。「係小子，失丈夫」，卻似乎有所提醒：在與世周旋之際，我是不是有些偏離正道了？一時方便法門過渡可以，酬應酬應還得回來。所謂「慈悲生禍害，方便出下流」，隨和不是隨便，親近生狎侮，確實應該猛省。

六三：係丈夫，失小子。隨有求，得，利居貞。

〈小象傳〉曰：係丈夫，志舍下也。

六三不中不正，上隨居高位有實力的九四，稱「係丈夫」；下捨陰虛低位的六二，為「失小子」。以六三的資質，能隨時調整，有求必得，真該惜福，固守既得利益即無咎。高攀上九四，心中所主已改變，不再繫念下面的六二了。舍同捨，捨小得大，捨得捨得，不捨焉能有得？爻變為革卦（䷰），「隨」無故，「革」去故，不揹包袱，當斷則斷，展現相當的魄力。「隨時之義大矣哉！」「革之時大矣哉！」遇隨之革，兩卦皆為元亨利貞四德俱全，真正不守故常、與時俱進啊！

六二「係小子，失丈夫」，六三又「係丈夫，失小子」，看來小子真是過渡，丈夫已非故夫，而是更高更好的新夫，過河拆橋，毫不猶豫，好個六三！「志舍下」，也並非就不用下，而是已非當急之務的重點。隨卦教我們永遠立足當下往前看，逝者已矣，戀之何益？

我有個女學生情途多舛，她和先生都上過我的課，中間失聯一陣，後來一個人再來上初級班，中休時告訴我，她已離婚，且直呼易理太準，在劫難逃云云。原來並非占卦，而是雙方命定的河洛理數，早就排出離婚那年的氣運。她先生為小畜卦九三：「輿脫輻，夫妻反目。」〈小象傳〉稱：「不能正室也。」有了第三者的新歡，遂棄舊愛。她則為隨卦六二：「係小子，失丈夫。」兩下一合攏，婚姻再難維繫，而且事先知道也沒用，情勢就一一按譜演出。我聽之嗟惋，也不知能說什麼。她又疑問提說：「失丈夫」已成定局，「係小子」是什麼意思？前夫揚長而去，留給她兩個小孩撫養，照顧辛苦，自己時間完全被綁住，是否爻辭指此而言？

我不好明說，她又自己招供，離婚後確有一位年輕男士熱烈追求，她頗無所適從。真相大白，天下萬事難逃周易，事已至此，只能往前看。六二後還有六三，這回係小失大，下回係大失小，塞翁失馬焉知禍福？

占例

●二〇一四年九月中，我在高雄持續兩年的《春秋》班結業，我問有何成果？為需卦初、四爻動，齊變有大過之象。亂世講明《春秋》大義固為時之所需，對現代學生來說還是負荷太重。再問我自己從毓師習《春秋》迄今數十年，成效如何？為隨卦六三爻動，有革卦之象。「係丈夫，失小子。隨有求，得，利居貞。」是有所得，為脫胎換骨的革新變化，好好依經幹事，但距離大徹悟與精湛顯然還有差距啊！

䷐

九四：隨有獲，貞凶。有孚，在道，以明，何咎。

〈小象傳〉曰：隨有獲，其義凶也；有孚在道，明功也。

九四陽居陰位不當，追隨權力核心的九五而獲青睞，得躋高位，必遭同儕嫉恨，雖正亦凶，須小心處理，才能無咎。同儕嫉妒，必無所不用其極地排擠，或在九五之君前進讒言，以破壞九五對九四的信賴。這種高處不勝寒的境遇，很難避免，全易六十四卦的四、五爻間，幾乎都有這樣的問題。乾卦九四「或躍在淵」、坤卦六四「括囊，无咎无譽」、需卦六四「需于血」、訟卦六四「不克訟」、小畜卦六四「血去惕出」、履卦九四「愬愬終吉」、同人卦九四「乘其墉，弗克攻」等，無一不承受巨大的壓力。「隨有獲」，不是資產，反成負債，既為眾矢之的，就要想方設法化解。〈小象傳〉稱「其義凶也」，這就是「隨時之義」，天經地義，沒什麼好抱怨的，趕緊處置為宜。〈繫辭下傳〉第九章稱：「四多懼，近也。」講得多麼深刻到位！

「有孚」能去疑生信，「在道」不逾越規矩，「以明」還得明確溝通表態，不能憋氣含混，以為訴諸默契即可。人處高位輻輳之地，戒慎恐懼之餘，猜忌多疑是必然的，受謗受疑，一肩承擔就是。「何咎」即「荷咎」，負荷承擔咎責，為主分勞受謗，以明任事之功。隨卦初九「出門交，有功」，九四「有孚，在道」明功，建功立業必須靈活機敏、隨時隨地都能應變無礙。本爻爻變，為屯卦（䷂），「動乎險中，大亨貞」，也是元亨利貞全德之卦，生氣勃勃，絕不畏難退縮。

「何」作「荷」解，說明已見小畜卦初九：「復自道，何其咎，吉。」密雲不雨的悶局，因承擔自己的咎責獲吉；「隨有獲」招謗，亦當無懼承擔，以化解凶咎。

占例

●二〇〇四年三月十七日，台灣大選前三天，我問連宋勝負？得出隨卦九四爻動，有屯卦之象。「隨有獲，貞凶」，四爻非君位，爻變屯，又是在野奮鬥之象，資源不足，動乎險中，看來選情不妙；時機緊迫，化解亦難。兩天後發生三一九槍擊事件，吃啞巴虧，卻說不清楚，終於飲恨落敗。

九五：孚于嘉，吉。

〈小象傳〉曰：孚于嘉，吉，位正中也。

九五中正居隨卦君位，面對瞬息萬變的環境，仍以誠信領導，使上下互信互重，如此可獲亨通得吉。乾卦〈文言傳〉稱：「亨者，嘉之會也。」嘉為雙喜、美善之意，隨和御眾，威望卓著。占事遇此爻動，恰值宜變之位，爻變成震卦（䷲）。震為中心有主、強勢行動，隨為隨和親善、彈性應變。遇隨之震，表示既堅持大原則，又能權變應世，這是領導統御的上乘功夫，值得體悟學習。

占例

●二〇一〇年十月上旬，我占問了幾位前聖先賢對易學的貢獻，孔子為隨卦九五爻變，成震卦。

「孚于嘉，吉，位正中也」。遇隨之震，震卦為繼承香火之意，隨卦則又學而時習，與時俱進。夫子集大成、創新猷之功，嘉惠後學，澤及萬古啊！

●二〇一一年二月中旬，有關我們周易學會定位發展的爭議未休，時當辛卯新年期間，我占問學會該有的定位，得出隨卦九五爻變成震卦。「孚于嘉，吉」，繼往開來先聖之業，就是這麼簡易！我身為創會理事長，又為教導諸生入門的老師，更應以身作則，與時俱進。

●二〇〇四年十一月初，美國總統小布希勝選連任，我遂占問：布希連任，對兩岸的統獨之爭有何影響？得出隨卦九五爻變，成震卦。隨為和悅溝通，震則堅持主權，遇隨之震，顯示中美關係無論怎麼變，都不致轉往有利台獨上去。

䷐

上六：拘係之，乃從維之，王用亨于西山。

〈小象傳〉曰：拘係之，上窮也。

上六為隨卦之終，爻辭所述為一段周朝發跡的史實，作為維繫民心、吸引天下人生死相隨的榜樣。《孟子．梁惠王篇》有詳細的記載：「昔者太王居邠，狄人侵之，事之以皮幣，不得免焉；事之以犬馬，不得免焉；事之以珠玉，不得免焉。乃囑其耆老而告之曰：狄人之所欲者，吾土地也。吾聞之也，君子不以其所以養人者害人，二三子何患乎無君，我將去之。去邠，踰梁山，邑于岐山之下居焉。邠人曰：仁人也，不可失也。從之者如歸市。」周太王為文王的祖父，為免人民受戰禍之苦，寧棄位而流亡，仁心仁政感動了民眾，也放棄眼前的一切追隨遷徙。「拘係之，乃從維之」，上下一心，緊密連結，怎麼拆都拆不散。大家遷移到西部的岐山腳下，另建家園，團結奮鬥，再創輝煌，太王深得民心擁戴，就這樣打下了爾後周朝發展的基礎。「上窮也」的「窮」，不是困窮、窮途末路，而是窮極發揮到最高境界。本爻變，為无妄卦（䷘），至誠無欺，也是元亨利貞的全德之卦。隨卦六三變革、九四變屯、上六變无妄，皆為元亨利貞，可見天下隨時，充滿了生機與創意。

「王」者「往」也，王道為天下人心所歸往，非靠威權勢力強制。孔子創作的《春秋經》闡發王道思想，有所謂新王之志，《易》與《春秋》相表裡，卦爻經傳中抒發亦多，微言大義，真正一以貫之。我二〇〇四年九月中赴貴陽，與《公羊》學者蔣慶晤談一晝夜，他建議我將大易中的王道思想整理出來，以明孔子大道的宗旨。此事誠可為，這些年來寫的多篇論文裡已有闡發，成書尚俟機緣。

隨卦上六用於企業管理，表示人才是組織最重要的活的資產，若教育訓練得好，對企業文化衷心認同，其價值可與日俱增，產生極大的貢獻。一般廠房機具都會貶值折舊，庫存積壓也耗損甚多，硬體物件必有使用的年限，隨卦之後為腐爛敗壞的蠱卦，已說明了一切。然而資產負債表上所載，一般都是這些東西，人心人力的恰當評估並不多見。

再者是所謂的品牌形象，若經營出色，贏得廣大消費者由衷的支持，也有極大的效益與貢獻，甚至可以授權獲利。本書前文論及大有卦三爻齊變的占例時，曾引述競爭理論中「價值鏈」的說法，和易卦六爻的模型類比印證。五爻居君位，代表品牌價值，上爻代表客戶服務的績效。以隨卦來看，道理也相合。九五「孚于嘉，吉」，表示公司信譽良好，品牌效益卓著；上六「拘係、從維」，因為享受了最貼心的服務，品牌忠誠度就強，永遠不離不棄。

西山即岐山，為周朝八百多年江山的龍興之地，值得驕傲與紀念。當初捨棄了邠地，轉移至岐山拓荒，一切歸零重新開始，結果小捨而大得，不僅收復了邠地，還壯大到統一了全中國。孟子明王霸之分，說稱霸必為大國，以力服人，行王道則不待大，地方小也可以德服人，大家心悅誠服來投效，就可以逐漸由小變大，即為此意。岐山是光榮的發展基地，以中國近現代史來看，國民黨的黃埔、共產黨的延安，都有這種紀念價值。我們個人或組織的終生奮鬥，也得注意志業基地平台的選建，隨著情勢的變遷，何者該捨？何者該得？都得有精敏而準確的判斷。隨卦上六正當上卦、外卦兌的開竅口，如何對外發聲，使近者悅遠者來，很值得學者深思。

占例

● 二〇一六年九月下旬，我看完所有大陸《春秋》學者蔣慶著作後，算了他所關心的諸多重要問題，其中問及未來三、四十年間中國儒學的發展前景，得出隨卦上六爻動，爻變有无妄之象。爻辭稱：「拘係之，乃從維之，王用亨于西山。」顯然極度看好，維繫中國人心、振興華夏的樞紐在此。

多爻變占例之探討

隨卦卦、彖、象及六爻單一的變化介紹已畢，往下研究更複雜的多爻變的情形。

二爻變占例

占事遇卦中任意二爻動，若其中一爻值宜變，以該爻辭為主、另一爻辭為輔斷占。若皆不值宜變，仍以卦象卦辭斷，兩爻齊變所成之卦亦可參考。

●二〇〇二年十二月上旬，我提前預占二〇〇三年中美兩國的關係，得出隨卦初九、九五爻動，齊變有豫卦之象。豫為戒備防範之意，「利建侯行師」，「豫之時義大矣哉！」；「隨无故」，既往不咎，一九九九年五月八日南斯拉夫中國使館被炸，二〇〇一年四月一日中美海南撞機事件，過去的衝突恩怨，不影響當下務實的大國交往。初九為內震之主，涉及主權的大原則絕對堅持，其他次要的則保持彈性，「官有渝，貞吉。出門交，有功」。九五居外兌的君位，建立互信，和悅談判，「孚于嘉，吉」。天下隨時，「隨時之義大矣哉！」，既交往又防備，原則性與靈活性兼顧，才能因應瞬息萬變的國際形勢。

●一九九六年八月，我的學生邱雲斌的同事肝癌住院，問病情發展，為隨卦初、五爻動，齊變有豫卦之象。隨為震宮歸魂卦，「君子以嚮晦入宴息」。患者隔年往生，得壽六十。

●二〇一七年六月底，我上完〈繫辭傳〉晚課後起身，就覺得左腰腿部僵痛難忍，步履維艱。回家將養幾天，熱浴按摩都沒效，心裡直喊糟糕，因七月中後還排了赴北疆遊覽的行程，壯麗山河難道要無緣與會嗎？不能想像這種狀況能耐舟車勞頓和攀山越嶺。過兩天去就醫打針服藥，遵囑熱敷與做伸展操等等，也不見有效。七月初擔心至極，問會否耽誤旅程，為隨卦初、五爻動，齊變有豫卦之象。隨卦放鬆身心，隨時作息，初九為下震立足之處，爻辭稱：「官有渝，貞吉。出門交，有功。」應指足行無礙，動靜皆宜。九五脊柱中正，爻辭稱：「孚于嘉，吉。」不致偏倚。身體有疾稱不豫，豫則代表健康，可按預定行程旅遊。隔日下午到另一班上莊子課，班長在外有修秘術，她說感覺我的病傷應該不是身體，而是心情鬱結所致。說也奇怪，我聽了心中一動，站著講課意氣酣豪，流暢揮灑，竟然一瞬間就動作如常。另一學生介紹我翌日去某體育館給特定運動醫學的醫生看，調整一番也說已經無礙，往後半月全無問題，北疆行旅如期完成，愜意愉快，妙哉！

●二〇一一年元月初，我占問蔣介石的歷史地位，得出隨卦初九、上六爻動，齊變有否卦（䷋）之象。前文解析豫卦六二時，曾說明中正、介石的名號源自爻辭，「建侯行師」，也合乎蔣的行事風格。豫後為隨卦，打了一輩子的仗，仍然敗退台灣。遇隨之否，隨著時移勢轉，走上了儉德避難的否塞之路。隨卦初九「官有渝，貞吉」，仍想「出門交，有功」；發展至上六，「拘係、從維」，帶著兩百萬軍民遷徙台灣，期待「王用亨于西山」。隨卦之後為蠱卦，當下又成了過去，俱往矣！

●二〇〇六年八月上旬，台灣倒扁的紅衫軍運動正如火如荼進行，很多人呼籲陳水扁提前下台，讓呂秀蓮接任，或可爭取特赦云云。我占問其可能性如何？得出隨卦初、四爻動，齊變有比卦之象。初九「官有渝，貞吉。出門交，有功」，進可攻退可守；九四「隨有獲，貞凶」，卻揭示震主之位的風險，即便「明功」亦難辭其咎。以扁呂關係及彼此個性來看，一個打死不退、一個膽氣不足，恐怕難以成局。果然呂未明確表態，陳則拖滿任期才下台。

●一九九七年十月初，我的一位老友邀我買某銀行的股票，說可撿便宜貨，日後會漲價云云。我從來不買股票，在出版公司那段時間幾乎被迫承購，也是痛苦的經驗，當下占問合宜否？得出隨卦初、四爻動，有比卦（䷇）之象。比為合作，遇隨之比，卻有風險，九四明言「隨有獲，其義凶也」，還是審慎點好。初九可進可退，既然有險，不進就是，遂表明無意願。結果後些年，該銀行出大問題，股價跌到極慘，證實了占象的準確可信。

●二〇一〇年八月初，我為周易學會改組籌謀，約一位經營紡織業很成功的學生餐晤，想請他任理事。晤前問順利與否，得出隨卦初、四爻動，有比卦之象。比是建國親侯，互助合作，遇隨之比，卻似有罣礙。隨初九可進可退，九四有獲貞凶，應有不宜。果然當天談時，他懇切推辭，之後又傳簡訊以明心志，我自然成全。這大概就是爻辭後半所稱：「有孚，在道，以明，何咎。」坦誠地説清楚、講明白就好。

●一九九三年七月下旬，我大致已完成第一套易書的撰寫，書名《易經與現代生活》，分〈決策易〉、〈生活易〉、〈經典易〉三卷，準備就由任職的出版公司印製出書行銷，我出資印製，不賣斷抽版稅云云。當時股爭未消，不安定的威脅猶在，遂占問恰當的出書時機。先問當年底前如何？得出節卦（䷻）初、二、五爻動，貞悔相爭為坤卦。再問延至一九九四年出如何？得出隨卦五、上爻動，齊變有噬嗑卦（䷔）之象。噬嗑為劇烈鬥爭之卦，隨為瞬息萬變的情勢，看來不延為宜。遇節之坤，應該恰到好處，遂安排出書。書出頗獲好評，還發展成十多年的長銷書。事後證明時機選擇正確，一九九四年五月起，公司經營情勢大變，若延宕出書，恐怕多有不宜。隨九五居君位，上六拘係從維，套牢一堆人跟著遷徙行動，統馭權大移轉，主動陷為被動矣！

●二〇一五年元月中，大塊文化郝明義兄與我多年舊識，自習《易經》深感興趣，有意出版我多本著作，以廣流傳，約了面晤商談。行前我先占得否卦二、四、五爻動，九五值宜變為晉卦，貞悔相爭成蒙卦。否卦由二、四至五爻，成翻轉向上態勢，九四「有命，无咎，疇離祉」，建立新的同類網絡，九五「休否，大人吉」，相當正面。談後回顧再占總結，為隨卦三、上爻動，齊變有同人之象。隨六三「係丈夫，失小子。隨有求，得，利居貞。」上六拘係從維，「王用亨于岐山」，緊密相連大業肇興，又與周易有關。「同人于野」，接否卦之後，當然順利成功。當年十月，《劉君祖易經世界》一套十冊出書，裝幀精美，反應熱烈，往後還有不少後續的合作出書計畫；郝兄經營實務與社會活動中遭遇疑難，也往往來訊諮詢，互有裨益。卦象完全實現，人生重視善機緣何等重要，真是「大塊假我以文章」啊！

●二○○二年九月上旬，我率二十幾位學生赴河南安陽參加兩岸易學研討會，離台前剛剛完成〈繫辭傳〉的書稿，自己頗覺滿意，不少理論的難點貫通得不錯。一邊反思，一邊占問自己在易學史上可能的地位。卦象為隨三、四爻動，六三值宜變成革卦，兩爻齊變，則有既濟卦（䷾）象。隨為與時俱進之義，革為大膽創新，既濟表示已有一定成就。隨時之義大矣哉！革之時大矣哉！整體評價不錯。六三「係丈夫，失小子。隨有求，得，利居貞」。似乎攀上新的高度，宜好好固守。九四「隨有獲，貞凶」，又出現新的難關考驗，需花時間再把它講清楚。學海無涯，繼續保持精進即是。

●二○○二年耶誕節，我提前作明年的一年之計，竟然算出二○○三年全年運勢為不變的剝卦，一陽浮於五陰之上，資源消耗殆盡，不利有攸往。心中不免一驚：這是什麼緣故？依卦占戒律，又不能再算，否則成了瀆蒙。於是轉換問題，問我二○○三年的身體健康，得出隨卦四、五爻動，齊變有復卦（䷗）之象。隨卦九四有獲貞凶，頗有警訊；九五「孚于嘉，吉」，似又無大礙。復卦卦辭稱：「亨。出入无疾。」隨卦〈大象傳〉則稱：「嚮晦入宴息。」總之，儘量少熬夜，別忙過頭，多休養生息就是。接著再問我二〇〇三年的人際關係，得出隨卦初、二爻動，齊變有困卦（䷮）之象。初九堅持原則且保持彈性，「出門交，有功」；六二「係小子，失丈夫」，「弗兼與」，似乎會有不得不割捨之事。人情交誼無常，隨時變遷而受困？這難道和全年運勢的剝卦有關嗎？

後事證明卦占無誤：身體微恙無大礙，某些深刻的朋友關係確實生變，影響不小，真有剝卦如刀斧加身的傷痛。好厲害的易占！

●一九九八年八月下旬，我的學生林獻仁任職ＩＢＭ協理，負責電腦千禧蟲Ｙ２Ｋ的專案。獻仁為台灣本土傑出子弟，當時兩岸關係並不和諧，而他又在美國公司服務，出差到北京與負責官員報告時，心中有些掙扎，究竟如何應對彼方的工作要求？我助其占得隨卦初、二爻動，有困卦之象。遇隨之困，隨機應變仍難免遭困。初九又想堅持原則，又得保持彈性；六二「係小子，失丈夫」，難以面面俱到。還是平常心看待，按專業需求去處理就是了！

●二〇〇一年六月底，我針對《焦氏易林》64×64＝4096種爻變類型的理論體系，以易占評估其價值，得出隨卦初、二爻動，齊變有困卦之象。隨時變化，卻有困頓難行之象，何以故？初九「官有渝，貞吉」，萬變不離其宗，說來容易，實際很難做到；六二係小失大，「弗兼與」，顧此失彼，難以面面俱到，而且抓些細節，失去宏觀偉識，非大器也。

多年來我每占一卦，多同時參考《焦氏易林》之詞，確實高明者少，也很不準確，比卦爻辭差得太多，夠水平的連一半都沒有；但其中也有一些描繪細膩入微，妙合符節，令人絕倒，這是可取之處。想想也不奇怪，易辭為先聖集體創作的心血結晶，千錘百鍊，精深博大，豈是焦延壽一人之智堪可比擬？

●二〇一〇年四月底的易佛課堂，我們談到佛的三身：法身、報身與化身。我占清淨法身為何？得出隨卦四、五爻動，齊變有復卦（䷗）之象。復卦代表宇宙核心的真相，〈彖傳〉稱：「復，其見天地之心乎？」儒稱良知、道稱真宰、佛稱如來金剛心等皆是。隨緣應化，而有眾多面目，總歸元亨利貞無咎。九四「隨有獲，貞凶」，可在九五「孚于嘉」的大信中化解而獲吉。前面說過，隨下震上兌，剛好也合東方下界眾生發願往生西方淨土之象。上兌法喜充滿，九四、九五皆動，深契其義。

●二〇一〇年六月下旬，學會內部開的一個班鬧人事紛爭，經我整頓、約法三章，繼續上課前我占問爾後順利否？得出隨卦初、三爻動，六三值宜變成革卦，兩爻齊變又有咸卦（䷞）之象。隨機調整，變化革新，咸卦卦辭稱：「亨利貞，取女吉。」這班大多數為女生，看來應無問題。隨初九「官有渝，貞吉。出門交，有功」，顯示堅持大原則，進可攻退可守，即立於不敗之地。六三「係丈夫，失小子。隨有求，得，利居貞」。處置人事後應收震懾之效，大家老老實實上課了！事後果然如此，順利上完半年課程，一切皆大歡喜。

●二〇一六年十一月中，中華奉元學會召開年度會員大會，我作為理事長，事先就較難處理的議題做了大量溝通與準備，會前問順利否？占出隨卦四、上爻動，齊變有益卦之象。隨卦九四爻辭：「隨有獲，貞凶。有孚，在道，以明，何咎。」既負責任，就得任謗，誠意說清楚才可化解疑慮，這是沒法推託的事。上六爻辭：「拘係之，乃從維之，王用亨于西山。」好在仍能維繫人心，繼續合作推動先師志業。益卦卦辭：「利有攸往，利涉大川。」〈大象傳〉：「君子以見善則遷，有過則改。」隨時調整以獲益，會議順利完成過關。

三爻變占例

占事遇卦中任意三爻動，變數已至半，全局呈現微妙的拉鋸情勢，稱貞悔相爭。本卦為貞，三爻齊變所成之卦為悔，以兩卦卦辭卦象合參判斷吉凶。若其中一爻值宜變，爻辭為主要變數，其他二爻為次要變數，一並列入參考。

●二〇一一年元月中，前例所言之班順利結業，在謝師午宴上觥籌交錯，我一邊談笑，一邊以手機電占：整體績效如何？得出隨卦初、五、上爻動，貞悔相爭成晉卦（䷢），隨卦九五值宜變，單變成震卦之象。晉為日出之象，〈大象傳〉稱：「君子以自昭明德。」隨卦初九堅持大原則，調整後「出門交，有功」；九五君位指我，「孚于嘉，吉」；上六拘係從維，「王用亨于西山」，眾生向心追隨，算是功德圓滿。

●二〇一六年十月中，我遭遇一些頗棘手的合約問題，自己並非理虧，卻未必擺得平感情用事的爭議。當時兩位好友也是權益關係人，負責跟對方談判，我關心結果，占得隨卦三、四、五爻動，九五單爻宜變為震卦，貞悔相爭成明夷卦。明夷卦辭：「利艱貞。」對方蒙昧不明，談判辛苦可知。我方隨機制宜下仍可達成協議，取得信任確保主權。結果確實如此，雙方簽訂合約。

●一九九一年九月上旬，我在任那家出版公司經營困難，辦理增資以改善財務，盤活營運能量。直銷部的高幹引進其弟為大股東，由於財力雄厚，為股市有名的大戶作手，又入董事會任副董事長。雖解一時燃眉之急，卻也引發股爭後患無窮，從此無寧日矣！當時我即有一占，得出隨卦初、四、五爻動，貞悔相爭成坤卦，九四值宜變，又有屯卦之象。隨卦代表時勢有大變化，初九、九五爻辭看來還好，基層員工與老闆都還穩定而用心。九四正是引入外力之位，「隨有獲，貞凶」，財務改善卻有慘重代價，這些徵兆後來通通變成了事實。

●二〇〇三年五月下旬，我提前半年預測二〇〇四年台灣的經濟情勢，得出隨卦上卦三爻全變，貞悔相爭成頤卦（䷚），隨卦九五值宜變，單變又有震卦之象。頤卦自養養人，遇隨之頤，局勢雖然多變，民生經濟應可自給自足。九五「孚于嘉，吉」，應可消弭九四「有獲，貞凶」之險，上六拘係從維，民心不至於亂，民力尚能聚集任事。結果二〇〇四年過完，經濟成長率為百分之五·七一，算是相當不錯了！當年台灣政局確實動盪，但經濟沒受太大影響。

●二〇一四年十一月底，我在福州遊覽，旅程中突然憶起多年前在出版界苦戰的舊事，恩怨情仇俱往矣！還是算了一下與正主之間離異後各自的際遇發展。對方為需卦下三爻全動，貞悔相爭成比卦。「需于郊、需于沙、需于泥」，仍生計困頓未脫險難。我則為隨卦上三爻全動，宜變之位在九五，單變震卦，貞悔相爭成頤卦。兩下的活動能量相較懸殊，雖屬事實，心中仍感慨良深，人生苦短，貪嗔癡慢爭何事？

●二〇一五年二月中，我們全家赴英國與蘇格蘭旅遊，飽覽山海秀色，對盎格魯薩克遜民族的文化底蘊也相當欣賞，占得隨卦上三爻全動，九五宜變為震卦，貞悔相爭成頤卦。顯然檔次甚高，長期積澱成一豐富自足的生態體系。「頤之時大矣哉！」、「隨時之義大矣哉！」順便也占中華民族的文化特色，為乾卦三、五爻動，齊變有睽卦之象。華人勤奮，自強不息，乾卦九三「朝乾夕惕」，切中肯綮。九五「飛龍在天」，卓越非凡。睽卦〈大象傳〉：「君子以同而異。」在天下一家的世界各族群裡，絕對有其鮮明的特色。

●二〇一七年六月初，一位曾經函訊聯繫多回卻仍未見面的大陸朋友來台，籌辦他計議已久的兩岸文化交流活動，再發訊希望面敘。先前我之所以叫停，自有敬慎的考量。時移勢轉，合作的包袱已不存在，仍決定約期見面，而後效確實也不壞。當時的卦占為隨卦初、二、五爻動，九五宜變為震卦，貞悔相爭成解卦。「隨无故」，初九守住大原則彈性應對，出門交可有功；六二「係小子」無傷，及時而已；九五「孚于嘉，吉」，可為亨嘉之會。解卦「利西南得朋」，消除蹇難糾結，孰曰不宜？解之時大矣哉！天下隨時，隨時之義大矣哉！

●二〇〇三年八月中，我受社會大學之邀，赴桃園東眼山莊主持一天一夜的易經研習營。結業時，國內知名健檢集團的老總提問：他積極建立的華人基因庫，發展前景如何？我現場占得隨卦初、四、上爻動，貞悔相爭成觀卦（䷓）。觀卦〈大象傳〉稱：「風行地上，先王以省方觀民設教。」廣蒐各地民眾的基因資訊，以為健康診治因地制宜的參考，做得好的話，很有價值，卻也可能涉及個人私密而遭政府干涉。隨卦九四「隨有獲，貞凶」，小心懷璧其罪，不然就得事先解釋清楚。初九「出門交，有功」，上六「王用亨于西山」，慎始成終，隨時之義大矣哉！

●二〇一一年十二月下旬，我應學會理事長鄧美玲之請，從二〇一二年起，在學會每月發行的電子報上寫專欄，取〈繫辭傳〉「受命也如嚮，无有遠近幽深，遂知來物」之意，定名為「如嚮集」。家事國事天下事，事事關心，每篇約一千五至兩千字，貫串易的理氣象數立論。當時占問預期效果，為隨卦二、四、五爻動，九五值宜變為震，貞悔相爭成臨卦（䷒）。天下隨時，隨時之義大矣哉！九五「孚于嘉，吉」，「洊雷震，君子以恐懼修省」。咸臨天下，「君子以教思无窮，容保民无疆」。隨、臨皆為元亨利貞，四德俱全，效果應該極好，事實也是如此。

四爻變占例

占事遇卦中任意四爻皆動，以齊變所成之卦象卦辭論斷，若其中一爻值宜變，加重考量其爻辭所起之作用。

● 一九九七年十一月下旬，我為高雄一位企業界的學生籌謀，占其隔年（戊寅年）能否脱困？得出隨卦初、四、五、上爻動，齊變成剝卦（䷖），隨卦上六值宜變，又有无妄卦之象。這位學生曾從事房地產業，事業做得很大，卻也大起大落，負債累累，但一直都能若無其事，談笑應對，正合隨卦內震動、外兑悦之象。遇隨之剝，當然得小心資源流失；隨卦上六拘係從維，聚眾能力仍強，應是九五孚信素著之故；九四「有獲，貞凶」雖然不妙，初九靈活應變，尚可無礙。整體來説還好，事實上一直迄今，他仍屹立不搖，雖然榮華不再，也算松柏長青，我們師生相交也從無罣礙。

● 一九九三年七月初，我積極經營那家出版公司，業務很有起色，與高幹談起昔日盛況與標榜的煌理念，不勝感慨。遂問如何努力重振，得出隨卦初、二、五、上爻動，亦即隨時變化趨新，初九中心有主，六二務實取捨，九五刷新品牌形象，上六重新聚眾，贏得各方認同；然此四爻齊變成未濟卦（䷿），想得是很好，恐怕都不容易落實，結果真的是功虧一簣，以未濟的遺憾收場。

● 二〇〇九年九月底，我開講《金剛經》，彼時學會頗多人事糾葛，我起心動念占問：藉彼金剛力，消此諸罪業？得出隨卦初、二、四、五爻動，齊變成師卦（䷆）。師卦發動降魔大軍，〈彖傳〉稱：「能以眾正，可以王矣！」隨機施教，初九「出門交，有功」；六二係小失大，「弗兼與」；九四「有獲，貞凶」特難搞；九五「孚于嘉，吉」，儘量化解。結果講授下來得失互見，固然有些效應，習氣深重者還是依然故我，嚴格來說，消業未成，降伏其心談何容易啊！

18. 山風蠱（䷑）

蠱卦為全易第十八卦，為皿中生蟲變質敗壞之義，前接隨卦，兩卦相錯綜，明示隨著時間流逝，一切東西都會腐朽裂解。生老病死、成住壞空是必然的現象，我們能做的，只是儘可能隨時修補改善，以期延長其使用壽命。蠱若指生病，就得診斷治療；若指貪污腐化，就得法辦嚴打；若指體制陳舊，就得改革創新。這種對治的態度跟方式稱「幹蠱」，「貞者，事之幹」，藉著積極幹事，以撥亂反正，蠱卦六爻爻辭以此為主旨。改革很不容易，一旦克服萬難成功，即進入下一卦臨，為自由開放、創意無窮之卦，且發展至君臨天下的高度優勢。

〈序卦傳〉稱：「蠱者，事也。有事而後可大，故受之以臨。臨者，大也。」改革任事很難，必然面臨守舊派的殊死反對，引發組織內權力鬥爭的重新洗牌，若堅持到底而獲成功，即開創一個盛大的嶄新格局，這就是氣勢開闊、君臨天下的臨卦。大陸這三十多年的改革開放，從計畫經濟轉軌為市場經濟，大幅提升綜合國力，即為由蠱至臨的範例。台灣從蔣經國晚年開始推動的民主改革亦然，都是華人世界重要的「幹蠱」經驗，值得深入省思評判。

以中國歷史來看，重大的政治改革稱為變法圖強，少有成功之例。清末戊戌變法實施百日即失敗；北宋王安石的熙寧變法折騰幾次，引發劇烈黨爭而告終；西漢末王莽變法，建國號為新朝，破舊立新之志顯然，也慘敗崩滅。唯一成功的是戰國時秦國的商鞅變法，確實使秦富國強兵，最後得以滅六國一天下，但商鞅本身卻遭車裂，以身殉法。由此可見改革之艱難，甚至比徹底改朝換代的革命還不容易成功。戊戌變法失敗後沒太久，辛亥革命成功，推翻了君主專制，即為顯例。

易卦中大幅改變現狀的方式有三：蠱、革、巽。蠱卦講述改革之理，由上至下推行；革卦徹底革命，由下發動推翻上層體制；巽卦由外滲透至內，吸取組織資源，壯大後伺機取得領導權，然後改弦更張，遂行自己的意圖，一般所謂借殼上市即是。

蠱卦卦辭：

元亨，利涉大川。先甲三日，後甲三日。

蠱卦卦辭有「元、亨、利」，沒有「貞」，明示蠱亂敗壞之時正道不存，必須趕緊大刀闊斧改革整飭，以期對症下藥，撥亂反正。蠱卦之前為隨卦，其後接臨卦，皆為元亨利貞四德俱全之卦。由隨至蠱，貞德隱沒；「幹蠱」成功，貞德復現。臨卦天下大治，至治由至亂中來，給人很大啟發，《春秋》學所謂「治起於衰亂之中」，不怕沒好事，就怕沒好人，人若有志，不懼衰亂。世無艱難，何來豪傑？滄海橫流，方顯英雄本色！

幹蠱成功，又成元亨之世；改革艱難，故稱「利涉大川」，表示有重大風險，必須做好充分周全的準備。「先甲三日，後甲三日」，即為改革之重要心法。甲為天干計日之首，有一切重新開始之意，又有甲等、甲級優秀出眾之稱。改革的目的正是期望除舊布新，成績卓越。先三日、後三日，為很有意思的象徵說法，設以甲日當作力行改革新政的第一天，前三天就得及早謀劃，施行後三天還得視效果，隨時檢討調整。其實豫、隨、蠱三卦相連，就是教我們做任何事都要豫先準備，隨時調整，檢討過去，以策勵將來。前三天後三天，加上甲日這天共七天，亦合復卦卦辭「七日來復」之義。一元復始，萬象更新，剝極而復，撥亂反正矣！

巽卦九五爻辭稱：「先庚三日，後庚三日，吉。」革卦卦辭稱「已日乃孚」，已後為庚，庚即變更，庚後為辛，辛即新，萬象更新。中國的天干地支不只是簡單的表序符號，制立名稱，其中都有深意。

〈彖〉曰：蠱，剛上而柔下，巽而止，蠱。蠱元亨，而天下治也。利涉大川，往有事也。先甲三日，後甲三日，終則有始，天行也。

蠱上卦艮為少男，下卦巽為長女，為剛上而柔下；艮一陽居於二陰之上，巽二陽居一陰之上，亦為剛上柔下之象。外強中乾、上實下虛，也是腐朽敗壞之意。下巽趁虛而入，上艮堅壁阻止，一個密閉不透風的環境中，容易滋生病媒；封閉的威權體制，缺乏資訊的透明度，暗箱作業也是特權貪腐的溫床。若改封閉為開放，與外界自由交流，有合理的監督與制衡，便能釋放久受壓抑的活力與能量，創造奇蹟般的成長。「蠱元亨，而天下治」，幹蠱成功，進入君臨天下、自由開放的臨卦。所謂君臨天下，其實是上下共和治理，群臨天下。君者「群之首」，領導人代表群眾之意而行管理，接受一切該有的監督與制衡。乾卦〈彖傳〉稱：「首出庶物，萬國咸寧。」即為此意。〈文言傳〉稱：「飛龍在天，上治也……乾元用九，天下治也。」也說明了寡頭獨斷與群龍無首的差別。〈繫辭下傳〉第二章：「黃帝堯舜垂衣裳而天下治。」〈易傳〉三處強調天下共治，微言大義不可忽忽看過。臨卦初九、九二爻辭皆稱「咸臨」，民間基層都參與治理，主權在民、全民共治的精神清楚呈現，幹蠱改革的目標即在於此。

改革傷及特權階級的利益，勢必全力反撲，引發改革派和保守派的劇烈鬥爭，這是改革的重大風險，能否「利涉大川」，事未可知。稱「往有事」，不稱「往有功」，就表示改革忙得要死，卻不一定成功，捱累不討好，甚至前功盡棄，粉身碎骨！

需卦健行遇險，利涉大川，〈彖傳〉稱「往有功也」；坎卦險關不斷，行有尚，〈彖傳〉稱「往有功也」；蹇卦外險內阻，利見大人，〈彖傳〉稱「往有功也」；解卦奮動脫險，有攸往，〈彖傳〉稱「往有功也」；漸卦循序漸進，進得位，〈彖傳〉稱「往有功也」；渙卦風行水上，利涉大川，〈彖傳〉稱「乘木有功也」。全易中只有蠱卦〈彖傳〉稱「往有事也」，可見改革之難。

「貞者，事之幹」，蠱卦欠貞，序卦稱「蠱者事也」，〈彖傳〉又提「往有事也」，積極幹事，只為恢復正道，成敗得失在所不計。「先甲三日，後甲三日」，「七日來復」，正是終則又始，終結舊習，開創一個新的時代，這完全合乎天道運行的自然規律。乾卦卦辭「元亨利貞」，〈大象傳〉稱「天行健」，貞下起元，生生不息；幹蠱恢復貞德，元亨利貞俱全，豈非天行也？剝卦〈彖傳〉稱：「君子尚消息盈虛，天行也。」復卦〈彖傳〉更直接，稱：「七日來復，天行也。」

〈象〉曰：山下有風，蠱。君子以振民育德。

蠱上卦艮為山，下卦巽為風，山下有風為落山風，風力強勁，能吹得人車傾倒。台灣南部的墾丁公園一帶，常颳半年的落山風，遠近馳名。都市的大廈林立，也會造成這種地形風的效應，總之都有一定的破壞力，合乎蠱壞之意。《左傳．昭公元年》稱：「淫溺惑亂之所生也，于文，皿蟲為蠱……女惑男，風落山謂之蠱。」下卦巽長女誘惑上卦艮少男，一方經驗老到，一方血氣方剛，又有情慾蠱惑之象。面對各種誘惑敗壞的威脅，君子應振作民氣，教化民眾，培養其任職治事的德性。蒙卦啟蒙教育，〈大象傳〉稱「果行育德」；蠱卦整飭風氣，〈大象傳〉稱「振民育德」，果敢振奮，認真負責以為天下先。

振民育德，也是貫徹全民改革的理念，只有基層民眾都振作覺醒，參與監督改革大業的推行，改革才不至淪為掌權者間的政治鬥爭。世間多有假改革之名，而行鬥爭之實的案例。

占例

● 一九九八年十二月五日，台北市長選戰前夕，我問勝負。陳水扁為不變的蠱卦，馬英九為不變的兌卦。蠱為敗事，兌則深得民眾喜愛，卦辭稱「亨利貞」，占象如此明確篤定，結果揭曉馬勝陳敗，完全應驗。

● 二〇一〇年二月初，我因患牙周病多年，長期治療後裝了暫時性假牙，往下或是植牙，或換為永久性假牙，各有利弊，舉棋不定。一時有些煩躁，竟然占問：乾脆什麼也不做，順其自然會如何？得出不變的蠱卦。必然敗壞長蟲，越來越糟！當下不禁莞爾，這個易占還真是實話實説，絲毫不講情面呀！

●二〇一〇年九月上旬，我應邀赴德國慕尼黑授《易》，剛好趕上他們兩百週年的啤酒節慶，舉辦盛大的馬隊遊行，氣氛非常熱鬧。我在街旁觀賞，一邊以手機電占此節慶之意義，先得出不變的蠱卦，再測則為不變的隨卦。蠱為故事，「幹父之蠱」為繼承傳統，並加以改革；隨為與時俱進的創新，〈大象傳〉稱「嚮晦入宴息」，該放鬆休息時，就得休息。隨、蠱二卦相錯且相綜，隨著光陰流逝，古老的傳統慶典延續了下來。當晚看到大帳篷中跳舞狂歡的男男女女，平日工作勤奮嚴謹的德國人，也展現了輕鬆縱情的一面。

●二〇一〇年六月下旬，我一時興起，問了個玄虛的問題：我的前世有做過道家的真人或仙人否？得出不變的蠱卦。蠱為過去世之事，「幹父之蠱」點出繼往開來的夙緣，蠱又為巽宮的歸魂卦，〈彖傳〉稱終則又始，金蟬脫殼、天蠶再變，還真有點兒那麼回事。會問這個問題，是因為曾遇過幾位通靈人士都這麼説，所謂劉真人云云。《莊子．大宗師》稱：「真人之息以踵，眾人之息以喉。」我講課太多，不擅以丹田發聲，常常喉嚨不清爽，深為所苦，離真人境界甚遠。一直以儒生自任，篤信四書五經，卻沒想自己前生還與道家有淵源？

●一九九八年六月中，我給學生講劉劭的《人物志》，針對全書十二篇都有占卦，其中〈體別第二〉的主旨為不變的蠱卦。該篇主要分析偏才之失，所謂「抗者過之，而拘者不逮」，都違反中庸之德，而且習氣深重，很難移轉。蠱卦講積弊由來已久，改革不易，正與篇旨相合。

䷑

初六：幹父之蠱，有子，考无咎，厲，終吉。

〈小象傳〉曰：幹父之蠱，意承考也。

初六為幹蠱改革之初，面對先代傳下來的事業，並不照單全收，而是隨時所宜而有創新，原先的積弊也勇於改正。這種批判式的繼承態度，才是真正的孝子賢孫，大業後繼有人，先人在天之靈都會認同。推動改革必得罪人，招致多方反彈抗爭，雖然危厲不安，若堅持大原則貫徹到底，仍會成功獲吉。繼承先人須重視活的創意精神，而不必死守表面的條條框框，本爻動，恰值宜變之位，爻變成大畜卦（䷙）。卦辭稱：「利貞，不家食吉，利涉大川。」守住家底後，積極往外創新擴張，「男兒立志出鄉關，學不成名誓不還」，冒險犯難而建偉大功業。〈大象傳〉稱：「多識於前言往行，以畜其德。」廣量吸收各方資源，融會貫通而為己用，這是最聰明的學習與成長方式。

考指先父先祖，舊社會家中奉祖宗牌位，常寫「某某堂上歷代考妣之神位」，考為男性先祖，妣為女性之宗。人不能忘本，祭祀祖宗正是往未來開拓的精神動力，豫卦〈大象傳〉說得很清楚：「雷出地奮，先王以作樂崇德，殷薦之上帝，以配祖考。」預測預備，是往未來看，祭祀祖考，是探源尋根的緬懷，數往才能知來。

「意承考」的「意」，用得極活。意字為立日心，人每天起心動念不同，日新又新，哪有一定？後人追尋前人之意，又豈可固執論斷？禪宗啟發人：「如何是祖師西來意？」重視活的創意，而非死的外在跡象，才能識與師齊，甚至更突破精進。〈繫辭上傳〉第十二章：「子曰：書不盡言，言不盡意。然則聖人之意，其不可見乎？」書與言都是跡象，讀經需善體言外之意，心會神通，才能發揚光大。

考指過世的先人，「考无咎」，也是「幹父之蠱」需有的策略考量。太上皇如果還在，今上必有顧慮，無法全力施為，這是人情義理，最好等先王宴駕，父死成考之後再動手。古代先王死後，繼承大統的後王須服喪三年，期間不親理政事，一切施政依循舊軌，也寓有此意。有了這三年的沉澱與緩衝，讓政權平穩過渡，老臣們也不至激烈反對新政，服喪期滿，再依據深思熟慮的改革方案行事，成功的公算較高。這就是卦辭強調的「先甲三日、後甲三日」，〈彖傳〉所謂「終則又始，天行也」。

前文曾述，民國史的發展與卦序若合符節：同人、大有為辛亥革命所揭櫫的理想；地中有山的謙卦呼籲和平，是孫中山先生的讓國風範；豫卦利建侯行師，六二介石、中正，正合蔣介石征戰風格；隨卦時事巨變，上六拘係從維，「王用亨于西山」，國民黨戰敗遷台。隨後接蠱卦，又暗合蔣經國晚年「幹父之蠱」，推動改革。蠱下卦為巽，屬陰柔之木，初九木下有子，似乎又點出李登輝民主改革的角色。這樣解卦序，別出心裁，卻有些像〈推背圖〉或〈燒餅歌〉了！

占例

● 二〇一〇年二月下旬，由於稍前我曾以易占探測台灣五大企業家的經營風格，包括已往生的辜振甫、王永慶在內，卦象相當精妙。在課堂上講起時，引起學生的興趣，也要求算一算第二代的企業家。富邦集團董事長蔡明忠為蠱卦初九爻動，恰值宜變成大畜卦。「幹父之蠱，有子。」蔡董繼承其父蔡萬才的事業，與時俱進，經營有成，正合此象。大畜卦辭：「不家食吉，利涉大川。」富邦近年鋭意西進，已在廈門設立分行，不限於台灣本土。遇蠱之大畜，定位其人其業，真是精當。

䷑

九二：幹母之蠱，不可貞。

〈小象傳〉曰：幹母之蠱，得中道也。

九二居下卦之中，下乘初六之民、上和六五之君相應與，正是基層民意支持、上蒙領袖青睞，授權推動改革之位。秦國商鞅、北宋王安石、清末康有為皆當此時位，以一介平民特蒙拔擢，承擔改革大任。既然如此，何以又稱「不可貞」呢？「幹母之蠱」與「幹父之蠱」又有何不同？

親子之情中，父子間尚可以義論事，母子間撫育情深，板起面孔說親之過很難；大衍之數的占法中，陽極變陰尚易，陰極轉陽最難。「母之蠱」喻指隱微不顯、極深難化的積弊，幹母之蠱比幹父之蠱還難得多。九二所對應的六五為陰柔之君，六五爻變為巽卦（䷸），正是隱匿難明的長女之象，九二權由他授，推動改革若牽涉到六五之弊，怎麼辦？改革畢竟不同於革命，這時也只能暫時繞過，將來俟機再作處置。若硬碰硬與六五攤牌，可能白白犧牲，這就是很多改革的難處與盲點，所謂辦案「辦不下去」，實在是因為「辦不上去」啊！本爻變，為艮卦（䷳），艮為山為止，遭遇重重阻礙，不停止不行，眼前暫止，並不代表永遠放過。艮卦〈彖傳〉說得好：「艮，止也。時止則止，時行則行，動靜不失其時，其道光明。」想要前途光明，眼下就不得太固執，堅守原則還得有必要的應變彈性。

節卦卦辭稱：「亨。苦節不可貞。」上六〈小象傳〉解釋：「苦節貞凶，其道窮也。」人生行事勿偏執走極端，一切仍以中節適可而止為上。蠱卦九二剛而能柔，又居下卦之中，能行時中之道，而免凶咎。

占例

● 二〇〇〇年元月下旬，離三月大選已很近，其時宋楚瑜遭國民黨打壓，捲入中興票券案，不易脫身，民調支持率陡降，我問其可有勝算？得出蠱卦九二爻動，爻變有艮卦之象。「幹母之蠱，不可貞。」宋若為九二，六五就是李登輝，兩人關係匪淺，恩怨情仇說不清，但顯然宋擺脫不了李的制約，這對大選非常不利。果然，兩月後宋以三十萬票飲恨，陳水扁上台執政。

● 一九九四年八月一日，我應邀進府與李登輝見面，談了兩小時，兩天後即開始赴官邸給他上課，之前雖然曉得是這件事，對象特殊，還是占問吉凶及應對態度。得出蠱卦九二爻動，有艮卦之象。「幹母之蠱，不可貞。」顯然他積習已深，不易改變，我也不存任何其他的想法，單純講經就是。

● 二〇一一年三月初，我看到當期某商業雜誌封面以「美國再起」為專題，大肆製作報導，心中納悶，這跟我一路來的觀察判斷頗有出入。翻閱內文後，仍覺得報導浮泛，論據不堅，遂占問：美國經濟真的已強勁復甦了嗎？得出蠱卦九二爻動，有艮卦之象。「幹母之蠱，不可貞」，顯然還是我對，雜誌報導太輕率，有問題！金融風暴後，美國債務嚴重，多印那麼多鈔票，並沒解決實際問題，失業率也未有真正改善，如何就能說復甦再起？美國的積弊超乎想像的深重，短期改革何能奏效？後來的情勢發展，在在證明了這一點。

●二〇〇〇年四月中，我在寫〈繫辭傳〉的書，針對每章都有占其主旨，上傳第八章為蠱卦九二爻動，有艮卦之象。該章宣稱：「言天下之至賾，而不可惡也。言天下之至動，而不可亂也。擬之而後言，議之而後動，擬議以成其變化。」天下事複雜動盪之極，撥亂反正絕不容易，得多方擬議，周全準備才出手。「幹母之蠱，不可貞」，欲速則不達，小不忍則大事不成。該章還舉了七個爻說明此理，中孚卦九二、同人卦九五、大過卦初六、謙卦九三、乾卦上九、節卦初九、解卦六三，從正面或反面來論述「敬慎不敗」的重要，人生就像艮卦一般阻礙重重，的確不能掉以輕心。

●二〇一〇年元月下旬，講述《六祖壇經》有感，我占問自己此生若學行尚可，將來會有衣缽傳人嗎？得出蠱卦九二爻動，有艮卦之象。「幹蠱」即繼往開來之大事，需俟機緣，可遇而難以強求，說得真切啊！

●二〇一〇年初，我有一名學生問她摯友年運，得出蠱卦九二爻動，有艮卦之象。「幹母之蠱，不可貞」，結果友人染患婦科重病，一年都整治不好。蠱字本意就是疾病，皿中有三隻蟲，倘若情感關係複雜，於體不利，醫經上說：「三經變一毒。」九二爻位為膝上胯下，也正好在婦科患部，「幹母之蠱，不可貞」，明確點出痼疾難治。

《焦氏易林》「遇蠱之艮」的斷詞為：「天之所壞，不可強支；眾口嘈嘈，雖貴必危。」以上諸占例，皆可作如是觀。

九三：幹父之蠱，小有悔，无大咎。

〈小象傳〉曰：幹父之蠱，終无咎也。

九三陽居陽位，過剛不中，堅持改革的熱情，雖可能衝撞體制而生悔，由於大方向正確，最終仍「无大咎」。其上的六四為當權的既得利益階層，與九三為陰乘陽、柔乘剛的關係，彼此極可能直接衝突，而造成緊張對峙的情勢。本爻變，為蒙卦（䷃），外阻內險，得小心應付。

占例

● 一九九七年七月上旬，我占問蔣經國的歷史定位，得出蠱卦九三爻動，有蒙卦之象。小蔣晚年推動民主改革，親民的作風與蔣介石迥異，開放黨禁、報禁及赴大陸探親等政策，影響相當深遠。這是名符其實的「幹父之蠱」，雖「小有悔」，終「无大咎」。然而爻變所成的蒙卦，卻耐人尋味，什麼事沒看清楚呢？從後來發展觀，顯然是選了李登輝做副手，讓台灣從此深陷統獨矛盾之中，二十年嚴重內耗，喪失了富強的寶貴時機。

● 一九九七年底，亞太金融風暴肆虐，東北亞、東南亞災情慘重，台灣大致無礙。我占問這場風暴的本質為何？得出蠱卦九三爻動，有蒙卦之象。「幹父之蠱，小有悔，无大咎。」由西方投機客狙擊發展中國家的金融體系起，到國際貨幣基金介入為止，正好刺激了亞太地區的金融改革，十多年來浴火重生，已比過去強化太多。風水輪流轉，而今國際金融風暴爆發，西方列強也嚐到了苦果。

䷑

六四：裕父之蠱，往見吝。

〈小象傳〉曰：裕父之蠱，往未得也。

六四為既得利益的中央執政階層，假改革之名，行自肥之實，貪腐所得愈漸富裕豐厚，但難為天下改革的人心所容，長遠看，路子會越走越窄。六四過陰生吝，九三過剛有悔。吝也是文過飾非，官官相護，意圖抗拒改革的潮流，終將被時代所拋棄。本爻爻變，為鼎卦（䷱），掌握政權，鐘鳴鼎食。

占例

●二○一四年七月初，我問往下三個月的季運，為蠱卦六四爻動，爻辭稱：「裕父之蠱，往見吝。」〈小象傳〉明示：「往未得也。」有志幹蠱以繼往開來，卻遭遇甚多阻礙願景難酬，完全切合實情。

䷑

六五：幹父之蠱，用譽。

〈小象傳〉曰：幹父用譽，承以德也。

六五居君位，上承上九所代表的改革理念，下和九二負責改革的幹才相應與，正當起用清譽卓著的九二，推動改革，掃除積弊，以成偉業。九二有德，承受大任會戮力奉公，商鞅、王安石、康有為等改革名臣，足以當之。秦孝公、宋神宗、清光緒帝即當六五之位，改革須用好人，才能推動好事。〈繫辭下傳〉第九章稱：「二多譽，四多懼。」九二在地方，有民間清望與改革熱情；六四在中央執政，為腐朽勢力的代表，當然不能寄望他們能推行改革。

本爻爻變，為巽卦，巽為低調隱伏，〈大象傳〉稱「申命行事」。六五授權九二，雷厲風行推動改革，自己隱身幕後發號施令。這樣做的好處有二：一旦九二遭遇重大阻力時，六五可協助斡旋解決，如自己站上第一線，就沒有轉圜的空間；萬一九二行事過激，反彈阻力太大，也可由其承擔責任，而予以撤換，這種棄車保帥的事例，屢見不鮮。

再者，整個體制改革的關鍵問題，也可能源於六五本身。六四「裕父之蠱」，藉改革剷除異己，以謀私利，難說沒有六五的暗中縱容，甚至沆瀣一氣，形成共犯結構。六四「裕父之蠱」，反改革在明處，還好糾彈；六五表面「幹父之蠱」，暗裡為特權護航，就難辨識與處理。正因如此，九二「幹母之蠱，不可貞」，上九「不事王侯，高尚其事」。六五即王、六四為侯，王侯就是當權的執政集團，利害與共，行事難以高尚。這是改革最難的地方，體制難以突破的病灶所在，學者不可不知。

既然如此，六五爻辭何以不直接挑明，而要透過九二、六四及上九迂迴得知？這就涉及中華文化避諱的傳統，《春秋》學有所謂「為尊者諱，為親者諱，為賢者諱」的綱領，對君父有過不直接批評，以全人情義理，但也不會完全放過，護短縱容。當避諱已經成為習慣時，人們自然曉得委曲婉轉後面的事實真相，這就叫兩全其美。《論語．子路篇》中，葉公誇耀父親偷羊，兒子舉發。孔子說：「父為子隱，子為父隱，直在其中矣！」孟子則主張：「父子間不責善，責善則離，離則不祥莫大焉！」這些都是透視人性人情而有的睿智見識，宜深心體會。

正因如此，六十四卦居君位的第五爻爻辭，全無負面的直接批判，反而多是鼓勵行善之語，這並不代表五爻一定就依正道而行，習易者不可不知。

占例

●二〇一三年元月初，我一位嗜茶願做終身茶人的女學生請我們幾位到「紫藤廬」喝茶，她說其茶緣起於赴日旅遊，到高野山參拜東瀛茶祖空海大師肉身時，感應強到涕泗橫流。我占問二人夙緣，為蠱卦六五爻動，有巽卦之象。蠱為巽宮歸魂卦，本即承繼宿世因緣，故六五爻辭稱：「幹父之蠱，用譽。」〈小象傳〉：「承以德也。」巽代表無形無象的天命，〈大象傳〉教人深入體察後依此行事：「隨風巽，君子以申命行事。」我接著再問她往後茶緣，為蠱卦二、三爻動，齊變有剝卦之象。蠱卦九二與六五茶祖相應與，二多譽卻不能速成，九三「幹父之蠱，小有悔，无大咎。」基本上茶緣甚深，但過程不會太順利。剝卦卦辭：「不利有攸往。」不經一番寒徹骨，怎得茗茶撲鼻香？

上九：不事王侯，高尚其事。

〈小象傳〉曰：不事王侯，志可則也。

上九為幹蠱之終，居上艮卦山頂，止欲修行已至登峰造極之境，改革大業終獲成功，故爻辭中不見蠱字，表示已經撥亂反正。「不事王侯」，擺脫了政治威權的箝制，「高尚其事」，各行各業認真做自己的事，這種高潔的志向足堪效法。本爻變，為升卦（䷭），改革開放，社會久經壓抑的活力大釋放，整個往上提升高度成長。封閉社會政治獨大，開放後比較多元，各行各業都有精采的表現。孫中山先生當年說：「做大事，不要做大官。」行業無貴賤，三百六十行都應敬事敬業，行行出狀元。

本爻還有更深刻的意涵，與《春秋》學的微言大義有關。〈小象傳〉稱「志可則」，則即天則，〈文言傳〉宣講：「乾元用九，天下治也……乾元用九，乃見天則。」「群龍无首天下治」，正是「蠱元亨而天下治」，打破政權的壟斷，讓全民都參與監督與治理。《史記．太史公自序》稱孔子作《春秋》，立大義以「貶天子，退諸侯，討大夫」。依據真理，打倒一切特權階級，正是《春秋》之志，天下為公合乎自然法則，蠱卦上九「不事王侯，志可則」，全合《春秋》大義。《禮記．儒行篇》稱儒者「不臣天子，不事諸侯」。真儒的風範是「不事王侯，高尚其事」。

《春秋》學有「據亂世、升平世、太平世」分三期循序漸進的主張。蠱卦惑亂失正，為「據亂世」；上九撥亂成功，爻變成升卦，進入「升平世」；升卦更進一步還政於民，初六爻變為泰卦（䷊），完成「太平世」。民國初年，孫中山先生的建國方略，分軍政、訓政、憲政三時期，由此衍生。《論語．雍也篇》記子曰：「齊一變，至於魯；魯一變，至於道。」亦為此義。

蠱卦初六「意承考」，面對先人奮鬥的事跡，師其意，而不師其法，繼承中有批判和創新。上九「志可則」，志為心之所主，自己樹立了更高更新的理想，激勵後人不斷推陳出新，止於至善。幹父之蠱由始至終，終而復始，文明事業的繼往開來，皆應如是。

占例

●二〇〇四年七月下旬，我的學生鄧美玲找我談她工作之事，她在永豐餘關係企業的上善基金會任執行長，以推廣中小學校讀經為宗旨。上善之名自然從《道德經》來，老子稱：「上善若水，水善利萬物而不爭，故幾於道。」她很有工作熱誠，志業推動卻不太順利，我給了她一些想法，更大的忙卻也幫不上。當時針對是否深入協助，占得蠱卦上九爻動，有升卦之象。「不事王侯，高尚其事」，顯然不合適介入，還是專心幹自己的事吧！沒太久，她也離開了那個職務，勸學生讀經，「幹蠱」不易啊！

●二〇一六年四月下旬，我在太湖遊覽旅程中，邊思考《易經．雜卦傳》的問題，此傳才二百五十字，往往以一字解一卦要義，將自然卦序打散重組，深蘊無窮。基本上應為大易與《春秋》合一的思想主張，教人處亂世如何撥亂反正。自古難得真正解人，我問窮我一生努力，能否解碼成功？為蠱卦上九爻動，有升卦之象。「不事王侯，高尚其事。」〈小象傳〉稱：「志可則也。」顯然大有機會，甚受鼓舞。

多爻變占例之探討

以上是蠱卦卦、彖、象及六爻理論與實例之闡析，往下探討更錯綜複雜的二爻變以上的情境。

二爻變占例

占事遇卦中任意二爻動，若其中一爻值宜變，以該爻辭為主、另一爻爻辭為輔論斷。若皆不值宜變，以本卦卦辭為主，兩爻齊變所成之卦亦可參考。

●二〇〇八年十一月初，其時全球金融風暴剛爆發，我針對台灣、大陸與全世界往下五年的經濟作預測。其中二〇一〇庚寅年的大陸經濟為蠱卦，三、上爻動，上爻值宜變成升卦，兩爻齊變又有師卦之象。蠱為體制改革，大陸三十年經改已取得重大成就，二〇一〇繼續調整結構、深化改革，弭平城鄉差距，開放更多項目以釋放民間能量。九三「幹父之蠱，小有悔，終无大咎」；上九改革成功，爻變成升，雖不刻意追求GDP，仍創造了百分之十．三的高成長。兩爻變所成師卦，表示這場戰爭大陸動員成功，取得了光輝勝利。

●二〇一〇年元月下旬，我問孔子修行的境界，得出蠱卦三、上爻動，上爻值宜變成升卦，兩爻齊變，又有師卦（䷆）之象。孔子作《春秋》，志在撥亂反正，足為後世效法，正是「不事王侯，高尚其事，志可則也。」師卦〈彖傳〉稱：「能以眾正，可以王矣！」能因眾人本性之正，號召人人皆有士君子之行，即可興王道於天下。《史記．太史公自序》稱孔子：「貶天子，退諸侯，討大夫，以達王事而已矣！」

●二〇一五年七月上旬，我們一行人赴河北遵化參觀清東陵，並慶賀當地奉元書院開張弘道。我先問東陵風水如何？為訟卦九五爻動，爻辭稱：「訟元吉。」訟為天與水違行，本來不好，君位中正卻能化解爭訟而致元吉。訟又是離宮遊魂卦，皇圖霸業俱往矣，都得入土為安。中國大陸這些年強力經改，日趨富強，大國崛起勢不可擋，接下來的振興文教若也能成功，可能開創幾百年的盛世，當年錢賓四、南懷瑾先生就曾預言。奉元宗的毓老師甚至說過：「中國不強則已，強則上千年！」我問真有千年華夏盛世嗎？為蠱卦三、上爻動，上九宜變為升卦，齊變則成師卦。好好團結奮鬥容民畜眾，確有可能呢！

●二〇一六年十二月上旬，我赴遼寧營口的奉元書院講《論語》三天，兩個多月前揭牌開幕時，我們還召集了大隊人馬去觀禮祝賀。負責人為一對經營事業有成的夫婦，投注了大量心力與財力將書院蓋成堂皇的徽式建築，但在偏鄉僻壤推廣國學絕非易事。我問未來營運前景，為蠱卦初、四爻動，齊變為大有之象。幹蠱不易，初六發心有志，六四「裕父之蠱，往見吝」卻遭遇困難，難符初衷。後果如此。

●二〇一六年八月下旬，我處理一樁棘手的版權爭議，被迫發函警告對方可能侵權。結果回應不佳，我檢討是否時機與辭氣過亢，占出蠱卦二、四爻動，有旅卦之象。旅卦失時失勢失位，當然不利。幹蠱艱難，九二提醒勿急切宜守中，否則六四「裕父之蠱，往見吝」，也達不到預期效果。確實如此啊！

●二〇〇六年元旦，我依慣例占問台灣全年政局，得出蠱卦初、上爻動，齊變有泰卦之象。蠱為改革貪腐之意，陳水扁連任兩年，已激起眾怒，紅衫軍的抗議風潮就發生在那一年，由初至上爻皆動，表示從年頭到年尾，要求他下台的怒潮不斷。初六代表廣大基層民眾的覺醒與動員；上九「不事王侯，高尚其事」，說明改革理念為不分藍綠黨派，只講是非黑白，跳脫政治鬥爭的漩渦。那年發起人是施明德，許多倡導的高層為綠營人士，群眾卻屬藍營居多。兩爻皆動，有泰卦之象，若完全依此順利進行，政風可望撥亂反正，國泰民安。但兩爻皆不值宜變之位，陳水扁打死不退，遇蠱之泰未成事實，改革無功而退。

●二〇〇六年九月中，紅衫軍運動進行至最高潮，我在工商建研會的易經班學員關心後續發展。大家課堂上合占，得出蠱卦三、四爻動，九三值宜變成蒙卦，兩爻齊變，又有未濟卦（䷿）之象。遇蠱之未濟，改革可能失敗，原因在於六四執政高層保皇，「裕父之蠱」，壓制改革；九三民間「幹父之蠱」，激切抗議，聲勢雖大，畢竟仰攻不利，敗下陣來。所謂民不與官鬥，無權無勢，莫可奈何。

●二〇一六年初，我問台灣一些政治人物當年氣運，其時正當總統大選之前。朱立倫為不變的遯卦，顯然敗選影響力消退。蔡英文為蠱卦三、上爻動，上九宜變為升卦，齊變則有師卦之象。經過選戰對決，必升任高位，得以推行其心目中的改革大業。

●二〇〇三年十一月初，我應邀主持知名廣告公司為期一天的易經決策營，教占時大家合問的題目是：二〇〇四至二〇〇七年台局的總體形勢為何？其實也就是問下一屆領導人任期內的政局，大選在即，藍綠鬥爭日熾，企業人士都很關心。結果得出蠱卦二、上爻動，上爻值宜變成升卦，兩爻齊變，又有謙卦（䷎）之象。陳水扁連任後，四年任期內貪腐傳聞不斷，民間要求懲治的抗議示威也一直持續。九二「幹母之蠱，不可貞」，政風邪惡深重，領導人犯罪很難短期整治；上九「不事王侯，高尚其事」，人民希望超越統獨矛盾，清除貪腐。上九爻變成升卦，改革政風獲得最後成功；兩爻齊變所成謙卦之象，亦顯示亨通有終。此占後來完全應驗，易占對形勢探測的精敏準確，令人嘆服。

●二〇〇八年八月中旬，馬英九政府已上任三個月，特偵組的檢察官全力查辦陳水扁家庭涉貪弊案，案情發展如火如荼。我問扁最後鋃鐺入獄否？得出蠱卦三、五爻動，九三值宜變成蒙卦，兩爻齊變，又有渙卦之象。六五君位動，明確指出最高領導人貪汙；九三「幹父之蠱」值宜變，堅定而積極地整飭政風，毫不退縮，雖「小有悔，終无大咎」。此案對台灣有教化啟蒙的意義，故而又有蒙卦與渙卦之象。以此看來，陳水扁當有牢獄之災。後事果驗。

●二〇〇三年初，我依例占算台灣政局及一些指標人物的全年運勢。李登輝雖已下台二年，對政情仍有相當影響。他的卦象為蠱卦四、上爻動，兩爻齊變，有恒卦之象。台灣政治的惡鬥及政風的敗壞，李主政十二年，挑起統獨矛盾、激化族群衝突，實在難辭其咎。退休後，被國民黨開除黨籍，公然支持陳水扁推動台獨，也令人側目。上九應屬蠱卦退休大老之位，卻仍與六四「裕父之蠱」的腐化執政團隊沆瀣一氣，而且立場堅定，持續長期影響台灣政局。恒卦〈大象傳〉稱：「君子以立不易方。」李登輝的個性與行事風格確實如此。《焦氏易林》遇蠱之恒的斷詞為：「心多恨悔，出言為怪，梟鳴室北，醜聲可惡，請謁不得。」當年此占一出，不少學生大嘆，情境太切太切！

● 二〇〇六年九月底，台灣電子大廠 BenQ 併購德國西門子失利，認賠殺出，損失達四、五百億台幣。老闆李焜耀是我大一同班同學，二〇〇三年六月上旬我們見過面，他談起自創品牌的企劃時，雄心勃勃。二〇〇五年併購西門子廠，也是佈局之一，卻遭受重挫。往者已矣，我問他未來還有機會自創品牌成功嗎？得出蠱卦初、三爻動，九三值宜變成蒙卦，兩爻齊變，又有損卦（䷨）之象。「幹父之蠱」為繼往開來之業，不斷改革舊習以圖創新，孰曰不宜？初六立志於先，九三堅持於後，「小有悔，終无大咎」，應仍屬可為，但路子絕不輕鬆。蒙卦外險內阻，蒙昧不明；損卦須投諸很多心力與金錢，才能轉而獲益。

● 一九九六年二月上旬，我的老友經營基金會多年，佈建人脈豐厚，又開始籌劃全台義工總會，以串聯行善為宗旨。我去參加了成立大會，現場到了不少產官學的重要人物，似乎頗有聲勢。返家後，占其營運前景，得出蠱卦二、三爻動，有剝卦（䷖）之象。遇蠱之剝，「不利有攸往」，推動恐怕不易。九二「幹母之蠱，不可貞」，積習深重，難以遽革；九三「幹父之蠱」，方向雖然正確，力道卻是有限。果然，雷聲大雨點小，沒太久，老友本業出問題，義工總會也名存實亡。

●二〇一一年五月中，我在赴台中授易車程中，接到學生樓中亮中醫師電話，請教一個難題。他精心規劃多年製成的資訊化「易經健康解碼」與「全人療癒平台」，雖然有其診斷之效，卻仍非百發百中，會出現偏離不準的狀況，問題何在？

他跟我單獨學易四年，幫他建構資訊平台的，也是我推薦的學生，彼此一向配合不錯，我問他具體誤差的情形，他也說不清楚。其實，我那學生研發的占卦程式也差不多，好用是好用，輸入手機中，六秒即可得出卦象。但用久了，好像也會不穩，而有累積誤差，得靠我判斷不合理，予以矯正，另以五分鐘左右的手占來驗核。這是怎麼回事呢？

雖無頭緒，在車中我也只能用手機試占其故，得出蠱卦二、三爻動，齊變有剝卦之象。蠱為積弊，正是累積誤差。九三「幹父之蠱」，雖竭意消除，無奈九二積弊深重，「幹母之蠱，不可貞」，很難處理乾淨。兩下較量，遂有剝卦之象，「不利有攸往」，遂出現不穩定的狀況。

如何處理補救呢？占出隨卦初九爻動，有萃卦之象。「官有渝，貞吉；出門交，有功。」隨卦正在蠱卦之前，蠱二、三爻的累積誤差，在隨初爻時已種下原因。〈繫辭下傳〉第八章稱：「易之為書也不可遠，為道也屢遷。變動不居，周流六虛，上下无常，剛柔相易，不可為典要，唯變所適。」易道千變萬化，沒有一定公式，所有電腦程式化的努力，都是取其近似值，要百分之百相符很難，做不到隨卦初九所示，原則性與靈活性俱備。「天下隨時，隨時之義大矣哉！」主事者隨機判斷的智慧很重要，任何機器沒法充分取代。

●二〇一一年三月中，某大報駐歐特派員打電話給我，認真考慮去留，問我意見。由於近年來報紙普遍經營困難，裁員減薪皆有所聞，留任者也加強督促管理，日子愈來愈不好過。我了解這種情勢，替她占得蠱卦五、上爻動，齊變有井卦（䷯）之象。六五「幹父之蠱」，為繼承家業的小老闆，正銳意推動改革，其勢難擋；上九「不事王侯，高尚其事」，她遲早也得退休，專心於自己真正興趣所在。井卦前為困卦，後接革卦，正是研發轉型之意，最好一邊忍耐應付，一邊尋找未來的新出路。她反正再熬一年半，就可申請優退，盡力周旋如何呢？得出訟卦初、二、四、上爻動，齊變成屯卦（䷂），訟卦上九值宜變成困卦。遇訟之屯，九二、九四皆「不克訟」，上九爭到底終凶成困，初六不強爭，「小有言，終吉」，無論如何都爭不過，不如沉潛低調以對。

● 一九九七年十月底，我問王弼易學的歷史地位，得出蠱卦五、上爻動，齊變有井卦之象。王弼為三國魏人，雖只活了二十四歲，注《易》與《老子》都很有慧解。漢易象數大行，流於支離瑣碎，偏離大道。王弼易學以掃象言理為主旨，為義理易學的開山，算是對漢代易學的批判改造，遇蠱之井，希望能研發轉型，找出革新之路。蠱六五「承以德」，重視講理以「振民育德」；上九改革成功，扭轉了易學方向，〈小象傳〉稱「志可則」，值得後世尊敬與效法。

● 二〇一一年元月初，我問〈墨辯〉的思想成就及歷史定位，得出蠱卦初、二爻動，齊變有賁卦（䷕）之象。《墨子》一書，文辭平易近人，獨獨〈墨辯〉諸篇精深難懂，除了有科學思想外，又研究思維法則，有中國的邏輯學之稱，在中華傳統思想中堪稱異數。蠱卦初六「幹父之蠱，有子，考无咎」，繼往開來，對傳統進行批判改造，很有價值。九二「幹母之蠱，不可貞」，深入研析理則，畢竟非華夏主流，改造有限，僅能獨樹一幟。賁卦〈彖傳〉稱：「觀乎天文，以察時變；觀乎人文，以化成天下。」〈墨辯〉思想兼及物理與人文，豐富細緻，蔚為大觀。

●二〇一〇年十月上旬，我占問自己在易學的歷史定位，得出蠱卦二、上爻動，上九值宜變成升卦，兩爻齊變，又有謙卦（䷎）之象。幹蠱為繼往開來之業，不是簡單事，九二「幹母之蠱，不可貞」，顯然得皓首窮經幹一輩子。上九「高尚其事，志可則」，看來能有大成，提升傳統易學應用的境界。謙卦打通天地人鬼神，圓善有終，想必也是如此。

●二〇一一年六月上旬，我與同門師弟某中醫師見面聚餐，他只比我晚兩年赴毓老師處求學，由於家學淵源，生物系畢業後專攻中醫，多年來已成為頗富盛名的醫家。散後我占其醫道境界，得出蠱卦二、上爻動，上爻值宜變成升卦，兩爻齊變又有謙卦之象。九二「幹母之蠱」，妙的是他的家學源自外祖父一脈相傳；上九「高尚其事，志可則」，自己又有創獲矣！升卦發揚光大，謙卦兼顧天地人鬼神的氣運平衡，合乎中醫至理。

●一九九三年九月上旬，我積極四處看房子，準備尋覓新居以喬遷。最後相中了現宅，占問購置吉凶，得出蠱卦二、上爻動，上九值宜變成升卦，兩爻齊變，又有謙卦之象。其時我尚在出版公司任職總經理，此占也切合情境。蠱卦九二「幹母之蠱，不可貞」，改革遇無可如何的亂源，註定不成；既然如此，上九「不事王侯，高尚其事」，覓屋退隱明志正合適。謙卦地中有山，退一步海闊天空，亨通有終。

●二〇一一年六月下旬，易佛班學生談起某奇人以把脈探知前世之事，繪聲繪影，很有趣味。我占問這人的修行心性及功力如何？得出蠱卦二、上爻動，上九值宜變成升卦，兩爻齊變，又有謙卦之象。蠱卦屬巽宮歸魂，正是說的過去世之事，父母之蠱，或幹或裕，依佛家理論，親子間都有前世因緣，才於此生相聚。九二「幹母之蠱」，探及最深根源；上九「高尚其事」，道出箇中緣法後，能讓人解脫釋懷，自在面對人生。看來此人心性無有不正，解讀前世的功力也不錯。

● 二〇一一年三月十一日，日本發生超大地震，引發恐怖海嘯及福島核災，經濟受創嚴重，舉世為之側目。當年五月初，我的學生邱雲斌受邀赴台北孔廟講易，對象是在台工作或求學的外國人。課中教占，有日本籍學員問：日人應如何記取教訓，今後努力的方向為何？得出蠱卦二、上爻動，上九值宜變成升卦，齊變為謙卦之象。「不事王侯，高尚其事」，政客無能以致禍國殃民，日本民眾應徹底擺脫這種局面，提升國力。「幹母之蠱，不可貞」，政治痼疾短期難以驟改，但須堅持下去，最後仍有成功機會。滿招損，謙受益，核電政策亦須認真檢討，兼顧經濟發展與自然生態間的動態平衡。

● 二〇一六年十二月初，我在講《荀子》課時提到六祖惠能的不學而能，千載可能獨見。堂上某學生占問何以穎悟如此？為蠱卦二、五爻動，齊變有漸卦之象。蠱為巽宮歸魂卦，漸為艮宮歸魂卦，「幹母之蠱」、「幹父之蠱」，九二、六五相應與，「不可貞」對「承以德」，看來也是累世修行所致，積漸悟而成頓悟，並非一無因緣依傍。諸佛恐怕都是如此，發明自性，能生萬法。〈繫辭傳〉稱：「無有師保，如臨父母。」意境與此相通。

三爻變占例

占事遇卦中任意三爻動，以三爻齊變所成之卦為悔，本卦為貞，稱貞悔相爭，為極微妙的相持不下的情勢，合參兩卦卦辭卦象以定奪。若本卦三爻其中一爻值宜變，影響力較大，其爻辭列為重要參考。

●二〇一〇年八月下旬，我在北大培訓中心授易，有人問到大陸政治改革的話題，我連帶評估台灣二十年政改的成績，得出蠱卦二、三、上爻齊動，貞悔相爭成坤卦。九二「幹母之蠱，不可貞」，初推行時遭遇很大困難；九三「幹父之蠱，小有悔，无大咎」，堅持大方向繼續進行；上九「不事王侯，高尚其事」，終於擺脫威權體制的控制，改革成功。三爻齊變所成坤卦，事關廣土眾民的福祉，大事宜順勢用柔去進行，不能操之過急。百餘年前的戊戌變法之所以失敗，就在欲速則不達，新政詔書一日數下，結果引發守舊派的強烈反彈，請出慈禧太后干預，維新不到百日即告失敗，真正是「幹母之蠱，不可貞」啊！

●二〇〇四年三月十五日，距大選只剩五天，三一三藍營群眾大遊行剛過，向陳水扁政權示威抗議，聲勢浩大，民氣沸騰。我占問連宋配的勝算如何？得出蠱卦下卦三爻齊動，貞悔相爭成頤卦。藍營在野，初六、九三「幹父之蠱」，不滿執政的民進黨貪腐無能而起抗爭；九二「幹母之蠱，不可貞」，一時很難動搖既有的共犯結構。頤卦下震動，民情憤慨，上艮止，政權不動如山，仍維持一穩定的政局生態，看來不妙。我再占扁呂配的勝算如何？得出不變的鼎卦，果然仍掌政權不變，〈大象傳〉稱「正位凝命」，天命未改，徒喚奈何？結果三二〇的選舉雖多爭議，陳水扁仍獲連任，台灣繼續內耗四年。

蠱卦下卦全動為頤卦，政治生態不變；若上卦全動，成大過卦，原體制就可能顛覆。民與官鬥，還是困難重重啊！

●二〇一一年十月下旬，我西藏遊畢，在拉薩機場準備搭機返台時，預占自己十一月氣運如何？為蠱卦下三爻全動，貞悔相爭成頤卦（䷚）。遇蠱之頤，應該是染病需調養之意。西藏行車內及戶外溫差太大，前日從高山聖湖納木錯下來，我已經感冒不適，返台後就醫針藥調治，足足半月才好，許多課都得請假停上。而十一月初占月運，就是不變的頤卦，好生靜養，啥也別想。

●二〇一〇年六月中旬，我花了幾個月空檔時間，整理出三十多年的相冊數十本，都堆在客廳地板上，無處收藏。找熟識的包工來探勘研究後，他建議在大窗檯下作整排半人高的書櫃，分兩層置物，對整體景觀最好。我占得蠱卦二、三、四爻動，貞悔相爭成晉卦（䷢）。遇蠱之晉，肯定掃除亂象，生活品質如日初升，改善甚多。依此施工完成，真正天地清爽，家居環境雖小，也用得上易理易象的啟發啊！

●二〇一二年七月下旬，我的師兄介紹一位吳先生與我見面，大家到學會見面，討論重新佈置事宜。道場租下來已近四年，講經研習絃歌不輟，我們準備掛上「咸臨書院」的牌子，旗幟鮮明地推動志業。吳先生雅通書法，整套設計構想簡明清新。我們決定請他施作，還邀老友羅財榮寫了字來，圓融飽滿，筆意酣厚。我問新佈置的氣象如何？為蠱卦三、四、上爻動，貞悔相爭成解卦（䷧）。蠱即改造，解得正解，遇蠱之解，安排妥當。蠱卦九三「小有悔，終无咎」；六四「裕父之蠱，往見吝」，確需調整；上九「高尚其事，志可則也」，改造成功。十月下旬，連同外面的學會招牌一體更新，道場經營進入嶄新之境。

●二〇一三年五月中，我赴北京授易，負責承辦的年輕人採用了剪接微電影以配合主題呈現的方式，效果如何呢？占得蠱卦初、四、五爻動，六四宜變為鼎卦，貞悔相爭成乾卦。蠱者故事也，電影呈現卦爻意境就是說故事以觸動人。四爻「裕父之蠱，往見吝」，有些過頭，初、五爻皆「幹父之蠱」又格局清正，整體變乾卦純陽飽滿當然好。

●二〇一六年十二月初，我問二〇一七丁酉年咸臨書院的運勢，為蠱卦初、三、上爻動，貞悔相爭成臨卦。蠱卦初、三抓準大方向「幹父之蠱」，繼往開來，上九「高尚其事，志可則」，有可喜突破的績效。遇蠱之臨，「教思无窮，容保民无疆」，合乎自然卦序的演變，由封閉而開放，也切合「咸臨書院」招牌的宗旨。接著算我個人丁酉年氣運，恰好又是臨卦初九爻動，爻辭稱：「咸臨貞吉。」〈小象傳〉：「志行正也。」真是順理成章。二〇一七年書院發展與個人動態，以台灣為根基，嘗試往大陸建立平台，都有明顯進展，應驗了占象。

四爻變占例

占事遇卦中任意四爻皆動，以四爻齊變所成之卦的卦辭卦象為主斷占，若其中一爻值宜變，其爻辭影響較大，列入考量。

●二〇一〇年二月底，有人提起那家出版公司覆亡之事，勾起一些回憶，我算老闆與我可有前世因緣，不然怎麼恩怨糾纏許久？得出蠱卦二、三、四、上爻齊動，變成豫卦（䷏）。蠱卦上九值宜變，單變為升卦。遇蠱之豫，蠱為過去世，豫指向未來，「利建侯行師」，還真的因緣夙定，這輩子會有組織共事，以及後來的幹蠱之事。無論如何，蠱卦上九「不事王侯，高尚其事」。才是重點，我會從職場泥潭中跳脫，自在過活，歷練一番其實不是壞事。

●一九九七年元旦，我問自己往大陸發展可有突破機會？得出蠱卦三、四、五、上爻齊動，變成困卦（䷮），蠱卦九三值宜變成蒙卦。遇蠱之困，又有蒙昧難明之象，看來時機未至，但大方向正確，由蠱卦九三「无大咎」可以得證，後勢果然如此。

19.地澤臨（䷒）

臨卦為全易第十九卦，之前為蠱，之後為觀。〈序卦傳〉稱：「有事而後可大，故受之以臨。臨者，大也。物大然後可觀，故受之以觀。」蠱為積極任事，整飭改革，成功後進入開放自由的新局稱臨；君臨天下，氣勢甚大，為眾人所觀仰，競相觀摩學習為觀。這三十年來，大陸經濟改革開放的成績斐然，創造出國家發展迎頭趕上的範例，值得各方觀察研究，即為明證。

臨、觀二卦相綜，為一體兩面、幾乎同時俱存的關係，其涵義深刻而豐富。臨是身臨其境，面對眾多事務，負責經營管理；觀為旁觀者清，對當局者迷批評提醒。臨是台上唱戲，觀為台下看戲，有時也會腳色互換，人生劇場中，我們既是觀眾也是演員，很難完全跳脫觀其全貌。蘇東坡詩云：「橫看成嶺側成峰，遠近高低各不同，不識廬山真面目，只緣身在此山中。」現代量子物理學有所謂「測不準原理」，不管用多麼精密的儀器探測，無法同時確定粒子的位置和動量，因為觀測行為本身會干擾到觀測的對象，絕對客觀很難，所有的觀察都涉及一定程度的主觀。這是人生在世的基本困境，互相面對互相觀察，誰也不能從中超脫，臨卦六爻爻辭皆稱「臨」，觀卦六爻皆言「觀」，即為此意。

臨卦二陽厚實居下，四陰虛柔在上，天人之位皆陰、地位皆陽，可視為有三劃的「大震卦」

之象。〈說卦傳〉稱：「帝出乎震……萬物出乎震。」君臨天下與「帝出乎震」相通，都是樂於承擔、積極行動之卦。觀卦二陽壯實居上，四陰虛柔在下，天位皆陽，人地之位皆陰，可視為有三劃的「大艮卦」之象。艮為止欲修行，靜得下來才看得清楚。佛教講究止觀法門，觀、艮兩卦宗旨相通。君臨天下為政治，觀心修行屬宗教，自古政教關係密切，都影響廣土眾民的吉凶禍福。

政治處理人間事務，宗教關心終極天道。政教似應分離，以防權力過度集中的弊端，人性人心還是不可分割的整體，既需政治安排現世的權利義務，也有藉信仰安心立命的根本需求。政治有時利用宗教以安撫民心，同時防範其聚眾作亂；宗教須與政權打好關係，以為傳教護法。〈雜卦傳〉稱：「臨觀之義，或與或求。」政府向人民徵稅為求，建設國家為民謀福為與；信徒捐獻護法為與，希冀神佛保佑為求。或施與或索求，為政教皆有的常態，故合稱「臨觀之義」，不作劃分。

臨、觀均屬消息卦：臨為陰曆臘月，一年已經到頭，即將三陽開泰過新年；觀為陰曆八月，約當中秋時節。以西洋星座而論，臨為魔羯座，觀為處女座。

䷒

臨卦卦辭：

元亨利貞，至于八月有凶。

臨卦為元亨利貞四德俱全之卦，改革開放後，海闊天空，自由自在，一片生機勃勃，合乎週轉不息的天道。西方喜談民主自由與人權，資本主義不斷宣揚開放社會與市場經濟的優越性，小政府大社會，愈少管制愈好，所謂「看不見的手」的市場機制，自然會調節到平衡。西哲卡爾‧波普爾名著《開放社會及其敵人》的主要論點，就在強調開放自由的好處，將一切專制獨裁的管理視為冥頑不靈的死敵，必須消滅才能確保開放社會的日進無疆。這種觀念看似有理，其實陷於偏執，自由雖可貴，濫用自由也會釀成災禍。二〇〇八年九月十五日起全面爆發的金融風暴，就是自由失控最好的例子。法國大革命時的名言：「自由自由，多少罪惡假汝之名以行！」蠱卦改革，可能變質成政治惡鬥；臨卦開放，也可能紀律蕩然。任何美名都有可能被野心家利用，以逞私慾，所以我們實在不宜將一些觀念無限上綱，以為做到了就天下太平！開放社會並非完美無缺，其敵人也不盡在外部，潛藏在內部的敵人才真正可怕。

太極圖的思維模型可解此弊：萬事分陰分陽，陰中有陽，陽中有陰，陰極轉陽，陽極轉陰，陽決外陰盡，內陰又生問題。所以關鍵在陰陽諧衡，而不是誰以誰為敵，進行殲滅，說到底，其實誰也真正消滅不了誰。

開放自由可享元亨利貞，自由過度轉成「八月有凶」，什麼是「八月之凶」？觀卦為八月卦，臨、觀相綜，臨卦一百八十度顛倒過來，就是觀卦，由臨至於觀，表示形勢逆轉。觀卦未必凶，八月之凶，指自然或人世的外觀有了非常負面的變化，亦即所謂的天災人禍。二〇〇八年九一五金融風暴、二〇〇一年九一一紐約恐怖攻擊，為重大人禍，一九九九年台灣九二一大地震，屬重大天災，巧的是都發生在當年陰曆八月。

臨卦為政治管理，觀卦顯示天象變化，君王施政不當，會有天災天譴，為了消弭災難，國君得齋戒沐浴祭天，下詔罪己並改行善政，觀卦卦辭即言此事。所謂「人在做，天在看」、「老天有眼，明察秋毫」，這是春秋論災異的精神。天人感應之說，有其深刻的內涵，不宜以迷信視之。

今世生態環境的嚴重污染，即因人工開發過甚，許多政府的政策出了問題，這就是「至于八月有凶」，必須改弦更張，重視自然資源的保育。

〈彖〉曰：臨，剛浸而長，悅而順，剛中而應。大亨以正，天之道也。至于八月有凶，消不久也。

臨卦二陽在下，以消息卦而論，由一陽復始慢慢成長而來，稱「浸而長」。浸字用得很神，浸淫、浸潤、浸透，為水滴石穿的慢磨工夫，想要發展成長得好，不能急功近利。臨卦如果象徵自由民主，絕非朝夕可至，當代許多國家倉卒實施西方的制度，未蒙其利，先受其害。前蘇聯總統戈巴契夫失敗的「休克療法」，即為顯例。英美等大國發展民主，都經過長期的摸索與奮鬥，怎能期待其他不同文化背景的國家，一夕轉型成功？

臨下卦兌悅，上卦坤順包容，有言論自由、民情愉悅，掌政者開放而不壓制之象。剛中而應，當然是指九二陽剛居下卦之中，上和六五之君相應與，民間興起的勢力，為最高領導者默許包容。〈彖傳〉通常會揭示全卦主爻，為全卦精神之所在，九二淋漓盡致地表現出臨卦自由開放的主旨。「大亨以正」，解釋元亨利貞，生生不息的創造，正是「天之道」。自由一旦過火失控，造成天災人禍，原先創意的成果可能立刻消散。由「浸而長」至「消不久」，也道出自然及人世的基本規律：萬事萬物要發展成熟，得累日經年，消亡卻在轉瞬間，建設艱難困苦，破壞非常容易，一旦毀壞之後，欲重建更難。由乾坤開天闢地起，需經歷十卦方能致泰，泰極否來，一卦就翻天覆地。秦孝公用商鞅變法圖強，一百三十多年統一中國，秦始皇死後三年，就土崩瓦解。美國紐約的雙子星大廈花多久建成，九一一恐怖攻擊，不到半天就灰飛煙滅！

正因為如此，人生成功非常困難，人情嫉妒心重，助人成事不足，敗事卻綽綽有餘。屯卦六二開始跟人群交往，強調「匪寇婚媾」，儘量不樹敵，即為此意；即便廣結善緣，也得「十年乃字」。坤卦厚德載物，「西南得朋」，「東北喪朋」，已為人生定調矣！

〈象〉曰：澤上有地，臨。君子以教思无窮，容保民无疆。

臨下卦兌為澤，上卦坤為地，由地面俯瞰深澤，有居高臨下、盡收眼底之象。君臨天下者有教化民眾之責，要提升國家競爭力，需激勵人民自由思考，發揮創意，包容保護人民思想言論的人權。「无疆」二字已見於坤卦〈彖傳〉「德合无疆」、「行地无疆」、「應地无疆」，廣土眾民生命力的發展不應受限，可突破國界，做跨域的經營。當今世界許多事業已經全球化，自由選址設廠生產，企劃行銷世界各地，「君臨天下」、「群臨天下」，影響力無遠弗屆。

占例

●二〇〇一年八月底，我占問馬英九的政治前途，得出不變的臨卦。其時他還在台北市長首屆任期，形象清新，且曾於一九九八年擊敗過陳水扁，在連戰、宋楚瑜二〇〇〇年敗戰後，很受藍營群眾青睞。「元亨利貞」，有君臨天下的可能。「至于八月有凶」，小心發生意外的形勢逆轉。

結果半月後納莉颱風過境，台北淹大水，忠孝東路的捷運成了河渠一般，台北市政府備受責難，其時剛好是陰曆八月。好在一番折騰後，一切恢復正常，馬的政治行情逐步攀高，終於在二〇〇八年三月當選總統。

●一九九一年十一月初，我在那家出版公司代行總經理職，老闆和市場派的大股東嚴重對立，董事會召開在即，我占問應如何處置？得出不變的臨卦。「元亨利貞，君臨天下」，只能責無旁貸勇敢面對，竭力避免形勢惡化成「八月之凶」。半年後，我獲真除，正式扛下艱鉅的經營重任。

一九九三年初，做全年經營戰略的考量，由於傳統的直銷部門業績不振，遂努力扶持郵購及店銷部門的成長。負責郵購企劃的主管，採用革新的客戶名單管理，以資料庫行銷大放異彩，公司寄望甚殷。我占問來年的營運策略，得出不變的臨卦。「教思无窮，容保民无疆」，行銷企劃最需創意，提供資源讓他們盡情發揮最宜，當年果然做出有史以來最佳戰績。

●二〇〇四年八月中旬，陳水扁大選連任的官司爭議還在進行，台灣社會族群對立的氛圍惡劣無比，我剛從絲路的新疆之旅返台，不久又將赴成都九寨溝等地一遊，面對不斷變動的大形勢，自己覺得到了須認真思考的關鍵期。當時將自宅命名「乾元居」，占問：平生志業往後當如何？得出不變的臨卦。還是積極關懷面對，投入民間講經教學的夙業，「教思无窮，容保民无疆」。

●二〇〇九年十一月初，我赴北京參加孫子兵法國際研討會，晚宴上有位女性經營者關心兒子次年高考成績，我占得不變的臨卦。「元亨利貞」，「教思无窮」，應該沒問題。翌年夏日赴考，果然高中第一志願清華材料工程。

䷒

初九：咸臨，貞吉。

〈小象傳〉曰：咸臨貞吉，志行正也。

初九陽居陽位為正，處臨卦自由開放之始，又當基層民眾之位，全部參與國家治理或監督，固守正道獲吉。「咸臨」之咸，即咸卦之咸，為「無心之感」，也是「全、皆」之意。全民熱情參與，全心全意投入公共事務的治理。「志」是主張跟想法，「行」是實現理想的做法，想法正確，做法務實，自然「貞吉」。屯卦初九「磐桓居貞」，〈小象傳〉亦稱「志行正也」。屯、臨皆為全德之卦，初爻一出手即氣勢堂皇。臨初九爻變為師卦（䷆），〈大象傳〉稱「容民畜眾」，和臨卦〈大象傳〉所稱「容保民无疆」意旨相通。

蠱卦上九〈小象傳〉稱「志可則」，臨卦初九稱「志行正」，由改革至開放，主張一脈相承。

占例

● 二〇〇八年三月二十日，台灣大選前夕，我占問兩黨候選人勝負：馬英九為臨卦初九爻動，有師卦之象；謝長廷為小畜卦初、二、五爻動，貞悔相爭成艮卦。小畜「密雲不雨」，艮卦內外阻礙重重，遇小畜之艮，謝的選情不開朗；「咸臨貞吉，志行正」，顯示當時馬之清廉形象深受民眾支持，勝選希望很大。選舉揭曉，馬英九果然以懸殊比數大勝，贏得君臨天下的政權。

● 二〇〇六年元月中旬，我占問大陸領導人胡錦濤當年運勢，得出臨卦初九爻動，有師卦之象。「咸臨貞吉」，志行俱正，「教思无窮，容保民无疆」。那年內政外交，諸事順利，中國的綜合國力不斷增長。

●二〇〇五年四月初，我的老父親夜裡心臟病發，送醫急救，病情一度危急，我們在夜暗下憂痛徬徨。後來住進加護病房中觀察，主治醫師說要做心導管檢查，並裝支架，由於地區醫院設施不夠先進，姊妹們想轉至大醫院治療，我當下占問合宜否？得出臨卦初九爻動，有師卦之象。由臨變師，下卦兌澤變為坎水，靜滯轉為流動。「咸臨貞吉」，「容民畜眾」，師卦卦辭又稱「丈人吉，无咎」，應該可行。後來轉至天母的榮民總醫院動手術，裝置了三根支架，一切轉危為安。

●二〇一一年八月中旬，正值中元祭祖時節，街上商家都焚香禱祀，氛圍十足。我們學會易佛班第三期開課，主講《維摩詰經》，我心有所感，課前占問今日可有「好兄弟」來聽經？得出臨卦初九爻動，有師卦之象。「咸臨貞吉，志行正也」，受感應都來光臨道場。師卦又是坎宮歸魂，聽經以求超渡，合情合理之至。上課帶著大家禮佛後，告知學員此事，其中一位當下驗算，得出不變的大有卦。〈雜卦傳〉稱：「大有，眾也。」大有恰當乾宮歸魂卦，與「師者眾也」的坎宮歸魂卦相繼出現，當非偶然。〈繫辭上傳〉第四章稱：「精氣為物，遊魂為變，是故知鬼神之情狀。」中元節氣下，諸魂受感應而來聽佛經，讓我當日講課更嚴謹，更用心。

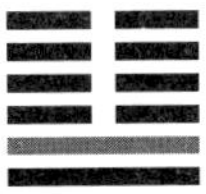

九二：咸臨，吉，无不利。

〈小象傳〉曰：咸臨吉无不利，未順命也。

九二陽剛居下卦之中，上和六五之君相應與，全心全意發揮熱情與才幹，六五非必要也不干預，這正是坤卦六五「黃裳元吉」、無為而治的管理方式。「吉，无不利」，大有卦上九稱：「自天祐之，吉无不利。」〈繫辭傳〉所謂「垂衣裳而天下治」，一切自動自發自律，「窮則變，變則通，通則久」，用最少的管理成本，創造最高的經營績效。「未順命」之命，既指君命，也可擴大來指天命。臨卦依前述有大震之象，〈說卦傳〉稱：「帝出乎震，萬物出乎震」，初九、九二都有獨立自主的精神，能自由地思考判斷，不必全然順從長官的意見。自己有更好的想法做法，儘管提出申述討論，長官也能就事論事，服理寬容。西哲主張：「吾愛吾師，吾更愛真理。」孔子主張「當仁不讓於師。」臨卦九二爻變，成復卦（䷗），復為「天地之心」，正代表核心的原創力，人的智慧發揚到極致，可以超越天命的限制，故稱「未順命也」。

以卦中有卦的理論來看，臨卦二至五爻、二至上爻皆可重組成復卦，而臨卦九二剛好就是其中復卦的初九，正為剝極而復、生生不息的動力所在，難怪〈彖傳〉高度重視宣揚，稱「剛中而應」，「大亨以正」為天之道。天道為本體，天命屬流行，「道」的層次比「命」高，既然九二已臻天道的境界，自然可以未順天命。乾卦〈彖傳〉說得很清楚：「乾道變化，各正性命。」〈文言傳〉定義大人為：「先天而天弗違，後天而奉天時。」「天弗違」是天道的境界，「奉天時」則是依順於天命。

初九、九二皆稱「咸臨」，初九稱「貞」，須守前人規矩；九二則無，出規矩而脫於規矩，另有創發。初九「志行正」，打好堅實基礎，九二遂能神明變化，向大形勢的命運挑戰。志為人立定的志向，命為天命運行，一般不隨人的主觀意志而轉移。《易經》經傳中多見志、命二字，深刻研討人志與天命互動的辯證關係，習易者宜用心玩索體悟。

占例

●二〇〇七年十月上旬，學生溫泰鈞伉儷請我吃飯，晚餐後，聊聊來年計畫。由於二〇一二將有浩劫的傳聞很盛，會不會發生金融風暴呢？之前又應如何理財為宜？我占出其策略為臨卦九二爻動，有復卦之象。我自己則是坤卦六四爻動，恰值宜變成豫卦（䷏）。臨卦雖可能有「八月之凶」，九二「未順命」，「咸臨，吉，无不利」，自由揮灑無礙，他們條件好可以如此，我卻必得小心翼翼，「括囊」以求「无咎无譽」，「慎不害也」。一年後真的發生金融風暴，我們各行其是，都沒事。

●二〇〇一年八月初，台灣周易文化研究會核准成立，執行長與我商量「元年」的工作大計，當下占得臨卦九二爻動，有復卦之象。「咸臨，吉，无不利」，發揮易學創意，「教思无窮」，「保民无疆」，就是這樣了！

二〇一〇年九月下旬，經歷一年多的人事風波後，我決心整頓改組理監事會，理事長換人，我也重入理事會督導。佈局已定，我問此後順利否？又得出臨卦九二爻動，有復卦之象。時隔九年三任，學會應走的路還是一樣，真是兔子繞山跑，終須歸老窩，「反復其道，天行也」。

●二〇〇〇年四月下旬，我受邀赴宜蘭佛光大學社教班授《易》一季，當時雪山隧道未開通，還得搭火車往返，有些辛苦。我占其行意義，得出臨卦九二爻動，有復卦之象。「咸臨，吉，无不利」，「教思无窮，容保民无疆」，學不厭教不倦，豈有它哉？

●二〇〇九年元月下旬，《聯合報》幾位高階幹部與我餐敘，閒談金融風暴後的各方形勢，其時報業經營相當艱困，已經大幅裁員好幾次，危局仍不見好轉。宴罷回家，我占問《聯合報》往後三年營運如何？竟得出臨卦九二爻動，有復卦之象。以為算錯，再問同業的《中國時報》如何？得出不變的萃卦（䷬）。兩大報居然都還不錯，有三年好景。寄賀年卡給黃姓女主管時，將卦義大致說了，只是鼓勵之意，結果她將卡片置於案頭日日觀覽。二〇一一年初，聽該報另一位幹部說，前一年報社轉虧為盈。易占靈敏捕捉時代變化的訊息，往往超過我們自以為是的預斷。

●一九九二年二月底，那家出版公司的角力還在進行，老闆為了私人財務週轉，以自己的股權向市場派大股東抵押貸款，期限到了未還，就得喪失相當股數，立刻淪為小股。當時我們還站在老闆這邊，很擔心這樣的演變，我在最後期限當天占問吉凶，得出臨卦九二爻動，有復卦之象。「咸臨，吉，无不利」，「未順命」逃過一劫，果然跳票前幾分鐘，奇蹟似地調錢入帳，暫時解除了危機。

●二〇〇九年七月中，我以易證佛的課將開講，針對《維摩詰經》占其主旨，得出臨卦九二爻動，有復卦之象。古印度的維摩詰居士佛法高深，遊戲人間，卻不為任何色相習氣所染，隨其心淨，則佛土淨。「咸臨吉无不利，未順命也」，處任何環境都維持真心，如如不動，正是臨中有復之意。入世修行，在世不染，經中文辭又美，深受中國傳統文人歡迎，唐代大詩人王維自號摩詰，可見傾心。

●二〇一五年元月上旬，我講莊子〈齊物論〉，該篇之難，大概為《莊子》全書之最。我每每就一些關鍵概念問其真義，其中「得其環中以應無窮」究為何意？占出臨卦九二爻動，「咸臨，吉，无不利。」〈小象傳〉：「未順命也。」擺脫偏執的成見束縛，開放心態面對一切，解得真好！

䷒

六三：甘臨，无攸利。既憂之，无咎。

〈小象傳〉曰：甘臨，位不當也；既憂之，咎不長也。

六三陰居陽位，不中不正，又當內卦兌悅的開口，下乘九二陽剛，都是情慾蒙蔽理智之象。「甘臨」之人善講甜言蜜語，以取悅群眾，卻往往口惠而實不至。這種隨便的態度，不適合治理天下，也無法真正贏得人的信任與尊重，最好調整過來，敬慎其事，才能無咎。本爻變，為泰卦（䷊），人際往來恢復正常溝通。台灣推行民主改革，過去二十多年裡，出現不少民粹的現象，即犯了「甘臨」的毛病。

根據《河洛理數》推算，蔣介石的先天本命為臨卦六三，後天元堂為否卦上九，與其一生命途相應。前半生掌持國政，君臨天下；後半生敗退台灣，雖欲重返大陸而不能，鬱鬱以終。「甘臨，无攸利」，揭示其性格中浪漫不羈的本質，年輕時的放蕩縱情，他自己都承認；「既憂之，无咎」，當國以後憂國憂民，不得不調整暴烈的性情，以為表率。「否之匪人」，天地不通，雖想「傾否」翻盤，終未能旋乾轉坤，含恨以歿。其一生起伏經歷，差不多也與兩卦十二爻的時運相當，倘若如此，人生似乎真有某些定數，豪傑賢能也難以完全掙脫。

我有位男學生命數與蔣全同，為已進入後半生「傾否」煩惱，我哈哈大笑，說他與大人物同一命格，成功失敗都依相當比例縮小。「甘臨」有限，「傾否」也沒那麼難以承受吧！

占例

●二〇〇九年七月上旬，周易學會更新網站的設計，加強會務的報導及對外的交流。我占問如何定位最佳？得出臨卦六三爻動，有泰卦之象。遇臨之泰，「教思无窮，容保民无疆」，網路的傳播無遠弗屆，欲達到充分的溝通與交流，得加強賞心悅目的親和力，但又不宜太過花俏，而失去應有的莊重。「甘臨，无攸利。既憂之，无咎」，六三爻辭已說得很清楚，就看我們怎麼掌握分際了！

●二〇〇七年底，我重溫《春秋經》，準備舊曆年後給老同學上課，對三傳都有占測其定位。《左傳》的價值及定位，為臨卦六三爻動，有泰卦之象。臨為國際政治的大事，《左傳》文辭優美，記載詳實，有「甘臨」之意，和《公羊傳》寓有微言大義不同，「无攸利」之辭，似有批判。

䷒

六四：至臨，无咎。

〈小象傳〉曰：至臨无咎，位當也。

六四陰居陰位，處執政高層，臨民治民認真負責，下和初九相應與，服務民眾無微不至，可獲無咎。至臨之至，即坤卦「至哉坤元」之至，執行力強，說到做到，充滿母性的關懷愛顧。六三「甘臨」，口惠而實不至；六四「至臨」，少講多做。本爻爻變為歸妹卦（䷵），卦辭稱「征凶，无攸利」，小心過分感情用事，急躁落空。以卦中卦的理論來看，臨卦初至四爻合組成歸妹卦，六四恰當臨中歸妹的上六，「承虛筐」，也是竹籃打水一場空。

占例

●二〇〇七年初，我依慣例算周遭大事，國民黨全年運勢為臨卦六四爻動，有歸妹卦之象。「至臨，无咎」，看來運勢不錯，在民進黨涉貪弊案喪失民心時，有了翻身的機會。果然翌年初的立委選舉，國民黨大勝。

●二〇一〇年十月初，由於兩岸關係大幅改善，台灣經濟成長甚多，執政的國民黨喊出未來黃金十年的美麗口號，希望爭取民眾認同。我以易占測其可能性，得出臨卦六四爻動，有歸妹卦之象。「至臨，无咎」，「教思无窮，容保民无疆」，機會應該不小，就是別操之過急，犯歸妹的毛病而至成空。二〇一二年經濟變糟，六四為執政高層，當加緊籌謀改善。二〇一六年換民進黨上台，兩岸關係惡化，黃金十年成了泡影。

●二〇〇〇年四月下旬，我的富邦易經班已經講完六十四卦，學生們還想繼續上課，我占問合宜否？得出臨卦六四爻動，有歸妹之象。「至臨，无咎」，「教思无窮，容保民无疆」，可以繼續。結果一直上到現在，又過了十多年未斷，堪稱異數。

六五：知臨，大君之宜，吉。

〈小象傳〉曰：大君之宜，行中之謂也。

六五居臨卦君位，下和九二相應與，充分授權九二，發揮幹才參與公共事務的治理，這是無為而治、君臨天下的大智慧。「知」同智，「宜」為男根女陰和合之意，彼此配合得好，就能生生不息。六五居上卦之中，懂得依時中之道行事，必能獲吉。本爻變為節卦（䷻），雖然授權行事，並非一切放任不管，關鍵處仍會督導節制，且概括承受最後責任。臨卦強調自由開放，節卦控管關鍵事宜，最高的領導統御能兼顧二者，讓組織既充滿創意，又遵守專業紀律。換句話說，元亨利貞，又確保不至「八月有凶」。

《韓非子・八經篇》有云：「下君盡己之能，中君盡人之力，上君盡人之智。」領導人事必躬親，專制獨斷，表現最差；好一點的會運用群力；更高的則善用眾人的智慧、集思廣益以成大事。所謂鬥力不如鬥智，三個臭皮匠，勝過諸葛亮。領導統御須激勵全員發揮活力，積極主動，熱情思考，以創造組織最高的績效。臨卦〈大象傳〉強調「教思无窮，容保民无疆」，宗旨也在於此。

六五「知臨」，抓穩大方向，高瞻遠矚領導；六四「至臨」，負責落實執行。這是典型的君臣分工，必然創造良好的管理績效。

占例

● 一九九二年五月上旬，我在那家出版公司代理總經理職務期滿，兩大勢力股爭中，我成了恐怖平衡的要角，要不要繼續幹呢？徵詢眾議後，占得臨卦六五爻動，有節卦之象。「知臨，大君之宜，吉。」遂決定繼續負責，不久經董事會同意真除，正式展開為時兩年的經營生涯。不論後事如何，這都是人生難得的一段歷練啊！

●二〇〇三年三月底，社會大學基金會出版了我首部光碟產品：《決策易——復見天地之心》全集。內容是一九九九至二〇〇〇年的授課課程，學員對象比較特殊，都是台灣政商界的精英。我占問其價值定位，得出臨卦六五爻動，有節卦之象。「知臨，大君之宜，吉。」正為領導高層人士所需，應算功不唐捐。

●二〇〇〇年四月中，我整理〈繫辭傳〉，占問上傳第四章的主旨為何？得出臨卦六五爻動，有節卦之象。「知臨，大君之宜，吉」，「行中之謂也」。「易與天地準，故能彌綸天地之道……與天地相似，故不違，知周乎萬物而道濟天下，故不過……範圍天地之化而不過，曲成萬物而不遺，通乎晝夜之道而知，故神无方而易无體。」臨卦元亨利貞，為天之道，自由開闊地面對一切，六五行事中節，既無窮無疆，又不至踰越規範而犯過。「知周萬物」、「通晝夜之道」而知，正是「知臨」的表現。易卦解釋自身的思想，真是精采到位。

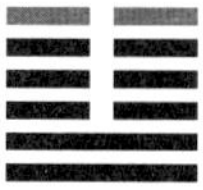

上六：敦臨，吉，无咎。

〈小象傳〉曰：敦臨之吉，志在內也。

上六居臨卦之終，為退休大老之位，已不實際管事，卻仍關心公共事務與民眾福祉，提供建議，照顧後進，如此行事可獲吉而無咎。敦為厚重篤實，「敦臨」有仁厚長者氣象。《中庸》稱：「小德川流，大德敦化。」〈繫〉上傳第四章稱：「樂天知命，故不憂；安土敦乎仁，故能愛。」即為敦臨的境界。吉之後接無咎，不但獲吉，還沒有任何後遺症。志在內，正是關愛其下諸爻，爻變為損卦（䷨），「懲忿窒欲」，無私無我，為民眾謀福。臨卦初九「志行正」，上六「志在內」，貫徹行事，不負初衷。

《論語・雍也篇》記子曰：「知者樂水，仁者樂山；知者動，仁者靜；知者樂，仁者壽。」臨卦六五「知臨」，爻變外卦為坎水；上六「敦臨」，爻變外卦為艮山，恰合此義。「知臨」領導統御需有智慧，如坎水般機變靈活；「敦臨」修養功深，登峰造極，不動如山。

通觀臨卦六爻的衍變：初九、九二「咸臨」，全部熱情參與；六三「甘臨」，濫情太過；六四「至臨」，腳踏實地做事；六五「知臨」，上六「敦臨」，必仁且智。隨著生命成長，任事的經驗與態度大有不同，這也是〈彖傳〉所謂的「浸而長」。年輕時不可能「敦臨」，年長後再「咸臨」也怪怪的，這是自然的節奏，順應就好，強求不得。

占例

● 一九九四年元月中，我任總經理職的最後半年，年初做業績預期，繼去年突破四億台幣後，想更衝刺至四億五。當時占問是否可能？得出臨卦上六爻動，有損卦之象。結果四個月後政變，我等於實質上退休，居於「敦臨」之位。中樞一亂，業績大幅下滑，甚麼計畫都成了泡影。上六爻變所成的損卦，其實是指公司損失慘重。

● 一九九八年十二月中，我深入研究相錯兩卦的關係，占問頤（䷚）、大過（䷛）整體闡明的意義為何？得出臨卦上六爻動，有損卦之象。頤卦講養生與飲食，大過談情愛與死亡，兩卦相錯，深入闡析由生至死的食與色的問題。臨卦由「咸臨」至「敦臨」，從青春男女的熱情，談到暮年的厚實穩重，也象徵人一生的「浸而長」到「消不久」的歷程。明瞭生死大事後，當知損卦「懲忿窒欲」的重要，人生數十寒暑轉眼即過，還是留點功德在世間，大德敦化，吉而無咎。

多爻變占例之探討

以上為臨卦卦、彖、象與六爻單變之分析說明，往下進入更複雜的二爻以上多爻變的討論。

二爻變占例

占事遇卦中任意二爻動，若其中一爻值宜變之位，以該爻爻辭為主、另一爻爻辭為輔論占。若皆不值宜變，以本卦卦辭卦象為主，並參考二爻齊變所成之卦的卦辭卦象。

● 一九九八年六月中，我在社會大學基金會已教出幾屆學生，會方籌辦七月中由我率團，赴大陸作「易經溯源之旅」，由山東曲阜經河南安陽、淮陽，至甘肅天水，將孔子、文王與伏羲諸聖的古蹟都走一遍。我占問此行會順利否？得出臨卦初九、九二爻動，有坤卦之象。「教思无窮，容保民无疆。」合乎寓教於樂、行萬里路的遊學宗旨。初九「咸臨，貞吉」，二十多位學員熱情參與，志行皆正；九二「咸臨，吉，无不利」，我帶隊出遊，自天祐之。結果全程順利完成，確如占象所示。

● 二〇一〇年七月中旬，我問年底五都大選勝負，台北市長郝龍斌為臨卦初、上爻動，齊變有蒙卦之象。蘇貞昌挑戰其位，為小過卦九三爻動，有豫卦之象。臨卦有現任執政優勢，「敦臨」也合乎郝市長的老實形象，初九「咸臨」，表示基層選民還熱烈支持，蒙卦外阻內險，形勢仍不算明朗。蘇的小過卦九三則不好，形勢險惡，爻辭稱凶。兩相對比，郝的贏面大，應可順利連任。選舉前夕，發生連勝文遭槍擊事件，對蘇的選情不利，剛好也符合小過卦九三爻辭：「弗過防之，從或戕之，凶。」選舉揭曉，果然如是。

●二〇〇九年五月下旬，我們學會在溪頭林區辦春季研習營，論題為「精義入神以致用：易經與道家的對話」。來賓請了東海大學退休教授魏元珪來演講，他是我同門的老師兄，參與兩天活動後，建議我們可以辦書院。我為此占問合宜否？得出臨卦二、三爻動，有明夷卦（䷣）之象。「教思无窮」固然好，明夷卻是前景黯淡的艱困之象，甚麼原因呢？九二「咸臨，吉，无不利」，學會有此夙志；六三「甘臨，无攸利」，空言或習氣太深，妨礙成事。辦書院云云，成繼往開來之業，談何容易？

二〇一〇年八月上旬，鑑於學會人事紛爭不斷，我下定決心改組理監事會，希望革除積習，重新出發。預定換上來的新理事長信心有些不足，還想各方磨合，我堅定大原則行事，再占學會當時形勢為何？得出臨卦二、三爻動，有明夷之象。果然積習擾人，「甘臨」之風確需調正，「既憂之」，方能無咎。

二〇一〇年九月上旬，我將赴德國講易前夕，由於手上一個班級的學習氛圍不對，有「履霜堅冰」之感，想回台後整頓器局，遂占問情勢如何？得出臨卦二、三爻動，有明夷之象。「甘臨」積習確實已干擾「咸臨」正道，必得「擊蒙」了！

由以上三占看來，開放自由的管理確需節制得宜，否則日久玩生，「浸而長」成了「消不久」，不也甚為可惜？俗諺「親近生狎侮」，佛言「慈悲生禍害、方便出下流」。《論語・衛靈公篇》：「群居終日，言不及義，好行小慧，難矣哉！」習道者戒之戒之。

● 一九九三年底，因為將士用命，那家出版公司創造了有史以來的最高業績，我除了自掏腰包，遍請公司高級主管慶功宴之外，也接著考慮新年度的人事升遷。其中郵購行銷出色的企劃部經理為首要人選，若晉升協理，加重督導權責如何？得出臨卦二、五爻動，齊變有屯卦（䷂）之象。「教思无窮」，企劃行銷最需創意。九二「咸臨，吉，无不利」，即為待升主管，六五「知臨，大君之宜」，是我開放授權的領導方式，兩爻相應與，配合無間，應該很合適。道理沒錯，卻只運轉四個多月，因中樞生變影響全局，往後一切走樣，遇臨之屯的兩個「元亨利貞」未能實現，通通「至于八月有凶」。

一九九四年初，我雄心勃勃地做全年營運規劃，其中占算公關策略，得出臨卦初、上爻動，有蒙卦之象。「教思无窮，容保民无疆」，以「咸臨」始，至「敦臨」終，又有外阻內險、蒙昧不明之象。事後方知，「敦臨」是指我被迫失權，投閒置散，蒙象亦由此而生。甚麼企劃想法，皆成泡影。

● 一九九〇年十月下旬，公司經營已經左支右絀，險象環生，我彼時開占不久，常拿公司事練習，有占得出臨卦三、四爻動，齊變有大壯卦（䷡）之象。大壯「利貞」，〈雜卦傳〉稱：「大壯則止。」嚴戒感情用事、輕舉妄動。遇臨之大壯，勇於面對治理，但得戒慎恐懼。六三「甘臨，无攸利」，空言濫情無補實際；六四「至臨，无咎」，默默苦幹即是。三多凶四多懼，皆屬人位，形勢雖然險惡，畢竟事在人為。

● 二〇一〇年十月中，我為下月學會辦的秋季研習營做準備，討論主題為「文明浩劫與人類文明的永續經營」。我閱讀思考所謂二〇一二浩劫將至的種種預言，占測一個基本問題：我們人類的知識與智慧，真能預測未來嗎？得出臨卦二、四爻動，六四值宜變，成歸妹卦，齊變則有震卦（䷲）之象。臨、觀相綜一體，我們觀察預測事勢時，本身身臨其境，要完全冷靜客觀很難。六四「至臨」，爻變歸妹，內悅外動，就可能陷入這種一廂情願的主觀情境。又因為人有自由意志，不會完全聽順命運的安排，出手行動，可能改變形勢，這就是九二「咸臨，未順命」的影響。二與四同功而異位，充分說明了其中奧秘，兩爻齊變的震卦，告訴我們可以預測大勢所趨，更要自立主宰，積極行動以趨吉避凶，開物成務。

●二〇一五年二月中，我們全家在蘇格蘭高地遊覽，眺觀山河氣勢浩蕩，占得臨卦二、上爻動，齊變有頤卦之象。臨卦自然開闊，無窮無疆，九二「咸臨」有感，上六「敦臨」厚重；頤卦形成一自足的生態光景。《焦氏易林》遇臨之頤的斷詞：「華首山頭，仙道所遊，利以居止，長无咎憂。」描述情景真切啊！

●二〇一五年初，奉元學會主辦一次書院講學的座談會，邀了同道參與討論。「在這禮壞樂崩、人心失守的時代，如何扶持正道？」我就多年浸淫所得，講了不少體悟與建議。講完自占效果如何？為臨卦三、上爻動，齊變有大畜之象。臨卦「教思无窮，容保民无疆」，大畜「不家食吉，利涉大川。」實體平台設在台灣，影響卻必得走向國際。六三「甘臨」說好聽的，上六「敦臨」敦篤實踐。看來講得不錯。

●二〇一六年十月中，中華奉元學會課程委員會負責的師兄身體違和請辭，需覓接替人選。我想爭取另一位學界退休下來的師兄擔綱。占得臨卦四、上爻動，齊變有睽卦之象。臨卦「教思无窮，容保民无疆」，六四「至臨无咎，位當也」，上六「敦臨，吉，无咎」，以退休大老之經驗任實務推行之責，充分可以勝任。蒙他應允，規劃承辦得相當穩妥。

●二〇一七年五月上旬，我處理一些煩心的會務，必須判斷相關要角的意圖為何，其中一位為臨卦初、四爻動，齊變有解卦之象。初九「咸臨貞吉，志行正」，六四「至臨无咎，位當也」，兩相應與，解卦又是想解決問題，這當然是善意。另一位是豫卦六二爻動，也是解卦之象。「介于石，不終日，貞吉。」〈小象傳〉：「以中正也。」同樣可以放心，遂耐性周旋處理。

●二〇一七年八月初，我長達十九天的北疆旅遊行程結束，一路好山好水好友同行，雖安檢森嚴，不礙遊興。占問此行為臨卦初、三爻動，齊變有升卦之象。臨卦無窮無疆，初九「咸臨貞吉，志行正」，六三「甘臨」有些樂過頭，「既憂之，无咎」，問題不大。升卦順遂「元亨」。

三爻變占例

占事遇卦中任意三爻動，以三爻齊變所成之卦為悔，本卦為貞，成貞悔相爭、相持不下的微妙情勢，合參兩卦卦辭卦象論斷。若本卦其中一爻值宜變，該爻爻辭加重考量其影響。

●二〇一一年五月下旬，我赴湘、鄂兩地學術參訪，最後一晚在嶽麓書院與該校師生座談，談到孝道與祭祖的問題。我邊聽邊以手機占問：中國「孝為德本」的觀點及實踐，未來前景如何？得出臨卦初、二、四爻動，貞悔相爭成豫卦（䷏）。初九、九二皆稱「咸臨，吉」，親子之情出乎自然；六四「至臨，无咎」，父母照顧子女無微不至，舐犢之情人皆有之。豫卦熱情行動，〈大象傳〉稱：「先王以作樂崇德，殷薦之上帝，以配祖考。」更明確點出華人祭祖、慎終追遠的莊嚴意義。遇臨之豫，前景還是看好，這是人性自然的道理，沒甚麼好太擔心與辯駁的。

二〇〇九年七月上旬，我的學生偕夫婿赴美，其時全球已捲入金融風暴之中，天災人禍頻仍，各地都不大安寧，行前問占，得出臨卦初、二、四爻動，貞悔相爭成豫卦。「咸臨」與「至臨」，溫馨周至，豫卦「利建侯行師」，利於出行。遇臨之豫，安心出遊享受天倫，決無問題。

《焦氏易林》遇臨之豫的斷詞為：「蜎飛蝡動，各有配偶，小大相保，咸得其所。」小小的蚊蟲或飛或爬，都有伴侶同行，人間的親情更應寶愛珍惜，以上二占例，皆可做如是觀。

●二〇〇八年十一月上旬，我的學生郭女士安排好翌年春節往峇里島家庭度假的旅程，由於該地曾發生恐怖攻擊事件，有些擔心安危而問占，偏偏又得出不變的剝卦（䷖）。一陽浮於五陰之上，岌岌可危，「不利有攸往」。卦意明確，行程已定不能退，怎麼辦呢？再討對策，得出臨卦初、二、五爻動，貞悔相爭成比卦（䷇）。「咸臨」、「知臨」，三爻皆吉，比卦就有相偕出行之意，卦辭第一個字亦也是吉。遇臨之比，只要隨時歡聚、相互照顧，應該無礙。臨卦也是陰曆臘月之卦，恰當她們旅遊之時。結果她們依計畫出遊，一切平安喜樂。

為何會先出現剝卦之象呢？是反映了當事者心頭的焦慮嗎？近年來舉世不寧，災禍不斷，出門在外時時難，真的也是得小心翼翼。

●二〇〇九年三月下旬，我早該出版的《易經與現代生活》簡體版仍未出書，數年前洽商訂約的出版商一再延誤，不管電話或當面溝通幾次，當時說好，後來照樣沒下文。我真是心頭火起，失去耐心，心想乾脆認賠殺出，斷然解約，另尋好的配合對象出版。占問吉凶，為中孚卦（䷼）初九爻動，有渙卦（䷺）之象，爻義是又得經過嚴謹徵信的過程，一切重新來過。我嫌麻煩，再占：

如果仍依原案出版，耐心跟催進度如何？得出臨卦初、二、五爻動，貞悔相爭成比卦。遇臨之比，還是應該面對現實智慧處理，繼續合作，數月後總算出書，了結心中懸念。

- 一九九六年元旦，我雖仍待在出版公司沒走，調整年餘，人生嶄新的方向已日漸明晰，做一年之計時，問個人學業發展如何？得出臨卦下三爻全動，貞悔相爭成謙卦（䷎）。遇臨之謙，「教思无窮」至「君子有終」，格局氣勢極佳，當時也自覺進益甚大，唯一要注意的只是別犯「甘臨」的毛病，更嚴謹治學就好。

- 二〇一〇年五月初，《聯合報》的陳玉慧女士來台與我晤面，洽商赴德授易事宜。我當然樂意有此機會與德人談易，會面前試占晤談順利否？得出臨卦下卦全動，貞悔相爭成謙卦。「教思无窮，容保民无疆」，弘揚易道突破了種界國界，「謙亨，君子有終」。遇臨之謙，形勢一片大好。晤商確實愉快，當年及次年都順利赴南德的慕尼黑講學，為我的習易生涯多添一份異彩。

- 二〇〇五年三月底，文化大學邀我與名建築師林洲民座談，主題是台北城的建築景觀與未來。會前我占問：台北城的建築氣象如何？得出臨卦初、五、上爻動，貞悔相爭成渙卦（䷺）。臨卦居高臨下，自由開闊，渙卦上風下水，正寓風生水起的風水器局。遇臨之渙，台北城的高樓景觀有其特色。「咸臨」、「知臨」、「敦臨」，熱情奔放者有之，睿智仁德者亦有之，兼容並蓄，蔚為大觀。

- 二〇一一年七月下旬，台灣的《鵝湖》雜誌與東方人文學術研究基金會，主辦「東亞青年儒家論壇暨研習營」，地點在台灣師大的林口校區。我應邀去講了一堂課，跟兩岸及日港星馬等地的青年學子談「《周易．大象傳》與〈彖傳〉的義理結構」，一週後，又邀他們約二十位至我們學會參訪座談。事後，我占問這種互動可有啟發之效？得出臨卦初、二、上爻動，貞悔相爭成剝卦（䷖），臨卦上六值宜變成損卦。臨卦「教思无窮，容保民无疆」，初九、九二「咸臨」，正是年輕學生熱情受教，上九「敦臨，志在內」，我們希望提攜照顧後進。損上益下，剝極而復，期許一代一代繼往開來。近百年西風東漸，同道者總嘆息「儒門淡薄，收拾不住」。我們在社會上講經，受教者雖為社會菁英，畢竟工作忙碌，積習已深，也有頗深的無力感。青年學子可塑性高，也有大量從容學習的光陰，其實有心推廣文化者應善加珍惜，全力以赴。毓老師當年開班授課，不收社會人士，限定在學學生，有其洞識。

●二〇一一年八月中旬，我剛自北京上完課返台，又接著講完《聯合報》第四期易經班的最後一堂課，針對教學效果問占，得出臨卦初、三、上爻動，貞悔相爭成蠱卦（䷑）。臨卦自由開放，「教思无窮」；蠱卦革除舊習，繼往開來。遇臨之蠱，應該功不唐捐。臨卦初九「咸臨貞吉，志行正」，起手格局不錯；六三「甘臨，无攸利」，總是有些人習易的態度輕浮，「既憂之，无咎」，矯正後即可漸入規範；上九「敦臨，吉，无咎」，有沉穩成就氣象。

●二〇一一年六月中旬，我在高雄旅次，問自己此生與中華經典的緣分，得出臨卦二、四、上爻動，貞悔相爭成噬嗑卦（䷔），臨卦九二值宜變成復卦。遇臨之噬嗑，親身參與「教思无窮」的研習專業，兼或有獨造心得，可為後人效法，噬嗑有立法之意。九二「咸臨，吉，无不利，未順命也」，大有開創的空間。六四「至臨，无咎」，想通了還得做到；上六「敦臨，吉，无咎」，自覺覺人，亦為題中應有之義。

●二〇一四年十一月底，我參加廈門篔簹書院論壇結束後，由香港學生唐德清陪同，赴福州與武夷山景區旅遊，並會晤對文化有興趣的高層人士，相當愉快。遊畢後總結此行成果，為臨卦初、四、上爻動，貞悔相爭成未濟卦。臨卦「教思无窮，容保民无疆」。初九「咸臨貞吉，志行正」，六四「至臨，无咎」，上六「敦臨，吉，无咎」，格局開闊清正。未濟「物不可窮也」，餘味無窮。

●二〇一五年七月初，我在參加魯台文化交流旅程中，試問我接任學會理事長合宜否？得出臨卦二、四、五爻動，九二值宜變為復卦，貞悔相爭成隨卦。臨卦「教思无窮，容保民无疆」。九二「咸臨吉无不利，未順命也」，六四「至臨无咎，位當也」，六五「知臨，大君之宜，吉」。隨卦「元亨利貞，无咎。」當年十月接任。

●二〇一四年十一月初，我問與妻子的前世因緣，先得蒙卦二、上爻動，齊變有坤卦之象。再問她扮演甚麼腳色？為臨卦初、三、四爻動，貞悔相爭成恒卦。蒙卦相互啟蒙，有「包蒙」有「擊蒙」，關係密切。臨卦「教思无窮，容保民无疆」，初九「咸臨，貞吉」，六三「甘臨」，六四「至臨无咎」。感情、甘言、無微不至，理應如此。恒卦天長地久，本即夫妻相處之道啊！

四爻變占例

占事遇卦中任意四爻動，以四爻齊變所成之卦的卦象卦辭為主，探究本卦變成之卦的因由。四爻中若有一爻值宜變，加重考量該爻爻辭的影響。

●一九九六年耶誕節，我算了一系列二十一世紀中國前途的卦，前瞻中國氣運為遇比之明夷，比六三值宜變成蹇卦，已於比卦三爻變占例中討論。由於六三影響不小，當時我還有追問：「比之匪人」指何而言？得出臨卦初、二、三、五爻動，四爻齊變成蹇卦。蹇卦〈彖傳〉稱：「蹇之時用大矣哉！」這是風雨同舟、不得不和衷共濟的策略運用，「比之匪人」爻變為蹇的意義也在此。臨卦自由開放，下卦三爻「咸臨」、「甘臨」，五爻「知臨，大君之宜」，應該是指天下共主超強的美國。二十一世紀中美兩大國的關係好壞，幾乎可以決定世界大勢，以發展至今的形勢觀之，真正就是如此。

●二〇一一年三月中，我受毓老師之託，介紹買主看苗栗的一塊山坡地，地名乾元山，多年前老師曾想蓋奉元書院，後因故放棄，形移勢轉，變成賣掉籌資，到大陸建書院。月前牽線未成，又想試試另一位頗有財力及影響力的學生，先占一卦，得出臨卦初、二、三、五爻動，四爻齊變成蹇卦（䷦）。遇臨之蹇，雖可嘗試，恐怕難成。結果五天後老師過世，此事自然也跟著停擺。

20. 風地觀（䷓）

觀卦為全易第二十卦，前接臨卦相綜，後為噬嗑卦。〈序卦傳〉稱：「臨者，大也，物大然後可觀，故受之以觀。可觀而後有所合，故受之以噬嗑。嗑者，合也。」噬嗑即咬合併吞，為弱肉強食的鬥爭。臨為公共事務的治理，觀為對萬事萬物的觀念看法，兩卦相綜一體，表示我們管理這個世界，跟我們怎麼看這個世界有關。不同的做法及看法，可能引發對立衝突，例如基督教與伊斯蘭教的宗教戰爭，歷時千年而今為烈，就是觀後接噬嗑的顯證。

觀卦卦形二陽在上、四陰在下，很像門樓牌坊、道觀廟宇或日本神社「鳥居」的形制，人行於其下往上觀望，會油然生起信仰的情懷。伏羲一劃開天，萌發大易思想，即由觀察天象地理、動植生態而來。觀不只是往外觀察，也包括往內觀察反省自己的心性。佛教最有名的菩薩稱觀世音，也名觀自在，自覺而後覺人，現身說法，濟渡眾生。

《說文解字》釋觀為「諦視也」，仔細用心觀察萬事萬象的真諦。觀字又是鳥飛高空俯瞰大地之意，目光犀利，洞察入微。

䷓

觀卦卦辭：

盥而不薦，有孚顒若。

觀卦卦辭所述，為宗廟祭祀的情景，信仰虔誠，莊重肅穆。盥是洗手洗臉或齋戒沐浴，入廟以前先清淨身心；薦是上供，祭祀開始之後將牛羊豬等犧牲奉獻，或擺上鮮花素果，以示敬意。「有孚」是真誠信仰，顒是大頭，信眾膜拜的對象通常塑成偉岸高大的形貌，望之儼然。若為語尾副詞，顒若就是莊重肅穆的氣象。盥而不薦，強調真心清淨，至於供品豐盛與否，不是那麼重要。《論語・八佾篇》記子曰：「禮，與其奢也，寧簡；喪，與其易也，寧戚。」「易」是節文習熟，未必有哀痛之實；祭品奢侈鋪張，不如心誠而簡約。同篇又記子曰：「禘自既灌而往者，吾不欲觀之矣！」「禘」是古代五年一次的大祭，「灌」是灑酒於地上以迎所祭之祖，通常在祭祀之先，然後才進行上供膜拜。孔子此言與觀卦卦辭意境絕似，都重視始祭時的心意真誠，不在乎其後的豐盛上供。「有孚顒若」，與祭者嚴正肅穆，真心信仰，才合於觀卦的主旨。「灌」與「盥」不同，但都是祭祀之先的致敬動作，清心寡慾，勿沾任何不良習氣。老子說：「滌除玄覽，能無疵乎？」洗滌雜念，才能看事通透。

清朝嘉慶帝名顒琰，典雅殊特，其父乾隆名弘曆、其祖雍正名胤禛、曾祖康熙名玄燁，皆風華貴氣，滿人漢化之深，可見一斑。

觀卦卦辭全無「元亨利貞」四字，亦不提吉凶悔吝，並非觀卦無德，而是虛心冷靜，深入觀察，必須排除一切急功近利的想法，與主觀情緒的干擾，方易得其真相。

〈彖〉曰：大觀在上，順而巽，中正以觀天下。觀，盥而不薦，有孚顒若，下觀而化也。觀天之神道，而四時不忒；聖人以神道設教，而天下服矣！

觀卦二陽在上，高居天位，為「大觀在上」，下坤順上巽入，順勢深入，參究事理。九五中正居君位，高瞻遠矚，觀覽天下事。上卦巽風，以風範楷模教化天下；下卦坤為廣土眾民，欽仰學習，深受感化。「天之神道」之神為動詞，為彰顯發揚至最高境界之意，天象變化，昭顯自然規律，春夏秋冬四季更迭，準確而無差錯。人能弘道，聖人取法天象，設立種種教化方式，使天下萬民心悅誠服。

小畜卦「懿文德」，「遠人不服，則修文德以來之」；謙卦九三「勞謙不伐」，〈小象傳〉稱「萬民服」，六五「利用侵伐」，〈小象傳〉稱「征不服」；豫卦「順以動」，〈彖傳〉稱「刑罰清而民服」；觀卦〈彖傳〉稱「神道設教而天下服」。人生在世，領導群眾奮鬥，應以德服人，而非以力服人。

豫卦〈彖傳〉稱：「天地以順動，故日月不過而四時不忒。」觀卦〈彖傳〉又稱：「觀天之神道，而四時不忒。」「不忒」是絕對精確零誤差，表示人生觀察及預測事勢講求準確，才能洞察真相，趨吉避凶。自然的天象有其變化規律，可以透過觀察而做出精確預測，曆法節氣等即為顯例。若天象反常失控，就是臨卦所謂的「八月之凶」了！

〈象〉曰：風行地上，觀。先王以省方觀民設教。

觀卦下坤地、上巽風，為風行於大地之象。〈大象傳〉稱「先王以」而非「君子以」，同比、豫二卦〈大象傳〉一樣，為中央共主的最高領導層級。「省方」是到各地方去參觀考察，用心研究民情風俗，以為施政參考。「觀民」並非走馬觀花，而是與民眾深入接觸，確實了解民困民怨所在，然後想方設法協助解決。周代曾設采風之官，巡遊天下各地，蒐集民詩，以掌握風土民情。《論語・陽貨篇》記子曰：「《詩》可以興，可以觀，可以群，可以怨。」正合觀卦大象情境，中央施政不能閉門造車，必須勤跑地方了解實況，在台灣稱為「走透透」，以前宋楚瑜任省長時，跑遍全台三百多個鄉鎮，號為勤政。在管理學上，這是現場主義、行動辦公室的觀念，腳到、眼到、心到、手到，服務周到。

「省方」也是行萬里路、雲遊天下的理念，廣博見聞，比讀萬卷書還切實際。今日世界大通，國際旅遊相當方便，有志世務者應多跑跑，以練達人情。

俗云「一方水土一方人」，根器秉性皆異，風俗習慣不同，人際交往時須多注意，才能順利有效溝通。觀音菩薩現身說法，度一切眾生，大慈大悲的智慧值得學習。「省方觀民設教」，最重深入淺出的功夫，將大道以明白曉暢的語言普及於眾生，最是功德無量。但通俗又不等於媚俗，並非迎合牽就，而是引領眾人往上進，掌握這個分際非常重要。我授易二十多年，深知普及易道之難，不能曲高和寡，更不宜嘩眾取寵，箇中三昧，唯識者知之。

觀卦〈大象傳〉的文辭，讓人想起基督教的主禱文：「我們在天上的父，願人都尊祢的名為聖，願祢的國降臨，願祢的旨意行在地上，如同行在天上……因為國度、權柄、榮耀，全是祢的，直到永遠。阿們！」

「風行天上」為小畜（䷈），「密雲不雨」，盡打高空不落實處；「風行地上」為觀，「法雨均霑」，信眾都能受惠。基督志在實現地上天國，大乘佛法務求普渡眾生，心淨國土自淨，現世煩惱轉為無上菩提，此岸就是彼岸。觀卦二陽高高在上，容易孤芳自賞，抽離實際，「省方觀民設教」，則迴向布施，將高明的理念落實於現世。臨卦二陽穩穩立足，忙於塵俗事務，忘了提升精神境界的重要，故而「教思无窮，容保民无疆」。〈繫辭下傳〉第五章：「精義入神，以致用也；利用安身，以崇德也。」思想觀念愈高明愈好，但須經世致用；實業安家落戶，得注重思想境界的提升，修業勿忘進德。

蠱卦「振民育德」、臨卦「教思无窮」、觀卦「觀民設教」，國家社會由改革而開放的劇烈轉型時期，教育工作特別重要。

卦序豫、隨、蠱之後為臨，臨後為觀，顯示：君臨天下的領袖，能立足於當下，「幹父之蠱」，預測未來，且能宏觀天下，視野遼闊。領袖群倫的大才極不易得，除了天縱英明外，不斷的接受教育，歷練學習，也是不二法門。

占例

● 二〇〇一年元旦，我依慣例做一年之計，全年運勢為賁卦六五爻動，有家人卦之象。賁為人文化成之意，君位動，表示我講經授易已然有成，既退出職場拚搏，家庭生活得享天倫之樂。再占全年謀道志業如何？得出不變的觀卦。「風行地上」，「省方觀民設教」，那年我真的是到處授課，接觸了形形色色的學生。

●二〇一〇年六月下旬，因學生介紹，我受邀到一位著名企業家夫人家中，在其設置的佛堂裡見其展現神通，確實有些名堂。她念經請來的神佛位次極高，來去的氣勢宏大，出堂後，我雖不盡信，仍好奇一占：來者是哪路神靈？得出不變的觀卦。難道是觀世音菩薩駕臨？可是她的說法卻不是，也不必深究了！我在這些方面的緣分不深，也沒多大興趣接觸，若真遇到了只敬慎以待。然後又問：這次機遇，於我日後的弘經志業有何助益？得出賁卦九三爻動，有頤卦之象。人文化成甚深，「自養養人」，倒是不壞，我的入世傾向一點兒沒變。

●二〇〇九年十月中旬，我應富邦講堂學生所請，占問諸大宗教信仰究竟否？其中伊斯蘭教教旨為不變的觀卦。「風行地上」，伊斯蘭教影響人類文明重大深遠；「盥而不薦，有孚顒若」，伊斯蘭教齋戒沐浴的虔誠，也讓人印象深刻。我去新疆與埃及的一些城市，每天清真寺的鐘聲響好幾回，萬千信眾祈禱禮拜的情景真是壯觀。

●二〇一〇年八月下旬，我剛從北京授易返台，占問：我這輩子在易學上下的功夫與研究成果，對中國未來的發展有何影響？得出不變的觀卦。臨、觀相綜，「君臨天下」須有宏觀視野，「風行地上，先王以省方觀民設教」。《易經》自古即為帝王之學，所謂帝王並非指專制政權，「帝」為主宰義，「王」指王道，天下人心所歸往者即為王。先民集體智慧所凝鑄的心血結晶，確應珍惜發揚，繼往開來，不必妄自菲薄。

䷓

初六：童觀，小人无咎，君子吝。

〈小象傳〉曰：初六童觀，小人道也。

初六為觀卦之始，也居基層民眾之位，思想觀念難免幼稚，算是娃娃看天下，層次太低，只看到些膚淺的表象。小人非指壞人，而是市井常民，見識淺無足怪，故稱無咎。君子有志平治天下，「童觀」而不長進可就不行了。格局窄、文過飾非為吝。「小人无咎」，奶瓶尿布也是人生，顯示慈愛包容；「君子吝」，知識分子不思上進必須鞭策，聰明才智愈大者，應為更大多數人服務。本爻變，為利益眾生的益卦（䷩），主旨皎然可知。

占例

● 一九九三年元月中旬，那家出版公司股爭暗潮洶湧，市場派大股東的哥哥任職直銷部門後勤主管，能力嚴重不足，經常誤事，眾心頗有不平。當時為免困擾，居然有人建議逼退，我占問合宜否？得出觀卦初六動，爻變有益卦之象。「童觀，小人无咎，君子吝。」一方面應指皇親國戚能力不足，卻據高位；另外也警告我們太幼稚，怎麼惹得起其後的大靠山。益卦有遷善改過之意，這項調整只會找來麻煩，看不出有何利益，於是遂作罷論。

䷓

六二：闚觀，利女貞。

〈小象傳〉曰：闚觀女貞，亦可醜也。

六二中正，上和九五相應與，應該很不錯才對，偏偏爻辭並不好，甚麼道理？「闚觀」是隔著門縫偷窺，心慌意亂怕被發現，視界受拘限，也看不真切。古代婦女甚少外出，家中有客人來，往往躲在門後偷看，根據片面觀察所得即下結論，這也難怪，故稱「利女貞」。「亦可醜」之醜字，就是小器上不了檯盤，同時有類別之意，表示群體中也有這樣的一群人，如此則又現寬厚包容的胸懷。本爻若動，恰值宜變成渙卦（䷺），散漫而無統緒，不能形成明晰確實的觀點，實不可取。

初六「童觀」、六二「闚觀」，即所謂婦孺之見，或流於淺薄，或失之感情用事、片面而狹隘，人生處世，不宜永遠囿限於此。

六二「闚觀」的對象，多半是與之相應與的九五，遠觀仰望，觀點固定執著，往往一廂情願。九五居全卦君位，六二以偶像視之，過份美化，看不透事象的全貌。觀卦利近不利遠，六四上承九五，上卦巽為深入接觸之象，貼身觀察學習，就比六二效果好得多。孟子論教學，有「親炙」和「私淑」之分，六四即「親炙」，六二「私淑」九五，距離太遠，難窺大道。

占例

觀六二爻變成渙卦，若占問的是身體疾病，則不大妙。渙卦卦辭有「王假有廟」四字，精氣渙散，行將入廟。曾有學生問病占到此爻，果然患者於觀卦相當的陰曆八月往生，而且屬婦科疾病，正應了〈小象傳〉所言：「闚觀女貞，亦可醜也。」患部在直立身軀的腹膀位置，二爻動變成渙，預示了如此多的信息，易占靈敏精密，令人憮然。

●二〇〇六年十二月初，我高雄商界的一位學生至台北，約我共進日本料理，同座還有一位惹上官非的地方人物，已判定有罪，問尚有解否？占得觀卦六二爻變，成渙卦。「闚觀女貞，亦可醜也」，看來沒救。當晚學生再撥電話給我，正常方法沒解，要不要動用非常方法？他積極介入合適嗎？我再占得不變的頤卦（䷚），卦辭稱：「貞吉，觀頤，自求口實。」勸他算了，各人造業各人承擔吧！事遂定論，不久那位先生入獄服刑。

䷓

六三：觀我生，進退。

〈小象傳〉曰：觀我生進退，未失道也。

六三已入下卦最上，冷靜觀省自我的生命生活，若有心得進益，可更上層樓，提升至上卦六四之境；若無突破，也可能退回「闚觀」、「童觀」的層次。這種或進或退的現象，其實很正常，在人生修行途中為有待突破的關口，只要不偏離大道，都可想方設法解決。本爻變，為漸卦（䷴）。漸以鴻雁結隊飛行為喻，循序漸進，往來以時。人生處「觀我生」之時，若能找志同道合者切磋琢磨，團體學習效果較佳，大道非朝夕可成，長期薰習，漸入佳境。

占例

● 一九九六年元旦，我作一年之計，當時已認真考慮往大陸發展的企劃，問突破前景如何？得出觀卦六三爻動，有漸卦之象。「風行地上」，「省方觀民設教」，六三正是由內欲往外推進之際，爻變為漸，似乎還得慢慢發展，而且組隊前往更佳。後來確實如此，當年未有明顯突破，兩年後率學生二十多人做易經溯源之旅，才算稍為打開局面。真正佈局嚴謹、建立深度接觸，還在六年之後呢！

䷓

六四：觀國之光，利用賓于王。

〈小象傳〉曰：觀國之光，尚賓也。

六三發展遲滯，跟本身不中不正、時位未宜有關。六四陰居陰當位，又當上卦巽風深入契合之處，條件改善太多，上承九五君位，已能趨近觀仰大道之光，故稱「觀國之光」。觀光旅遊的典故出於此，本為到國外觀摩學習之意，近現代的出國留學，就是要學習別人的長處。學成後也不必急著返國，最好留在當地生活就業一段時間，將所習理論與實務印證，活學活用後，再回祖國貢獻。唐代玄奘大師赴印度求法，待了多年後返回中土，主持規模宏大的譯經事業，對中國佛教貢獻甚偉，就是「觀國之光」的顯例。

「利用賓于王」，利用觀摩學習來的心得，待在留學地做客，為當地的領導服務。「王」指九五，六四上承九五，為客卿，深得重用，故稱「尚賓也」。唐代武則天時寫造反檄文的駱賓王，名字顯然出自此爻。戰國時代流行進用客卿，秦國之所以富國強兵、統一天下，就是因為重用外來人才，從商鞅到李斯，打下了霸業的根基。客卿一定引起本土派的杯葛和嫉恨，李斯當年為此寫下〈諫逐客書〉，使秦王嬴政收回成令。本爻變為否卦（䷋），人情否隔，「君子以儉德避難，不可榮以祿」，外來客卿的確很難自處。

「觀國之光」，有「國之光」就有「國之暗」，觀摩學習別人長處，也別忽略其短處。

占例

● 二〇〇〇年四月下旬，我整理〈繫辭傳〉，占問上傳第十章主旨為何？得出觀卦六四爻動，有否卦之象。「觀國之光」，深入觀察一切事相；「尚賓」，也是崇尚客觀之意。「《易》有聖人之道四焉：以言者尚其辭，以動者尚其變，以制器者尚其象，以卜筮者尚其占。」辭變象占都為君子所尚，冷靜分析闡釋，不受私人情慾影響。〈繫辭傳〉說得好：「《易》，无思也，无為也，寂然不動，感而遂通天下之故。非天下之至神，其孰能與於此？」觀卦〈彖傳〉稱：「觀天之神道而四時不忒，聖人以神道設教而天下服矣！」義理完全相應。

● 二〇〇七年九月下旬，我剛看完學生送我的《貨幣戰爭》一書，作者宋鴻兵特殊的觀點引人入勝，確也與一般人的常識大相逕庭。我反覆思維，最後占其論據可信否？得出觀卦六四爻動，有否卦之象。宋曾在美國金融圈待過一陣，「觀國之光」也「觀國之暗」，有一定的客觀性，倒非信口雌黃，至於國際陰謀論云云，是否確如所指，還費斟酌。爻變為否，好像還有未必盡然通達的疑慮。隔年發生金融風暴，似乎部分佐證了其預言，該書也再接再厲，出了續集與第三集，成為暢銷的話題書。總而言之，值得觀察後勢發展，所謂大道無形，我們這個世界究竟是如何真實運轉的呢？

● 二〇〇四年五月下旬，陳水扁連任的爭議未了，台灣在野勢力醞釀串聯抗爭，我問年底前整合成功否？得出觀卦六四爻動，有否卦之象。臨、觀相綜，民進黨執政為臨，國民黨等在野勢力為觀，屈居客位不利，爻變為否，似乎不大妙。果然，年底前兩場選舉官司都敗訴，翌年宋楚瑜還跟陳水扁搞所謂「扁宋會」，反對勢力整合徹底失敗。

● 一九九四年十一月中，我已脫離那家出版公司的經營職責半年，自己暗暗另發大願，從此走不同的路，並以「華夏又一春」稱之。雖不管事，對外職銜上還掛總經理兼總編輯，當時盤算過這種名不符實的態勢，暫時留任對我合宜否？得出觀卦六四爻動，有否卦之象。「否之匪人，不利君子貞」，〈大象傳〉且稱「儉德避難，不可榮以祿」。這是內裡實情，但外人不會知道，表面看起來還有「觀國之光」的模樣，方便我重新佈建人脈，剩餘利用，又有何傷？

九五：觀我生，君子无咎。

〈小象傳〉曰：觀我生，觀民也。

九五中正居全卦君位，居高臨下觀覽全局，此處的「觀我生」是指大我，而非六三的小我，〈小象傳〉故而解釋為「觀民也」。〈大象傳〉稱「先王以省方觀民設教」，正指九五而言。臨卦為政，六五稱「大君之宜，吉」；觀卦宣教，九五稱「君子无咎」。臨卦上六「敦臨」，下接觀卦，稱「吉，无咎」。《易經》修辭立其誠，處處精準無匹。本爻變為剝卦（䷖），以卦中有卦的觀點來看，觀卦初至五爻、二至五爻，又可重組成剝卦，而觀卦九五皆當剝卦上九的位置。剝卦一陽浮於五陰之上，資源喪失殆盡，岌岌可危，當然不好，而觀卦九五偉大宏觀，又是怎麼回事呢？這就和蒙卦九二「包蒙」一樣，爻辭絕對吉，爻變卻為剝卦，其真意在於剝極而復，剝除虛妄的表象，直探真理的核心。觀卦九五深觀世相，穿透外在的假象，掌握其真實的本質。這正是佛教《心經》所稱：「觀自在菩薩，行深般若波羅蜜多時，照見五蘊皆空，度一切苦厄。」觀自在、觀世音、觀我生，人生最深沉的妙智慧盡在於此。

其實以佛教觀念來比擬，臨、觀二卦相綜一體，「觀」是觀世音菩薩的法相，「臨」是大勢至菩薩的象徵，一左一右侍立於阿彌陀佛身邊。君臨天下有大勢，救苦救難現觀音，相助阿彌陀佛濟渡末法時期的眾生。

解讀卦象還有一種「數位觀象法」，以陽爻當一、以陰爻為零，可將一卦拆解成幾卦的組合，一加零或零加一等於一、零加零等於零，只要避開一加一即可。如此等式的兩邊效力等值，例如觀卦加上臨卦，等於中孚卦（䷼），表示所謂合於中道的誠信，既有正確觀念，又有負責的做法。左觀右臨的兩菩薩像，合成中孚的末世信仰，阿彌陀佛就是中孚的化身，濟度一切卑微眾生，往生西方淨土。中孚卦卦辭稱：「豚魚吉，利涉大川，利貞。」其後經小過至既濟與未濟，全與淨土宗的理念相合。

占例

●二〇一一年五月上旬，我問易中卦氣圖可信否？得出觀卦九五爻動，有剝卦之象。「觀我生，君子无咎」，「風行地上，先王以省方觀民設教。」〈彖傳〉又稱：「觀天之神道，而四時不忒；聖人以神道設教而天下服矣！」字字句句，扣準了一年中時氣的循環往復，而當時製作卦氣圖的聖人，觀察天象的精密到位，真令人佩服。觀當陰曆八月，剝為陰曆九月，本卦、之卦又恰好為消息卦，更具說明效果。

●二〇一一年元月下旬，北京天安門廣場側豎立了孔老夫子的青銅雕像，其涵意耐人尋味。不管人世政治變幻的紛紛擾擾，這位儒學大宗師的地位，似乎無可動搖。五四時代喊出「打倒孔家店」的喧囂口號，文革時的嚴峻批孔，而今峰迴路轉，又快成了「打掃孔家店」了！遍佈世界的孔子學院，做為中國影響力的象徵，應該還只是個起步。我占問往後一千年中國文化發展的前景，得出觀卦九五爻動，有剝卦之象。大觀在上，「中正以觀天下」，「觀我生，君子无咎」，「風行地上，先王以省方觀民設教」，「聖人以神道設教，而天下服矣！」雖然歷經劫難，剝極不斷來復，在人類文明的歷史長流中，永遠居至高無上的地位，影響深廣無極。

●二〇〇九年八月中，我占問台灣佛教界夙負盛名的慈濟功德會，其領導人證嚴法師的修行境界？得出觀卦九五爻動，有剝卦之象。「觀我生，君子无咎」，「觀民也」。慈濟善行風行全球，證嚴上人以身作則，「大觀在上」，本身修境無可置疑，大慈大悲救苦救難，還真是觀音菩薩倒駕慈航？

●二〇一〇年元月中，我基於好玩占問：我與某學生前世真的見過面打交道嗎？得出觀卦九五爻動，有剝卦之象。「觀我生，君子无咎」，大觀在上，應該是見過，而且場合氣勢不凡，又似乎與施教有關。這位學生古道熱腸，是馳騁商場的女強人，修密信佛讀易，篤信輪迴，自稱某前世曾為雍正的皇后，也就是乾隆的母親。我們倒是結緣投契，也聽她說前世經常見面，遂有此遊戲之占。難道我還真的出入大內，在宮裡教過書？怎麼連專業都沒變？真是有趣。

有意思的是她的本命元堂就是觀卦九五，後天轉為謙卦六二，由「觀我生」變成「鳴謙，貞吉」。難道是觀音菩薩下凡，扶持正法、普濟眾生？我是先天「比之匪人」，轉後天「擊蒙」宣教，兩下一對，還真有合契之處，妙哉妙哉！

●一九九三年八月中，我決定購置的新居位於高樓頂層，占問爾後家居生活愉快否？得出觀卦九五爻動，有剝卦之象。居高臨下，「觀我生，君子无咎」。朝夕勤讀經書，中正以觀天下事，時而「風行地上，先王以省方觀民設教」。

●二〇一〇年二月上旬，我以易占檢驗中西多種探測命理運勢的法門，校核其精確程度，其中稱為「大密儀」的巴比倫高級占星術，得出觀卦九五爻動，有剝卦之象。「觀我生，君子无咎」，「中正以觀天下」，「觀天之神道，而四時不忒」，應該相當精準，未可小覷。一九九二年時，我曾陪那家出版公司的老闆，去拜晤過精通此術的專家，見過這種操作的模式，也將人生情境分成數十種類型，以撲克牌切牌啟動，由心念專注帶出答案，與大衍之數的占法很類似。當時解老闆之惑之困，也切中時弊，他拈得「捨棄其一」，我則是「得諸人和」，因此遂有日後我任總經理之事。那位高人術士切牌時，還用一枚價值連城的鑽戒鎮於其上，說是助某大富解困而得餽贈，名「尼羅河之星」云云。

●二〇一二年五月下旬，我們學會在宏碁渴望園區辦完春研營後，車隊拉到大溪奇木館參觀，主人張松樹帶大家觀賞三千年樹齡的紅檜，氣勢非凡。我占得觀卦九五爻動，「觀我生，君子无咎」。遇觀之剝，《焦氏易林》詞曰：「壽如松喬，與日月俱，常安康樂，不罹禍憂。」真切之至，張先生大樂，請我將斷詞書寫於來賓簽名簿上，以誌紀念。

䷓ 上九：觀其生，君子无咎。

〈小象傳〉曰：觀其生，志未平也。

上九居觀之終，有高亢過極之象，「其」為自己，「觀其生」又有退回一己世界、孤高自賞的味道。「君子无咎」，境界雖高，與眾生不親，大家也難以追隨，終非坦坦蕩蕩的大道。本爻若動，恰值宜變爻位，爻變成比卦（䷇），存有與人較量之思。九五「觀我生，觀民也」，下觀而化，天下萬民皆信服，上九自視雖高，乏人追隨，嗔念一起，心志未平。所謂「人爭一口氣，佛爭一爐香」，這種競爭思想遂引動下一卦噬嗑的酷烈鬥爭，百家黨同伐異，宗教爆發戰爭，皆源於此。人生止觀修行，焉可不慎？

觀卦六爻步步高，人生修境確實欲窮千里目，更上一層樓。由幼稚偏狹的婦孺之見，進至反觀內省，再經行萬里路、「觀國之光」的歷練，轉小我為大我的宏觀天下，這也合於臨卦〈彖傳〉所稱「浸而長」的過程，切忌孤高違眾，嗔心一動，釀成思想鬥爭。六爻修辭亦有講究：「童觀」、「闚觀」，明白指出誰在觀以及怎麼觀；上方四爻則重視觀什麼？小我之生、國之光、大我之生、孤高自我之生，層次意境不同。觀小我之生限於主觀，「觀國之光」重視客觀，觀大我之生則主客融合，無分別心，「觀其生」，又陷更深的我執與法執啊！

觀卦每進一層，並非徹底捨棄既往的觀點，而是包融進更高明廣闊的新觀點之中，低層難以想像高層的想法，高層卻可充分理解低層，能以慈悲提攜的愛心對待。所以九五「觀我生」稱「觀民也」，「省方觀民設教」，普施教化而天下皆服。〈小象傳〉所示即顯示慈悲與包容：「童觀」是小人道，「闚觀，亦可醜」，也是一種看法；觀小我之生，有進有退，未失正道；「觀國之光」，勉勵人崇尚客觀；「觀其生」，鑽牛角尖心志未平，偏離大道。

《中庸》記子曰：「道之不行也，我知之矣！智者過之，愚者不及也。道之不明也，我知之矣！賢者過之，不肖者不及也。」「觀其生」，為智者賢者過之，「童觀」、「闚觀」，為愚者不肖者不及，「觀我生」，「中正以觀天下」，才是大道之行。

以企業經營來說，生產嬰幼兒產品的廠商必須懂得「童觀」，做女性消費品的需在「闚觀」上下功夫，這就是「省方觀民設教」，拿捏準了，才能暢銷「風行地上」。

占例

- 二〇〇六年元旦，我問自己丙戌年的歲運，得出觀卦上九爻動，恰值宜變之位，爻變成比卦。遇觀之比，「觀其生，志未平」，我多年敬慎勤修，心志仍未平和，應去嗔心，多與廣大眾生接觸，參觀比較，才是正道。當年跑得很勤，四月受邀參加西安西北大學主辦的黃帝文化研討會，五月去河南鶴壁，參加安陽主辦的世紀周易論壇，九月赴天水，開民進中央辦的第四屆傳統文化研討會，都認真寫了論文，與同道切磋琢磨，獲益良多。
- 二〇〇四年八月下旬，某颱風侵襲之夜，其時大陸領導人胡錦濤全面接掌大權，我問其未來十年的功業？得出觀卦上九爻變，成比卦。臨、觀相綜一體，雖居君臨天下之位，「觀其生，志未平」，自己的志向想法顯然並不能完全實現，仍得重視與執政同儕的互動配合。如今看來，確實如此。

多爻變占例之探討

以上是觀卦六爻的單爻變分析，往下進入更錯綜複雜的多爻變的占例研討。

遇卦中任意二爻動，若其中一爻值宜變之位，以該爻爻辭為主論斷，另一爻辭為輔參考。若皆不值宜變，以本卦卦辭為主，參考二爻爻辭所示之意向，也可評估二爻齊變所成之卦象，以為整體判斷。

二爻變占例

●二〇〇五年十二月初，我的老友巫和懋教授找我，他與我是台中一中初中三年同班同學，在台大國際經濟系任教時，還去《中國時報》辦的易經班聽了一年課，我們多年的情誼深篤。在他圖書滿載的研究室裡，聽他思考未來前途的三個選項，並以易占分析吉凶。留任台大為不變的隨卦（䷐），「元亨利貞，无咎」，太熟悉了，隨遇而安，怎麼都好。赴浙江大學商學院任教，為大壯卦（䷡）九三爻動，爻變有歸妹卦（䷵）之象，大壯「利貞」，歸妹「征凶，无攸利」，顯然不合適。赴北大中國經濟研究中心幫林毅夫忙，則為觀卦三、五爻動，齊變有艮卦（䷳）之象。六三觀小我之生，進退不定，九五觀大我之生，「省方觀民設教」，經濟專業關注及運用的領域擴大，由台北轉至北京，大可考慮。艮卦顯示雖有阻礙，〈象傳〉稱「時止則止、時行則行」，仍應於恰當時機行動。觀卦為陰曆八月，正當陽曆九月開學之期，時間剛好吻合。綜合考量，我建議他選北大，他也做此決定，並跟我說了段奇遇。月前他行經台北市忠孝東路鬧區，被咖啡館中一位舊識叫住，進去還沒坐下，友人對面的高人就直說：「你心中想的今年陰曆八月的事，不用再想，去就是了！」中醫講望聞問切，高手一望即知，我們好歹還要算個卦才能判斷，落於切脈檔次了！後來聽巫說，浙大之邀確含風險不順，還好卦象已明，沒做錯誤抉擇。

●二〇一〇年九月上旬，我讀史有感，問商鞅何以車裂？得出觀卦四、上爻動，有萃卦（䷬）之象，六四恰值宜變成否卦。「觀國之光，利用賓于王」，正是商鞅入秦推動變法之象，秦孝公待若上賓，信任不疑，「尚賓」沒有問題。爻變為否，客卿蒙拔擢重用，必然招致本土官僚的嫉害，孝公一死，自然險不可測。「否之匪人，不利君子貞，大往小來」，〈大象傳〉告誡「儉德避難，不可榮以祿」。商鞅之慘死，不亦宜乎？上九「觀其生，志未平也」，孤高冷峻，與眾不親，遂啟動噬嗑的殺機。萃卦之前為姤、之後為升，君臣相遇，得展抱負長才，青雲直上；「升而不已則困」，終致車裂收場。

●二〇〇二年二月下旬，民進黨政府換閣揆，游錫堃繼任。他曾於一九九九年間上過我的易經課半年，在兩屆宜蘭縣長任內的表現還不錯，與陳水扁關係匪淺，之前任唐飛內閣的副閣揆，因八掌溪事件下台。由於這層關係，我占問其任職表現，得出觀卦初、上爻動，齊變有屯卦之象。臨、觀相綜，閣揆重任應有宏觀視野，初六「童觀，君子吝」，上九「觀其生，志未平」，顯然器局大大不足，屯卦難脫嫩幼草野氣息；娃娃看天下，難期有成，殆可斷言。果然，游的任期最長，表現卻乏善可陳。

●二〇〇二年七月中，聽過我演講的一位許姓女士約我請教，談的是她的夢幻之愛，真心仰慕某位男士卻不敢表態，問我可有機會？占得觀卦二、上爻動，齊變有坎卦（䷜）之象。六二「闚觀，女貞」，說得真切！上六「觀其生，志未平」，看來難償夙願。遇觀之坎，險難重重，恐怕只能旁觀到底了！其後果驗。

●二〇〇一年八月下旬，TVBS電視台的李艷秋想將她主持的《新聞夜總會》時事評論節目，換新形式製播，問我合宜否？我占得觀卦五、上爻動，九五值宜變成剝卦，兩爻齊變又有坤卦之象。「觀我生，君子无咎」，「省方觀民設教」，應可「風行地上」，爻變成剝，剝除層層表相，以探究真實。上九「觀其生，志未平」，發言來賓各抒己見，亦應兼容並蓄。臨、觀相綜，臨卦〈大象傳〉即稱「教思无窮，容保民无疆」。兩爻齊變為坤，事涉廣土眾民關心的公共議題，應「厚德載物」，「行地无疆」。之後，我在她的節目上，以易理易象分析時事頗長一段時間，印證所學，進益匪淺。

●二〇〇九年三月中旬，我問繁體字在大陸未來十年的流通前景，得出觀卦五、上爻動，齊變有坤卦之象，九五值宜變成剝卦。「觀我生，君子无咎」，與「觀其生，君子无咎」並列，「風行地上」，「先王以省方觀民設教」，看來繁簡並行大有空間。坤為廣土眾民之象，「厚德載物」，「行地无疆」。《易經》除了卦爻象之外，修辭用字亦有字象，繁體字保留很多當時造字的深刻信息，這是簡體字難以取代的優點，欲深研中華經典，還是以閱讀繁體字為殊勝。

●二〇〇九年十月上旬，我針對一些大宗教教旨是否究竟，作易占探測，最後問《易經》本身究竟否？得出觀卦五、上爻動，齊變有坤卦之象，九五值宜變成剝卦。「觀我生，君子无咎」，「大觀在上，中正以觀天下」，「觀天之神道而四時不忒，聖人以神道設教而天下服矣！」剝極而復，掃除表面的迷霧假象，直探真理的核心。除九五外，亦包容上九「觀其生」的見解，並行而不悖，萬物並育而不相害。

●二〇一〇年六月下旬，幾位學生來找我，談架設遠距讀書會之事，其中一位易齡近二十年的老學生問：占筮會否造業？我聽了好笑，如此我豈非造業深重？當下立刻以手機電占，得出觀卦五、上爻動，九五值宜變成剝卦，兩爻齊變為坤卦。如前諸例分析，「觀民設教」，功德無量，怎會造業呢？

●二〇一〇年十月下旬，我的易佛課講到《心經》，針對四聖諦的「苦集滅道」占其意義。「滅」為不變的乾卦，已如前述。「道」則為觀卦五、上爻動，齊變有坤卦之象，九五值宜變成剝卦。「道」諦為通往涅槃的道路，剝除表相以透觀真理，「觀我生」、「觀其生」，君子無咎，正是止觀的不二法門。

●二〇一二年十一月五日，咸臨書院揭牌，在台灣周易文化研究會會址舉行。我邀了幾位奉元同門師兄弟觀禮致詞，自己也發抒長年講經弘道的心得與寄望。會後總結，為觀卦五、上爻動，齊變有坤卦之象，九五值宜變成剝卦。「風行地上」，「省方觀民設教」，正合書院定位。九五「大觀在上，中正以觀天下」，正是揭示品牌情景。時當陰曆十月，又與剝、坤卦氣相合。

●二〇一四年八月中，台灣國樂團的客座指揮閻惠昌找我，談他女兒閻奕格歌藝的生涯規劃。奕格出道甚早，一鳴驚人，後來有段時日身心事業皆逢低谷，其父非常憂心。後來毅然擺脫舊包袱，調整身心重新出發，加盟華研國際音樂，問往後前程如何？我占得觀卦五、上爻動，九五值宜變成剝卦，顯然大為看好。「剝極而復」、「風行地上」、「大觀在上」，光彩亮麗蓋天下。其後完全應驗。

●二〇一四年十一月九日，我與台灣國樂團閻指揮及團員合作的「觀易賞樂」大型演奏會再度上演，我問成效，為觀卦四、五爻動，六四值宜變成否卦，二爻齊變為晉卦之象。觀卦六四「觀國之光」，九五觀大我之生，氣勢堂皇；晉卦如日東昇，蔚為大觀。當晚演出再度成功。

●二〇一六年十一月下旬，我們赴禪宗四祖道信傳衣缽於五祖弘忍的傳法洞遊覽，天已將暮，氣場絕佳，我虔誠問占，為觀卦初、五爻動，齊變有頤卦之象。「大觀在上，中正以觀天下」，「聖人以神道設教，而天下服矣！」初六「童觀」為初修眾生，九五「觀我生」為教主祖師之位，頤卦自養養人，〈象傳〉稱：「聖人養賢以及萬民」。遇觀之頤，說透了歷代祖師傳法之意。

●二〇一三年四月中，我受邀赴北京恭和苑演講，針對大家頭痛的堵車塞道問題，占問未來有無改善可能？三至五年為不變的家人卦，恐怕不成，為防出門堵車，市民還是待在家中算了！五至十年呢？為觀卦初、三爻動，初六值宜變成益卦，兩爻齊動有家人之象。還是待家裡為宜，不然可能進退兩難。觀六三爻辭稱：「觀我生，進退。」妙吧！

●二〇一五年十一月底，我第三度受邀赴大連講易，成都學生何總也遠來聽課。他在新疆經營房地產多年有成，返鄉興辦「華德福教育」，還有建中國書院之想。我問未來彼此的合作機緣？為觀卦三、上爻動，齊變有蹇卦之象。前途多艱，還得觀察。「省方觀民設教」談何容易？觀卦六三「觀我生，進退」，上九「觀其生，志未平也」，再看吧！隔年我又去了成都兩回講易，也去新疆叨擾過他，情勢大致如此。

占事遇卦中任意三爻動，本卦為貞、三爻齊變所成之卦為悔，為相持不下的貞悔相爭的格局，合參兩卦卦辭、卦象論斷。若其中一爻恰值宜變，加重參考其爻辭啟動變化的意義，其他二爻爻辭為輔。

●一九九九年六月上旬，我給學生講法家名著《韓非子》，針對一些精采篇章都有占測。其中〈揚權第八〉的主旨為觀卦，初、五、上爻動，上九值宜變成比卦，貞悔相爭成復卦（䷗）。遇觀之復，冷靜觀察，以了解事物內在的真相，正為〈揚權篇〉的主旨，要求為人君者修為此術。「因天之道，反形之理，督參鞠之，終則有始，虛靜以待，未嘗用己。」觀卦九五觀初六「童觀」之民，以設政教，須力持中正客觀，勿感情用事，勿犯上九偏觀之失。《老子》第十六章亦稱：「致虛極，守靜篤，萬物並作，吾以觀復。夫物芸芸，各復歸其根；歸根曰靜，是謂復命；復命曰常，知常曰明，不知常，妄作凶。知常容，容乃公，公乃王，王乃天，天乃道，道乃久，沒身不殆。」主旨全通。韓非集法家治術大成，法原於道，深受老子道術之影響。

●二〇一五年四月中，我正在給一班老學生講《尚書》，問〈堯典〉宗旨，為蒙卦九二爻動，爻辭稱：「包蒙吉，納婦吉，子克家。」帝堯禪讓帝位予舜，首彰天下為公大義，垂訓無窮，啟蒙為政眾生。再問〈舜典〉宗旨，為觀卦上三爻全動，上九值宜變成比卦，貞悔相爭成豫卦。「觀國之光」，「觀我生，君子无咎」，以此垂範未來千秋萬世，其功豈小補哉！

●二〇一四年七月下旬，我第二次受邀赴大連講易，問成效為觀卦二、五、上爻動，上九值宜變成比卦，貞悔相爭成師卦。「省方觀民設教」，九五「觀我生」自然不錯，上九「觀其生，志未平」，六二「闚觀，亦可醜」，顯然要會眾真懂不容易，真是勉力弘道，盡心而已。

其實稍前我就問過講易二十多年，成效究竟如何？為觀卦二、四、上爻動，六二值宜變成渙卦，貞悔相爭為困卦。雖很努力，格於受眾「闚觀」難真領悟，六四甚至出國宣教，成效還是有限，遇觀之困，仍得尋求改進。

●二〇一三年四月底，我赴北京講易那次，亦有一占成效，為觀卦初、二、四爻動，貞悔相爭成履卦。初六「童觀」、六二「闚觀」，即便不辭勞苦「觀國之光」，收效亦微，也只能腳踏實地慢慢幹了！

●二〇一七年五月初，咸臨書院《夏學論集》第八集將出刊，聚焦於憂患意識的探討與當代亂象的自處和回應，書名《憂患興邦：通志成務與易經憂患九卦衍義》。我再思考第九集的專題，占得觀卦三、五、上爻動，上九值宜變成比卦，貞悔相爭為謙卦。觀小我、大我、其我之生，希望能謙和受益。遂訂出專題：《觀行天下》。勉大家各述多年習易的實踐經驗，以與同學分享。

●二〇一七年四月底，我們赴陝南漢中一帶旅遊，在漢武帝茂陵處懷古，名將衛青畢生功業為觀卦初、二、上爻動，六二值宜變成渙卦，貞悔相爭為節卦。「童觀」、「闚觀」，點出衛青出身貧賤，尤其靠其姊衛子夫而受重用成大功。上九「觀其生，志未平」，仍有壯志未酬之憾。順便也問其甥霍去病如何？為臨卦九二爻動，有復卦之象。「咸臨，吉无不利。未順命也。」霍去病速發早故，為一代青春戰神，不受拘礙，自發創意無窮，恰合此象。有趣的是臨、觀二卦一體相綜，衛、霍合體傾天下啊！

●二〇一五年初，我作一年之計，問我在台灣講經志業如何？為觀卦初、四、五爻動，貞悔相爭為噬嗑卦。「省方觀民設教」行之多年，「童觀」者仍眾，「觀國之光」到大陸講學遊學不會少，九五「大觀在上」早成品牌無虞。噬嗑既是「明罰敕法」，也有鬥爭之象。當年確實如此。年初另算「謀道」，則為蒙卦二、五爻動，有「包蒙」亦有「擊蒙」。

●二〇一四年九月中，我在高雄長期的《春秋》班結業，師生聚會談天。我順便問：「以前這班有學生說我講經有護法金剛加持，而今還在否？」算出觀卦，二、三、五爻動，六二值宜變為渙卦，貞悔相爭成蠱卦。蠱為巽宮歸魂卦，遇觀之蠱，還彷彿有之。

●二〇一七年六月中，我們周易學會在台大校友會館舉辦春季研習營，邀請了老友楊開煌教授主講「一帶一路與兩岸關係」。他講得非常精采，鞭辟入裡，有縱深有願景，我在台下占測台灣政府所謂的新南向政策如何？為觀卦初、三、上爻動，貞悔相爭成既濟卦。觀卦希望走天下，初六「童觀」太幼稚，六三觀小我之生難決進退，上九「觀其生，志未平」。看來妄想難成。

四爻變占例

占事遇卦中任意四爻動，以齊變所成之卦的卦象卦辭論斷，並參考本卦四個爻的爻辭，了解變化的因由，若其中一爻值宜變，加重參考該爻爻辭。

●二〇〇七年中，我的一位學生研發出大衍之術占法的電腦程式，不知效應如何，他自己以此問占，得出觀卦二、四、五、上爻動，齊變成解卦（䷧），觀卦六四值宜變成否卦。遇觀之解，透過這種方式觀測問題，可得正解。六四「尚賓」，有一定的客觀性。看來這程式寫得不錯，於是學會網站上採用了他的程式做讀者服務，供大家占卜。他也將程式輸入我的手機，隨時可在六秒鐘內算出卦象，並根據螢幕上顯現的經傳資料判斷吉凶，較傳統的手占快速得多。雖然如此，大量的實占檢測後，似乎仍會偶有累積誤差的現象發生，這可能也是六四爻變為否的道理。無論如何，已經很不錯，再深入研究應該還有改進的空間。

●一九九七年間，我的學生占算「威而剛」壯陽藥丸的效用如何，得出夬卦（䷪）四、五爻動，有泰卦（䷊）之象，九五值宜變成大壯卦（䷡）。夬卦「剛決柔」、大壯即陽壯，泰即陰陽和合，天地交泰，肯定有效。我接著占問：威而剛這種藥物的出現及盛行，在人類文明上的意義如何？得出觀卦初、三、五、上爻動，齊變成明夷卦（䷣）。觀為「風行地上」，威而剛上市相當暢銷受歡迎；明夷「利艱貞」，明落地中，卻有文明沉淪之象。「童觀，小人道」，「觀我生，進退」，「觀其生，志未平」，除九五之外的三個爻，似乎皆不佳，《易經》對此藥的評語有針砭之意。

21.火雷噬嗑(䷔)

噬嗑卦為全易第二十一卦，其前為觀，其後為賁、剝，〈序卦傳〉稱：「可觀而後有所合，故受之以噬嗑。嗑者，合也。物不可以苟合而已，故受之以賁。賁者，飾也。致飾然後亨則盡矣！故受之以剝。」大家觀念不同，若不相容會起激烈鬥爭，學派思想的黨同伐異、宗教間爆發的殘酷戰爭，即為噬嗑。噬為咬、嗑為合，噬嗑即咬合、併吞，自然界充滿了這種弱肉強食的競爭，所謂叢林法則，只有生死勝負，沒有善惡是非可言。不僅野生動物如此，連太空星雲間都有大星系吞噬小星系的現象，據說射手座或稱人馬座的星雲，將來就會被吞噬殆盡。該星座的朋友不必緊張，那是天文時間，還早得很，況且西洋星座的屬性影響命運，應該與此無關。

相較起來，人間的流血鬥爭實際得多，官場、商場的生態往往如是，國際間的強凌弱、眾暴寡亦然。為了怕吃相難看，惹人物議，每每以美名文飾，講出一大串冠冕堂皇的理由，這就是賁。苟合是將兩個東西硬湊到一塊兒變成一個，嫌苟且粗糙，故須包裝美化。所有的包裝文飾也不宜過度，金玉其外，敗絮其中，久了會給人識破而遭嫌惡，就淪落成岌岌可危的剝卦，資源大量流失，「不利有攸往」。

噬嗑的噬字很有意思，一口咬下去之前，還要占筮一下，看咬對了沒有？餓虎撲羊沒問題，蛇吞象可就搞不定，噬是噬了，嗑不起來消化不了，無法善後。人間的鬥爭必衡量彼此實力的差距，不會貿然動手，以自招凶禍。

噬嗑與賁二卦相綜一體，明示美麗動人的表象下，往往隱藏可怕的殺機。星空燦爛無匹，誰想其中也有吞噬消滅的場景？自然界中劇毒的動植物，常常也鮮艷無比，引人接近。過去傾國傾城的都是絕色美女，金融衍生商品誘人的高利，讓多少投資者傾家蕩產？佛教說阿修羅也分男女相，男的愛鬥，凶惡猙獰，女的美極，令人魂銷。末法時期魔強法弱，佛皮魔骨的假佛很多，世人若為所惑，將入剝卦生機滅絕之境。〈雜卦傳〉稱：「噬嗑，食也；賁，无色也。」殘酷鬥爭，是為了覓食生存；賁為五顏六色的種種色相，其實色即是空，故稱「无色」。所謂「食色，性也」，飲食男女，人之大欲存焉。我們在第五卦需卦已經強調，第二十一、二十二的噬嗑與賁卦，談得更深透，值得習易者用心體悟。

〈繫辭下傳〉第二章講「制器尚象」，舉了十三個卦，說明中國文明的演進，第三卦即談噬嗑，做為商業文明的象徵：「日中為市，致天下之民，聚天下之貨，交易而退，各得其所，蓋取諸噬嗑。」噬嗑上卦離為日、下卦震為眾生行動，故有「日中為市」之象，互通有無，公平交易。上有天日可鑑，下有法律規範，故而噬嗑又有立法之義。

䷔

噬嗑卦卦辭：

亨，利用獄。

自然界的弱肉強食，有叢林法則；人間各種活動，也必須立法規範，讓大家依法行事。法律有強制的效力，違法行事必遭嚴懲，各級監獄關鎖罪犯，就是常用的嚇阻手段，藉著懲罰惡人，以保障社會的亨通。

〈彖〉曰：頤中有物，曰噬嗑。噬嗑而亨，剛柔分，動而明，雷電合而章。柔得中而上行，雖不當位，利用獄也。

山雷頤的頤卦（䷚），上卦艮止、下卦震動，卦形二陽在外、包四陰在內，就是一張血盆大口，上顎不動下顎動，咀嚼撕咬之象。頤卦講的是人跟動物為生存求食，而噬嗑卦形就像頤卦第四爻的咽喉處，卡了根魚刺，咬合很不順利，必須弄斷才能恢復食道暢通。立法為了除奸，鬥爭為了剷除對手，都動用最嚴酷的手段，即「噬嗑而亨」。「剛柔分」的分為「一半」之意，與春分、秋分的用法相同，噬嗑為三陰三陽之卦，故稱剛柔各半，對立雙方勢均力敵，鹿死誰手，尚未可知。內卦震動為雷、外卦離明似電，先動後明，雷電威勢相合，分出明確勝負。立法規範須有明確章法條例，「章」為明，坤卦六三「含章」，內明涵蘊不發，噬嗑出手懲治，「雷電合而章」。

「柔得中而上行」，顯然指居全卦君位的六五，得居上卦離明之中；「雖不當位」，是指九四陽居陰位，不居當權做主之位，卻是噬嗑卦的要角，與六五合起來執行獄政。六五為君，九四為辦事重臣，兩爻齊變為益卦，維持法紀或鬥爭勝利而獲益。

〈象〉曰：雷電，噬嗑，先王以明罰敕法。

火雷噬嗑稱「雷電噬嗑」，主要是中文習慣用辭，不稱電雷而稱雷電。立法權至高無上，明訂罰則，頒佈法令，要求民眾遵行。稱「先王以」，不稱一般的「君子以」，有其深意。這和近代國家三權分立，行政依法行政，司法依法審判，立法權尤高半籌之意相當，法哲孟德斯鳩的《法意》一書，已明確表示此理。比、豫、觀、噬嗑諸卦，〈大象傳〉皆稱「先王以」，顯示非地位崇高者，不宜擅用妄行。

占例

● 一九九二年八月下旬，我還在那家出版公司拚戰，由於股爭的基本問題未解，同仁看前途茫茫，缺乏信心，紛紛求去另謀發展。一位王姓副總編跟我提辭，情感及理智上都對我衝擊不小，多年來他勤勤懇懇任事，我大力提拔，他也幫了我很多忙。無奈之下，邀好同事為他餞行，某夜選在台北木柵茶山飲宴，酒酣耳熱之際，用瓜子占爾後公司氣運如何？得出不變的噬嗑卦。弱肉強食，鬥爭不息已成定局，心中一嘆，看來他們決定走的還是對了，事後的發展確實也是如此。

一九九六年元旦，我已離開權力核心，卻仍習慣性地問公司全年氣運，得出不變的噬嗑卦，鬥爭的本質未變。果然，元月中股爭再起，殺得熱鬧，我卻也看得輕鬆，一旦跳脫牢籠，竟然如此自在！

● 一九九八年十二月下旬，我與在ＩＢＭ任協理的學生林獻仁續談電腦千禧蟲Ｙ２Ｋ的問題，占問公元兩千年台灣的政經格局與氣運？得出不變的噬嗑卦。後來的發展顯示與Ｙ２Ｋ無關，而是政黨輪替前後的劇烈鬥爭，朝野兩黨日日爭訟，台灣開始嚴重內耗。

●二〇〇四年八月下旬，台灣朝野兩黨還在打選舉官司，其中當選無效之訴，藍營出師不利，主打律師問我，有無奇招反敗為勝？占出不變的噬嗑卦。看來很難，「明罰敕法」，「利用獄」，法律戰朝強野弱，民難與官鬥，後來果然失敗。

●二〇一〇年七月上旬，學會內部人事紛爭煩人，我原先開的「以易通佛」課，第一階段將結束，講完了概論、《金剛經》及《六祖壇經》的大部分，按原定計畫應講完《壇經》，並接講《心經》與《法華經》。日班尚好，夜班的學習氛圍已很詭異浮動，我心中有數，問第二期課程照開否？得出不變的噬嗑卦。鬥爭不息，難以為繼。如果放棄夜班，集中開日班呢？則為觀卦九五爻動，「觀我生，君子无咎」，顯然無礙。到底應該怎麼辦呢？得出升卦（䷭）上六爻動，有蠱卦（䷑）之象，「升而不已必困」，不改絃更張必致敗壞。後來雖配合學會作業兩班同開，日班學習正常，一直延續至今，夜班上了幾堂後出席寥落，我立刻叫停，學易者習氣如此之深，不堪受教啊！

●二〇一〇年八月下旬，我講到大過卦（䷛）有「棺槨」之象，與學生討論現今社會土葬困難的問題，並占未來前景？得出不變的噬嗑卦。活人都快沒地方住了！死人還有徜徉空間？噬嗑為肉食之象，寸土必爭的安葬需立法規範，否則會愈見困難。

●二〇一〇年十月上旬，我問：武王伐紂時，卜筮皆不吉，姜子牙焚龜折蓍，力排眾議，依原計出兵，結果獲勝。是否占卜失準？得出不變的噬嗑卦。生死相爭，勝負決於俄傾之間，姜太公說的沒錯，革命行動已然曝光，時不再來，機不可失，焉可迷信執著？有自信者不必占，英雄豪傑的殺氣一動，見神殺神，遇鬼殺鬼，「易為君子謀，不為小人謀」啊！

䷔

初九：屨校滅趾，无咎。

〈小象傳〉曰：屨校滅趾，不行也。

初九為噬嗑之始，經驗不足，鬥爭失利遭致嚴懲。「屨」為麻鞋，這裡作動詞用，為穿鞋之意。「校」是刑具，用以糾正罪犯的行為，「屨校」是說戴上腳鐐像穿上沉重的鞋子一樣，自然難以行動。「滅趾」是說由上往下看，都看不到罪犯的腳趾，可見刑具的威重。本爻變為晉卦（䷢），〈大象傳〉稱：「君子以自昭明德。」輕罪重罰，以昭炯戒，若知過能改，善莫大焉。「无咎」，正是補過之意。

占例

- 二〇〇二年三月上旬，陳水扁在是否開放八吋晶圓廠赴大陸生產的政策上，與李登輝意見相左，我占兩人關係是否生變？得出噬嗑卦初九爻動，「屨校滅趾，不行也」，有開始互鬥之象。「无咎」，應該不致太嚴重到不可收拾，畢竟彼此都還需要對方合作，以對抗國民黨。政治鬥爭本來就是爾虞我詐，互相利用，沒有真正的情誼可言。
- 二〇一六年九月下旬，我碰到一樁簽訂合約的難題，對方不通世務，很難溝通，占象為噬嗑卦初九：「屨校滅趾，不行也。」硬幹肯定不行，怎麼解決呢？比卦四、五爻動，九五值宜變成坤卦，兩爻齊變有豫卦之象。比為合縱連橫的談判，九五「王用三驅」，條件寬厚；六四「外比之，貞吉」，自然吸引來附。後來透過第三方懇談，達成協議。

六二：噬膚滅鼻，无咎。

〈小象傳〉曰：噬膚滅鼻，乘剛也。

六二居初九之上，陰乘陽、柔乘剛，在鬥爭中深受威脅，情急緊張之下，用盡全力狠咬。「膚」是鼎中薄薄的肉片，沒有多少份量，大力「噬膚」的結果，使整個鼻子都陷入肉中，樣子很滑稽可笑。所謂「大炮打小鳥，吃力不討好」，咬是咬住了，不用這麼費勁兒。鬥爭中人不能知彼知己，遂有此失。「滅鼻」暗喻嗅覺不靈敏，失去了天賦的功能；初九「滅趾」，則象徵行動有問題，站不穩也走不動，莽撞行事而落敗。初九與六二近距離相噬，六二雖贏，似乎還是各有所滅，兩敗俱傷。六二爻變為睽卦（䷥），雙方交惡，猜忌疑慮之至，不顧成本全力噬敵，遂有如此情狀。兩爻爻辭皆稱「无咎」，期許雙方補過。

六三：噬臘肉，遇毒，小吝，无咎。

〈小象傳〉曰：遇毒，位不當也。

六三陰居陽位，不中不正，本身條件不如六二中正，而鬥爭的對手卻強硬許多。臘肉久經薰製，非用力咀嚼，難以消化，味重也可能引起腸胃不適。「遇」為不期而遇，「毒」指被噬對手的反彈，「遇毒」表示過份輕敵，一時兜不攏有些慌亂，最後還是搞定，故稱「小吝，无咎」。六二料敵過高，用力過甚；六三輕敵大意，差點失利。人生知彼知己，確實不易，以保險計，還是料敵從寬、料己從嚴較佳。老子說：「禍莫大於輕敵，輕敵幾喪吾寶。故抗兵相加，哀者勝矣！」

六三爻變為離卦（䷝），勉強克敵致勝後，恢復光明，繼續人生事業的經營。

占例

● 多年前我剛開始在社會大學教書，有男學生問占，他想追求心儀的對象，自占得噬嗑卦六三爻動，有離卦之象。「噬臘肉，遇毒」，交上了韓劇中的野蠻女友，初期吃盡苦頭；「小吝，无咎」，最後應可搞定，前景可見光明。噬嗑的另一面為賁卦，情場爭逐，為的是色相誘人哪！

● 二〇一一年六月下旬，台灣傳播界名人陳文茜瘦身成功，引人注目成為話題，何以如此有效？我占得噬嗑卦六三爻動，有容光煥發的離卦之象。噬嗑與飲食有關，「噬臘肉」是指注射肉毒桿菌以美容嗎？另外有同學問同樣問題，得出不變的隨卦（䷐），〈大象傳〉稱：「君子以嚮晦入宴息。」飲食起居有序，遵守生物時鐘的自然規律，遂獲「元亨利貞，无咎」，應該也是務本之策。

䷔

九四：噬乾胏，得金矢。利艱貞，吉。

〈小象傳〉曰：利艱貞吉，未光也。

九四為執行鬥爭之主，面對強敵全力拼搏，「乾胏」是連骨的乾肉，很難啃噬，一不小心就會崩了牙。「得金矢」有多重寓意，一方面指用金屬製的鋒利箭鏃，劃開乾胏以便食用，一方面也指獸肉中藏有箭鏃，表示為打獵所獲。總之，都相當辛苦，才能噬肉而獲吉。九四一陽陷於上下二陰之中，有坎險深淵之象，冒險獲勝，故稱「未光」。

以人際鬥爭來說，「未光」指為求獲勝，不擇手段。金為錢，矢為殺人的利器指權，「得金矢」，鬥爭必須結合錢與權，獲勝後，又能得到更多更大的錢與權。這是職場殘酷鬥爭的本質，九四位居咽喉要地，勢不兩立，不得不狠。狹路相逢，勇者為勝，鬥志堅強的撐到最後，可獲慘勝。本爻變為頤卦，障礙消除，置之死地而後生矣！

占例

● 一九九三年二月中，我負責經營那家出版公司，各方壓力甚大，我問應如何操持大局？得出噬嗑卦九四爻動，有頤卦之象。處於股爭的風暴中心，避無可避，只能在火線上全力拚搏，除了艱貞外，「金矢」的支持及運用很重要。頤卦「自求口實」，也提醒我注意身心頤養，〈大象傳〉稱：「君子以慎言語，節飲食。」犯不著為此賠上身體健康。

● 二〇〇三年十月初，不到半年又逢台灣大選，我問陳水扁還能連任否？得出噬嗑卦九四爻動，有頤卦之象。藍營連宋合後實力強大，陳水扁遭遇苦戰，必然動用一切執政資源，進行割喉競爭，許多不光明的手段都會使出，二〇〇四年三一九槍擊案即為例證。事實上，那時扁營負責操盤競選的邱義仁，就喊出「割喉割到斷」的狠話，赤裸裸地體現了政治鬥爭的本質，而次年也真的贏了大選，陳水扁「利艱貞」而獲吉。

●二〇一〇年十二月中旬，我在富邦的佛經課堂上談到前世的問題，一位女學生講她的兒子從小為頭疼所苦，診斷不出原因，後遇靈通人士告知：他前世為醫學博士，在納粹的集中營裡慘遭德軍軍官槍擊額頭致死。是耶？非耶？我占問確有其事嗎？得出噬嗑卦九四爻動，有頤卦之象。噬嗑殺機驚悚，蠻強凌弱，頗為巽宮遊魂，〈繫辭上傳〉第四章稱：「精氣為物，遊魂為變，是故知鬼神之情狀。」還真有那麼回事兒呢？學生說她與先生赴歐旅行時懷的胎，地點正在集中營舊址不遠，兒子未經專業學習，就深諳醫療常識，其後赴美，也堅持學醫等等。佛家輪迴轉世之說，令人深感興味。

六五：噬乾肉，得黃金。貞厲，无咎。

〈小象傳〉曰：貞厲无咎，得當也。

六五居全卦君位，與九四陰乘陽，雖有矛盾，卻結合成利益共同體，兩爻齊變為益卦（䷩），藉鬥爭謀取最大利益，已如前述。九四在第一線硬幹，壓力沉重，六五居幕後金援操盤，壓力較輕，故稱「噬乾肉，得黃金」，比「噬乾胏」要輕鬆些。這麼幹當然危厲動盪有風險，因君位領導之便，易致無咎。九四「得金矢」，即由六五「得黃金」打造而來，錢與權的交易，在高層的政治鬥爭中永遠扮演重要的腳色。黃為中色，「黃金」也寓有中道之意，如同坤六五「黃裳元吉」，提醒為君者勿肆意妄為。本爻變為无妄卦（䷘），心念不正，會致禍災。

占例

●二〇〇二年元月初始，我算一年之計，中國大陸政局為噬嗑卦六五爻動，有无妄之象。「噬乾肉，得黃金」，「得當也」，最高權位誰屬，肯定是當年最重要的政治議題，沒有合情合理合法的處置，誰也不敢輕舉妄動。果然，年底江澤民交出總書記職務，不久又由胡錦濤接任國家主席，至於中央軍委則仿效當年鄧小平先例，「金矢」之權仍然掌握在手，兩年後才全面交棒。噬嗑六五「得黃金」，為政治領導權，九四「得金矢」，為統軍實權。以政領軍為常軌，陰乘陽柔乘剛，又有些關係緊張，小心提防槍桿子出政權。政軍密切合作，對外鬥爭無往不利，故兩爻齊變，成益卦。

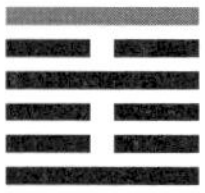

上九：何校滅耳，凶。

〈小象傳〉曰：何校滅耳，聰不明也。

上九為噬嗑之終，又居亢龍退休無權之位，經劇烈政爭落敗，所謂成者為王，敗者為寇，落為階下囚的悲慘命運。台灣這二十多年瘋選舉，往往興訟以打擊競爭對手，選上後又有一定程度的免刑權，故有諺云：「當選做官，落選被關。」「何」同負荷之荷，「校」為刑具，扛著沉重的枷鎖刑具，連耳朵都看不見了，甚麼也聽不清楚。初九初犯罪輕，「屨校滅趾」，以限制行動，上九罪重，「何校滅耳」，再難寬赦。由初至上，顯示積重難返的過程。

〈繫辭下傳〉第五章稱：「子曰：小人不恥不仁，不畏不義，不見利不勸，不威不懲。小懲而大誡，此小人之福也。《易》曰：『屨校滅趾，无咎。』此之謂也。善不積不足以成名，惡不積不足以滅身。小人以小善為无益而弗為也，以小惡為无傷而弗去也，故惡積而不可掩，罪大而不可解。《易》曰：『何校滅耳，凶。』」積善成名，積惡滅身，坤卦初六「履霜，堅冰至」，〈文言傳〉亦稱：「積善之家，必有餘慶；積不善之家，必有餘殃。臣弒其君，子弒其父，非一朝一夕之故，其所由來者漸矣，由辯之不早辯也。」所以俗話勸人：「勿以善小而不為，勿以惡小而為之。」噬嗑明罰敕法，初犯即改正，就不至於累犯到罪無可逭的地步。鬥爭雙方一般都不易有好結果，初爻「滅趾」、上爻「滅耳」，九四、六五噬肉過度，成了貪腐集團的共犯結構，一旦東窗事發，一樣可能鋃鐺入獄、罪無可赦，陳水扁的下場即為顯例。本爻變為震卦（䷲），強力行動以爭奪主導權，落敗亦慘不忍睹。

綜觀噬嗑六爻，分成兩個集團鬥爭：初、上爻落敗為階下囚；中間四爻獲勝，大啖鼎中肉食，意指政權分贓為王，真是赤裸裸的成王敗寇，官場現形記！初九「滅趾」、上九「滅耳」，落敗遭滅可以理解，六二屬獲勝食肉的一方，怎麼也稱「滅鼻」呢？可見依附霸主、搖旗吶喊的小角色很可悲，隨時充當砲灰而犧牲，甚至被自己人出賣。單爻變為睽卦，打不入核心的外圍就是如此。六二有「滅鼻」之憂，「噬膚」吃的又最薄最少，哪像居高位者大啖肥肉，而得金、得矢，富貴利達？但不加入食肉集團又不行，噬嗑中間四爻互成蹇卦（䷦），風雨同舟共濟，為了對付共同的敵人，必須合作。〈彖傳〉稱：「蹇之時用大矣哉！」就是這個道理。

噬嗑一卦六爻中，三爻言「滅」，可見鬥爭慘烈。由〈彖傳〉解釋「頤中有物」來看，似乎是初、上兩爻合力併吞九四，結果爻辭所述，卻是被九四聯合上下三陰爻擊潰，噬與反噬，到底誰是官兵？誰是強盜？噬嗑「明罰敕法」，誰立法？誰來執行？哪一方真正違法要判刑入監？卦、彖的觀點與爻的觀點不同，其實正揭露了噬嗑的本質。鬥爭雙方各稱代表正義，宣稱對方為十惡不赦的罪犯，殘酷打擊，絕不手軟。國際間強凌弱、眾暴寡亦然，強權號稱替天行道，真正代表公理嗎？中間四爻也可能是擴大了的共犯結構，兀鷹貪腐集團，法難治眾，甚至法為聲勢浩大的群眾所利用，倒過來修理弱小和善的人！所謂「肉食則鄙，未能遠謀」，噬嗑吃的都是血淋淋的肉，可沒一個吃素的啊！

以宗教修行來看，殺生肉食過度，業障滿身，會傷到天賦眼耳鼻舌身意的官能，所以稱「滅趾」、「滅鼻」、「滅耳」。殺戮世界中泯滅人性，噬嗑卦中全無「孚」字，信望愛不存，實在凜凜可畏。

占例

●二〇〇五年十二月上旬，我上陽明山，到文化大學一位政治系教授家裡，商談學生的博士論文指導，那個學生身分比較特殊，是台灣軍事安全單位的現職少將，幾年前還是上校時上過我的課，當時正在文化政治系攻讀博士。我的教授友人想指導他寫《左傳》中戰事的論文，有關《春秋》學方面，希望我加入指導。我樂於配合，返家後思索論題，發現不少瓶頸，占問如何突破解決？得出噬嗑卦上九爻動，有震卦之象。一時不解，後來才知其意。沒多久，台灣軍方不許高階軍官在外攻讀學位，論文計畫因而中止，噬嗑「明罰敕法」，上九「何校滅耳」，受嚴格限制，只能作罷。過幾年，學生也從軍中退伍，錯過了這段因緣。

●二〇〇四年中，我的學生邱雲斌占問：一夕暴富的偏財運是吉是凶？為噬嗑卦上九爻動，有震卦之象。「何校滅耳，凶，聰不明也。」看來絕非好事，業障深重，導致滅亡。

多爻變占例之探討

以上是噬嗑卦關於卦、彖及六爻單變的分析，往下進入多爻變的占例解析。

二爻變占例

占事遇卦中任意二爻動，若其中一爻值宜變之位，則以該爻爻辭為主、另一爻爻辭為輔論斷；若皆不值宜變，以本卦卦辭卦象為主，二爻齊變所成之卦象亦可參考。

●二〇一一年元旦假期，我占問全年世界經濟的情勢，得出噬嗑卦初、上爻動，上九值宜變成震卦，兩爻齊變則有豫卦（䷏）之象。噬嗑殺氣瀰漫，上九「何校滅耳，凶」，有震卦高度動盪之意，再加上初九「屨校，滅趾」，寸步難行，顯然非常不妙，須保持警戒以「思患豫防」。當年世界經濟果然凶險多事，美國提高中央政府債限，白宮與國會幾經談判拉鋸，才在快跳票前搞定，所謂的「量化寬鬆」，一波接一波印鈔票也難救沉痾；歐債也是到處救火，希臘剛處理完，西班牙與義大利又頻頻告急。二〇〇八年九月十五日的金融風暴未息，二次衰退的陰影籠罩全球，如何從國際立法規範，成了當急之務。

●一九九九年底，我預測公元兩千年台灣的政經形勢，得出噬嗑卦初、上爻動，上九值宜變成震卦，兩爻齊變，又有豫卦之象。當年正逢台灣跨世紀大選，兩黨政治鬥爭激烈，震卦為執政權的攻防，豫卦「利建侯行師」，也是熱情選戰之象。成王敗寇，輸贏出入太大，選前選後都殺紅了眼，朝野角色互換，你死我活的基本態勢卻不變，台局因此內耗也元氣大傷。

●二〇〇四年五月上旬，陳水扁勝選疑雲未消，兩黨又陷入惡鬥，當時有司法驗票之事，我受託占問：藍營有無翻盤可能？又得出噬嗑卦初、上爻動，上九值宜變成震卦，齊變有豫卦之象。「何校滅耳，凶，聰不明也」，「屨校，滅趾，不行也」，看來藍營絕無翻盤勝算，只能接受敗選的結果。

●一九九三年三月上旬，我全面檢討出版公司各經營項目，其中一份兒童文學刊物與大陸名家合作，在台推廣績效不佳，食之無味，棄之可惜。占得噬嗑初、上爻動，上九值宜變成震卦，兩爻動，則有豫卦之象。「何校滅耳，凶，聰不明」，由「屨校，滅趾，不行也」而來，已經積重難返，很難振衰起弊了！事後確然如此，易象的評估相當到位。

●二〇一〇年七月初，我算自己第三季的策運，得出噬嗑卦三、上爻動，六三值宜變成離卦，兩爻齊變，又有豐卦之象。當時學會人事糾葛不斷，我決心大力整頓，並於三個月後改組理監事會，以革新風氣。噬嗑「亨，利用獄」，霹靂手段以「明罰敕法」，勢在必行。六三「噬臘肉，遇毒。小吝，无咎」，雖有些小反彈，搞定不成問題。爻變為離卦，重建組織網絡，繼續光明。上九「何校滅耳，凶，聰不明也」，應指整頓對象。兩爻齊變所成豐卦，「明以動，故豐」，看準了出手，必獲成功。第三季所做種種佈局，確如此象，十月初改組，也一切順利。

●二〇〇六年元旦，我算丙戌年自己「謀食」策運，得出噬嗑卦四、上爻動，上爻值宜變成震卦，兩爻齊變，有復卦（䷗）之象。噬嗑正是辛苦求食之象，上九「聰不明」須小心，九四「利艱貞，未光」，也是很累。震卦積極行動多動盪，復卦「剝極而復」，永遠有生生不息的真機。當年埃及、大陸確實跑了很多地方，學生徐崇智在學會執行長任內心臟病發去世，衝擊甚大，確是辛苦不平靜的一年。

●二〇一〇年九月上旬，台灣廣告界名人孫大偉突然中風昏迷急救，情勢危急。富邦課堂上許多學生都與他熟識，忙問生死，卦占皆不妙。又問萬一脫險不死，身體官能如何？得出噬嗑卦二、上爻動，齊變有歸妹卦（䷵）之象。噬嗑殺機深重，上九「何校滅耳，凶，聰不明」，非常不妙；六二「噬膚，滅鼻，无咎」，也傷到基本官能。歸妹卦為兌宮歸魂卦，也是京房八宮卦序的最後一卦，又稱「大歸魂」，卦氣當陰曆九月初，噬嗑卦氣當陰曆十月中，由歸妹至噬嗑期間，隨時都有往生可能。結果只拖了兩個月，十一月七日立冬當天孫過世，陰曆恰為十月二日。九月六日當天初聞變故時，先占生死，得出不變的臨卦，「元亨利貞」突轉「八月有凶」，當天正是陰曆八月前兩天，人生禍福無常，冥冥中卻彷彿又有定數，令人慨歎。

●二〇〇五年七月中，我的學生邱雲斌在《經濟日報》任職，企劃與事務機器公會合辦「辦公室自動化展」，占問前景如何？為噬嗑卦二、上爻動，齊變有歸妹之象。噬嗑為激烈的市場競爭，歸妹卦「征凶，无攸利」，前景不佳。後因對方理監事會反對未舉辦，《經濟日報》浪費了展場訂金數十萬台幣。

●一九九四年九月上旬，我既由經營實務上退下來，時間空出很多，一位報界熟識的資深編輯婚姻生變，我與她見面晤談了解，並占其前景。得出噬嗑卦初、四爻動，齊變有剝卦之象。「屨校滅趾，不行也」，「利艱貞，未光也」，夫妻相處觸礁；剝卦根基動搖，岌岌可危，情勢極不看好。果然，沒太久兩人協議離婚，這位女生是報界知名的美女，至今仍獨處未再嫁，或是天妒紅顏？命理術語有所謂「富屋貧人、財多身弱」，以及「老困嬌娘，機緣不諧」，其若是乎？

● 二〇〇九年七月上旬，學生課畢謝師宴上，我一邊酬酢，一邊以手機暗占某位女學生往後半年的情緣婚議，得出噬嗑卦初、四爻動，齊變有剝卦之象。初不行、四未光，遇噬嗑之剝，難矣哉！其後果然如此。

● 二〇〇九年七月中旬，我占問圍棋活動的本質，得出噬嗑卦初、四爻動，齊變有剝卦之象。噬嗑為生死相爭，棋分黑白，以絞殺對手圍空取勝，〈彖傳〉稱：「剛柔分，動而明，雷電合而章。」將棋枰風雲刻劃入微，熟悉此道者當能體會。「屨校滅趾，不行」，似遭圍困之棋子；「利艱貞，未光」，顯示雙方搏殺之激烈。剝卦大動干戈，掠奪甚至消滅對方的戰力資源。遇噬嗑卦之剝，足盡圍棋之理。噬嗑與賁相綜一體，賁卦有文飾之美，圍棋棋勢棋形甚美，有人耽溺講究，但棋賽的本質仍是鬥爭求勝，這點永遠不會變。

● 二〇一〇年八月中，我一邊復健，一邊利用空檔時間以手機電占，問蔣介石的歷史地位，得出噬嗑卦初、四爻動，有剝卦之象。老蔣征戰一生，政鬥不息，真是不折不扣的遇噬嗑之剝的格局。九四「噬乾胏，利艱貞」，他行事的艱苦卓絕超越常人；「屨校滅趾，不行也」，終遭敗績，飲恨以歿。「未光也」，政爭時為了生存，成王敗寇，手段未盡光明，也可想而知。

● 二〇一二年五月上旬，台灣某大公司董事長以人頭炒樓獲利，涉嫌詐欺遭檢方調查，我問他官司前景如何？為噬嗑卦五、上爻動，齊變有隨卦（䷐）之象。噬嗑「利用獄」，「明罰敕法」。

六五為君位，大老闆「噬乾肉，得黃金」，正是以人頭炒房獲暴利；上九「何校滅耳，凶」，當心重罪不可赦。隨卦外兌悅，靈活彈性溝通，或有轉凶為無咎的可能。結果九月上旬，當事人已坦承犯行，無償返還專案住宅二十二戶，以及上千萬的租屋津貼，花大錢爭取到緩起訴兩年，占象應驗。

●二〇一五年六月上旬，因為周易文化研究會翌年秋需換屆改選，理事長鄧美玲已任兩屆六年，她提出心目中接替人選與我商議。我占得噬嗑卦二、四爻動，齊變有損卦之象。噬嗑必有人事競爭，擺不擺得平得看當事人實際表現，雖未必順遂，歷練歷練也好。六二「噬膚滅鼻，无咎」，九四「噬乾胏，得金矢。利艱貞，吉」，衡量之下同意。接任後，大致也是如此。

●二〇一七年六月中，巴拿馬與台灣斷交，結束長達一百零六年的友誼，接著當然是與大陸建交。這其實在預料中，確認後我占得噬嗑卦四、五爻動，齊變有益卦之象。國際外交也是權與錢的交易，九四「得金矢」、六五「得黃金」，二者一起獲益。

●二〇一六年元月中，我問日本首相安倍晉三的年運如何？為噬嗑卦三、四爻動，六三值宜變成離卦，兩爻齊變為賁卦。「噬臘肉，遇毒」，「噬乾胏，利艱貞」，總想在國際鬥爭中獲利，看來辛苦而未必成。噬嗑「利用獄」，賁卦〈大象傳〉卻稱「無敢折獄」，日本的國力外強中乾，安倍心有餘而力不足，國內經濟的「三枝箭」也勞苦而難成。

三爻變占例

占事遇卦中任意三爻動，本卦為貞，三爻齊變所成之卦為悔，稱貞悔相爭，合參兩卦卦辭卦象論斷。若本卦三爻中一爻值宜變，該爻爻辭為主變數，其他二爻為次要變數，亦列為判斷參考。

●二〇〇二年四月下旬，為了兩年後的領導人大選，藍營的國、親兩黨有合併之議。我問是否可能，得出噬嗑卦三、四、上爻動，貞悔相爭成明夷卦。明夷為落日之象，表示前途暗淡；噬嗑充滿鬥爭，上次大選兄弟鬩牆，怨恨未消。「遇毒，位不當」，「利艱貞」，「未光」，「何校滅耳，聰不明」，業力深重，難以短期緩解，合併應無可能。〈序卦傳〉稱：「物不可以苟合而已，故受之以賁。」當時還找不著好的名義與包裝，兩年後連宋合，參選失利，親民黨愈見式微，許多黨員逐漸返回國民黨，宋雖一意孤行，兩黨迄今也未實質合併，且愈行愈遠啊！

●二〇〇二年十二月下旬，我問次年馬英九的氣運，得出噬嗑卦初、二、四爻動，貞悔相爭成蒙卦。遇噬嗑之蒙，在朝野兩黨的政治惡鬥下，馬在台北市長任上並不好幹，連宋合競逐大位，藍營暫時也沒有馬的出頭空間，前景蒙昧不明。一直到二〇〇四年連宋敗選，二〇〇五年馬選上國民黨主席之後，情勢才豁然開朗。

●二〇〇九年五月下旬，我問何謂「以直報怨」？得出噬嗑卦初、四、上爻動，貞悔相爭成坤卦。噬嗑九四值宜變，又有頤卦之象。「噬乾胏，得金矢」，金剛矢直，「明罰敕法」，「利用獄」，讓初九「滅趾，不行」、上九「滅耳，凶」，罪大而不可解，為就事論事而無寬貸之象。孔子反對「以德報怨」的虛矯，主張「以直報怨」、「以德報德」。老子雖有「報怨以德」的話，並非全稱命題，而為「釋怨於早」之意，不宜斷章取義、胡亂發揮。

●二〇一四年十一月底，我問明年台灣九合一大選勝負。國民黨為不變的未濟卦，執政優勢盡失，肯定敗選。民進黨為噬嗑卦初、四、上爻動，九四宜變成頤卦，貞悔相爭成坤卦。噬嗑為激烈選戰，九四「噬乾胏，得金矢。利艱貞，吉。」應指民進黨獲勝掌錢與權，初九「屨校滅趾」、上九「何校滅耳，凶」，則指國民黨敗選後被整肅成階下囚。「當選做官，敗選被關」，後果然，國民黨一敗塗地。

●二〇一〇年七月中旬，我們學會人事紛爭不少，一波未平一波又起，我占問情勢，得出噬嗑卦初、三、四爻動，貞悔相爭成艮卦（䷳）。遇噬嗑之艮，因鬥爭而致阻礙重重。「噬臘肉，遇毒」，「噬乾胏，利艱貞」，「屨校滅趾，不行」，非整頓不可了，遂著手大改組。

●二〇〇六年三月上旬，我一位商界女強人學生慫恿我去參加某修行人的消業法會，我其實毫無興趣，但還是占了一卦問合宜否？得出噬嗑卦三、四、五爻動，貞悔相爭成家人卦（䷤）。末法時期魔強法弱，噬嗑絕非善知識，卻有其色相莊嚴的賁卦的一面，世人辨識不清極易上當，尤以女性為最。家人卦辭：「利女貞。」頗有警示。「噬臘肉，遇毒」，讓人「噬乾胏，得金矢」，「噬乾肉，得黃金」，受蠱惑又失財，智者不為。貞我悔彼，下卦六三動指我們，上卦九四、六五動，指那位佛皮魔骨的修行人。

●二〇一〇年十一月上旬，我太太幫老父售屋，對方殺價，是否接受呢？若惜售再找買主，為噬嗑卦初、上爻動，上九值宜變成震，齊變有豫卦之象，如前分析顯然不好。若接受殺價，則為噬嗑上卦三爻全動，貞悔相爭成屯卦（䷂），噬嗑卦六五值宜變成无妄卦。六五「得黃金」，九四「得金矢」，同樣噬嗑，仍以此為佳，遂削價賣出。該屋已相當老舊，還有行情時，盡快脫手是上策。

●一九九三年四月下旬，出版公司的直銷部門軍心不穩，事故頻仍，小道消息不斷，我問對策？得出噬嗑卦初、四、五爻動，貞悔相爭成觀卦（䷓），六五值宜變成无妄。噬嗑「明罰敕法」，「利用獄」，嚴明紀律固然重要，仍須冷靜觀察，不宜輕舉妄動。九四「噬乾胏」，六五「噬乾肉」，公司總部的管理高層得小心應付，「利艱貞」方吉，「貞厲得當」可無咎。事後並無大礙，年底還將士用命，創造了有史以來的最高業績。

- 二〇一〇年間，南山高中決定停辦中和社區大學的業務，十年前剛開辦時，我曾受邀去講過一期的易經，後來交棒給學生劉文山，也一直持續不輟。劉從榮民工程處退休後，至顧問公司任職甚忙，面對一群跟隨學習的學員，占問社大是否真的停辦？為噬嗑卦初、三、四爻動，貞悔相爭成艮卦（䷳）。噬嗑為南山校方與台北縣政府間的意見不合，艮卦內外多阻礙，看來不妙。後果然停辦，學員們另覓場地，繼續從劉學習。

- 二〇一六年八月底，我受邀參加尼山書院主辦的各地山長會議後，返台前先去濟南與一位律師朋友聚晤。她本也有在地成立書院之思，一直沒把握運營成功，遲疑未決。我助其占問，為噬嗑卦初、五、上爻動，貞悔相爭成萃卦，噬嗑卦六五值宜變為无妄卦。看來遲疑有理，噬嗑情勢凶險，初、上爻皆艱困不利，不必為了六五的品牌冒進，別輕舉妄動為宜。後來證明審慎是對的。

- 二〇一三年四月下旬，《時報》再邀我去徐州路的市長官邸開易經課，我曾在該處連續講經逾十年，帶出幾百位學生，後來大形勢變動未續。如去，為噬嗑卦二、三、五爻動、貞悔相爭成乾卦。「噬膚滅鼻」、「噬臘肉，遇毒」、「噬乾肉，貞厲」，都不輕鬆。不去呢？為不變的泰卦。哈哈一笑，委婉回絕，結束這段緣法。

四爻變占例

占事遇卦中任意四爻動，變數已過半，以四爻齊變所成之卦的卦象卦辭斷占。本卦四爻中若某一爻值宜變，加重考量該爻爻辭所致的影響。

● 二〇一六年十月上旬，遼寧營口的奉元書院希望借調台北幹部一人去支援一季，以應開張後忙碌事務。我占算其中意人選，卦象並不大佳，卻也難有替案。結果概括性問另派人選如何？為噬嗑卦二、三、五、上爻動，六二宜變成睽卦，四爻齊變為夬卦。整體說來皆辛苦而未必討好，只能同意原案。人生常有無奈，盡心而已。

● 二〇一五年二月初，周易學會在蓮香齋尾牙，我想邀蘇起參加我們六月底的春研營，談談兩岸的最新情勢。占象為噬嗑卦初、三、四、上爻動，上九宜變為震卦，四爻齊變成謙卦。兩岸噬嗑多年積業深重，最後若能和平收場，謙亨有終，當是功德無量。四個多月後蘇起受邀發表演講，確實精闢。他在國民黨執政時期多任高官，陸委會主委與國安會秘書長的實務歷練很札實，中美台的大三角關係為其長項。

五爻變占例

占事遇卦中任意五爻動，以五爻齊變所成之卦的卦象卦辭論斷，若本卦五爻其中一爻值宜變，稍加注意其影響即可。

● 二〇〇九年中，我在台中老同學班上講《春秋經》。有次闡揚經中反戰的思想，提到戰國時長平大戰，秦將白起坑殺趙國降卒四十多萬的歷史，痛陳殺業深重，殘酷不仁，白起後遭秦昭王賜死，亦果報不爽。次月我再去上課時，一位頗有靈異感應的女生跟我說，當天課堂上氛圍詭異，她回去一占是何緣由？得出噬嗑卦初、二、三、四、上爻皆動，齊變成升卦。噬嗑殘酷殺戮，血肉模糊，升則離地升天，軍魂得以解脫。我一動悲憫善念，兩千多年前的殺業紓解？以前只聽過講佛經可超渡亡魂，儒典亦然？教室裡裝得下幾十萬「非人」？還是只受感應而來了些代表？女學生接著再問：下堂課他們還會來嗎？得出大有卦（䷍）初、上爻動，齊變有恒卦（䷟）之象。初九「无交害」，上九「自天祐之，吉无不利」，大有「元亨」，又是乾宮的歸魂卦，應該是各安其位、不再飄蕩了！無論如何，也算功德一件。

●二〇一六年六月上旬，我替學生的基金會籌算下半年運營方針，為罕見的噬嗑卦初、二、四、五、上爻動，齊變成坎卦，六五值宜變為无妄卦。政黨再次輪替後的環境更嚴峻，鬥爭更劇烈，風險更高。為愛惜品牌計，別輕舉妄動。學生自占為蒙卦上三爻齊動，貞悔相爭成困卦。啟蒙教育遭逢困局，六四即稱「困蒙吝」，一切保守些為宜。

22. 山火賁（☶☲）

賁卦為第二十二卦，居噬嗑卦之後，在剝、復二卦之前，為文飾、包裝之意。噬嗑吃相難看，須美化修飾，人間種種殘酷鬥爭，往往以謊言虛飾掩蓋，必須剝除表面的假象，才能揭露其內在的真實。賁字上為花卉的「卉」、下為貝殼的「貝」，花開燦爛，美艷動人，看了令人血脈賁張，代表人生種種色相。老子說：「五色令人目盲，五音令人耳聾，五味令人口爽，馳騁田獵令人心發狂。」耽溺於色相會使人墮落迷失，前噬嗑後剝，即顯此意。《金剛經》稱：「若以色見我，以音聲求我，是人行邪道，不能見如來。」進而揭露：「凡所有相，皆是虛妄。」都明確警醒人勿為色相所惑。

然而「食色，性也」，「飲食男女，人之大欲存焉」，超脫色相迷執談何容易？〈雜卦傳〉稱：「噬嗑，食也；賁，无色也。」以無色稱賁，教人因色悟道、返璞歸真的修練法門，值得細加玩味。

噬嗑「頤中有物」，「食之難」在九四一爻，故稱「利艱貞」；賁卦同樣是「頤中有物」，「色之險」在九三一爻，解爻辭時可知。三、四兩爻皆人位，〈繫辭傳〉稱：「三多凶……四多懼。」噬嗑卦食多凶，謀生不易；賁卦色多懼，參透實難。兩卦皆三陰三陽，爻際關係錯綜複雜，食色人生極難料理。

賁有「假面」之意，知人知面不知心，成人世界相交往，多半摻著點假，以保護自己免於受欺。噬嗑與賁一體相綜，職場鬥爭爾虞我詐之處甚多，所謂「老鄉老鄉，背後打一槍」，表面上稱兄道弟，暗地裡各自算計啊！人生就像一台大戲，粉墨登場，無論生旦淨末丑，總得賣力演出。人以何種面色應對，往往又因所處時地及對象而定，見人說人話，見鬼說鬼話，就像川戲變臉一樣，翻覆無常。十多年前，坊間有雜湊曾國藩的言行成書者，一曰《挺經》、一曰《面經》，正合噬嗑與賁之象。曾氏艱苦卓絕，屢敗屢戰，終至滅了太平天國，「噬乾胏，利艱貞，吉」。無中生有，建立事功，平生閱人無數，觀人用人，智勇深沉，《冰鑑七書》活學活用。

䷕

賁卦卦辭：

亨，小利有攸往。

善於文飾包裝，可致亨通；過度包裝，文勝於質，卻難行久遠，故稱「小利有攸往」。「文勝於質則史」，史筆多虛飾；「質勝於文則野」，難登大雅；最好「文質彬彬，然後君子」，盡美又盡善矣！

〈彖〉曰：賁亨，柔來而文剛，故亨。分剛上而文柔，故小利有攸往……天文也；文明以止，人文也。觀乎天文，以察時變；觀乎人文，以化成天下。

「柔來而文剛」，指的是六二，「分剛上而文柔」，則指上九。爻往下往內稱「來」，向上向外稱「往」。以卦象看，可視為內原為陽剛的乾卦，因六二來成為離卦，光明亨通，網路綿密；外原為坤卦，因上九往上成艮，止欲修行以超越障礙，既然有阻礙，走不遠得適可而止。以爻象看，六二上承九三，發揮離明之光，以照耀美化陽剛，故得亨通。上九下乘六五，照顧庇蔭，以美化陰柔，故「小利有攸往」。剛柔相得益彰，配合得好，可互相美化。賁卦中涵有非常精采豐富的美學思想，陽剛的壯美與陰柔的優美如何配置和互動，以形構出動人的美感，為其要旨。賁與噬嗑相綜一體，美是一種競爭力，文飾包裝得好，給人好感，引人認同，當然容易勝出。

「天文也」三字，來得突兀，其前必有脫文，傳抄的過程中遺失了！由後文對仗可知，應為四個字，有人就補上「剛柔交錯」，相當合理。賁卦卦形三陰三陽交錯分布，太空中的天體運行，星羅棋布，燦爛明滅，也是剛柔交錯。下卦內卦為離為文明，上卦外卦為艮為止，人類文明的發展，須適可而止，過度開發，會傷害自然生態，反過來危害人類的永續生存，這才是合乎人文的思想及做法。伏羲仰觀天象，體察天體隨時運轉的變化，「近取諸身，遠取諸物，作八卦以通神明之德，以類萬物之情」，為華夏文化奠定了博大精深的根基。

「人文化成」，即指文化，英文為culture，其意為普及於基層農民的觀念及生活方式。文明的英文為civilization，其意為城市精英的知識分子所開創的思想與行為模式。由文明而文化，經過了教育推廣的歷程，觀卦〈大象傳〉所言即為此意：「風行地上，先王以省方觀民設教。」

文飾之意稍劣，文明、文化、天文人文的境界就高多了！賁卦卦辭很保守：「亨，小利有攸往。」〈彖傳〉解釋完卦辭後，轉而推高至天文人文、文明文化的層次，更見全面觀象的偉大創新。這是聖人贊易的精神，並不拘守經文，有超越的見解，一樣大肆發揮。〈繫辭下傳〉第八章稱：「不可為典要，唯變所適。」〈彖傳〉完成稍晚，統卦爻結構而深論，意蘊豐厚，值得習易者細品。

賁卦〈彖傳〉的關鍵字為「文」，噬嗑〈彖傳〉稱雷電合而「章」。噬嗑卦講立法，賁卦談行政。法貴明確有據稱「章」，政尚縱橫調解稱「文」，細讀兩卦，大有文章。

〈象〉曰：山下有火，賁。君子以明庶政，无敢折獄。

賁卦下離火為明、上艮山為止，下明基層眾多政務，上面的領導階層不敢妄斷獄政是非。以現在文明國家奉行的理念來說，就是行政權必須尊重司法獨立，不可以干涉司法審判。近代國家標榜三權分立，行政、立法、司法相互制衡，像三足鼎立，維持整個政權合理運轉。法國思想家孟德斯鳩主張立法權稍高半籌，行政權依法行政，司法權依法審判，這也表現在噬嗑、賁二卦的〈大象傳〉修辭中：賁代表行政權，稱「君子以」；噬嗑為立法權，稱「先王以」。下經豐、旅二卦相綜，〈大象傳〉亦提到三權分立的問題。豐卦稱「折獄致刑」，正為司法審判權；旅卦稱「明慎用刑而不留獄」，揭示行政權與司法權相關執行的分際，二卦皆稱君子。先王建立法制，地位的尊崇顯然高於君子。噬嗑與賁相綜一體，立法、行政為一體兩面，相依相存；噬嗑上下卦對調為豐卦（䷶），立法、司法應該是內外交易的關係。

中國古代的政法思想發達很早，〈大象傳〉只是傳承發揚，《尚書・立政》已有明訓：「文王罔有兼於庶言、庶獄、庶慎，惟有司之牧夫是訓用違。庶獄庶慎，文王罔敢知于茲。」「相我受民，和我庶獄庶慎，時則勿有問之，自一語一言，我則末……繼自今文子文孫，其勿誤於庶獄庶慎，惟正乂之。」「其勿誤於庶獄，惟有司之牧夫。」另外，《尚書・君陳》亦稱：「殷民在辟，予曰辟，爾惟勿辟；予曰宥，爾惟勿宥，惟厥中。」掌握最高行政權力的領導人切勿干涉司法，有罪無罪，尊重司法專業的審判，在三千多年前的封建時代，這是多麼先進的見識！可惜歷朝歷代真正遵循者少，經學講明義理，史學澄清事實，兩者恆有落差，道之不行也久矣！

占例

●一九九六年元旦，我算自己全年策運，得出不變的賁卦。其時我已退出出版公司經營，當年公司的運勢恰為不變的噬嗑卦，兩卦剛好相綜，股爭仍然激烈對撞，而我「明庶政，无敢折獄」，虛領名號，不涉鬥爭，官樣文章倒也安詳自在。另外，許多心力已投射到台灣各界的授易上，「觀乎人文，以化成天下」。陶淵明詩：「此中有真意，欲辯已忘言。」

●二〇〇五年三月底，我受邀赴文化大學城區部，與林洲民建築師座談，主題為「台北市城居生活的景觀」。座談前，我研究了一下他建築設計的作品集，也打電話問我學生姚仁喜建築師的評價，然後占問林的設計風格如何？得出不變的賁卦。

賁為文飾，又深具美學與人文化成的意涵，當然是不錯。卦辭稱：「亨，小利有攸往。」似乎又有些保留。孔子當年自占命途，得旅得賁，憮然不樂。旅卦失時失位失勢，周遊列國不遇；賁卦則虛有其表，非正色也，人文化成後世，當時難行其志。《論語・陽貨篇》記子曰：「吾豈匏瓜也哉？焉能繫而不食？」

䷕ 初九：賁其趾，舍車而徒。
〈小象傳〉曰：舍車而徒，義弗乘也。

初九當賁卦之初的基層之位，人生職場歷練剛開始，應該腳踏實地好好幹，不要急功近利躁進。止足為趾，「賁其趾」為打好專業立足的根基，有車子都不坐，寧願徒步而行。《論語・先進篇》記子曰：「以吾從大夫之後，不可徒行也。」當官的公家配有車坐，基層只宜徒步，這是一般組織中天經地義的道理。本爻變為艮卦（䷳），為山為止，表示現在才到山腳下，慢慢練腳力準備登山。

易卦中第二爻多有乘車之象：大有卦九二「大車以載，有攸往，无咎」；大畜卦九二「輿脫輹」；姤卦初六「繫于金柅」，指九二行車的制動器而言；困卦九四稱「困于金車」，實指九二；未濟卦九二「曳其輪」等等。

占例

●二〇一〇年四月下旬，我講《壇經》中提到「三身」的部分，皆有占測其義。「清淨法身」為隨卦（䷐）四、五爻動，有復卦（䷗）之象；「圓滿報身」為坤卦（䷁）六五爻動，有比卦（䷇）之象，已於前述。千百億「應化身」為賁卦初九爻動，有艮卦之象。賁為種種色相，艮為止欲修行，遇賁之艮，正是落腳塵世、現身說法，以濟度眾生之義。

六二：賁其須。

〈小象傳〉曰：賁其須，與上興也。

六二陰居陰位中正，為下卦離明中心，用智慧舖設人際網路，以求高攀躋於組織上層。「與上興」的上，指九三，為職場中眾所矚目的新秀，六二上承九三，九三發達吃肉，六二追隨長官，也跟著喝湯。一人得道，雞犬升天，本是官場常態。〈彖傳〉所稱：「柔來而文剛，故亨。」即指此而言。本爻變，為大畜卦（䷙），有尚賢養賢、儲備人才之意，卦辭稱「不家食吉」，又有不拘守一家一派的氣度。換句話說，六二「與上興」，只是敲門引路，將來九三若失勢，六二也可能改換門庭，另謀高就。

「賁其須」的須字涵意多，有鬍鬚之意，男子蓄鬚並美化保養，在古代官場幾乎是代表身分地位的象徵。賁卦「頤中有物」，顯示職場生態，三至上爻又互成頤卦（䷚），高層生態又自不同。六二意圖進入，遂致力趨同，美其鬚髮儀容，希蒙接納。頤本有臉龐之義，六二陰爻兩撇，附於互卦頤之下，恰似鬍鬚之象。

須為必須，也有等待之意，如需卦之需，人生行事機緣若不成熟，必須等待，不宜貿進。六二竭誠為九三服務，做到九三非他不可的地步，到哪兒都得帶著他同去，這是職場中常見的登龍之術。爻辭未言明確的吉凶，善用則吉，不善用則凶，與「比之匪人」、「包羞」、「係小子，失丈夫」類同。

《孟子・盡心篇》中稱：「待文王而後興者，凡民也！若夫豪傑之士，雖無文王猶興。」這種志氣突破了因人成事的限制，非「賁其須」所可藩籬，當然說得好，但若以治平事業來衡量，孟子一生也未做到。以道統來說，孟子此言出自孔子。《論語・子罕篇》記子畏於匡時，流露自信：「文王既沒，文不在茲乎？天之將喪斯文也，後死者不得與於斯文也！天之未喪斯文也，匡人其如予何？」

占例

●二〇一五年七月中旬，我們參加「華夏始祖文化之旅」，到山西應縣木塔參觀，該塔建於遼代，曾經歷多次大地震而從未傾倒。塔內供奉佛牙舍利，據說為蕭太后倡建。我占其氣勢，為賁卦六二爻動，有大畜卦之象。「賁其須，與上興也。」尊佛信佛，企尚高明。大畜卦辭：「利貞。不家食吉，利涉大川。」格局開闊，畜養眾生。賁卦人文化成，六二正是內離文明中心。另一占象為坤卦三、上爻動，齊變有艮卦之象。坤為母性，六三「含章可貞」、上六「龍戰于野」，顯現蕭太后不讓鬚眉的殺氣？黃昏時大群麻燕繞塔旋飛不止，蔚為奇觀。我占何以故？為不變的无妄卦，清淨地真誠心感通，如此而已。

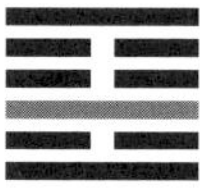

九三：賁如濡如，永貞吉。

〈小象傳〉曰：永貞之吉，終莫之陵也。

九三陽居陽位，積極進取，躋身組織上層，為下卦離明之極，前途光明。上下二陰爻包夾，又有坎險之中之象，故稱「賁如濡如」。初至四爻互成水火既濟（䷾），追求成功往往付出很大的代價。既濟、未濟二卦以「小狐狸渡河」為喻，或「濡其尾」，或「濡其首」，風險非常高。賁卦九三在社會的大染缸中浮沉，必須始終保持清醒，永遠固守正道，不被欲望侵陵壓倒，才能獲吉。本爻變為頤卦（䷚），身心頤養自在。

占例

● 二〇一〇年初，我一位做過空中小姐的學生，好玩自占問：我美嗎？得出賁卦九三爻動，有頤卦之象。「賁如濡如」，美得冒泡呢！「永貞吉」，提醒不要耽溺色相、顧影自憐，要固守住生命的正道啊！頤為養生之道，遇賁之頤，說的也是美容養生之理，美化心靈更重要，〈象傳〉申述人文化成，腹有詩書氣自華。

● 二〇一〇年中，我占問：何謂生老病死？易占回答「生」為賁卦九三爻動，有頤卦之象。頤卦自然是飲食養生，「賁如濡如」，沉浸色相甚深，「生」之謂性，食色，性也。「老」為訟卦二、四、五、上爻動，齊變成坤卦。訟為離宮遊魂卦，陽氣散盡成純陰的坤卦，塵歸塵、土歸土，人生老境難熬。九二、九四皆「不克訟」，上九所得盡空，唯一能依靠的，只有九五「訟元吉」，「利見大人，利涉大川」。

● 二〇〇九年七月下旬，我去宜蘭辦事，驕陽溽暑下在廟旁空地休息，起興占問民初大儒熊十力的思想成就，得出賁卦九三爻動，有頤卦之象。「賁如濡如，永貞吉」，「終不可陵也」，「觀乎天文，以察時變，觀乎人文，以化成天下」。熊夫子由佛入儒，憂憂獨造，光輝燦爛，確實足以當之。我還記得二十幾歲時，初讀他著述的《讀經示要》的感動，站起身來繞室徬徨，熱情不能自已。熊先生性情真摯，入世不染，全合賁卦九三之義。

二〇一五年七月中旬，我們參加「華夏文化始祖之旅」，參拜山西堯廟時，也占到賁卦九三爻動，「賁如濡如，永貞吉。」選賢禪讓，天下為公，這是人文化成的高明境界。

䷝

六四：賁如皤如，白馬翰如，匪寇婚媾。

〈小象傳〉曰：六四，當位疑也；匪寇婚媾，終无尤也。

六四陰居陰位當位，已躋身組織行政高層，也由下卦離明進入了上卦艮止的境界，多年工作辛勤歷練，鬢髮灰白，不復銳意進取，萌生退休打算。「皤如」為中年後鬢角飛斑之象，六二「賁其須」，六四皤其髮，年華如水，青春瞬間消逝無蹤。「翰如」為白馬奔騰若飛，比喻對質樸生活的嚮往；「匪寇婚媾」，與屯卦六二相似，陷入或文或質、天人交戰的猶疑徬徨。初九「舍車而徒」，保持自然本色，和六四相應與；九三濡染甚深，六四陰乘陽、柔乘剛，也構成誘惑，不易徹底擺脫。賁卦重剛柔交錯，相得益彰，經過一段掙扎後，六四還是決定由文返質，故稱「終无尤也」。人生處世，選擇甚麼、拒絕甚麼，都是機緣歷練，犯不著衝撞得罪人，不結怨，不無謂樹敵。本爻變，為離卦（䷝），人際網絡縱橫交織，光明永續不絕。

賁卦與噬嗑卦相綜一體，官場混跡，不可能不跟權力及金錢打交道，掌權時若不清廉，退休後東窗事發、鋃鐺入獄者有之。若堅持清廉過甚，又易無端樹敵，一旦沒了權位的保障，仇人找上門來，不好應付。「白馬翰如」，也象徵清白無染、無累一身輕；「匪寇婚媾」，又能仁者無敵、廣結善緣。混跡職場，若能兩方面同時做到，必得善終，無怨無尤。「尤」指才華出眾，所謂天生尤物，易遭人嫉妒陷害，特立獨行者須引以為戒。老子主張「挫銳解紛，和光同塵」，對人性弱點有深刻認識。

占例

● 一九九八年十一月底，我一位高雄的老學生北上找我，他為腎衰竭的體質所苦，問可有對策？得出賁卦六四爻動，有離卦之象。「賁如皤如」，公家機構待得太久，廠區二十四小時不停工，還經常得輪大夜班，鬢髮飛霜，勞累甚矣！「白馬翰如」，根本之策在減輕工作壓力，或者安排退休，才能紓解無虞。賁卦中初至四爻，互成水火既濟（䷾），賁卦六四恰當既濟卦上六之位，「濡其首厲，何可久也？」真正不妙。賁卦六四爻變為離，以心火溫暖腎水，正是養生學上既濟卦的要旨。

這位學生是一貫道信徒，曾想引我入道，還送了我一整套《易經證釋》，書中疑義未明處，先聖先賢的精魂會蒞臨指導，雖然如此，解經的功力頗有可觀。其他如《中庸證釋》、《大學證釋》等書，也都是這個路數。

● 二〇一〇年七月中旬，我問易經卦名是否後起，亦即先有卦爻辭再起卦名？得出賁卦六四爻動，有離卦之象。賁為文飾，依本質而加修飾，離為附麗，卦名與卦爻辭相得益彰。以賁卦為例，六爻皆稱卦名，究竟先有賁卦之名，再視時位不同寫出爻辭，還是爻辭寫出後，依其共通性而立卦名，已經不易確定，都已渾然一體矣！

我接著又問：爻題如初九、六二及上九等，應該絕對是後起的了？得出蠱卦（䷑）上九爻動，有升卦（䷭）之象。蠱為繼往開來之業，上九克盡全功，「志可則也」。明顯指出爻題最後安立，完成爻性爻時爻位的規範化，更早的稱法是「遇蠱之升」，而不稱蠱卦上九，讀《左傳》可知。

●二〇二二年元旦，我作一年之計，自己全年「謀道」的策運為賁卦六四爻動，有離卦之象。賁為「人文化成」，離為文明相繼以照四方，遇賁之離，切合我的教研志業。賁卦六四飽歷風霜，年進花甲，豈非「賁如皤如」？「白馬翰如」，勿忘初志；「匪寇婚媾」，廣結善緣，「終无尤也」。當年開不少新課，培植新秀，赴美三城台灣書院宣講，復旦大學授易，台大管理學院企業家班開課，成立咸臨書院等等，皆為此義。

䷕

六五：賁于丘園，束帛戔戔。吝，終吉。

〈小象傳〉曰：六五之吉，有喜也。

六五居賁卦君位，上承反璞歸真、圓滿退休的上九，上九為上卦艮山之巔，有息影林泉的丘園之象。六五人雖當權在位，深致崇尚嚮往之情，故稱「賁于丘園」。古人致仕退休，希望買個山頭，頤養天年，或修個園林，鬧中取靜，離開紛擾的人事鬥爭，寄情大自然的風光無限，這也是人生處世的常態。既然回歸自然，借景怡情就好，不事雕琢鋪排，不用花太多錢，就可安享林園之樂。「束帛」指送禮開銷用度，「戔戔」是很少，雖吝而終吉。為人君上如此淡泊，可喜可賀。本爻變為家人卦（䷤），退職後回歸家庭生活，敦敘天倫，何樂如之？

世間一般領導，為退休後置產花大錢，住美輪美奐的華屋豪宅，下面辦事的人趨炎附勢，刻意迎合，甚至巧立名目、挪用公款營建，這種官場陋規積習，在所多有。將來一旦被舉發，退休也不安寧。或如慈禧太后興建頤和園，耽誤了中國海軍的建設，導致甲午海戰失利，被後人唾罵至今，均為賁卦六五深刻的反面教訓。噬嗑卦九四、六五「得金矢」、「得黃金」，以權錢交易，搞政治鬥爭，最後可能「何校滅耳，凶」，接受國法制裁。賁卦六四、六五清廉自持，最後贏得世人的敬重，「白賁无咎，上得志」。兩卦相綜一體，對照研習，可生無盡智慧，也更加了悟食色人生的重重業障，油然而起悲憫之心。

占例

● 二〇〇一年元旦，我問全年策運如何？得出賁卦六五爻動，有家人之象。賁卦人文化成，六五居君位，淡泊明志，寧靜致遠，似乎正是我當年寫照。講經授易已成常態，「束帛戔戔。吝，終吉」，束脩雖然不算太豐厚，學不厭教不倦，倒是能持之以恆。周易研究會於當年十月成立，我是當然的創會理事長，領著一幫學生，開始推動易學風氣。家人「利女貞」，當年的家庭旅遊活動亦多。寒假全家受邀去北海道，晚上則給世界青年總裁協會ＹＰＯ的企業大老們講《易經》；七月帶太太赴東北旅遊，延邊進，旅順、大連出；九月隨父母姊妹還鄉湖南探親，偕少小離家的老父母，一償宿願。

䷕

上九：白賁，无咎。

〈小象傳〉曰：白賁无咎，上得志也。

上九居賁卦之終，為上卦艮山之巔，職場修行止於至善，人文化成功德圓滿，故稱「上得志也」。賁為色彩繽紛之象，七彩色光合成白色，絢爛歸於平淡，白中涵賁，在世不染，閱歷深厚，反璞歸真。前五爻爻辭「賁」字在前，「賁其趾」、「賁其須」、「賁如濡如」、「賁如皤如」、「賁于丘園」，皆在重重色相中濡染歷練。上爻白字當先、賁字在後，由文返質，「文質彬彬然後君子」。六四「賁如皤如」、「白馬翰如」，上九「白賁」，潔白無瑕的意象貫串全卦。本爻變為明夷卦（䷣），〈大象傳〉稱：「君子以蒞眾，用晦而明。」韜光養晦，涵容內斂，布衣暖菜根香，一切逍遙自在。〈雜卦傳〉稱：「賁，无色也。」正指此爻而言。以佛教修行而論，色即是空，空即是色，色空一如矣！

前述賁卦有深刻的美學蘊涵，「白賁，无咎」達於美學的極致，不在形式上雕琢，自然簡易，大氣樸實，感人至深。賁卦〈彖傳〉稱天文人文，「白賁，无咎」即天人合一，大塊假我以文章，巧奪天工，無人為斧鑿痕跡。噬嗑卦六爻爭食慘烈，賁卦六爻則注重衣飾儀容之美，車馬居處的檔次規格，詳細玩味，所謂「食色人生，大有意趣」。賁卦下卦汲汲進取功名，上卦公門中好修行，對自然之美的嚮往，大有陶淵明詩的意境：「結廬在人境，而無車馬喧，問君何能爾，心遠地自偏。採菊東籬下，悠然見南山，山氣日夕佳，飛鳥相與還。此中有真意，欲辯已忘言。」

●二〇一〇年十月下旬，在富邦課堂上大家又談起廣告界名人孫大偉中風昏迷的病情，發作已五十天，不見起色。我遂占問半年後如何？得出賁卦上九爻動，有明夷之象。以生死論之，此象大大不妙。明夷為落日之象，又為坎宮遊魂卦；賁卦崇尚文飾，正為廣告宗旨，「白賁，无咎」，走到人生終點，得享盛譽，也算沒有遺憾了！上卦艮山絕頂，豈非回歸道山之意？果然，十幾天後孫即過世，結束了璀璨的一生。

●二〇一六年八月下旬，時值中元祭祖，我念及往生諸親友，心懷惻惻。占象為賁卦上九爻動：「白賁，無咎。」色相畢竟成空。爻變明夷卦，坎宮遊魂，日落俱往矣！

●二〇一五年元月初，中華奉元學會與鵝湖書院合辦座談，主題是「書院教育的發展」。我問台灣這些書院前景，為觀卦上九爻動成比卦，「觀其生，志未平也。」縱使「省方觀民設教」，卻有偏狹孤高自賞之象，下起噬嗑鬥爭，不妙啊！再問大陸書院的發展，為不變的震卦，蓬勃有勁，振奮人心。最後問毓老師對書院教育的期望，為賁卦上九爻動。「白賁无咎，上得志也！」這是人文化成的究極境界。

多爻變占例之探討

以上賁卦卦、象、象及六爻單爻變的分析已畢，往下進入更錯綜複雜的多爻變的研究。

占事遇卦中任意二爻動，若其中一爻值宜變，以該爻辭為主、另一爻辭為輔論斷。若皆不值宜變，以本卦卦辭卦象為主，二爻齊變所成之卦的卦辭卦象為輔判斷。

●二〇〇九年七月中，我於高雄旅次中問《楞嚴經》的宗旨，得出賁卦三、上爻動，上九值宜變成明夷卦，二爻齊變為復卦（䷗）之象。九三「賁如濡如，永貞吉」，「終不可陵也」；上九「白賁无咎，上得志也」。《楞嚴經》以食色開頭，先講佛陀率領僧團入城化緣，食畢坐定後，發生阿難受誘入淫舍「將毀戒體」之事，千鈞一髮之際，佛以神通救援，倖免沉淪。飲食男女的大事都安置後，才開始說法。全經正是教人從最深的色相處悟道，體驗「色即是空、空即是色」的道理。遇賁之復，藉以探究宇宙生命的核心真相；上爻變有明夷之象，因黑暗魔障悟光明心性，修練過程相當艱苦。「噬嗑，食也；賁，无色也」；卦序往下為「剝爛也，復反也」。《楞嚴經》講解開導眾生的，恰恰落在這一段的因果。

●二〇一〇年六月下旬，我應邀赴一企業鉅子的豪宅，女主人有極強的神通感應能力，我入她家佛堂聽其誦經，還請來了諸天神佛開示，先是藥師佛叮囑養生，然後佛祖親臨，木魚聲及佛樂大作，倒是氣勢十足。我只謙和以待，該拜就拜，能聽就聽，不起其他思慮。八月下旬赴北京授易，旅舍中想起此事，覺得奇妙，再問當日佛祖真的親臨教誨嗎？得出賁卦三、四爻動，九三值宜變成頤卦，齊變則有噬嗑卦之象。賁卦「人文化成」，九三「濡如」多凶、六四「皤如」多懼，噬嗑與賁相綜一體，指點食色人生的真諦。頤卦「慎言語，節飲食」，「觀頤，自求口實」，佛祖是否親臨未可知，領略其中教訓，仍可獲益。人生種種歷練，是否「魔考」？占得噬嗑卦初、四爻動，有剝卦之象，顯然是。

那麼往後應如何修練呢？得出履卦四、五爻動，九五值宜變成睽卦，齊變又有損卦之象。「夬履貞厲」，行所當行；「履虎尾，愬愬終吉」，得敬慎小心，以求不敗。損卦「為道日損」，「懲忿窒慾」，說得更是切要啊！最後再問怎樣圓融消業？得出賁卦初、四、上爻動，貞悔相爭成小過卦。小過卦信受奉行，謹小慎微；賁卦初九「舍車而徒」，六四「白馬翰如、匪寇婚媾」，上九「白賁无咎、上得志」。遇賁之小過，藉「人文化成」，以修成正果。

●二〇一〇年元月下旬，去毓老師處拜晤後不久，我心念一動，問此生承受師恩深厚，與老師的緣分究竟如何？得出賁卦初、三爻動，有剝卦（䷖）之象。賁卦「人文化成」，剝極而復，教我後生去除虛妄習氣，探究天地真心。初九「賁其趾，舍車而徒」，入門指引，腳踏實地修行；九三「賁如濡如，永貞吉」，人生多番歷練，勿忘初志。我於師門受益，確實如此，然而剝卦「不利有攸往」，畢竟也有後緣難續之意。一年兩個月後，老師崩逝，許多生前壯圖，肯定是難以為繼了！

●二〇一〇年十一月下旬，我們學會在高雄澄清湖畔舉辦秋季研習營，晚上與學生慶平討論大科學家的成就，其中牛頓的造詣為賁卦初、三爻動，有剝卦之象。賁為種種色相的物質世界，天文人文皆有其自然規律，牛頓有關物質運動的定律貫通天上地下，放諸四海而皆準。初九「賁其趾，舍車而徒」，打下紮實的科學基礎；九三「賁如濡如，永貞吉」，創造了科學探討世界的卓越成就。剝卦蘊有剝除表相、直透內在真理的企圖，「不利有攸往」，似乎又揭示牛頓方法的極限，對極微宇宙並不適用，還得後續的相對論和量子論來補正。

●一九九一年十二月中，我接手那家出版公司的經營，原老闆專心去處理他的私人債務與其他公司的營運，但負責人還是他。這種特殊的分工方式，主要是受了市場派大股東的壓力，當時我占問：老闆與母公司的緣分究竟如何？得出賁卦初、上爻動，上九值宜變成明夷卦，兩爻齊變，則有謙卦（䷎）之象。賁始賁終，創辦者與組織淵源太深，恐怕不易真正切割。初九「賁其趾，舍車而徒」，當年艱難締造；上九「白賁无咎」，就算被逼退，影響力仍不可忽視。明夷為落日之象，卦辭稱「利艱貞」，全合其生命形態。謙卦亨通有終，沒有所謂真正的退休。卦象所示，日後完全實現，公司因他而生，也因他而衰頹結束，一切似乎都有定數。

一九九三年九月上旬，我已將公司經營上軌道，大有中興氣勢，群雄股爭又起，我問如何自處，也得出賁卦初、上爻動，有謙卦之象，賁卦上九值宜變成明夷卦。賁是我的職場歷練，由初至終，最後「白賁无咎，上得志」，似乎暗示我會有退出的一天。遇賁之謙，「亨，君子有終」，整體來看並非壞事。明夷「利艱貞」，過程相當辛苦。日後的發展，充分證實了卦象。

●二〇〇九年十一月底，我問往後三十年赴大陸講經授易的成效及前景，得出賁卦初、上爻動，有謙卦之象，賁卦上九值宜變成明夷卦。「人文化成」自是我衷心所願，賁始賁終，「賁其趾」，行腳天下打基礎，「白賁无咎，上得志」，應該功不唐捐。「謙亨，君子有終」，「裒多益寡，稱物平施」；明夷「利艱貞」，辛苦是免不了的。

●二〇〇一年九月上旬，台北縣長改選，藍營推前高官王建煊代表參選，王為官清廉，有「聖人」之稱，對手為實力強勁、地方上耕耘多年的蘇貞昌。我占問王聖人可有勝算？得出賁卦四、上爻動，齊變有豐卦之象。遇賁之豐，上卦由艮止變為震動，原先靜滯的局面轉現生機，選戰大可一觀。賁卦六四「賁如皤如，白馬翰如」，顯示王的清譽；「匪寇婚媾」，人緣卻不如蘇八面靈通。上九「白賁无咎」，離退之意濃厚，未必能競逐上大位。三個月後選舉揭曉，王僅以數萬票差距落選，可謂雖敗猶榮。

●二〇〇九年十二月中旬，國民黨一些小的選舉連吃敗仗，為了次年重要的五都大選，秘書長換人，馬英九的重要幕僚金溥聰上任，臨危受命，我問可有振衰起敝之效？得出賁卦四、上爻動，齊變有豐卦之象。官場高層調度，秘書長詹春柏由六四轉至上九，金小刀由幕後上九進入六四檯前，遇賁之豐，上卦艮止轉為震動，顯然較有行動力。金與馬相似，皆非廣結善緣之人，「白賁」、「白馬翰如」為其特色，「匪寇婚媾」則有欠缺。賁卦〈大象傳〉「明庶政，无敢折獄」，豐卦〈大象傳〉稱「折獄致刑」。經此調整後，馬團隊會更有機斷及活力，至於最後成效如何？於今回顧也可了然。一年後的五都大選，執政的國民黨保住三都，算是平盤不輸不贏，調度還是比不調度強。

●二〇一三年五月中，我在峨嵋山旅遊，按傳統講是普賢菩薩道場，身臨其境，感想叢生，占出普賢行願為賁卦初、四爻動，齊變有旅卦之象。賁為「人文化成」，以消噬嗑惡業，初九「賁其趾，舍車而徒」，樸實行願；六四「賁如皤如」，「終无尤」，濟世心切，不惜身命。山火賁轉火山旅，內離明轉外明照耀四方。

●二〇〇九年元月初，我占問台灣己丑全年政局，在野的民進黨氣運為賁卦初、五爻動，齊變有漸卦之象。遇賁之漸，黨中央的人事調整，換新的黨主席六五，爭取到初九基層民眾的回流支持，在新團隊的努力下，可漸漸恢復元氣。漸卦卦辭稱：「女歸吉，利貞。」剛好又合乎蔡英文的女性身分。果然一年下來，民進黨連選皆勝，慢慢從陳水扁的貪瀆陰影中走了出來，給國民黨造成頗大威脅。

●二〇〇九年五月下旬，我問邵康節名著《皇極經世》的成就，得出賁卦二、上爻動，齊變有泰卦（䷊）之象。賁卦〈彖傳〉稱：「觀乎天文以察時變，觀乎人文以化成天下。」邵子觀天象、序人事變遷，正合此意。天地交泰，「小往大來，吉亨」，自然的氣運流行，關乎人事興亡，大小宇宙間，確有規律存焉。賁卦六二居下卦離明中心、上九處上卦艮山絕頂，〈彖傳〉所稱「柔來而文剛」、「分剛上而文柔」，正指這兩爻而言。看來邵子此書確有窺破天地造化的玄機，不可輕忽小視。

●二〇一〇年七月下旬，美食家韓良露找我，安排寒露節氣至孔廟，給一般民眾談談《易經》，我們十多年沒見，更早三十多年前我開書店時結識。人生韶華易逝，令人感喟驚詫，當時占問應許赴邀如何？得出賁卦五、上爻動，齊變有既濟卦（䷾）之象。「賁于丘園」是禮敬，「束帛戔戔，吝，終吉」，上受五承，「白賁无咎」而「得志」，「人文化成」於孔聖殿中，云何不宜？〈雜卦傳〉稱：「既濟，定也。」應該敲定。十月初，孔廟重逢故人，演講也清新可喜。韓良露不幸於二〇一五年三月往生，令人嘆惋。

三爻變占例

占事遇卦中任意三爻動，本卦為貞，三爻齊變所成之卦為悔，稱貞悔相爭，合參兩卦卦辭卦象以論斷。若本卦三爻中某一爻值宜變，該爻辭加重考量。

●二〇一〇年九月下旬，易佛課講到《心經》，談「五蘊皆空」，首明「色空不二」。我當時占問色蘊為何？得出賁卦初、三、上爻皆動，貞悔相爭成坤卦（䷁）。賁卦正為物質世界的種種色相，由初始、經三大盛、至上終；乾為馬喻心、坤為牛喻物，遇賁之坤，陽氣散盡成陰，也有「色即是空」的意涵。易占解證佛理，真是精確到位啊！

●二〇〇九年四月初，我在學會辦公室占問當月策運，得出不變的艮卦，大惑不解。當時剛從廈門探路回台不久，馬上又將赴廈門大學南強論壇演講，並率學生轉至江西旅遊，怎麼可能是艮止之象？於是再占一次確認，得出賁卦二、五、上爻動，貞悔相爭成需卦（䷄）。賁為「人文化成」，需卦「光亨，貞吉，利涉大川」，遇賁之需，合理多了！不想學生團赴廈門次日即生變故，學生鄭進興遊鼓浪嶼時痼疾發作，送醫不治，成了莫大憾事。艮卦所示的重重阻礙並沒錯，賁卦六二「與上興」，實指進興跟團，六五為我，領隊「賁于丘園」、探訪道教名山，上九「白賁」歸道山，則是進興往生的不幸。需卦「健行遇險」，也預示了之後發生的事故，而這在占卦當時，哪裡設想得到？

●二〇一四年元旦，我問自己一年歲運，為賁卦初、三、五爻動，六五值宜變為家人卦，貞悔相爭成觀卦。賁卦「人文化成」，觀卦「省方觀民設教」，六五君位已自創品牌，真的也是「束帛戔戔」，當年到處奔波講經，實情如此。

●二〇一四年十月中，我的學生林獻仁跟我提議，想恢復中斷數年的易經課，主要是為了溫泰鈞夫婦能在亂世中汲取先賢智慧。他們多年前聽完過兵法，《易經》則只通論完就因事暫停。我評估占象為賁卦下三爻全動，貞悔相爭成蒙卦。人文化成以啟蒙，初至三爻為必經歷程，遂同意一起練基本功，迄今教學相長，都能獲益。

四爻變占例

占事遇卦中任意四爻動，變數已過半，以四爻齊變所成之卦的卦辭卦象論斷；若本卦四爻中某一爻值宜變，稍加重考量其爻辭。

● 二〇〇四年五月初，陳水扁因三一九槍擊案當選連任的疑雲未散，朝野兩黨訴訟激烈，連戰身為敗選的候選人及黨主席，承擔壓力嚴重。有學生安排我代為盱衡形勢，為連戰計，當如何籌謀？得出賁卦初、三、四、上爻動，齊變成豫卦，賁卦上九值宜變，又有明夷之象。賁與噬嗑相綜，官場鬥爭後事未了，仍得盡力周旋。噬嗑卦「明罰敕法，利用獄」，賁卦「明庶政，无敢折獄」，就算抗爭難以翻盤，該做的動作都得打起精神做。敗選後的國民黨危機四伏，連戰必須竭力穩住陣腳，「利建侯行師，思患豫防」，最後才「白賁无咎」退休。明夷「利艱貞」，心境雖苦，轉關階段必得如此。往後一、二年的發展，大致如是。

● 二〇〇八年十二月下旬，我的學生蘇女士打電話給我，她先生因身體不適，檢查出罹患攝護腺癌初期，問如何處置為宜？得出賁卦三、四、五、上爻動，齊變成萃卦（䷬），賁卦六五值宜變，成家人卦。萃卦集中心力治病，儘量接受最高檔次的醫療服務；賁卦由三至上連續四爻動，從繁劇職場退休，以紓解壓力、安享天倫，似乎為必然的選擇。

23.山地剝（䷖）

剝卦為全易第二十三卦，前承噬嗑、賁二卦，後接復卦。〈序卦傳〉稱：「賁者，飾也。致飾然後亨則盡矣，故受之以剝。剝者，剝也。物不可以終盡，剝窮上反下，故受之以復。」賁為文飾，包裝是必要的，但不宜過度，否則美化所致的亨通會用完，就變成內在空虛、岌岌可危的剝卦。世間萬事萬物遭遇任何浩劫，都不會完全滅盡，上層或外表窮絕，仍可在基層或內裡找到嶄新的生機，故而剝卦之後為復卦。

〈雜卦傳〉稱：「剝，爛也；復，反也。」剝卦一陽在上、底下五陰全空，由內裡一直腐爛到外；復卦一陽震動於內，回頭找到生命的根源，又能從此生生不息。《易經》經傳中多用「反」字，以解釋歸本還原的重要，除了小畜卦九三「夫妻反目」有反對、反抗之意外，都是返回之意。老子說：「反者，道之動。」探究宇宙人生的核心真相，不能只是外向追求，必須深刻反躬內省。

乾卦九三「朝乾夕惕」，〈小象傳〉稱：「反復道也。」屯卦六二「十年乃字」，〈小象傳〉稱：「反常也。」泰極否來，〈雜卦傳〉稱：「反其類也。」同人九四「乘其墉，弗克攻，吉」，〈小象傳〉稱：「困而反則也。」家人卦上九「有孚威如，終吉」，〈小象傳〉稱：「反身之謂也。」蹇卦〈大象傳〉稱：「君子以反身修德。」九三「往蹇來反」，即落實此德。凡提反處，都有復卦之意。

剝、復皆為十二消息卦，剝為陰曆九月、復為陰曆十一月。以二十四節氣論，剝約當秋分、寒露至霜降之時；復約當小雪、大雪到冬至。剝時天氣漸寒，樹葉凋落；復時已至隆冬，冬至後一陽漸生，白晝漸長，黑夜較短。

剝字從刀從彔，表示我們辛苦忙碌所累積、還不斷記錄以免遺忘的生活祿養，有朝一日可能遭遇浩劫，流失殆盡。剝極而復，顯現生命的頑強，一切可以重新再造。否卦〈大象傳〉稱：「君子以儉德避難，不可榮以祿。」三陰否（䷋）繼續惡化成五陰剝（䷖），只要兩次爻變即到。否時小人當道，若昧著良心出來做官，助紂為虐，所領的一點俸祿，至剝時，又可能亡失殆盡。人必須要有遠見，堅持正道，於此可以悟知。

䷖

剝卦卦辭：

不利有攸往。

剝卦卦辭很乾脆，只有鐵口直斷的五個字，形勢太危險，不利於有所前往。往字為「行之有主」，處於剝卦的情勢下，人不管有多少主觀的想法及做法，都不宜蠻幹，因為一定行不通。

〈象〉曰：剝，剝也，柔變剛也。不利有攸往，小人長也。順而止之，觀象也。君子尚消息盈虛，天行也。

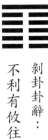

剝卦卦形似層層剝落，五陰剝一陽，將原先的陽剛美質改變為陰柔虛弱。消息卦多以陽爻象徵君子、陰爻象徵小人，泰卦〈彖傳〉稱「君子道長、小人道消」，否卦〈彖傳〉稱「小人道長、君子道消」。臨卦二陽，稱「剛浸而長」；剝卦五陰盛，稱「小人長也」。君子面對這種險惡情境，當如何應付呢？「順而止之，觀象也」七字，即為心法秘訣。

下卦坤順勢用柔、上卦艮止不動，「而」是「能」，順能止之，逆不能止之。一陽面對五陰來剝，硬擋是擋不住的，應順著來勢牽引化解，就像棒球守備員接球一樣，觀望擊球來勢及落點，退幾步把球接進手套。球勢再強猛，總有力盡下墜之時，只要冷靜「觀象」，關鍵之際出手，便可從容化解危機。太極拳的粘勁兒、卸勁兒，四兩撥千斤，以柔克剛，亦為此理。人生遭逢逆境，先逆來順受，俟機再出手反擊，是很重要的生存智慧。〈彖傳〉中「順而止之」的操作，主要體現於六五爻辭，辭中不見剝字，反而「无不利」。六五爻變，正好為觀卦（䷓）之象，緩和甚至完全化解了滅亡的危機，造成形勢的戲劇性轉換，非常值得深入體會。人世間的消長存亡，強變弱弱變強，滿了變空，空了變滿，本屬自然規律。懂得了這個，處逆境而不憂，居順境也不驕，「天行健，君子以自強不息」！

〈象〉曰：山附于地，剝。上以厚下安宅。

剝卦上卦艮山、下卦坤地，山脈本因地殼變動而隆起，雖然高聳，實即附屬於大地的一部分。組織中的高層領導亦經基層歷練、獲群眾支持而崛起，不可妄自尊大、剝削基層以逞私慾。若無大地，何來高山？沒有基層，焉有高層？《老子》第三十九章稱：「貴以賤為本，高以下為基。」《尚書・五子之歌》：「民惟邦本，本固邦寧。」居上位者為了本身的安存，也得厚待下屬，鞏固基層。宅為自己的住家，和寓所不同，怎可不用心維護？孟子說仁心是人的安宅，行義為人的正路，所謂「宅心仁厚、居仁由義」，亦合剝後為復之象，復卦初九即以果中核仁為喻，闡發仁心仁德。

占例

● 二〇〇三年四月底，藍營的國親兩黨策略結盟，連戰與宋楚瑜宣布，合作競選次年的領導大位，民調的支持率超前民進黨的陳水扁不少。我占問連宋合的勝算，竟然得出不變的剝卦，「不利有攸往」，令人難以置信。然而，十一個月後的大選結果，卻證實了卦象的準確性。「初筮告，再三瀆，瀆則不告」，蒙卦卦辭真說中了要點。

二〇〇三年我的全年運勢，也是不變的剝卦。這是前一年耶誕節所占出，當時情感上很難接受，但卦象也是出奇的準確。人要跳脱吉凶禍福的計較，真是談何容易啊！

● 二〇〇五年五月初，我們學會在台北劍潭青年活動中心辦春季研習營，討論題綱為「極數知來之謂占」。週六下午邀請了台大校長李嗣涔來演講，他幾年前任教務長時，曾帶他讀物理系的女兒來聽過三個月的《易經》。他雖然是留美名校的電機博士，卻以研究特異功能聞名，也引起科學界很大爭議。當天他發佈最新的研究成果，有所謂「諸神網站」的概念，只要掌握了通關密語，可以上網與諸天神佛請益。在老子的專屬網站上，居然還有「念力攝影」拍下來的大智者身影，真是匪夷所思，而一切又是透過嚴謹的科學方法探測得出。研究至此，完全可以與神靈進行一問一答的溝通，和易占已極為類似。因此，晚餐後送他至捷運站搭車，我的學生徐崇智執行長提出雙方可進一步交流合作的構想，他也說歡迎。返回住宿處後，我占問此合作計畫如何？得出不變的剝卦，「不利有攸往」，我一笑作罷。當下再問：不合作的話，那該如何？得出不變的復卦。還是走易理易象自己的路數，必能開出新境，生生不息啊！

●二〇〇七年六月上旬，我以前在出版公司的一位同事與我晤面，除了邀我去誠品書店作一場他企劃的系列演講外，還提出赴上海給企業人士講易的計畫。我把相關資料給他，回家占問能成事否？得出不變的剝卦，「不利有攸往」，應無任何可能，後果如此，一切不了了之。

●二〇〇九年九月上旬，我們學會籌劃跟公關公司合作，想在次年秋季舉辦國際易學論壇，題目訂為「由《易經》看人類文明的浩劫與永續經營」。我參加過很多次國際易學會議，自己主辦還屬首次，召集幾位熱心學生討論後，雖暫定一試，續提企劃由公關公司送主管官署審議，心中畢竟沒底。當場以手機電占的卦象也不好，先後得出不變的旅卦（䷷）和剝卦。旅卦失時失勢失位，根本沒法主導；剝卦資源流失，根基明顯不足，「不利有攸往」。後來折騰數月，審批下來的官方補助極為有限，遂順勢叫停中止，不做捱累不討好的事。

雖然決定不辦對外的大型活動，該論題仍值得大家研討，遂定為兩年四次的內部研習營主綱，我自己在二〇一〇年十一月中舉辦的秋研營上，也發表了長篇論文。文章最末有占：當前文明存續，最關鍵的問題為何？得出不變的剝卦。「山附于地」，看來還是水土流失、地基掏空的情形最嚴重，科技文明的過度開發，造成了地殼難以承載，動輒山崩地震，釀成鉅災。剝卦下坤地、上艮止，也是地面上生物瀕臨滅絕的浩劫之象。剝極而復，有待當今世人及早復育綢繆，以保存多樣物種的生命基因。

●二〇〇九年十二月上旬，我在富邦課堂上也占問過：複製生命甚至複製人的基因科技妥當否？得出不變的剝卦。「不利有攸往」，顯然不合適，即便技術上可行，社會倫理的衝擊也遺害甚大。科技運用必須適可而止，不宜濫無節制地發展，賁卦〈彖傳〉稱：「文明以止，人文也。」正是這樣的理性考量。

●二〇一〇年四月下旬，我問：二〇〇一年九一一發生在紐約的恐怖攻擊，其在人類文明史上的意義為何？得出不變的剝卦。刀兵浩劫，殃及無辜，當然「不利有攸往」，飛機撞上雙子星大廈的瞬間，整個人類世界從此不再安寧，冤冤相報而無止息。

●二〇〇〇年五月上旬，我正在寫〈繫辭傳〉的書稿，占問〈繫辭傳〉末章的主旨為何？得出不變的剝卦。末章首論天下之險阻，需修乾坤至健、至順之德來化解，然後論人情愛惡無常，造成多少吉凶悔吝，在在提醒人處世艱難，一不小心就會受傷，「不利有攸往」。而化解之道也存於剝卦卦象中，〈彖傳〉稱：「順而止之，觀象也。」正是以內卦坤的至順之德，覺知外卦艮的重大阻礙，亦即〈繫辭傳〉所稱：「夫坤，天下之至順也，德行恒簡以知阻。」

●二〇一〇年六月中旬，我一位老學生投資開高檔餐廳，請我們開張前去試吃，食材及廚藝是不錯，地點的選擇及裝潢的大手筆卻讓人擔心。另一位女學生放棄律師執業，幫他經管諸事，我暗占他們合作對彼此可有助益？得出不變的剝卦，陰剝陽、柔變剛，「不利有攸往」。幾個月後餐廳生意不佳，轉換形式經營仍不見起色，卦象應驗無疑。

●二〇一一年九月下旬，我占一位女生是否命中無子嗣？得出不變的剝卦。剝而不復，難以生生不息，「不利有攸往」，確實如此，醫師的診斷基本沒錯。

●二〇一七年三月二十三日，英國倫敦國會大廈附近又發生恐怖攻擊，多有無辜死傷。這幾乎已成為歐洲街頭的常態了！孤狼式的攻擊防不勝防，商旅視為畏途，居民惴慄恐懼，不知伊於胡底。我一位媒體界的女性朋友在臉書上悲嘆，打出網路借來的一張圖，世界地圖上海陸分疆，藍綠色調排滿PEACE字樣，文曰：「今日之願，日日祈願。」我看了心感，留言：「清願人多有之，落實甚難。」她回應：「除此之外，我們還能做甚麼呢？」我掉書袋：「履道坦坦，幽人貞吉。」這是因為占問「今後世界可能和平嗎？」得出完全不變的剝卦。再問怎麼辦？為履卦九二爻動，有无妄之象。行腳天下必須審慎，免遭无妄之災。貼文往來還有後續：「往昔環球世界小姐選美，候選佳麗多言之。昨日倫敦如何？祈願和平，『剝，不利有攸往』。地動山搖，岌岌可危。」最後她回覆：「驚！」

䷖

初六：剝床以足，蔑貞，凶。

〈小象傳〉曰：剝床以足，以滅下也。

初六為剝之初，整個剝卦像張床，上九一陽為床板，下五陰似兩邊支撐的床柱床腳，初六位居最下，故稱「剝床以足」。「蔑貞」是輕忽蔑視，不能固守正道，遂致基層鬆動，資源流失而遭凶。剝卦〈大象傳〉強調「厚下安宅」，初六「以滅下」，正好違反教訓，不凶何待？爻辭用

「蔑」，象辭用「滅」，蔑為因、滅為果。基層位低易受忽視，一旦淪亡，高層亦難獨存；初六危機初起，「履霜」而不知「堅冰」將至，不能防微杜漸，禍發而不可救矣！《老子》第六十九章稱：「禍莫大於輕敵，輕敵幾喪吾寶。」本爻爻變為頤卦（䷚），應珍視吾寶，堅定捍衛生命存活的穩定。

噬嗑卦初九「屨校滅趾」、賁卦初九「賁其趾」、剝卦初六「剝床以足」，皆以人腳或床腳取象，提醒人立足之地的重要。

占例

- 一九九四年六月初，那家出版公司的政變剛剛塵埃落定，我已實質不管事，但公司的股爭並未真正結束，雙方只是俟機再戰。我厭惡這種氣氛，問股爭對我的吉凶損益，得出剝卦初六爻動，有頤卦之象。「剝床以足，蔑貞，凶」，根基已經動搖，長久亦不看好，需早日準備轉換。
- 二〇〇二年五月上旬，我們學會已成立半年，執行長徐崇智在台中推動業務，有其堅強的班底，台北學生雖多，好像也應找人領導整合。我心目中有屬意人選，占問是否合適？得出剝卦初六爻動，有頤卦之象。「剝床以足，蔑貞，凶」，「以滅下也」，看來大大不妙，遂作罷論。由後來幾年情勢的發展，易占還是一針見血，鑑定深透，比我們感情用事要強。
- 二〇〇三年三月中，我的連襟王醫師與人投資合作有困擾，對方是曾任李登輝大掌櫃的劉泰英集團的人，不大好惹，找我問對策。先占若強硬談判，得出剝卦初六爻動，有頤卦之象。「剝床以足，蔑貞，凶」，「以滅下也」，看來不行。再占繼續忍讓配合，為坤卦六三爻動，有謙卦（䷎）

之象。「含章可貞，或從王事，无成有終。」雖然沒事，無法主導行事。王醫師和我一樣，也是湖南騾子脾氣，長期忍讓恐怕不易。果然，雖未當時翻臉，沒太久仍然惡言相向，結束了合作的項目。

䷖

六二：剝床以辨，蔑貞，凶。

〈小象傳〉曰：剝床以辨，未有與也。

六二雖中正，上應六五而不與，得不到高層的實力支援，處剝卦挨打的環境中，危機繼續擴大蔓延。「辨」是古代床柱床腳中間分界處，由床足至床辨，安居立足的地位全失。「蔑貞凶」，一再輕忽危機、未能固守正道而遭凶。本爻變為蒙卦（䷃），蒙昧不明，陷入外阻內險的不利情勢。

占例

● 二〇〇六年元月中旬，我在台出版的三輯易經的書有機會出大陸簡體版，與上海學林出版社接洽，條件不算理想，但我更重視早日出書，當時占得剝卦六二爻動，有蒙卦之象。「剝床以辨，蔑貞，凶」，「未有與也」，得不到實際的支持，結果不會好。果然後來一波三折，學林未出，轉介另家承製，也事故頻仍，極度不順。

● 二〇一〇年十一月上旬，我占問人會患憂鬱症的起因，得出剝卦六二爻動，有蒙卦之象。六二中正，其實素質不錯，感性敏銳，情慾蒙蔽理智，遂致「剝床以辨」之苦。「未有與也」，個性孤僻，得不到人情的慰藉，益發陷入愁思深困之局。

●二〇一六年十二月中，我問劉伯溫神機妙算，為何最後也不得善終？占出剝卦六二爻動，有蒙卦之象。能謀人不能謀己，沒真正看清楚君位六五和其不相與，遂難逃剝卦疑忌的殺機迫害啊！

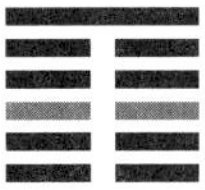

六三：剝之，无咎。

〈小象傳〉曰：剝之无咎，失上下也。

六三陰居陽位，不中不正，上與上九一陽相應與，得到資源挹注，雖遭剝害，可獲無咎。本爻動，恰值宜變為艮卦（䷳），剝滅的危機暫獲控制而歇止。從眾陰剝陽、柔變剛的角度分析，上九遭剝，為求生存，會運用和六三應與的關係說情疏通；六三為眾陰陣營的一員，顧念情誼，手下放鬆，像三國時關羽放過曹操一樣，有失團體立場，故稱「失上下也」。

占例

●前述學林出書的事件，其實在二〇〇五年十二月中旬已經商洽，針對擬議條件占問合宜否？得出剝卦六三爻變成艮卦，「剝之，无咎」。雖無大礙，總是遇剝成艮，重重阻礙，「不利有攸往」。一個月內不是剝三，就是剝二，或蒙或艮，令人喪氣，整體來說，不是一樁好買賣。

●一九九六年七月下旬，我占一位友人兼學生的本命心性，得出剝卦六三，爻變成艮卦。「剝之无咎，失上下也」，顯然不佳。雖然沒有大礙，還是遇艮則止，少接觸為妙，而事實上經多年觀察，真的就是這樣。

妙的是陳水扁上任一年多，二〇〇一年八月下旬，我占其人品心性，也得出剝卦六三，爻變成艮卦，平民與領袖同一生命格局。剝卦「不利有攸往，小人長也」。陳的八年主政，給台灣帶來甚多傷害，發展也似艮卦停滯不前，其影響可比學生大多了！

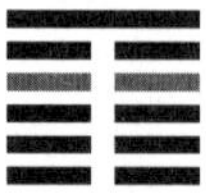

六四：剝床以膚，凶。

〈小象傳〉曰：剝床以膚，切近災也。

六四在六三放水賣人情之後，又繼續剝逼上九，對上九孤陽來說，危機已迫在眉睫，不能再臥床不警醒了！「膚」表示殺機已近身，那一點薄薄的保護層絕對擋不住，隨時可能發生禍災。本爻變為晉卦（䷢），其〈彖傳〉稱：「柔進而上行。」陰柔的勢力更見強大，相對來講，陽剛的抵禦更弱，上九孤陽的處境非常危險。

「膚」字有好多涵意：噬嗑卦六二「噬膚滅鼻」，膚指鼎中薄薄的肉片，大口一咬就能咬穿。「剝床以膚」，殺機鋒芒逼近，肌膚感覺到透骨的寒意，也防護抵擋不住。剝卦陰剝陽、柔變剛，六四其實還有縱慾過度、床事過多，當心陽氣枯竭之意。「噬嗑，食也；賁，无色也。」縱情聲色，飲食男女的問題處理不好，就有剝蝕生命的危險。

● 二〇〇三年元月上旬，我的學生張良維除了開設道場，教人太極導引外，也想與藥商合作一些項目，其中某項養生保健藥劑似乎不錯，他問如何有效行銷？我占得噬嗑卦（䷔）初九爻動，有晉卦之象。「屨校滅趾，不行也」，「噬嗑，食也」，對這食用的藥品打問號，警告別輕易推動。噬嗑的另一面即為賁卦，不管怎麼包裝文飾，都得注意產品本身是否有問題。得此卦象，遂問如何化解應對？得出剝卦六四爻動，也有晉卦之象。「剝床以膚，凶」，又稱「切近災也」，加重警告。晉卦〈大象傳〉稱：「君子以自昭明德。」推銷藥品茲事體大，沒絕對把握，切勿輕率介入，一切還是以「自昭明德」為尚。

● 二〇〇四年十一月初，我參加大陸民進中央在蘇北淮安舉辦的中華文化研討會，北京的一位女士情感上有困擾，找我問津。先問離婚好不好？得出不變的解卦（䷧），當然可以。然後與新歡結婚呢？為剝卦六四爻動，有晉卦之象。「剝床以膚，凶」，「切近災也」，講得真是露骨，卻也明確警告並不合適。最後問先離婚再說，以後的婚姻前景如何？為不變的小畜卦（䷈）。「密雲不雨」，還難說的很。往後在大陸開會，還多次相遇，也成熟朋友了，前述三卦全都應驗。

● 二〇〇一年十一月初，一位多年不見的大學同班同學由美國返台，約我見面請益。他想往中國大陸發展事業的第二春，問可有機會？得出剝卦六四爻動，有晉卦之象。「剝床以膚，凶」，還「切近災也」，怎麼這麼不合適！聽他講箇中原委，確實也是如此。

● 一九九七年十二月中旬，當時兩岸關係緊張，台灣發展堪憂，我問台灣如何反敗為勝？得出剝卦六四爻動，有晉卦之象。「剝床以膚，凶」，「切近災也」，形勢如此嚴峻，只能「自昭明德」，力爭上游，李登輝主政多年，也大傷台灣元氣。

䷖

六五：貫魚，以宮人寵，无不利。

〈小象傳〉曰：以宮人寵，終无尤也。

六五居剝卦君位，上承上九孤陽，洞觀全局，有了嶄新的戰略思維，不再逼宮剝陽，反而率諸陰爻虛尊上九，以謀更大的政治實惠。上九孤立於上，已無實力干政，六五做定了老大，莫不如展現風度，兼容並包，以維持整體的和諧。陰爻比喻為魚，「貫魚」顯示六五號召整合的能力，就像王后率領後宮嬪妃，承寵於老君王一般，沒有任何不好。領導人懂得這麼做，廣結善緣，最終必無怨尤。賁卦六四公門中好修行，「匪寇婚媾」，〈小象傳〉稱「終无尤」，與此類似。

剝卦六爻中，唯獨六五爻辭中無剝字，可見陰剝陽、柔變剛的形勢，至此出現戲劇性的逆轉。爻變為觀卦（䷓），多麼有宏觀大局的器識啊！〈彖傳〉中所稱：「順而止之，觀象也。」即指六五而言。

占例

● 一九九二年十月下旬，我督責那家出版公司的同仁奮戰，爭取高業績以擺脫經營窘境。直銷部門當時佔營收大半，尤為教戰重點。我占問當月直銷業績如何？得出剝卦六五爻動，有觀卦之象。「貫魚，以宮人寵，无不利」，「終无尤也」。剝卦是態勢一直不妙，六五臨到月底卻戲劇性好轉，將士用命，士氣如虹，最後結算，創下了令人驚豔的業績。

●二〇〇八年元月中旬，離台灣大選只剩七十天不到，我占問謝長廷可能獲勝嗎？得出剝卦六五爻動，有觀卦之象。大形勢是不利，由於陳水扁貪瀆無能，人民對民進黨印象壞透，當然會拖累謝的選情。六五君位動，表示仍有一線生機，在最後關頭戲劇性地逆轉勝，重演二〇〇四年三一九事件民進黨連任的場景。「貫魚，以宮人寵，无不利」，「終无尤也」。謝當時的選舉策略就是如此，姿態擺得很低，對扁也沒切割，且積極拜會拉攏黨內黨外各路人馬，竭盡可能貫串整合，連口號都喊出要逆轉勝。不久，國會的選舉國民黨壓倒性大勝，益增民進黨逆轉求勝的氛圍，但畢竟難撓多年累積的民怨，結果還是敗選，應驗了卦辭的「不利有攸往」。

●二〇〇八年十月下旬，我先去杭州參加大陸文促會主辦的中華文化研討會，然後坐台商學生安排的專車赴上海，與兩位大陸友人會合，準備第二天去處理上海出書的麻煩事。如同前述剝二剝三爻動之例，學林轉其他出版社經手更不順，主事者毫無道理，一拖再延，我已經憤怒得失去耐心，可頭洗了一半，也很不好擦乾從新來過。當晚夜宿旅社，靜心一占明日的會商結果，得出剝卦六五爻動，有觀卦之象。大形勢雖然難過極了，還是得冷靜觀察，順勢遏止「小人長」的氣勢，貫串整合敵友雙方的意見，以求逆轉取勝。結果次日的談判過程全如卦爻象所示，幾度瀕臨翻臉作罷，最後還是忍讓達成協議，約半年後，歷盡波折終於出書。延宕幾年，剝二、剝三、剝五爻動，似乎也透顯出當初選擇對象的失誤，本質上是陰剝陽、柔變剛，「不利有攸往」啊！

●二〇〇九年三月上旬，我正給台北學生上老莊道家思想的課，對《莊子》內七篇都有占測。其中〈大宗師第六〉的主旨為剝卦六五爻動，有觀卦之象。剝卦陰剝陽、柔變剛、「小人長」，其前為「噬嗑，食也；賁，无色也」，象徵人的食色欲望剝蝕性情，須剝極而復，修心養性。大宗師高居剝卦君位，人中心有主，就能超克欲望習氣的糾纏，而歸真反璞。「其嗜欲深者，其天機淺。」篇中名言，一針見血，啟發世人甚深。「貫魚，以宮人寵，无不利」，「終无尤」，教人以智慧統御眾多欲望，以服膺真理正道。爻變為觀卦，以此洞觀宇宙人生，修行必成。

上九：碩果不食，君子得輿，小人剝廬。

〈小象傳〉曰：君子得輿，民所載也；小人剝廬，終不可用也。

上九孤陽居剝卦之上，眾陰剝陽已至最後關頭，生死存亡立見分曉。〈說卦傳〉稱：「乾為木果……艮為果蓏。」剝上卦艮，上九一陽當乾剛正氣，故有「碩果」之象，「不食」表示還沒被吃掉，所謂浩劫餘生、碩果僅存，但也危殆至極。

宋儒張載有言：「《易》為君子謀，不為小人謀。」此爻正應其理。面臨這麼危險的情勢，如果當事者是君子，不但沒事，還能得民心擁戴，有車子坐到處跑跑；如果是小人，必然過不了關，連暫避風雨的茅廬都會剝掉，而無存身之地。剝卦一陽高踞於五陰之上，既有床板床柱床腳之象，又似車子座轎有人扛著走，也像遮風擋雨的茅棚，易辭生於易象，於此可見一斑。

本爻若動，恰值宜變之位，爻變成坤卦（䷁）。坤為眾，為大輿，〈說卦傳〉稱：「君子得輿，民所載也」；坤卦純陰，表示陽氣散盡，「小人剝廬，終不可用也」。

剝卦上九極有意味，我所遇過的占例也特別多，當時未必能斷知吉凶，由最後結果，卻可明確鑑別出誰是君子，誰是小人。所以多年下來，我在卡片或電腦上累積了存檔，調出來查看，即可知某某人的品性、修為和智慧，倒是好用的很。

「碩果不食」，也有成熟過度、即將腐爛之意。這時的重點是深藏在果肉核心的種子，果皮果肉儘量提供保護，一旦爛光，也能將核仁散布至安全的所在，重新深植土壤中，再生根發芽、伸枝展葉，進而開花結果，使一代代的生命永續不絕。剝卦上九以「碩果」為象，接著的復卦初九，即以種子核仁為象，剝極而復，意象完全貫通。〈雜卦傳〉所稱：「剝，爛也；復，反也。」說的就是這個意境。

井卦初六「井泥不食」、九三「井渫不食」，鼎卦九三「雉膏不食」，都有懷才不遇之意。肥大的水果、清涼的井水，以及鼎中美味的野雞肉，都是要給人吃喝的，若沒人食用即暴殄天物，非常可惜。《論語．子罕篇》中記孔子慨歎：「沽之哉！沽之哉！我待賈者也。」〈陽貨篇〉亦稱：「吾豈匏瓜也哉？焉能繫而不食！」有本事的人不必藏而不用，還是待價而沽，一有好機會就出來展現抱負，服務人群。

占例

● 二〇〇八年三月二十二日，台灣大選當天，我投票後作最後一占，問馬英九的勝算？得出剝卦上九爻變成坤卦，「君子得輿，民所載也」，顯然是結果。民進黨執政八年，藍營屢戰失利，連宋等精英都消耗折損殆盡，馬是唯一僅存的「碩果」，若遭「剝廬」，再執政就更難了！之前馬因首長特別費案，被民進黨委員提告，官司纏訟經年，最後以無罪結案，也是歷經艱險，終獲成功，證明了他的清白，也鑑定了他是不折不扣的君子。

前述剝五是謝長廷的勝算，而今剝上為馬英九的終極勝選，一爻之差定了輸贏，真是「《易》為君子謀，不為小人謀」，古人誠不我欺。「有是德，方應是占」，剝卦五、上兩爻所透顯的玄機，大大值得一參。

● 二〇〇四年六月下旬，因陳水扁三月二十日在高度爭議下勝選，藍營群情憤慨，連戰連敗兩次重要大選，面臨選後亂局，壓力當然極大。兩場選舉官司還在進行，勝負亦未可知。我再占問：為連戰計，他應如何為宜？得出剝卦上九爻變，成為坤卦。「碩果不食」，為了保存藍營最後一點元氣，必須鞏固人心，號召團結，絕不可再中奸人挑撥離間之計，亂了陣腳。爻變成坤，從黨主席地位引退，安排適合的人接班，作剝極而復的長遠準備。後來兩場官司都輸了，馬英九和王金平競選國民黨主席，馬勝出接任領導，果然於下次大選中贏回了江山。前例馬以剝卦上九「君子得輿」取勝，和此例連戰以剝卦上九「碩果不食」佈局密切相關，剝極而復，連戰與有榮焉！

● 二〇〇五年元月中旬，藍營的選舉官司全敗，往下應該為三年後的大選佈局了！國親兩黨必須實質整合，才有勝算。我占問兩黨進一步合作的可能？得出又是剝卦上九爻變成坤卦。

已成「碩果」的兩黨大老，應該捐棄私心，通力合作，為培植下一代接班的種子團隊作準備。結果，連戰問題不大，宋楚瑜另有想法，跑去跟陳水扁搞了場「扁宋會」的鬧劇，中懸「誠信」二字，後來還是失敗收場。親民黨名存實亡，黨中精英紛紛投效國民黨，實質上還是完成了必要的整合。

● 二〇〇九年初，我做一年之計，問中國大陸己丑牛年的經濟情勢，得出剝卦上九爻變成坤卦。「君子得輿，小人剝廬」，又是個民族智慧能力的考驗。時當前一年九月中金融風暴爆發後不久，全球經濟一片蕭條，中國大陸尤其沿海一帶的外貿亦受影響，不少人持悲觀的看法。本書大有卦部分已舉占例説明當時景況，在二〇〇八年十一月初，我就算出次年大陸經濟為遇大有之恒，「自天祐之，吉无不利」，完全不用擔心。《焦氏易林》所稱：「雖遭亂潰，獨不遇災。」也百分之百應驗。所以二〇〇九年初再占得剝卦上九後，我一點也不擔心，必是「君子得輿，民所載也」，轉危為安。當年大陸經濟大放異彩，成了舉世僅存的健康碩果。

● 一九九九年五月上旬，電腦千禧蟲Y2K的危機將至，我占問不管結果如何，這個事件對人類文明發展究竟是吉是凶？得出剝卦上九，爻變成坤卦，剝極而復，「君子得輿」，安然度過危機，「小人剝廬」，為浩劫吞沒。換句話説，是吉是凶取決於世人的智慧德能，看看經不經得起考驗。事後舉世安然過關，「君子得輿」。

● 一九九七年十月中，我針對往後一千年的文明發展做了多項預測：有關能源問題可否突破，為剝卦上九，爻變成坤卦；有關生物科技的發展，則為不變的剝卦。生物科技「不利有攸往」，可能是因為涉及許多社會倫理上的考量，「文明以止」，適可而止，才合乎人文精神。石油總有一天會耗盡為剝，新的乾淨能源，取之不盡、用之不竭為復，剝卦上九剝極而復，看來新能源會如期開發出來，讓文明得以永續不絕。

● 二〇〇二年九月上旬，颱風侵襲台灣，而兩天後我將率二十幾位學生赴河南安陽，參加兩岸易學會議，擔心影響行程，遂占問此行順利與否？得出比卦（䷇）六三，爻變成蹇卦（䷦），「比之匪人，不亦傷乎？」大家相比出遊，又是同門師生，怎麼會蹇難難行呢？遂再問如何化解？得出剝卦上九，爻變成坤卦。君子就能熬過考驗，「得輿」而獲民載；小人當心「剝廬」，終不可用也」。由後來發生的所有事情來看，其實都應驗了，而且跟原先擔心的颱風一點關係都沒有，反而另有所指。易占可真是鬼神莫測啊！

●二〇一一年三月中旬，由於五月中下旬的鄂、湘兩地之行已排定，師兄弟幾位約好，赴武漢大學及嶽麓書院拜會，我遙問此行順心否？得出剝卦上九，爻變成坤卦。一週後，我們敬愛的毓老師過世，應該是「碩果不食」的爻象來由；而我們繼續做文化之旅，肯定是「君子得輿，民所載也」，薪盡火傳，剝極而復，生生不息。

●二〇一〇年六月底，學會內部人事糾葛，我問原定補開的二十五堂課，仍能如期否？得出剝卦上九，爻變成坤卦，「君子得輿，民所載也」，班次照開且圓滿結業，沒有受到少數人的影響。剝卦上九一關，可真是上好的試金石啊！

●二〇一一年二月上旬，我問占卦太多好不好？為剝卦上九，爻變成坤卦。「君子得輿，小人剝廬」，重點不在次數多寡，而在君子小人，「《易》為君子謀，不為小人謀」。

多爻變占例之探討

以上為剝卦卦、彖、象及六爻爻辭爻象的解析，往下舉占例說明多爻變動的複雜類型。

二爻變占例

占事遇卦中任意二爻動，若其中一爻值宜變之位，則為主要變數，以該爻辭爻象為主、另一爻爻象爻辭為輔論斷；若皆不值宜變，則以本卦卦辭卦象，及二爻齊變所成之卦的卦辭卦象合參。

●二〇〇〇年耶誕節，我們準備申請成立「台灣周易文化研究會」，我問合宜及順利否？得出剝卦五、上爻動，六五值宜變成觀卦，兩爻齊變為比卦（䷇）。遇剝之觀之比，當然有傳承大道之意，為期「君子得輿」，此刻就得「貫魚，以宮人寵，无不利」，「終无尤」。大半年後，學會正式成立。

●二〇〇四年元月上旬，《中國時報》的舊識黃小姐，受命在台北中山堂堡壘廳籌辦藝文雅集，邀我洽談《易經》講座的可能。由於我已在時報關係企業的市長官邸授課多時，難以分身且有自打對台之嫌，未能配合。但還是去看了現場，且替她占問經營前景，得出剝卦五、上爻動，六五值宜變成觀，齊變又有比卦之象。藝文雅集須將廳堂興修改建，又不能破壞古蹟，正是剝極待復之象。「貫魚，以宮人寵，无不利」，通盤整合設計後，希望能動人觀瞻；開張啟用，更希望「君子得輿」，而收比卦聚眾交誼之效。事理雖如此，日後大小環境都有不少變動，台灣政局及《時報》本身發生極大的轉換，她的工作沒有太好的結果，剝卦本義還是「不利有攸往」啊！

●二〇一一年三月二十日清晨，我接到同門黃師弟來電告知，毓老師一早身體不適，送醫急救。我心中頓生異感，勉強定下來占問吉凶，為剝卦三、四爻動，齊變有旅卦（䷷）之象。遇剝之旅，卦情大大不妙。六三「剝之无咎」，六四「剝床以膚，凶」，「切近災也」，老師多半已離人世。不久師弟再從台大醫院來電，說老師急救無效往生，那陣子擔心的終成事實。

●二〇一一年六月上旬，所謂的雲端資訊科技成為話題，也引發一些侵犯個人私密的爭議，我占問其理念如何？得出剝卦三、上爻動，齊變有謙卦之象。下卦坤地，六三居大地之上，「剝之无咎」，將各種資訊往上送至上卦艮山之巔儲存，即成上九「碩果不食」之象。善加運用，則「君子得輿」，大家都樂於擁護；不善運用或惡意濫用，則「小人剝廬，終不可用也」。謙「亨，君子有終」，善意提供無所不至的服務，才亨通有終。

●二〇〇六年元旦，我依例做一年之計，算台灣政局時，問馬英九當年的運勢，得出剝卦初、上爻動，齊變有復卦之象。遇剝之復，顯然熬過考驗才會不錯。初六「剝床以足，蔑貞，凶」，年初就得小心被人刨根；上九剝到年底，「碩果不食」。馬是當時藍營最後一張王牌，「君子得輿」，為民所載，萬一「小人剝廬」，就「終不可用也」。他的台北市長年底卸任，國民黨主席後因特別費挨告而辭職，處理當年紅衫軍街頭反扁，也過分拘泥而招怨議，可謂多招怨尤之年。

●二〇一五年六月中，我問半年後總統大選，洪秀柱有勝算否？亦為遇剝之復。基本不看好，繫於上九能否「君子得輿」，否則「剝廬」。蔡英文的勝算呢？為臨卦初九爻動，有師卦之象。「咸臨貞吉」，基層支持甚眾，多半贏得選戰而君臨天下。結果洪被「換柱」退選，國民黨的朱立倫慘敗給蔡英文，再度失去江山。

●二〇〇二年元月中旬，台灣國會改選剛過，由於民進黨執政且席位大增，國民黨籍的王金平還能不能連任立法院長成疑。我占其連任勝算，得出剝卦二、上爻動，齊變有師卦之象。遇剝之師，得在逆境中作戰。師「貞丈人吉，无咎」，王老成且經歷練，又廣結善緣，應有勝機。剝卦六二「蔑貞凶，未有與也」，六五君位的陳水扁不可能支持他，得小心「剝床以辨」。最後又得看上九，王這老成碩果，若君子即「得輿，民所載也」；若小人則「剝廬，終不可用也」。後來王仍獲多數支持而連任，保住了藍營在國會的江山。

●二〇〇二年初，台灣政壇爛桃花朵朵開，鬧出不少緋聞，當年真是桃花年嗎？占得剝卦二、三爻動，齊變有蠱卦之象。剝卦陰剝陽、柔變剛，蠱卦「風落山，女惑男」，遇剝之蠱，說的太切！六二「剝床以辨，蔑貞，凶」，上床下床真得小心；六三「剝之无咎」，也有的虛晃一招，不算嚴重。

● 一九九九年六月上旬，有位自稱是李登輝的三芝鄉遠親總來找我，問的都是他的投資計畫什麼的，我素不喜這種藉關係謀財之事，大關節守住，其他只當歷練見識，也應對一陣。中間他還說要介紹我赴日本商社授易云云，我占能成行否？得出剝卦初、二爻動，齊變有損卦（䷨）之象。遇剝之損，看來是扯淡！「剝床以足、以辨」，皆「蔑貞，凶」，「以滅下」、「未有與也」。果然後來他說日方是要學風水，我哈哈一笑，不再置懷。

● 一九九六年十二月中，我為已購新居的裝潢設計找定了包工，原先朋友推薦的一位設計師繪過草圖，我們想推掉，占問如何處理？得出剝卦三、五爻動，齊變有漸卦（䷴）之象。六三「剝之无咎」，六五「貫魚」，「无不利」，遇剝之漸，應該沒問題，的確如此。

● 二〇一三年五月中，我赴北京講學，與學生友人夜宴，大家談起在大陸開長期《易經》班的可能性，雖在酒酣耳熱之際，我仍認為落實不易。當時以手機試占，得出剝卦二、四爻動，齊變有未濟之象。這就很明確了！未濟難成，小狐狸道行不夠，還得修練多年。剝卦「不利有攸往」，六二「剝床以辨，未有與」，六四「剝床以膚，切近災」，短期內強求不得。

三爻變占例

占事遇卦中任意三爻動，本卦為貞，三爻齊變所成之卦為悔，稱貞悔相爭，合參兩卦的卦辭卦象以論斷。本卦三爻中若一爻值宜變，加重考量其爻辭。

●二〇〇四年三月十九日下午，正值台灣大選前夕，台南發生震驚全台的槍擊案，陳水扁和呂秀蓮都受傷，所產生的悲情效應，徹底逆轉了選舉結果。陳水扁以一萬多票領先，而獲連任，這變故來的太蹊蹺，全台為此擾嚷不定近一年，我事後占問三一九事件的真相為何？得出剝卦三、五、上爻動，貞悔相爭成蹇卦（䷦），剝六三值宜變，成艮卦。

蹇卦外卦坎險、內卦艮阻，是個內憂外患、難以行進的環境，聰明人卻可利用外患的威脅，來巧妙化解內憂，促成內部各派系山頭的團結，暫時放下私怨，一致對外。《孫子兵法》上說，吳人與越人為世仇，當其同舟而遇風，相救如左右手；俗話也講，「兄弟鬩牆，共禦外侮」。這個道理在蹇卦〈彖傳〉末以讚嘆表示：「蹇之時用大矣哉！」本占例為遇剝之蹇，藉著某種刀兵的剝蝕傷害，達成人情人心的鞏固團結。剝卦六三值宜變之位，「剝之无咎」，出手打兩槍，卻不會造成致命的傷害。上九與六三應與，又與六五的君位承乘密切，遂受牽動影響而生變化。上九「碩果不食」，原先岌岌可危的捱打局面，轉獲民眾擁戴，「小人剝廬」變成「君子得輿」。六五「貫魚，以宮人寵，无不利」，「終无尤」，貫串相關人脈，縝密佈局，在最後階段讓民間的六三出手，而戲劇性地逆轉了戰局。三爻合力，齊變成蹇，產生風雨同舟的鉅大效應。

這種設計絕非巧合，而是早有安排，必要時就背水一戰，悍然發動，而且真正知情者極少，有的即便參與，也未必了解全局。出手的六三不是被滅口，就是早已得了利益，逃之夭夭，不可能是那位死在漁網中的可憐蟲。政治鬥爭的陰險殘酷，為爭輸贏不顧是非，在剝卦之前的噬嗑卦與賁卦，已說的很清楚。陳水扁第一任的任期就貪瀆，若連任失敗，害怕東窗事發，故而出此奇策。

然而天網恢恢，疏而不漏，現今還是身陷囹圄，遭世人唾罵。

●二○○六年二月下旬，我一位同門師弟常來找我，也展現了一些複雜的人脈關係，還想幫我招人開易經課，我占問這機緣正不正？能成不能成？得出剝卦二、四、上爻動，貞悔相爭成解卦（䷧）。陰剝陽、柔變剛，「不利有攸往」。六二「剝床以辨，蔑貞，凶」、六四「剝床以膚，凶」，「切近災」，明確不善。上九「碩果不食」，又考驗君子和小人了。解卦化解蹇難，此例中應該是放掉而非拉緊關係，沒有必要繼續合作，後來的發展演變，也支持這樣的判斷。

●二○○九年六月中，我內人下車開門時姿勢不當，扭到腳痛苦不堪，很長一段時間不良於行。當時有學生贈雲南白藥，建議服用定可治癒，我們沒她那麼有信心，占得剝卦二、四、上爻動，貞悔相爭成解卦。解之前為蹇卦，正是舉步維艱的病情，遇剝之解，似乎有些對症，但剝卦的治療過程，令人不安。六二「剝床以辨，蔑貞，凶」，六四「剝床以膚，凶」，「切近災」；上九「碩果不食，君子得輿，小人剝廬」，考驗人的體質決定過關與否，未免風險太大，且傷元氣。考量之後，沒有服用這個號稱傷科聖藥的萬靈丹，幾個月後用別的方式療癒。

●二○○三年四月初，《中國時報》的一位舊識李小姐找我談前程，幾年前她也上過我一年的易經課，對易占易象還是不甚了。我占她當年年底前的運勢，得出剝卦二、四、上爻動，貞悔相爭成解卦。「剝床以辨」、「剝床以膚」至「碩果不食」，有持續惡化的趨勢，最後得面臨「得輿」還是「剝廬」的艱難考驗，君子、小人命運殊途，一翻兩瞪眼。看她表情頷首不止，似乎說中了職場生涯的困擾，後來她確實離開了報社另尋發展，這也是解卦的意涵？

●二○○三年六月上旬，我占算台灣資訊產業未來三至五年的前景如何？業者適合繼續擴大投資嗎？得出剝卦初、二、五爻動，貞悔相爭成中孚卦（䷼），剝卦六二值宜變成蒙卦。中孚卦講的是合乎時中之道的誠信，產業信用好，可投資經營，利涉大川。遇剝之中孚，建立品牌信譽的過程卻很痛苦。初六「剝床以足，蔑貞，凶」、六二「剝床以辨，蔑貞，凶」，「未有與也」，更指出沒有好的合作對象。爻變成蒙，情勢不明，別輕舉妄動。六五正是象徵品牌的君位，「貫魚，以宮人寵，无不利」，必須整合資源成功，才能轉凶為吉。六二為主變數，似乎保守為宜。占此卦例時，我正好與大一同班李焜耀會晤過，他雄心萬丈想走自創品牌之路，當時他的事業也非常成功，BenQ 的盛名滿天下。他很快併購德國西門子手機廠，以擴大國際版圖，卻也很快嚐到了失敗的苦果。恰恰就在三至五年間出事，二〇〇六年九月宣布結束德國業務，來去之間慘賠了數百億台幣。

●二〇一〇年三月底，我推算法國未來五年的國運，得出剝卦初、三、上爻動，貞悔相爭成明夷卦（䷣），剝卦六三值宜變成艮卦。明夷為日落的黑暗之象，卦辭稱「利艱貞」，遇剝之明夷，真是有夠慘，近乎民不聊生。剝卦初六「剝床以足，蔑貞，凶」，六三雖「剝之无咎」，爻變成艮，亦有成長停滯之象。上九「碩果不食」，遭遇君子小人的嚴酷考驗，或「得輿」或「剝廬」，命運殊途。以三爻齊變的明夷卦來看，「小人剝廬」的可能性最高。這當然也是受了席捲全球的金融風暴的影響，由這些年的後勢看來，此占又說中實況。

●二〇一一年二月上旬，台灣發生國防洩密案，一時議論紛紛，當事人羅少將被拘押，我問其洩密對台灣軍情的影響？得出剝卦初、二、上爻動，貞悔相爭成臨卦。臨卦為開放自由之意，紀律失控會「至于八月有凶」。遇剝之臨，剝蝕掏空的過程也有相當傷害。初六「剝床以足，蔑貞，凶」，「以滅下也」；六二「剝床以辨，蔑貞，凶」，「未有與也」；上九「碩果不食」，看來是「小人剝廬，終不可用也」。整體來說，傷害不輕，得整頓調理一段時日。

● 二〇〇八年四月中旬，我們學會的春季研習營在台中東海大學舉辦，主題是「雲行雨施天下平：《易》與《春秋》」。我自己寫了篇長長的論文講給學生聽，有位女生沒與會，卻介紹了一個靈通人士來給我施功整脊。我也沒好拒絕，但還是占了一下是否合宜？得出剝卦初、五、上爻動，貞悔相爭成屯卦（䷂）。屯為新生，「動乎險中大亨貞」；剝「不利有攸往」，則有風險。初六「剝床以足，蔑貞，凶」，六五貫通全身之氣，以求「无不利」，也當脊柱之位；上九「碩果不食」為頸部，「君子得輿，小人剝廬」。結果我還是讓他施為，見識一下所謂的神靈療法，沒大礙，也沒完全解決多年的痼疾，體氣仍然不是很順暢，教書講話太多，太傷元氣？

● 二〇〇七年十一月下旬，中華孫子兵法研究學會想開課，請我講幾堂「大易兵法」，我是他們的副會長，不支持不行。《易經》太難，以易證兵更不易，擬好課程計畫後，占合宜可行否？得出剝卦二、三、上爻動，貞悔相爭成升卦（䷭），剝卦六三值宜變成艮卦。升卦「元亨，勿恤，南征吉」，遇剝之升，過程有些辛苦。六二「剝床以辨，蔑貞，凶」，「未有與也」，聽懂的人恐怕不多。六三「剝之无咎」，也無大礙；上九「碩果不食」，我反正是盡心講解，「君子得輿」。全部課程結束，剛好次年大選國民黨也贏回政權，台灣形勢出現轉機。

● 二〇一〇年十二月上旬，辛卯兔年將至，我們學會設計了「卯兔躍晉」的賀年卡，寄發給會員及各方友人。我看了油然起興，占問兔年我的志業可以再突破嗎？得出剝卦二、五、上爻動，貞悔相爭成坎卦（䷜）。坎卦稱「習坎，有孚，維心亨，行有尚」，又稱「常德行，習教事」。一波未平一波又起，闖蕩江湖，無有止息。遇剝之坎，過程也不輕鬆。剝卦六二「剝床以辨，未有與也」，適合的對象尚未出現；六五「貫魚，以宮人寵，无不利」，串連人脈機緣，有可能形勢轉順；上九「碩果不食」，我又肯定是「君子得輿，民所載也」。

二〇一一年卯兔開始躍進，先是一百零六歲高齡的毓老師找我去談，他想去北京開設奉元書院講學之事，茲事體大，同門師兄弟也動員了一陣，老師卻不幸於春分大壯時節崩逝，驟失明師，大家悲慟至極。五月中下旬，與幾位師兄弟赴鄂、湘兩地，拜會武漢大學、衡陽師院，與長沙嶽麓書院等弘揚中華文化的重鎮，都有發表論文演說。七、八月間，神州大易首屆精英班開課，我隔週一次，連跑四趟北京授易，緊接著又赴希臘旅遊，再轉往德國慕尼黑，給老外講了九天三梯次的《易經》。九月中返台重拾舊業，繼續多年在台授易的課程；十月中又結伴入西藏一遊，風塵僕僕，旅道多艱，真是「勞乎坎」，卻完全落實了前一年底所占的卦象。

●二〇一一年九月上旬，我在德國授易，一對夫婦問我，他們道場事業未來三至五年的經營前景如何？我占得剝卦上三爻全動，貞悔相爭成萃卦（䷬）。剝卦資源流失，「不利有攸往」；萃卦人文薈萃，理財用人花費不少。遇剝之萃，高層經營不能掉以輕心。剝六四「剝床以膚，凶」，「切近災」，眼前就很緊迫；六五君位「貫魚，以宮人寵」，領導者有無整合逆轉的能力？上九「碩果不食，君子得輿，小人剝廬」，面臨存亡的考驗。後來才知道，占象一語中的，完全抓到他們經營的險境。

●二〇一四年九月上旬，中秋前幾日，一位素未謀面的長者邀宴，談他興辦學校的繼承人問題。老先生白手起家，各地資產也有百億規模，在其專業中頗有聲譽，但接班睽爭的煩惱卻怎麼也擺不平。事業主體交給么兒如何？蒙卦初、上爻動，齊變有臨卦之象。蒙卦「果行育德」、臨卦「教思无窮」，都與教育有關。蒙卦初六「發蒙」初學，經驗不足；上九「擊蒙」恐遭痛擊，不很穩妥。另一卦象為剝卦初、三、四爻動，貞悔相爭成離卦，明顯不宜。離卦期望薪盡火傳，「繼明四方」。剝卦「不利有攸往」，「剝床以足，以滅下」，「剝床以膚，切近災」，有崩盤之虞。當時針對各種組合方案，都有進言，老先生如何處置則不知，沒多久他就過世。其實席中我已心中有數，當時自算他的身體健康，為訟卦九二爻動，有否卦之象。訟為「天與水違行」，又是離宮遊魂卦，否則「天地不交，否之匪人」，來日無多矣！

四爻變占例

占事遇卦中任意四爻皆動，以齊變所成之卦的卦辭卦象為主，參考本卦諸爻辭為輔論斷。若本卦其中一爻值宜變，加重考量其爻辭的影響。

● 二〇〇二年八月中旬，我問黃俊英代表國民黨參選高雄市長的勝算如何？得出剝卦二、四、五、上爻動，四爻齊變成困卦。遇剝之困，幾乎是必敗之局。剝卦六二「剝床以辨，蔑貞，凶」，「未有與也」；六四「剝床以膚，凶」，「切近災也」；六五竭力整合票源；上九「碩果不食」，又是艱難考驗。後來果然敗選，藍營始終拿不回南台灣的執政權。遇剝之困，《焦氏易林》斷詞曰：「桑方將落，隕其黃葉，失勢傾側，如無所得。」失勢凋零，還扣住黃葉二字，俊英之英本為花，情境真切啊！

● 一九九八年九月下旬，我開始應邀在富邦金控開易經課。當時我占問最佳的講習方式，得出剝卦

二、三、五、上爻動，四爻齊變成井卦（䷯）。井卦之前為困、之後為革卦，《易經》很難，須突破學習的困境，而有所創造發明，井卦象徵開發潛在的資源及方法。剝卦「不利有攸往」，六二「未有與」，初學難以入門；六三「剝之无咎」，稍能相應；六五貫串一氣，試著帶領諸生進入易學的殿堂；上九「碩果不食」，就考驗大家各自的稟賦及造化了！富邦的課一直延續至今未輟，學員有進有出，骨幹仍十餘年如一日，真是難得的緣分。

● 二〇一六年十二月上旬，我受邀赴營口奉元書院連講三天《論語》，這是繼年初在北京奉元書院的續完篇。結果也真正講完全經，收效否？為剝卦初、三、四、上爻動，初六值宜變為頤卦，四爻齊變成豐卦。內容雖然豐富，顯然學員還是很難受用。剝卦「不利有攸往」，所動諸爻表示根基淺，唯一寄望的就是「碩果不食」中能有些「君子得輿」了！

24. 地雷復（䷗）

復卦為易經第二十四卦，之前為剝卦，之後為无妄卦。〈序卦傳〉稱：「剝者，剝也。物不可以終盡，剝窮上反下，故受之以復。復則不妄矣，故受之以无妄。」剝卦為五陰剝蝕一陽、岌岌可危之象，復卦則一陽復起於五陰之下，表示任何浩劫不可能毀滅一切，總有些物種會生存下來繼續繁衍。剝上艮止、下坤地，象徵地表上已無生命活動的跡象；復上坤地、下震動，地底深處還有生命藏匿而繼續活動。待浩劫平復，地底下的生物鑽出地面，一段時日後，又繁衍出眾多的物種。无妄卦上乾天、下震動，天底下都是生命活動的熱鬧景觀。

地球上生命的演化史就是這樣，舊物種滅絕、新物種衍生，所謂「物競天擇、最適者生存」。每一次物種的演化更新，都將生命推進到更高的層次，由身而心而靈，最後高智慧的人類登上演化的舞台。剝極而復，「復」非回到從前，而是往後創新，這裡顯示的自然法則發人深省。一元復始，萬象更新，繼往開來，生生不息。

復卦既有精神心智發達之象，人類起心動念務求真誠，不要妄想脫離現實，更不宜想入非非，輕舉妄動而招災。復卦之後接无妄卦，在《老子》第十六章裡亦有推演：「致虛極，守靜篤，萬物並作，吾以觀復。夫物云云，各復歸其根。歸根曰靜，是謂復命。復命曰常，知常曰明。不知常，妄作凶。」道家思想亦由易卦易象啟發而來，《易經》為中華文化最深邃的源頭。

〈繫辭下傳〉第七章論憂患九卦，履、謙之後，即為復卦：「復，德之本也……復，小而辨于物……復以自知。」復卦一陽在下，為內震之源，是一切德性的根本。乾、坤合之後生屯，為生命初始；剝盡而復，為歷劫再生。所謂生生之謂易，永遠終而復始，復卦是乾坤以外最重要的卦，乾坤稱父母卦，復則有「小父母卦」之稱。《孝經》開宗明義：「夫孝，德之本也，教之所由生也。」其實復卦就是婦女懷胎、生育子女之象，外卦坤為母為腹，內卦震就是腹內的胎動。親子之間這麼密切生命的連結，子女對父母盡孝，真是天經地義，也是做人的根本。

復一陽初始，心靈的力量蘊蓄提升，雖僅一陽之微，卻能充分感知辨識外在的事物。不僅如此，心靈還可以做內在的探索反省，思考自身的種種問題。復以自知自見，這是人為萬物之靈的可貴，我們常說人要有自知之明。《老子》第三十三章稱：「知人者智，自知者明。勝人者有力，自勝者強。」知人不易，自知更難，戰勝別人因為你有實力，戰勝自己內心的私欲，才是真正的強者。很多人都以為敵人在外面，其實藏在裡面的敵人才難馴服，而這就需要具備隨時深刻反省的能力，「復，反也」即為此意。《老子》一書多提復字，要搞通道家思想，若清楚了坤、謙、復三卦的意涵，差不多就全面了解。

憂患九卦的前三卦為履、謙、復，彼此關係非常密切。天澤履（䷉）與地山謙（䷎）相錯，觸類旁通。履以行禮、「謙以制禮」，而履字上尸下復，尸為「主宰」之意，同師卦六三「師或輿尸」之尸。履實即「主于復」，人生所有實踐均以復的原理為主，故稱復為「德之本」。乾卦九三「終日乾乾」，爻變成履，〈小象傳〉稱：「反復道也。」勤奮履行實踐，就是為了復道啊！

復僅一陽在下，生機尚微，稱「小而辨于物」；浸長成二陽臨（䷒）後，〈序卦傳〉即稱：「臨者，大也，物大然後可觀。」一陽之差，立刻由小變大，就像乾卦初九「潛龍勿用」，又加上了「見龍在田」，氣勢飽滿，君臨天下。一元復始之後，真的是萬象更新。

䷗

復卦卦辭：

亨。出入无疾，朋來无咎。反復其道，七日來復，利有攸往。

復卦卦辭共二十一字，剝卦卦辭才五個字，剝極而復，「剝爛」時非常快，「復反」則很緩慢。泰極否來，建設成功耗時經年，破壞在轉瞬間，破壞之後重建，更慢更難，人生真真不易啊！以生病來說，剝快復慢，正合俗諺：「病來如山倒，病去如抽絲。」剝卦「山附于地」，為山崩地裂之象；復卦循環往復，還真的是繞軸螺旋形運轉的抽絲狀。

剝卦卦辭只言：「不利有攸往。」復卦卦辭最後稱：「利有攸往。」顯示形勢已好轉，又可以往前發展了，但必須做好前面十七個字的功夫。一元復始，當然亨通，陽氣出入，驅除陰寒所致之疾病，能恢復健康，但不會太快。相對於陰爻來說，一陽來居其下為朋，陰陽和合是好事，故獲無咎。「反復其道」，就像乾卦九三「終日乾乾，反復道」一樣，需週轉反覆幾次，約經過七天時間，才能完全恢復健康，變成「利有攸往」。疾字為病，也是像箭矢一樣直飛快速之意。「出入无疾」，需螺旋形地繞軸轉好幾次，不可能直來直往那麼快。其實慢些比較好，求快反而是一種病態，矢加病字邊，即為疾字。

人生行事，直來直往成功的很少，通常都得繞些彎走迂迴路線，只要主軸的行進方向正確，總會呈螺旋形往前慢慢推進，黃河九曲，終向東流，〈繫辭上傳〉第四章則稱：「曲成萬物而不遺。」太極圖陰陽分際為S形曲線，太極拳的動作不斷畫圓弧，槍砲的膛管中刻劃來復線，使槍砲彈旋轉射出殺傷力更大，都是復卦原理的表現與運用。再者，前述復為母親懷胎的生育之象，生命基因的DNA分子為雙螺旋結構，更證實了「出入无疾」與「反復其道」的真確。至於為什麼「七日來復」呢？我們在〈彖傳〉中說明。

〈彖〉曰：復亨，剛反，動而以順行，是以出入无疾，朋來无咎。反復其道，七日來復，天行也。利有攸往，剛長也。復其見天地之心乎！

復卦亨通，是因陽剛之氣還居眾陰之下，內震動而外順行，所以出入沒有毛病，陰陽調和而無咎。《老子》第四十章：「反者道之動，弱者道之用。天下萬物生於有，有生於無。」這有名的哲學命題，剛好來說明復卦的結構，剛一反內，起動生生化化的作用，順勢發展，消解疾疢而獲無咎。雖只有一陽來復，慢慢就會二陽臨、三陽泰，陽剛之氣日見成長，故稱「利有攸往」。

「七日來復，天行也」；剝卦〈彖傳〉末稱：「君子尚消息盈虛，天行也。」剝極而復，為天道運行的自然現象，就像乾卦〈大象傳〉所稱：「天行健，君子以自強不息。」宇宙諸天星體的週轉運行，有七天環繞一圈的嗎？地球繞太陽轉決定一年，月球繞地球轉決定一月，地球自轉決定一天，那一星期七天是怎麼定出來的呢？《舊約聖經》有七天創造世界之說，佛教說人死七七四十九天之後往生，這和「七日來復」有甚麼關係？佛教傳入中土，最早也到漢朝時，基督教更晚，而《易經》經文卦辭的創作比這都早，不可能受其影響，一定是中土哲人自己發現的自然規律。諸天星體確實沒有七天一轉的週期，外在的大宇宙沒有，內在的小宇宙卻有，前述復卦為母親懷胎之象，「七日來復」跟此有關。

《黃帝內經》有「天癸至」的規律，記於〈素問．上古天真論第一〉：少女二七一十四歲發育成熟，進入青春期，可為人母生育子女；七七四十九歲停止月經，進入更年期，不能再生產。少男二八一十六歲性徵成熟，可為人父，八八六十四歲則止，不能再讓婦女懷孕。女子約三十五年的時間有月經來潮，每次前後差不多七天，七日之中須安心靜養，不宜交媾，有也不會受孕。一年有三百六十五天多，七年和七日有固定的數值關係，「七日來復」，講的是生命誕生與成長的規律，一切自然而然，故稱「天行」。

醫學上有很多「七日來復」的例證：外科手術後傷口癒合、拆線的時間是第七天，而器官移植中很棘手的排斥現象，也遵循七天為一週期的規律，往往發生在手術後第七、十四、二十一或二十八天。醫學臨床經驗也顯示，當疾病首度急性發作，要判斷是否轉為慢性，常以七天為限。普通感冒咳嗽不治療，七天也會不藥而癒。心臟病發作也有七日一高峰的節律，善加注意調節，予以適當的藥物防治，或可防範於未然。

「七日來復」的觀念基本而重要，「天行」為自然規律，任誰也不能違背，否則事必難成。蠱卦卦辭末稱：「先甲三日，後甲三日。」〈彖傳〉解釋：「終則有始，天行也。」事情敗壞了推動改革，實即剝極而復，當然要遵循「七日來復」的規律，先三日、後三日，加上正式推行改革的甲日，共七日。巽卦九五爻辭稱：「先庚三日，後庚三日，吉。」「庚」為第七天干，實即「變更」之意，「辛」為第八天干，取意為「新」，所謂「一元復始，萬象更新」，「庚辛」就是更新，這是古代中國以干支紀日的深意。前三日、後三日，加上改弦更張當天的庚日，共七日，周密行事才能獲吉。巽卦（䷸）九五爻變成蠱卦（䷑），先甲、後甲與先庚、後庚道理相通，都是要改變現狀，謀求創新。革卦卦辭稱：「己日乃孚。」六二爻辭稱：「己日乃革之，征吉，无咎。」己為第六天干，必須窮則變，往下就接庚、辛，亦即改革破舊立新。震卦與既濟卦六二爻辭皆稱：「勿逐，七日得。」都是「七日來復」、失而復得之意，全得遵循自然規律。

「復其見天地之心乎！」〈彖傳〉末此語意蘊弘深，更是復卦義理的精華，值得深入體會。「天地之心」是象徵的說法，代表宇宙生命的內在主宰，儒曰「良知良能」、佛曰「真如自性」。人能弘道，非道弘人，《禮記・禮運篇》乾脆稱人為天地之心，人心若正，就是天心，孟子說「盡心知性可以知天」、「存心養性可以事天」。宋儒張載的名言更是膾炙人口，歷代傳誦：「為天地立心，為生民立命，為往聖繼絕學，為萬世開太平。」復卦代表一種核心的創造力，繼往開來，生生不息。

「天地之心」深藏在內看不見，所以須深刻體會方知。〈彖傳〉末的讚嘆，也是用不確定的語氣，這與老子形容道體的揣摩之詞類似，見於《老子》第二十一章：「道之為物，惟恍惟惚；惚兮恍兮，其中有象；恍兮惚兮，其中有物；窈兮冥兮，其中有精；其精甚真，其中有信。」亦見於第十四章：「視之不見，名曰夷；聽之不聞，名曰希；搏之不得，名曰微。此三者不可致詰，故混而為一。其上不皦，其下不昧，繩繩不可名，復歸於無物。是謂無狀之狀，無物之象，是謂恍惚。迎之不見其首，隨之不見其後，執古之道，以御今之有。能知古始，是謂道紀。」

以上經三十卦描述天道自然的演化來看，乾坤開天闢地後，屯卦代表海洋中生命初始，豫卦為陸地上有了生命，剝卦為浩劫，造成生物大滅絕，復卦則象徵人類這種高智慧的生物登上了演化的舞台。往下再經過五個卦，至最後的離卦，人類文明繁榮昌盛，光輝燦爛，永續不絕。復卦是生命發展一個重要的關鍵點，由身而心而靈，擺脫了軀體的限制，放射出精神心智的光輝。

復卦內震能動，為坤身之主，〈彖傳〉稱「天地之心」，以人身來講，應為心臟，而「七日來復」又和婦女月事及懷孕有關。我的中醫學生樓園宸有臨床經驗，曾讓女病患恢復月經，以治療心臟沉疴，有不錯療效。看來，女性的月經有保護其心臟的功能，一旦停經，進入更年期，就容易患心臟血管的疾病。自然造化之妙，懂得保護母親，讓她們遂行生兒育女的神聖職責。

一般以陰陽五行配臟腑器官，震卦為陽木，似應屬肝，離卦為火才屬心，恐怕不確。離屬心之用，有交織聯繫全身各處的功能；震為心之體，主宰全身行動。肝應為陰木的巽卦，深入隱微。離、震二卦皆有相繼之義，先、後天的八卦方位又同居東方，生氣勃勃，也似心臟的搏動功能。離卦九四爻辭：「突如其來如，焚如，死如，棄如。」心臟病發，往往猝死難救，爻變為賁（䷕），外表還很難辨識。震卦九四爻辭：「震遂泥。」則為心搏無力，爻變為復，需急救使其復甦。震卦〈大象傳〉稱「恐懼修省」，六三「震蘇蘇」、上六「震索索」，明顯都是遭遇危險時，心臟難以負荷之象。

〈象〉曰：雷在地中，復。先王以至日閉關，商旅不行，后不省方。

復卦下震雷、上坤地，有雷在地中之象。復為十二消息卦的十一月卦，陽曆節氣約當冬至，當天白晝最短、夜晚最長，其後陽氣漸盛，晝長夜短，正與復卦一陽復始之意相當。中國三代曆法不同，周曆以子月起算過新年，亦即冬至當天過年；殷曆以丑月起算，臨卦之月過年；夏曆以寅月起算，泰卦之月過新年。漢武帝以後恢復用夏曆，一直延用至今，約立春節氣過年。周朝享國久遠，中國人過去很長一段時間，在冬至復卦時過年，現在還有「冬至大如年」的說法，非常重視冬令進補、調養微陽的冬至時節。吃湯圓、圍火爐，一家窩冬放假不出門，夫婦禁止行房，以保護元氣不外洩。這就是「至日閉關」的民俗傳統，一切經濟及旅遊活動暫時休止，地方上的政治領導人也不去各處視察，以免擾民。換句話說，就是放年假，一切政經活動休止。

復卦〈大象傳〉先稱「先王以」，再稱「后不省方」，表示地方當局須服從中央政府的通令。「后」也有後王之意，先王立法，後王依循，代代相傳無有止息。六十四卦〈大象傳〉一般多稱「君子以」，比、豫、觀、噬嗑、无妄、渙稱「先王以」，泰、姤稱「后以」；剝稱「上以」，離稱「大人以」，這是有名的「五以」，習易者宜有分判。復卦最特殊，稱「先王以」再稱「后」，寓有繼往開來之深意。

觀卦〈大象傳〉稱「先王以省方觀民設教」，復卦稱「后不省方」。秋分時，中央首長多至各地考察，以為施政參考；大雪冰凍的冬至時節，連地方首長都不去各地巡察。

占例

●二〇〇九年十二月中旬，馬英九執政績效不彰，民進黨大老許信良批判他魄力及能力不足，並大膽預言馬為了挽回聲望，可能會推遲兩岸ECFA的簽訂。這個政治判斷實在太離譜，純粹感情用事，我在自己主持的 News98 廣播節目中立刻批評，認為絕不可能。當時為了驗證自己的想法，也占問會這樣嗎？得出不變的復卦。兩岸關係在民進黨主政時期陷入谷底，馬上任後，剝極而復，這是他得分最多的施政項目，怎麼會猶疑反覆？果然次年中，ECFA順利如期簽訂，兩岸關係也進入新的里程碑。

●二〇〇三年十一月中，我們學會多人參加在台灣師範大學舉辦的「兩岸易學青年論壇」，與山東大學劉大鈞教授率領的代表團互動密切，晤談甚歡。前一年九月我們赴安陽開會後，曾轉往濟南山大易學研究中心拜會結緣，朋友講習論道，已是第二回合。我問雙方關係未來展望，得出不變的復卦。「出入无疾，朋來无咎。反復其道，七日來復，利有攸往。」二〇〇五年八月，山大在青島主辦盛大的國際易學會議，我們受邀前往，之後還多次交流往來，正是不折不扣的復卦之象。

●一九九九年五月中，我的學生張良維邀我去他開設的「太極導引」道場授易，也是一年教完六十四卦的課程，希望結合身體與心靈思維的鍛鍊，提升拳藝的境界。我問能順利開成否？為不變的復卦。顯然是正面的，復卦循環往復的螺旋曲線，也與太極拳相合，「朋來无咎，利有攸往」，順利完成全易的講授，且命名為「身體易」。

二〇〇〇年十二月中旬，張良維勤於著述，完成圖文並茂的《身體自覺》一書，由時報出版公司出版。我當時也在練拳，閱讀演練體會尤深，遂占其書中見解意境如何？亦為不變的復卦。「復為德本，復以自知，復小而辨于物」，正是身體的充分自覺，一針見血，一語道破箇中意蘊。

●二〇一一年七月初，我陪兒子大學指考，高雄耕心園藝術工作室的林靜華小姐打電話給我，計畫將我多年在她那兒講經的光碟製成更先進的 iPad，〈繫辭傳〉、《六十四卦詳解》、《論語》，以及往後還要講授的課程等，建構網上可付費研習的資訊庫，命名為「劉君祖解經書房」。我問合宜否？先得出蠱卦（䷑）二、三、上爻動，貞悔相爭成坤卦（䷁）。再審慎確認，則為不變的復卦。復興中華文化，返本開新，定位明確。蠱卦也是繼往開來，九二「幹母之蠱，不可貞」，不能操之過急；九三「幹父之蠱，終无咎」，大方向正確；上九「不事王侯，高尚其事，志可則」，完全成功。三爻齊變成坤，順勢用柔，厚德載物。

䷗

初九：不遠復，无祇悔，元吉。

〈小象傳〉曰：不遠之復，以修身也。

初九為復之初，剝極而復的生機已現，又當內震一陽復始的主宰之位，代表核心的生命力，當然元吉。人只要中心有主，行事稍有偏離，就會反省得知，立刻修正回中道路線，不至於發展到失控後悔的地步。「祇」為至，「无祇悔」是不至於悔。不遠即近，「不遠復」還有深意，「復見天地之心」，人能行道即證天心，切近極了，完全不必往外遠求。《論語・述而篇》記子曰：「仁遠乎哉？我欲仁，斯仁至矣！」《孟子・盡心篇》記孟子曰：「萬物皆備於我矣，反身而誠，樂莫大焉！強恕而行，求仁莫近焉。」都是真正見道之言，修身以道，修道以仁，捨此何由？本爻變為坤卦，厚德載物，廣土眾民都得依此修行。剝卦六四「剝床以膚，凶」，「切近災」；復卦初九「不遠復，元吉」，切近道。

〈繫辭下傳〉第五章記子曰：「顏氏之子，其殆庶幾乎！有不善未嘗不知，知之未嘗復行也。《易》曰：『不遠復，无祇悔，元吉。』」顏氏之子指顏回，不遷怒，不貳過，為孔門最優秀的學生，夫子讚揚他即以復卦初九為證。「庶幾」是差不多近道之意，所謂「其心三月不違仁」，很接近標準了！行為稍有不善，立刻感知覺察，改過向善，而且以後永遠不會再犯。孔子這麼一標榜誇獎，顏回入聖廟接受後人奉祀，即以「復聖」稱之。顏回名「淵」，深潭之水跌宕迴旋，內斂深邃，回也有反復回歸真理之意，真是名符其實。

占例

●二〇〇九年七月上旬，我問《金剛經》的旨趣，為復卦初九爻動，有坤卦之象。「不遠復，无祇悔，元吉」，「以修身也」。剝極而復，就是為了探究宇宙人生的真相，「復見天地之心」，初九一陽復始，正是「天地之心」所在。佛在《金剛經》中說法，一再強調萬象皆空，所謂：「凡所有相，皆是虛妄。」「離一切諸相，即名諸佛。」剝除表面的層層假象後，真相便如實呈現，便是碩果中深藏的核仁種子，便是真如佛性，「天地之心」。本爻變為坤卦，厚德載物，「含弘光大，品物咸亨」。

《心經》開宗明義：「觀自在菩薩，行深般若波羅蜜多時，照見五蘊皆空，度一切苦厄。」剝卦一陽下五陰皆虛，正是五蘊皆空；一旦剝盡來復，體悟了真實自在的金剛心，自然可生無量智慧，度人生一切痛苦災厄。這種觀照的智慧，就是由剝而復的易象易理。

二〇〇九年七月中，我占問唐玄奘大師的修行境界，為復卦初九爻動，有坤卦之象。「不遠復，无祇悔，元吉」，「以修身也」。直接明心見性，立地成佛。玄奘生平最尚《心經》，其譯本也傳誦最廣，確實「照見五蘊皆空，度一切苦厄」。

●二〇一一年三月二十日，我的恩師毓老以一百零六歲高齡仙逝，我得知訊息趕往台大醫院，在捷運車中占算：老師臨終一念為何？得出復卦初九爻動，有坤卦之象，「不遠復，无祇悔，元吉」。他講經弘道六十年，仍刻刻以復興華夏為念，「為天地立心，為生民立命，為往聖繼絕學，為萬世開太平」。

●二〇一〇年二月初，我在 News98 電台主持廣播節目，以易理易象評論時事，兩週一次，一次一小時，為時已一年。我問效果如何？得出復卦初九爻動，有坤卦之象。「不遠復，无祇悔，元吉」，相當正面。坤卦廣土眾民，也擁有不少聽眾，反應算相當好，一直持續多年才終止。

●二〇一〇年八月下旬，我因數月前赴武漢時腰疾發作，在旅館中休息數日才康復，返台後積極尋醫治療，有位女學生介紹一種保健鞋墊，又電子偵測甚麼的花樣翻新。我去嘗試看看，也買下了極昂貴的一雙鞋墊，效果可能不錯。當時占的為復卦初爻動，有坤卦之象。剝極而復，對復健確有幫助，初九一陽復始，居下震卦之初，震為足，初九恰在腳底部位，理氣象數皆合。

䷗

六二：休復，吉。

〈小象傳〉曰：休復之吉，以下仁也。

六二中正，下乘初九陽氣復起，受其化育影響，也能休養恢復而獲吉。「休」字為人依木而立，像森林浴吸收芬多精一般，有恢復疲勞、振奮心神的療效。「休」又有自在從容的美好之意，否卦九五「休否」，大有卦〈大象傳〉稱：「遏惡揚善，順天休命。」其中的「休」字都有此意。《大學》中引述《尚書・秦誓》一段，尤其發人深省：「若有一個臣，斷斷兮無他技，其心休休焉，其如有容焉。人之有技，若己有之；人之彥聖，其心好之。不啻若自其口出，實能容之。」休休之心，寬裕包容，不嫉才妒賢，正是仁心仁德「休復」的表現，以這種態度處世，社會必少許多紛爭。我自青年讀經起就服膺此訓，也最討厭見不得別人好的人，一旦遇到，必嚴峻拒絕往來，免生無窮是非。早期開書店時，請好友羅財榮寫了這段的書法裱褙，現今也掛在學會教室內，算是對己對人的重要提醒。

六二爻變成臨卦（䷒），自由開放，無窮無疆，〈大象傳〉稱：「君子以教思无窮，容保民无疆。」人與人相臨相觀，正應如此落落大方。

〈小象傳〉稱「以下仁也」，明確點出初九為果中核仁，更清楚了與剝卦上九「碩果不食」間的關係。剝極而復，新陳代謝，充分體現生命代代相傳的自然規律，「消息盈虛」，「七日來復」，都是「天行也」。果皮果肉遲早腐爛，種子的硬殼卻可以保護生命的基因，繼續往下繁衍。二十多年前，有中國唐朝的蓮子在美國復育開花的例證；十多年前，也有中東沙漠裡的椰棗種子，隔了兩千年還開花的奇蹟。可見植物種子生命力的強韌，人修煉金剛心的根本智，亦應如是。最近報載，俄羅斯的科學家在西伯利亞永凍層，發現冰封長達三萬二千年的種子，並成功地讓這些「柳葉蠅子草」的種子復活，發芽茁壯開花，大易復卦之理再得明證。

人依木息止為「休」，練功之人常對大樹站樁吐納，確有其理。我的中醫學生樓園宸也做過實驗，以電線連接癌症病患與一株小樹，結果小樹受惡氣感染而枯萎。「休復」之理，宜從正反面去深心體察。

占例

●二〇〇一年六月上旬，我受邀赴台中東海大學演講，並開始在台中耕讀園開班授課，也是一年六十四卦的吃重課程。占問順利合宜否？得出復卦六二爻動，有臨卦之象。遇復之臨，一陽長至二陽，當然很好，「休復，吉」，「教思无窮，容保民无疆」。一年後，順利完成所有的課程。

●二〇〇四年五月二十日，陳水扁續任領導人之職，選舉官司雖還在進行，看來逆勢難返，我問四年後兩岸關係是否會嚴重惡化？得出復卦六二爻動，有臨卦之象。「休復，吉」，似乎不會。臨卦「元亨利貞」，只要沒有「八月之凶」，應該還是自由開放的對待之局。果然，四年後馬英九上台，兩岸關係峰迴路轉，沒發生遺憾之事。

䷗

六三：頻復，厲，无咎。

〈小象傳〉曰：頻復之厲，義无咎也。

六三陰居陽位，不中不正，資質時位較六二中正差得太多，離開初九的典範又遠，故而行事多有偏離，犯錯改正的次數頻頻，這是辛苦而有危險的，但只要知過能改，仍然沒事。「无咎」

的定義，〈繫辭上傳〉第三章說的很清楚：「善補過也。」復卦云云，根本就是改過的學問，孔子「五十以學《易》，可以無大過」，足見小過仍然不斷，這完全是真實的陳述。

本爻若動，恰值宜變之位，爻變成明夷卦（䷣）。明夷為日落黑暗之象，非常痛苦，須咬牙苦撐度過漫漫長夜，卦辭稱：「利艱貞。」明夷卦爻辭中提到「明夷之心」，一切黑暗痛苦有其根源。復卦見「天地之心」，六三為不中不正的人位，人修持一旦不正，就可能墮落成黑暗的「明夷之心」。為佛為魔，繫於一念之間。《尚書》稱：「惟聖罔念作狂，惟狂克念作聖。」聖賢一念之差，變成癲狂；癲狂一動善念，轉為聖賢。佛家常說放下屠刀，立地成佛，皆為此意。

占例

●二〇〇七年五月底，我在《聯合報》的一位學生夫妻吵架，太太負氣出走不知去向，近月不歸，他很擔心煩惱，自占問可有善解？得出復卦六三爻變，成明夷卦。明夷「利艱貞」，前景黯淡，非常痛苦。但本卦為復，有回家之象，爻辭「頻復」，太太也在掙扎不定，雖危厲不安，仍可能在先生改過後無咎。後來夫婦倆言歸於好，又同來上課，應了「頻復」之象。至於太太為何出走，是因為看到先生手機中有女生曖昧的簡訊留言，先生直喊冤枉，保證絕無不軌情事。既然如此，我問他為何不刪掉？他又說有些捨不得，有時打開來看看蠻溫暖……。

●二〇〇四年六月下旬，我問十一月上旬美國總統大選，小布希能否勝選連任？得出復卦六三爻變，成明夷卦。「頻復，厲，无咎」。雖有明夷苦戰之險，還能再度當選操持國政。果然，四個多月後選舉揭曉，小布希險勝。

䷗

六四：中行獨復。

〈小象傳〉曰：中行獨復，以從道也。

六四陰居陰位正，和初九內外相應與，陰陽配合絕佳。中、獨二字都是名詞，「中」為中道，「獨」為慎獨，初九一陽在內主導為「獨」，六四一陰在外配合發揮，成和合之「中」。本爻變為震卦（☳），中心有主宰，行動有活力。初九見「天地之心」，為真理大道所在，陽主陰從，六四配合行事，故稱「以從道」。外卦坤為廣土眾民，內卦震初為核心的獨特創造力，「中行獨復」，就是將其酣暢發揮於廣大的群眾中，而產生弘大的績效。

先復「獨」再行「中」，先建立自我的特色，再搞好群眾關係。《中庸》稱：「君子戒慎乎其所不睹，恐懼乎其所不聞，莫見乎隱，莫顯乎微，故君子慎其獨也。喜怒哀樂之未發，謂之中，發而皆中節，謂之和。致中和，天地位焉，萬物育焉。」先慎其獨，再發而為中道，這是修心養性、做人做事必須依循的步驟。

占例

● 我習易近四十載，研習兵法也三十多年，一直有建構「大易兵法」的想法。二〇〇九年中，占問以易證兵的邏輯通不通？得出復卦六四爻動，有震卦之象。震是積極行動，威震八方；復為創造根源，生生不息。遇復之震，初九為大易的核心原理，六四「中行獨復，以從道」，正是運用於兵法之象。「大易兵法」完全合理，絕對可以成立。

●二〇一五年初，我講《莊子・齊物論》：「若有真宰……其有真君存焉？如求得其情與不得，無益損乎其真。」特別占問何謂「真君」？得出復卦六四爻動，有震卦之象。〈說卦傳〉稱：「帝出乎震，萬物出乎震。」震卦代表天地萬物都有的內在主宰，須「中行獨復」以體察之，這就是「真君」。

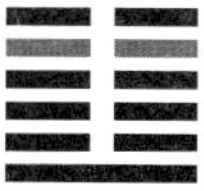

六五：敦復，无悔。

〈小象傳〉曰：敦復无悔，中以自考也。

六五居復卦君位，不斷考核自己，依中道修行，已至功德圓滿之境，不太容易犯錯而生悔恨。「敦」為大德穩重之意，以愛心照顧後進，提攜不遺餘力。臨卦上六「敦臨」、艮卦上九「敦艮」、復卦六五「敦復」，人生修到敦厚的境界，非五即上爻，四爻以下年輕經驗不足，都做不到。《禮記・經解》稱《詩經》的教化為「溫柔敦厚而不愚」；《中庸》稱「大德敦化」；〈繫辭上傳〉第四章則稱：「安土敦乎仁故能愛。」

本爻變為屯卦（䷂），屯為自然新生，復為人為再生。遇復之屯，表示人的創造力合乎自然，巧奪天工，已無任何斧鑿痕跡矣！

占例

●二〇一〇年四月上旬，我大致完成了《四書的第一堂課》的寫作，這是多年的心願，近二十萬字殺青，我問成就如何？得出復卦六五爻動，有屯卦之象。「敦復无悔，中以自考也。」功力深厚，多年用心浸淫，已至爐火純青之境。易象給此評價，讓人安慰。數月後先出了簡字版，次年由時報出版公司出了繁體版《一次看懂四書》二冊。

●二〇一〇年八月初，台灣考試院隸下的文官學院一位陳先生找我，希望我配合錄製一套十小時的《易經》DVD，供公務員網上進修學習之用。見面商量後，我試占成果如何？得出復卦六五爻動，有屯卦之象。「敦復无悔，中以自考也。」當然很好，妙的是光碟剛好是供考試院自修及測驗考試之用，「中以自考」，還真定位明確。

●二〇〇九年四月中，我由學生藍榮福的安排，至廈門大學「南強論壇」演講後，率一團學生續赴江西各地遊覽，行程中大家占算與我今生的緣分如何。藍雖未同行，我還是占了和他的緣分，為復卦六五爻動，有屯卦之象。「敦復无悔，中以自考也。」講的真是切啊！藍為人敦厚務實，廈門經營訪織業卓然有成，文化涵養及各方面的見識也足，是典型的儒商俠商，「朋來无咎，利有攸往」。

䷗ 上六：迷復，凶，有災眚。用行師，終有大敗，以其國君凶，至于十年不克征。

〈小象傳〉曰：迷復之凶，反君道也。

上六居復之終，離初九陽剛正道甚遠，用心行事已大大偏離，迷途不反而遭凶。「眚」字目中生翳，看不清楚，妄動生禍，水火無情為災，「有災眚」即天災人禍並至。當事者不知深刻反省，立即改過，反而據隅頑抗，最後慘遭大敗，連累到領導人都遭凶，國家元氣大喪，從此一蹶不振，歷經十年之久，也沒法恢復實力興兵作戰。這是徹底違反了領導統御之道啊！

復卦初九「不遠復，元吉」，為立身行事的出發點，從下而上、由內而外行進，可能漸有偏離。六三「頻復」已出狀況，屢錯不憚改而獲無咎；上六一意孤行，偏失嚴重，終至沒救。俗諺云：「差之毫釐，謬以千里。」小過不改，積成大過，噬嗑卦初至上爻「積惡滅身」，已有明訓。毫釐千里之言，見於《史記・太史公自序》，且註明為《易》云，今之卦爻辭沒有這句，但復、无妄二卦從初至上爻，皆寓此象此理，可能西漢時爻辭尚未完全統一？《禮記・經解》亦稱：「《易》曰：差若毫釐，謬以千里。」

六三屬內卦，上六居外卦，人內心偏差若不矯正，將來可能在外行事出大問題。上六爻變，為頤卦（䷚），為免身敗名裂，宜修養心性。「反君道也」的反字，也可以作反省、「反復其道」之反來解釋，如此則是規勸之意。「迷復」之爻甚凶，領導人居心不正，智慧不明，可能禍國殃民、遺害無窮。爻辭所稱，與泰卦上六爻辭類似：「城復于隍，勿用師，自邑告命，貞吝。」錯了就要改，死不認錯，結果更糟。其實以卦中有卦的互卦理論來看，泰卦（䷊）三至上即為復卦，泰卦上六根本就是所含復卦的上六，「城復于隍」的兵敗之象，與「迷復」行師大敗全同，這是易象精密入神之處。

清朝康熙大帝為安撫蒙古部族不作亂，曾以和親政策，將女兒蘭齊兒嫁給蒙族首領噶爾丹，這是我們在泰卦君位六五講述的道理。「帝乙歸妹」為政治聯姻，不見得有好結果，上六「城復于隍」，即為明證。按歷史記載，康熙決定御駕親征噶爾丹時，大學士李光地占戰事吉凶，得出復卦上六爻動，有頤卦之象。「迷復，凶，行師大敗，以其國君凶，至于十年不克征」，爻辭也未免太勁爆，簡直大凶。結果康熙絲毫不以為意，反而哈哈大笑，說「迷復，凶」是指對手噶爾丹，照樣出兵，結果大勝，真的讓噶爾丹遭凶，其部一蹶不振，再不能興師反叛。這是甚麼道理？李光地算錯了嗎？還是解讀失誤？

一種說法是「《易》為君子謀，不為小人謀」，或所謂「善《易》者不占」，「德高鬼神驚」，康熙帝的智慧德能高過了易占，徹底擺脫了宿命或形勢的糾纏，大聖之人超出三界外，不在五行中等等。這且勿論，其實就易占論易占，李光地算的沒錯，康熙帝卻可能斷的更準。易有「貞我悔彼」之說，如果問事有明顯對待關係，通常內卦也稱貞卦，代表我方，外卦稱悔卦，代表彼方的狀況。李光地為康熙決戰噶爾丹算卦，上六「迷復，凶」大敗，處上卦坤，代表交戰後噶爾丹的動態；下卦震，代表天子行師，威震八荒，所謂「帝出乎震」，討伐外卦坤的蠻夷，焉有不勝之理？康熙一方面有自信，不受易占左右，一方面可能也是易理更精熟，硬是氣壓一切，贏得了光輝的勝利；而李光地則不免陷於學究的見識，得到了一次很好的教訓。

占例

● 一九九五年三月上旬，蕭萬長當時任大陸委員會主委，剛上過我的十二堂易經課，我跟友人也去過他辦公室參觀，當時占問假設為他籌謀，大陸政策應如何？結果得出復卦上六爻動，有頤卦之象。「迷復，凶，有災眚」，顯然不是正面的合理建議，應該是負面的警示。當時李登輝執政，根本不想與大陸改善關係，剛愎自用，愈走愈偏離正軌，恰恰是「迷復」據隅頑抗之象，違反了為君之道，對台灣整體不利。蕭萬長為臣，只有聽命行事，哪有可能自作主張而有突破？

●二〇〇二年四月中旬，我當時常上TVBS的政論節目「新聞夜總會」，對一些現實政局，或假想性的未來發展表示些意見。當年底有台北、高雄市長改選，而社會族群對立嚴重，主持人問選舉時，是否此現象還會發燒，成為互相攻訐的議題？我占得復卦上六爻動，有頤卦之象。復、頤二卦卦氣皆在陰曆十一月，正當年底陽曆十二月時節。「迷復，凶」，顯然本土悲情已經過度炒作，迷失了正途，對台灣實為不利，令人遺憾，而結果確實也是如此。

多爻變占例之探討

以上是復卦、彖、象與六爻爻辭的闡析說明，往下繼續研究二爻以上變動的情形。

二爻變占例

占事遇卦中任意二爻動，若其中一爻值宜變，以該爻辭為主、另一爻辭為輔論斷。若皆不值宜變，以本卦卦辭為主，參考所動二爻的變動意向。

●二〇一一年五月下旬，我與幾位師兄弟赴鄂、湘兩地遊覽拜會，至衡陽時，衡陽師院派車，送我們去看明末大儒王船山的晚年隱居處，他的十一代後人還住在那兒，離開時我在車上占問：船山先生的成就以及歷史定位為何？得出復卦初、三爻動，齊變有謙卦（䷎）之象。存亡繼絕，復見天地之心，加上他執意反清復明的心志，都合復卦之象。謙為「地中有山」，徹底隱居荒山，不食清粟。遇復之謙，就是船山一生的寫照。這兩卦又屬〈繫辭傳〉標榜的憂患九卦，復為「德之本」、謙為「德之柄」，充滿了亂世修行的情懷。

復卦初九為堅剛之心志，「以修身也」；六三「頻復，厲，无咎」，屢挫屢復，執意不移。謙「亨，君子有終」，事功雖未成，遍註群經，思想影響後世弘大。《焦氏易林》解遇復之謙稱：「虎狼並處，不可以事；忠謀轉改，禍必及己；退隱深山，身乃不殆。」說得可真切啊！

離了船山故居，我們又到附近他的墓地參拜行禮，荒山雨勢漸大，我們自報師門三鞠躬，走時我又占：船山先生有感應否？得出蒙卦（䷃）九二爻動，有剝卦（䷖）之象。「包蒙吉，納婦吉，子克家」，〈小象傳〉且稱「剛柔接也」。顯然大有感應，前輩大儒啟蒙後生小子，期勉繼往開來，振興道統學脈。蒙中涵復，「包蒙」剛好為復卦初九，本身爻變，又為剝卦，剝極而復，正與船山的復卦相應。

● 二〇〇九年四月上旬，我將赴廈門「南強論壇」演講，準備時事資料，其時金融風暴肆虐，G20剛開過會計議國際合作，我占問：十年後美元的國際地位如何？得出復卦初、二爻動，齊變有師卦（䷆）之象。遇復之師，罪魁禍首的美元，仍有極強的力量，在國際間大打貨幣戰爭。復卦初九「不遠復，无祇悔，元吉」，美元還是全球創造價值的核心；六二「休復之吉，以下仁也」，大家都得跟隨起舞，才有存活空間。師卦〈彖傳〉稱：「行險而順，以此毒天下而民從之，吉又何咎矣！」全世界受美元毒害，卻無力反抗，只能跟從，美元作為國際硬通貨的優勢不會動搖。

● 一九九七年八月上旬，我占問六經中《尚書》的價值定位，得出復卦初、二爻動，有師卦之象。

復為德本，見天地之心，《書經》論為政大道，特重領導人正心誠意，以身作則。二帝、三王傳承的心法，稱為：「人心惟危，道心惟微，惟精惟一，允執厥中。」全合復卦修持之理。初九「不遠復，无祇悔，元吉」，「以修身也」；六二「休復，吉」，「以下仁也」，步驟謹嚴。師卦〈彖傳〉稱：「能以眾正，可以王矣！」以王道領導群眾，正是《書經》的宗旨。

我每年元旦假期，除了算一年國際大事與自己年運外，也會看看家人當年的狀況。二〇〇八年戊子之初，我內人的運勢占得復卦初、四爻動，齊變有豫卦（䷏）之象。復卦歸本，豫卦歡樂，遇復之豫，初九和六四相應與，誠於中形於外，配合絕佳。當年國民黨贏回政權，陳水扁執政貪瀆的亂象為之一清，家人歡聚一堂。此占相當傳神，說中了她的情境。

●二〇〇九年十月中旬，在富邦課堂上大家談起臉書上流行「開心農場」之事，許多人廢寢忘食，玩虛擬種菜的電腦遊戲，連她們這些企業家夫人亦耽溺其中。我當下占問這種活動的本質，得出復卦二、上爻動，齊變有損卦（䷨）之象。復卦上六值宜變，單變則有頤卦之象。復卦深富創造性，六二「休復，吉」，真的也能得到放鬆身心休憩的效果；但「迷復」其中卻凶，玩物喪志，浪費時間。兩爻齊變為損卦，消耗心力於無益之事，應該減損玩樂的次數，損卦〈大象傳〉稱：「君子以懲忿窒慾。」規勸的真對。臉書的英文Facebook，中文諧音為「非死不可」，「迷復」之凶，應當避免。

●二〇一〇年十一月初，我心有所感，占問二十一世紀男性的前途，為復卦初、上爻動，齊變有剝卦（䷖）之象。遇復之剝，又從初九「元吉」，墮落成上六「迷復之凶，反君道也」，徹底喪失了決策行事的主導權，而且據隅頑抗也沒用，真是嗚呼哀哉！然後我再問二十一世紀女性的前途呢？得出不變的大有卦，卦辭稱：「元亨。」火在天上，一陰居君位，擁有眾陽，「遏惡揚善，順天休命」，運勢好到極點。看來大勢已定，女性真正有了出頭天！

●一九九七年十二月中旬，台灣精省廢省已近一年，宋楚瑜雖暫保住末代省長之職，政治處境卻很危險，一旦做完任期，可就前途茫茫。我占問他應如何反敗為勝？得出復卦初、五爻動，齊變有比卦（䷇）之象，復卦六五居君位值宜變，單變則有屯卦之象。剝極而復，就是絕地大反攻，期望反敗為勝。六五「敦復，无悔」，爻變成屯的「動乎險中大亨貞」，訴諸民意，競選公元兩千年的領導人大位，以爭取政治的新生命。初九「不遠復，无祇悔，元吉」，省長政績口碑尚存，應可獲基層民眾相當的認同。比卦「建萬國，親諸侯」，全省跑透透，合縱連橫各地勢力，應有可為。二十年後回顧，是非成敗轉頭空，識者當有感慨。

●二〇一二年元月下旬，時值大年初五春節假期，一批學生來我家中拜年，然後再出去晚餐。觥籌交錯間，我冥思默想，又為未來一年教研諸事盤算。三月初將開新易班，專講易傳，期能會通，稱「十翼齊飛」，問招生預期，為復卦三、五爻動，齊變有既濟（䷾）之象。復為核心的創造力，六三「頻復」，一再演練複習，終能至六五「敦復」之境。既濟安渡彼岸，也是階段性成功之意。結果報名上課者非常踴躍，學會的教室爆滿，大家一起來研習，期能融會貫通，深入自得。

三爻變占例

占事遇卦中任意三爻動，本卦為貞，三爻齊變所成之卦為悔，稱貞悔相爭，合參兩卦卦辭卦象論斷。三爻中若某一爻值宜變，為主要變數，加重考量其爻辭所致之影響。

●二〇〇四年十月中旬，朝野兩黨的選舉訴訟還在進行，當選無效之訴將於十一月初宣判。我檢驗綠營勝算，得出復卦二、三、五爻動，貞悔相爭成需卦，復六二值宜變，又有臨卦之象。「休復，吉」，臨有君臨之象，六五「敦復，无悔」居君位，六三雖「頻復」，厲而無咎。需卦健行遇險，卦辭稱：「光亨貞吉，利涉大川。」遇復之需，看來民進黨仍能勝訴過關，主要是因為君位在手，掌握執政優勢之故，後果如是。

●二〇一二年元月中，我問籌議中三月初新開的「十翼齊飛」易傳班前景，為復卦初、四、上爻動，貞悔相爭成晉卦（䷢）。這與前前占例類似，時隔十多天，動的爻位不同，都是培養核心原創力的復卦。本例為「遇復之晉」，理解精義後，便可「自昭明德」。復卦初、四相應與，上六「迷復」須避免，為極好的課程結構。

●二〇一二年七月中旬，我和某位師兄臧否人事，他對一位同門深懷疑忌。我當下起占，探測其人心性，為復卦初、三、上爻動，六三值宜變為明夷，貞悔相爭成艮卦（䷳）。「頻復，厲。」「天地之心」可能轉為「明夷之心」；若不勤修矯正，會蹈「迷復」之凶，遠遠偏離了「不遠復」的初發心。艮卦重重阻礙，少接觸為妙。

四爻變占例

占事遇卦中任意四爻動，以四爻齊變所成之卦的卦辭卦象為主，體會由本卦變成之卦的因由。本卦四爻中若一爻值宜變，加重考慮其影響。

●二〇一五年元月上旬，我在台中班教《老子》，第十章稱：「天門開闔，能為雌乎？」我占問「天門」究竟是甚麼？為復卦初、二、四、五爻動，初九值宜變為坤卦，四爻齊變成困卦。「不遠復」、「休復」、「獨復」、「敦復」，都在「復見天地之心」，以突破情慾關鎖的困境，「天門」講的就是心啊！

25.天雷无妄(䷘)

无妄卦為全易第二十五卦，在剝、復之後，下接大畜卦。〈序卦傳〉稱：「復則不妄矣，故受之以无妄。有无妄然後可畜，故受之以大畜。」「復見天地之心」，起心動念真實無欺，沒有妄念妄想，不會輕舉妄動；如此正心誠意，心量廣大，更能攝受儲存更多信息，學習各種道藝知識，以成其大，故稱大畜。

上經從開天闢地、物種原始，談到生命由簡而繁的演化，至復卦「見天地之心」，表示人類登上舞台，精神心靈的現象昭著。再往下發展无妄、大畜，更深更廣，經頤、大過的肉身生死後，還能延續或坎或離的精神生命，發揮不朽的影響力。

〈雜卦傳〉稱：「大畜，時也；无妄，災也。」无妄、大畜都屬心靈現象，妄想妄動，會惹禍招災，用心學習得合乎時宜，融會貫通便能用世。〈雜卦傳〉的說法為互文見義，大畜初九也稱災、无妄〈彖傳〉強調「時」，貫通來說，不時則災。古代以農業生產為主，如果五穀豐收，種甚麼長甚麼的年頭，稱「大有年」。若風不調、雨不順，作物欠收鬧飢荒，則稱「无妄年」，表示沒有指望，不必妄想。大有時氣正常，「順天休命」，「自天祐之」；无妄時氣反常，災難頻仍，臨卦所稱的「八月之凶」即是。大畜也以畜牧為象，養牛養馬養豬，牲畜的交配繁殖也得合乎時令，不然六畜不旺，家計維艱。

以修心養性來說，无妄即誠，正心誠意後為修齊治平，大畜志在於此。《中庸》論誠，《大學》談修齊治平，二經所強調的要點，无妄、大畜二卦中都有。《易經》為群經之首，諸子之源，確非虛論。

无妄卦卦辭：

元亨利貞。其匪正有眚，不利有攸往。

無妄為沒有虛妄，無假即全真，故而卦辭稱「元亨利貞」，與乾卦所顯示的天道同德。然而人心做到無妄談何容易？「匪」同「非」，眚為「目中生翳」，看不清楚會惹禍招災。人起心動念稍一不正，行事偏差，就會出事，不利於往前行進。

「元亨利貞」四德俱全之卦，共有七個：乾、坤、屯、隨、臨、无妄在上經，革卦在下經。臨、无妄二卦較不穩定，都可能瞬間形勢逆轉。臨卦開放自由過度，「至于八月有凶」；无妄心意不正，還有災禍上身。賁卦「小利有攸往」、剝卦「不利有攸往」、復卦「七日來復」之後，「利有攸往」，无妄卦一不留神，又成「不利有攸往」，等於是前功盡棄，又退回到剝卦的危殆情境。人生修練，真是太難太難！

〈彖〉曰：无妄，剛自外來而為主于內，動而健，剛中而應，大亨以正，天之命也。

其匪正有眚，不利有攸往，无妄之往，何之矣？天命不祐，行矣哉？

无妄卦〈彖傳〉寫的極有意蘊，无妄內震為主宰，所謂「帝出乎震」；外乾為天為父，為內震長子生命的來源。无妄初九之陽氣，來自外卦乾陽的賦與。乾為自然的天道天命，震為萬物內在的主宰，《中庸》首稱：「天命之謂性，率性之謂道。」即為此意，所以〈彖傳〉接著講「天之命也。」內震動外健行，九五陽剛居上卦之中，和六二相應與，配合絕佳，「大亨以正」解釋「元亨利貞」，无妄做到了可與乾卦同德，徹底落實了天命。若起心動念不正，差之毫釐，失之千里，不僅不會「元亨利貞」，還會承受災難，為甚麼呢？下面兩句以疑問方式提出，緊扣初、上兩爻立論，得合觀才知其所謂。

「无妄之往，何之矣？」指初九而言，爻辭稱：「无妄，往吉。」〈小象傳〉解釋：「无妄之往，得志也。」人秉初志奮鬥前行，「往」字為「行之有主」，清楚知道自己在幹甚麼，當然吉。「天命不祐，行矣哉？」針對上九提出質疑：上天都不保祐了，動輒得咎，你還走甚麼走啊？「行」字為左腳右腳、交叉行進之意，行動未必有主宰，海灘散步也是，隨波逐流、行屍走肉也是。爻辭稱：「无妄，行有眚，无攸利。」〈小象傳〉解釋：「无妄之行，窮之災也。」「眚」為人禍，起心動念不正，終於引發了天災。

〈彖傳〉就初、上兩爻質疑，對起心動念由始至終的檢驗關注，非常切要。噬嗑、復二卦的初至上爻，都昭示差毫釐謬千里的道理，无妄亦然。《金剛經》須菩提向佛祖請教的兩個問題，也可以循此理解參悟。「應云何住？云何降伏其心？」我們日夜擾動不安的妄心，要怎麼降伏？怎樣安住真心？真心「元亨利貞」，妄念「匪正有眚，不利有攸往」。初九「无妄之往」為真心，故吉，上九「无妄之行」為妄念，「有災眚」。「天命不祐」，並非迷信，而是當事者心思不正、行事乖離所致，正所謂：「天作孽，猶可違；自作孽，不可活。」這個道理，在大有卦上九已經說的很清楚：「自天祐之，吉无不利。」「天祐」實即「自祐」，「履信思順，又以尚賢」，自助才蒙天助。

「剛自外來而為主于內」一句，也可以地球上生命的來源，以及歷史文化交流而得印證。屯卦告訴我們生命起源於海洋，而據科學家推證，產生生命的質素，來自外太空的隕石撞擊，換言之，地上的生命從外天而來，正合无妄卦之象。佛教文化源於印度，卻在中國大為興盛，融入而成為儒釋道三教中重要的成分。唐朝時的胡琴胡樂，正是今日中國所謂的國樂。外來而為內主的例子還很多，給人很多啟示。

值得注意的是臨、无妄二卦〈彖傳〉修辭論理的不同。臨〈彖傳〉稱：「大亨以正，天之道也。」无妄則稱：「大亨以正，天之命也。」卦辭皆為「元亨利貞」，何以一稱天道，一稱天命？二者有何不同？道為萬有存在的本體，命為流行的態勢與作用，乾卦〈彖傳〉稱：「乾道變化，各正性命。」天道為天命的根源，所以臨卦九二「吉无不利」，〈小象傳〉解釋「未順命也」。臨卦既合天道，已通大有卦上九「自天祐之，吉无不利」之義，創意揮灑無礙，不必再順天命矣！臨卦九二爻變成復，又居臨中所含兩復卦初九之位，根本就見「天地之心」，自性自知，「先天而天弗違」。以此看來，同屬「元亨利貞」四德俱全之卦，臨卦較无妄卦更高一籌。

〈象〉曰：天下雷行，物與无妄。先王以茂對時，育萬物。

无妄上卦乾天、下卦震雷，又有行動之義，故稱「天下雷行」。「物與无妄」的「與」字，用得極好，有共同參與、合而為一之意。天生萬物，真確無疑，包含人在內的萬物皆來自天。宋儒張載撰〈西銘〉一文，內稱：「民吾同胞，物吾與也。」即合「物與无妄」之旨，影響儒學思想甚大。莊子亦稱：「天地與我為一，萬物與我並生。」既然如此，萬物之靈的人類就有責任化育萬物，此即《中庸》氣勢磅礴的主張：「唯天下至誠，為能盡其性；能盡其性，則能盡人之性；能盡人之性，則能盡物之性；能盡物之性，則可以贊天地之化育；可以贊天地之化育，則可以與天地參矣！」「无妄」即「誠」，「至誠」即「元亨利貞」，可以與天地平齊，贊助天地之化育萬物。《中庸》又稱：「大哉聖人之道，洋洋乎發育萬物，峻極于天。」「萬物並育而不相害，道並行而不相悖。」這都是激勵人心的慧悟，極精采的中國哲學命題。

化育萬物必須合時，這由合乎《中庸》標榜的時中之道，孟子見梁惠王，申言王道：「不違農時，穀不可勝食也；數罟不入洿池，魚鱉不可勝食也；斧斤以時入山林，材木不可勝用也。」時育萬物，才能滋長繁盛，「茂對時」的「茂」字，為認真勤勉之意。

復卦上坤地、下震動，地底下的生物躲過了剝卦的浩劫，待災難過去後鑽出地面，不久又繁衍出眾多生命，在天底下徜徉活動，這就是无妄卦「天下雷行」之象。《易經》上經卦序顯示物種演化的歷程，確非虛言。

占例

●一九九八年三月上旬，我仍在出版公司沉潛，昔日協助我打拼的離職同事韓某來訪，他出去創業已有一段時日，不是很順。我順便占其全年運勢，為不變的无妄卦。「元亨利貞」不易，稍有偏離現實的妄念妄動，就會招災，突破的機會不大。近三年前，他有意創業，想辦中學生的學習參考月刊時，我問前景，也是不變的无妄卦。那本雜誌後來停刊，當年他的運勢也確實不佳，心想事皆不成。

●二〇〇七年四月下旬，中華孫子兵法研究學會的鄭先生偕妻子來訪，我是副會長，入會時他負責該會成立的籌備執行工作，人很熱心。他們夫婦倆當時想投入水電領域，承包友人的營造工程，其實他軍職中校退伍前後，都沒幹過這行，純因朋友機緣而動念。我聽了來意，還是占其發展前景如何？得出不變的无妄卦。顯然偏離現實，「不利有攸往」，遂勸他三思而後行。夫婦倆難掩失望，再問承包某大案如何？結果是困卦（䷮）上六爻動，有訟卦（䷅）之象。遇困極之爻而成訟，不利可知。卦占後來自然都應驗了，鄭妻還不幸染患癌症過世，无妄一卦所顯露的天機，真是凜凜可畏啊！

●二〇〇四年元月上旬，離台灣大選還七十天，連宋所代表的藍營穩定領先，但民進黨常有最後階段出奇招逆轉勝的前例，不可掉以輕心。我受學生之託，占問藍營最後兩月的攻防大計，得出不變的无妄卦。這下累了！「其匪正有眚，不利有攸往」，怎麼個心念不正法？應該是對方搞壞啊！无妄無望，沒有希望，難測之災隨時可能出現，又如何防備？除了提高警覺外，好像也無善策。結果發生了眾所周知的三一九槍擊案，真的逆轉了戰局，「災眚」大得讓藍營難以承受。

●二〇一〇年八月底，距五都大選不到三個月，我占問民進黨主席蔡英文新北市選舉勝算，為不變的无妄卦。「其匪正有眚，不利有攸往」，同樣也是希望不大，而且難以防範。結果選舉前夕，永和發生連戰之子連勝文被槍擊事件，多少對藍營選情有悲情助益，朱立倫獲勝，蔡英文落敗。一槍對一槍，難道是冥冥中的因果報應？

●二〇一〇年四月中旬，冰島火山爆發，火山灰嚴重干擾北歐空中交通，我問影響如何？為大有卦（䷍）二、三爻動，齊變有噬嗑卦（䷔）之象。噬嗑天發殺機，大有為全球化之象，表示受影響的區域很廣，確實影響國際經貿。九二「大車以載」，正是國際航運交通；九三「小人弗克」，航運受阻，貨不能暢其流。近年來世界災禍不斷，我問個人、企業與國家今後三至五年，應如何應付？占出不變的无妄卦。「其匪正有眚，不利有攸往。」要求那麼多人誠心正念，根本不可能。這麼說，災難共業將沒完沒了，變生不測，難以防範。次年又爆發日本福島核災，以及挪威奧斯陸的瘋狂殺人事件，在在顯示无妄之災的可怕。佛教認為一切天災源於人心不淨，末法時期災難頻仍，思之令人心寒。

䷘

初九：无妄，往吉。

〈小象傳〉曰：无妄之往，得志也。

〈彖傳〉中已經說明此爻之理，居內震之主，初發心依道而行，往前奮鬥而獲吉。「剛自外來而為主於內」，「天命之謂性」，志為心之所主，故稱「得志」。本爻變，有否卦（䷋）之象，自性之動打破「天地不交」的否塞之局，呈現勃勃生機。復卦初九所內蘊的「天地之心」，進一步發展成含人在內的一切眾生的主宰。盡己之性、盡人之性、盡物之性，可以贊天地之化育，可以與天地參。

占例

● 一九九八年九月下旬，我占問：開天闢地以前是甚麼？這等於是問乾坤兩卦以前是甚麼？乾〈象傳〉稱：「大哉乾元，萬物資始，乃統天。」坤〈象傳〉稱：「至哉坤元，萬物資生，乃順承天。」依例還可稱：「奉哉人元，萬物資育，乃上合天。」占出結果為无妄初九爻動，有否卦之象，正是天地解凍、萬物滋生之際。天下雷行，物與无妄，大亨以正，啟動了往後千繁萬複的變化。

● 一九九八年十一月下旬，台北市長改選前數日，我問馬英九能否選上？得出无妄卦初九動，有否卦之象。「无妄之往，得志也」，顯然大有勝算，能突破否的悶局，而取得首善之區的執政權。同時再占陳水扁能否連任，為晉卦上九爻動，恰值宜變成豫卦。「晉其角，貞吝，道未光也」，由日出轉日落，不妙。兩象合參，應是馬上陳下之局，數日後果驗。

䷘

六二：不耕穫，不菑畬，則利有攸往。

〈小象傳〉曰：不耕穫，未富也。

六二中正，上和九五君位相應與，起欣羨之心，希望速成。急功近利，是許多深富發展潛力者常犯的毛病，妄念一動，才耕種就想收穫，才開發一年的生田（曰「菑」），就期待有開發三年的熟田（即「畬」）那樣的生產效益。這當然不可能如願，必須去除妄念，不要這麼想，才利於往前奮鬥。九五陽剛已富實，六二陰虛尚未富，臨淵羨魚，不如退而結網，腳踏實地好好幹。本爻變，為履卦（䷉），即為此意。

本爻以農耕取象，在卦爻辭中極為罕見，「見龍在田」、「田有禽」、「田无禽」、「田獲三狐」、「田獲三品」等，「田」皆為「田獵」之意。人生立定志向追求目標，就像狩獵一樣。漁獵生活較農耕為早，可見易辭甚古即有流傳。

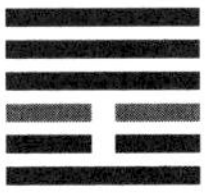

六三：无妄之災。或繫之牛，行人之得，邑人之災。

〈小象傳〉曰：行人得牛，邑人災也。

六三陰居陽位，不中不正，屬下卦震動之極，偏離初九正道已遠，不知不覺妄動成災。舉例來說，有牧人為人放牛，經年累月都沒出過事，心想離開一會兒無妨，就把牛隨便繫於樹旁去辦私事。不料正巧有外鄉人路過，見沒人看管，就順手將牛牽走。牧人回來發現失了牛，到處訪查，當地住民都受懷疑，困擾不堪，大嘆「无妄之災」！牧人和牛主找不到牛，心急如焚，才離開一次就出狀況，實在料想不到啊！

真是運氣不好麼？不怕一萬，只怕萬一，勿圖僥倖，小心行得萬年船，「无妄之災」未必天命，仍屬人事。身任現場管理者的牧人還是失職，內部控管失當，才會讓外人乘機佔了便宜。本爻變為同人卦（䷌），門禁不嚴，一視同仁，「行人之得，邑人之失」。亡羊補牢，時猶未晚，今後宜加強監督管理，不能讓行人如入無人之境。二十多年前英國霸菱銀行的金融弊案，一個小小的營業員就可搞倒一家公司；台灣理律事務所也因業務員監守自盜，捲三十億台幣鉅款潛逃，深陷經營危機；現今肆虐全球的金融風暴，不也是美國等先進大國控管出了問題嗎？

占例

●二〇〇四年九月中，我受託問選舉無效之訴藍營的勝算，得出无妄卦六三爻動，有同人之象。「无妄之災」，三一九槍擊事件逆轉選情，對藍營來說，真是做夢也想不到。「行人之得」，綠營白佔便宜，藍營慘遭「邑人之災」。事後追訴極為困難，看來沒希望了！其後果然敗訴。

䷘

九四：可貞，无咎。

〈小象傳〉曰：可貞无咎，固有之也。

九四繼六三出事之後，痛定思痛，加強內控管理，固守住自己固有的資產，亡羊補牢而獲無咎。「可貞」的「可」字，為恰到好處、大家也能接受之意。孟子說：「可欲之謂善。」人的欲望與生俱來，完全斷絕不可能，只能適當節制，發而皆中節就是善。損卦〈大象傳〉稱：「君子以懲忿窒慾。」卦辭稱：「无咎，可貞。」節卦卦辭稱：「亨，苦節不可貞。」皆為此意。欲望帶起妄念妄想，驅使人輕舉妄動，惹禍招災，故而「三多凶」之後，繼之以「四多懼」。〈繫辭傳〉稱：「无咎者，善補過也。」誠哉斯言！

无妄卦六三的內控失宜，以修心養性來說，正是外來的誘惑奪去了內心主宰之象。《孟子・告子篇》稱：「仁，人心也；義，人路也。捨其路而弗由，放其心而不知求，哀哉！人有雞犬放，則知求之，有放心而不知求。學問之道無他，求其放心而已矣！」「失牛」即放逸之心，「行人」即外來誘惑，「邑人」承受「无妄之災」，實因未固守原則所致。九四與初九相應，初九為內震「天地之心」，良知良能，九四在六三迷失之後「求其放心」，爻動恰值宜變之位，而成益卦（䷩），改過而身心受益。益卦〈象傳〉稱：「君子以見善則遷，有過則改。」「可貞」通損卦之理，「懲忿窒慾」；「无咎」獲益卦之效，「遷善改過」。无妄緊接復卦而來，見「天地之心」後，不斷承受考驗，以求確保固有的良知良能而不迷失。《孟子・告子篇》論心之四端，又稱：「仁義禮智，非由外鑠我也，我固有之也……求則得之，舍則失之。」所言全與无妄六三、九四之理相通。

占例

●二〇〇一年三月初，我給學生講《老子》，占問老子思想的特色，得出无妄卦九四爻變，成益卦。道家特重清心寡慾，五千言中處處見之。第三章稱：「不見可欲，使民心不亂。」第十九章稱：「見素抱樸，少私寡欲。」第四十八章稱：「為學日益，為道日損，損之又損，以至於無為，無為而無不為。」損極無為，轉益無不為，「懲忿窒慾」，以「遷善改過」，正是九四「可貞无咎，固有之也」。

䷘

九五：无妄之疾，勿藥有喜。

〈小象傳〉曰：无妄之藥，不可試也。

九五中正居全卦君位，下與六二相應與，照講應該不錯，離初九日遠，私心妄念漸熾，染患「寡人之疾」，好權好利好色，爻變為噬嗑卦（䷔），可見病根深重，鬥爭劇烈。這種政治心病只能用心藥醫，由調整心態來治療，其他一切藥石罔效。「疾」、「喜」二字對言，病癒則喜，不亂服藥才能治癒。无妄由「復見天地之心」而來，特重內心的修持，領導人居心不正，會有禍國殃民之災，復卦上六「迷復，凶」已充分說明。《大學》宣講誠意正心，才能修齊治平，就是這個道理。

現代醫藥發達，對精神病仍無根治之法，所施用的藥物只是讓患者鎮靜，免得干擾他人，而且會使患者心力遲鈍呆滯，後遺症不輕，如非必要儘量少用。「天地之心」有極大的創造力，一旦「迷復」，也能造成極大破壞，用外藥強治則斲傷創造力，此中道理令人深思。

今世的生態環境汙染亦然，大自然的河川湖泊與海洋，本來具有相當的自我淨化能力，假以時日，都能除汙恢復平衡，若汙染過度，或一味外加藥物整治，可能適得其反。人體健康也是這樣，先天的免疫力最重要，「七日來復」的機制一旦喪失，單靠外治很難維持。

占例

●二〇〇三年耶誕，由於次年三月即將大選，藍營連宋合欲贏回政權，我占算宋楚瑜次年氣運如何？得出无妄卦九五爻動，有噬嗑之象。「无妄之疾，勿藥有喜」，宋是選副手，九五動卻是君位，未來的野心勃勃，志不在小。選戰依噬嗑的叢林法則運作，成王敗寇不可免，陳水扁以三一九疑案倖勝，宋的壯圖未成，因此激起後續一連串的風波事故。

●二〇〇八年初，又逢大選將屆，我占問當年台灣政局，為无妄卦九五爻動，有噬嗑卦之象。大位爭奪往往不擇手段，馬英九身陷特支費官司即為一項。無論如何，台局仍屬內政，任何外力不宜涉入，「无妄之藥，不可試也」，台灣多年來的毛病，仍得由台灣人民自己來清理。結果國民黨大勝，一舉結束了民進黨八年執政的亂象。

●二〇〇一年十月底，陳水扁出書，曝露許多呂秀蓮的事情，對呂傷害甚大。我問在這種惡質的互動關係下，呂能否做完任期？得出无妄卦九五爻動，有噬嗑卦之象。這種領導人的心病和人格特質有關，位居人下，只能隱忍，鬥爭討不到便宜。結果呂不但做滿任期，還以水蓮配的怨偶組合，繼續幹了四年，算是「勿藥有喜」。

●二〇一一年二月下旬，毓老師本欲親臨我們學會看看，再跟我談談奉元大計，結果我們開車去接駕的半途，張師嫂來電取消，老師晨起腹瀉不適，只好折返。一方面也著實耽心老人家身體狀況，當下問占：後續發展如何？得出无妄卦九五爻動，有噬嗑卦之象。「无妄之疾」，希望「勿藥有喜」。噬嗑卦內震動、外離明，先後天同位，都與心臟有關，老師身弱隱憂正在於此。結果三二〇老師過世，學會諸生終究無緣拜見太老師。

●二〇一〇年五月底，我學生的繼女急症發作病倒，成半植物人狀態，原本非常成功的投資事業戛然終止，她父親也是創投界的大老，為此傷心欲絕，花費鉅資在美復健治療。我問前景如何？得出无妄卦九五爻動，有噬嗑卦之象。「无妄之疾，勿藥有喜」，禍患之來超乎預期，外施藥物效用不大，可能還得從精神心靈的激勵著手。另一占象為噬嗑卦（䷔）初、四爻動，有剝卦（䷖）之象。「利用獄」，「不利有攸往」，真是不妙。「屨校滅趾」，不能動了，「利艱貞」，吉未可知，「未光也」，則是肯定的。

學生夫婦及一些好友全心全力搶救，還請了印度境內的五百喇嘛念經祈福半年，這種唯心的方式有用嗎？我占得不變的比卦。「吉，原筮，元永貞，无咎」，相當正面。真的是「无妄之疾，勿藥有喜」？目前她還在美奇蹟式地復健治療中，心念清楚，也會為自己不幸的遭遇落淚。

䷘

上九：无妄，行有眚，无攸利。

〈小象傳〉曰：无妄之行，窮之災也。

上九妄動招災之理，已於〈彖傳〉中說明。復卦初九「不遠復，元吉」，六三「頻復，厲」，上六「迷復，凶」；无妄初九「往吉」，六三「无妄之災」，上九「行有眚，窮之災」。兩卦都顯示真心修行之不易，稍有偏差，即走火入魔，前功盡棄。復卦一陽復始，為「至日閉關」的清淨地，六爻中四吉二凶；无妄卦「天下雷行」，繼復之後，為出關之象，六爻二吉四凶，塵世種種考驗更加嚴酷。經言「行有眚」，傳稱「窮之災」，人禍引發天災之意明確，此即臨、觀二卦相綜所稱的「至于八月有凶」。佛教思想認為天災源於人心不淨，儒家則稱：「天作孽，猶可違；自作孽，不可活。」

本爻變，為隨卦（䷐）。「元亨利貞，无咎」，應是對「无妄之行」的警醒，不隨順天道，任意妄行，就是這個惡果。「天下隨時，隨時之義大矣哉！」无妄正因不合時宜而招災。九五「无妄之疾，勿藥有喜」，若試藥強行，也可能變成上九，「行有眚，无攸利」。人做到无妄太難，所以我們占到无妄卦，以凶多吉少論。十幾年前，我一位學生占其年運，得不變的无妄卦，結果那年出乎意料的不順，「无妄之災」、「无妄之疾」不斷，動輒得咎。翌年初再推年運，前五爻出來「七、八、八、七、七」時，他幾乎停止呼吸，深怕又要持續一年无妄。還好最後一爻是「八」，千鈞一髮轉成隨卦，「元亨利貞，无咎」，而次年確實也大為轉運。占算時，不到最後不知結果，一爻之差，往往天壤懸隔，占者患得患失，也是人之常情。

占例

● 一九九四年六月初，那家出版公司的政變塵埃落定，大勢已無可挽回，高幹們雖暫保平安，為公司前景，我還是占了一卦，得出无妄卦上九爻動，有隨卦之象。「无妄之行，窮之災也」，已經沒指望了，趁早隨時變化，先謀「嚮晦入宴息」，再候恰當時機轉進吧！其後果然，若不死心圖僥倖，還會愈陷愈深，徒勞無功。

● 一九九三年八月中旬，我已在社會大學開講《易經》兩年多，占問老友經營此基金會的前景如何？得出同人卦（䷌）五、上爻動，九五值宜變成離卦（䷝），齊變則有豐卦（䷶）之象。文教基金會推廣社會教育，主旨正是「類族辨物」、「同人于野」。九五「先號咷而後笑，大師克相遇」。領導人似乎會遭遇挑戰，必須以堅強的實力取勝，否則可能落入上九「同人于郊，志未得」的下場。豐卦「明以動」，必須看準再行動，才能如日中天，持續光明。接著我又問：為社大計，如何知機應變？得出无妄卦上九爻動，有隨卦之象。不能隨機應變，就會「行有眚」，「窮之災也」。幾年後老友真的出問題，個人雖艱難度過危機，社大在幾年的紅紅火火後，也由盛轉衰，終致停止營業。

● 一九九六年四月中旬，毓老師在東北老家興京（今遼寧省新賓縣西永陵鎮老城）籌辦祖肇堂，開採長白山的人蔘，以回饋鄉里，當時也徵求覺社同學投資入股，共襄盛舉。我問自己投入十萬台幣如何？為賁卦（䷕）五、上爻動，有既濟卦（䷾）之象。賁為「人文化成」，既濟「初吉，終亂」，「賁于丘園，束帛戔戔，吝終吉」，然後「白賁无咎，上得志也」。沒多少錢，卻有相當意義，似乎可以參與。再問加碼到十五萬以上如何？為无妄卦上九爻動，有隨卦之象。「无妄，行有眚，无攸利」，「窮之災也」，顯然不合適。後來雖認了十萬，尚未繳交又有變動，募股的計畫中止，更久後，知祖肇堂運作一段時日，也未繼續。

多爻變占例之探討

以上為无妄卦卦、彖、象與六爻單爻變之理論與實例，往下再研討二爻變以上的複雜情況。

二爻變占例

占事遇卦中任意二爻動，若其中一爻值宜變，以該爻辭為主、另一爻辭為輔論斷。若皆不值宜變，以本卦卦辭卦象為主，參考二爻齊變所成之卦的卦象卦辭，作綜合判斷。

●二〇〇〇年五月初，我整理〈繫辭傳〉書稿，問〈繫〉下傳首章的主旨為何？得出无妄卦初、上爻動，上九值宜變成隨卦，二爻齊變，則有萃卦（䷬）之象。无妄卦初九「往吉」，至上九偏離正道太甚，「行有眚，窮之災」，正是卦辭「匪正有眚，不利有攸往」之意。〈繫辭下傳〉首章稱：「吉凶者，貞勝者也……天下之動，貞夫一者也。」強調固守正道的重要，不貞則妄動生凶。「剛柔者，立本者也；變通者，趨時者也。」无妄卦初九立本，上九未變通趨時成災。「何以聚人曰財，理財正辭，禁民為非曰義。」萃卦即有聚人理財之義。遇无妄之萃，以之闡發〈繫〉下首章之旨，可謂絲絲入扣。

●二〇〇九年七月中，我問佛教淨土宗主旨，得出无妄卦初、上爻動，上九值宜變成隨卦，二爻齊變，又有萃卦之象。淨土重視念佛法門，恭誦阿彌陀佛名號時，一心不亂，正合无妄之象。初九「无妄，往吉」為初念，竭力避免上九偏離成无妄，「行有眚」，如此則須如萃卦專心致志，如隨卦心無罣礙，當下即是。

二〇一〇年四月初，我又算佛教強調的「自淨其意」是什麼境界？得出无妄卦初、四爻動，齊變有觀卦（䷓）之象。初九起心動念，「无妄，往吉」；九四收攝心神，「可貞，无咎」。初、四相應，完全靠自己排除妄念，誠意正心。觀卦冷靜反觀自省，觀自在、觀我生，而獲「君子无咎」。佛典浩瀚，歸其宗旨不過十六個字：「諸惡莫作，眾善奉行，自淨其意，是諸佛教。」

●二〇〇八年九一五金融風暴爆發後，我的學生林獻仁占問後續發展，得出无妄卦四、上爻動，上九值宜變成隨卦，齊變則有屯卦（䷂）之象。九四為舉世執政高層，發生「无妄之災」後加強管理，企圖亡羊補牢；上九「无妄之行，窮之災也」，為時已晚，災情慘重。屯卦「動乎險中」，資源匱乏，一切從新開始。二〇〇九年我算世界經濟，即為屯卦六四爻動，有隨卦之象。高層回歸基本面，災後重建，兩占密切銜接，因果明確。

●二〇〇四年七月下旬，台灣大選的訴訟還在進行中，我受託問司法驗票對藍營的吉凶？得出无妄卦初、上爻動，上九值宜變成隨卦，齊變則有萃卦之象。「无妄之行，窮之災也。」看來不妙，果然對翻轉選舉勝負，沒有任何助益。

●二〇〇九年初，我算己丑全年中美外交關係，為无妄卦初、上爻動，上九值宜變成隨卦，齊變有萃卦之象。當前世界形勢，迫切需要兩大國合作而非衝突，但此占象似有偏離正道之虞，由「无妄，往吉」，至「行有眚」，「窮之災」，令人憂慮。確實當年中美關係並不和諧，貿易逆差引發人民幣升值問題，爭議不斷，對台軍購與西藏問題也屢起勃谿。年初尚好，年底日趨緊張，也合乎无妄卦初吉上窮之象。

●二〇〇四年八月底，我問兩岸問題何時搞定？得出无妄卦五、上爻動，上九值宜變成隨卦，齊變則有震卦之象。兩岸分合為歷史大事，不宜脫離現實，輕舉妄動。九五居君位者尤須高瞻遠矚，公正持平，勿因一黨一己之私興事，否則偏離成上九「行有眚」，「窮之災」，可就遺禍嚴重。隨卦揚棄包袱，與時俱進；萃卦精英相聚，消弭磨擦。「大畜，時也；无妄，災也。」不時即災，中華民族的仁人志士當念茲在茲，為民謀福。

●二〇一一年九月中，因逢「九一一」恐怖攻擊事件十週年，我的學生林某在課堂上占此事件對人類的教訓為何？得出无妄卦三、四爻動，有家人卦（䷤）之象。六三「无妄之災，行人得牛，邑人災也」，美國境內防範控管不嚴，使伊斯蘭基地組織攻擊得手，紐約市民慘酷罹災。「行人」、「邑人」不是一家人，必須清楚區隔，加強內控，這十年來出入境安檢嚴苛，即亡羊補牢之舉。九四「可貞无咎，固有之也」，美國因此成立國土安全部統合管理，正是中央執政之位的回應。三爻多凶，四爻多懼，皆為卦中人位，人有旦夕禍福，不能不戒慎恐懼，儘量防範。无妄卦更深的意涵為災由人興，「九一一」的紐約民眾遭殃，與美國政府既往的外交施政相關，業因果報之慘酷，令人憮然。

●二〇一〇年十一月初，我問人類未來會糊塗到發生核子戰爭嗎？得出无妄卦四、五爻動，有頤卦（䷚）之象。頤養萬民，不能妄動刀兵。九四「可貞，无咎」，九五「无妄之藥，不可試也」，核戰是保證互相毀滅的瘋狂之舉，各國執政高層應該不會喪心病狂至此。

●一九九二年初開占，問出版公司老闆另一家出版社的年運如何？得出无妄卦四、上爻動，上九值宜變成隨卦，齊變則有屯卦之象。屯「動乎險中」，資源匱乏，无妄脫離現實，多災多難。九四盡力固守，仍難免上九「行有眚」，「窮之災」，經營者不識隨時之義，一味剛愎自用，難矣哉！結果當然如占象所示，也拖累了關係企業的營運。

●一九九五年三月下旬，我從出版公司負責經營的位子實質引退將近一年，山窮水盡漸轉柳暗花明。當年六月初，仍計畫率幾位幹部赴美芝加哥，參加ABA書展，七月還帶妻小赴美加旅遊。三月自己評估兩次北美行，得出无妄卦初、五爻動，齊變有晉卦（䷢）之象。晉卦〈大象傳〉稱：「明出地上，君子以自昭明德。」公司未來發展受制於九五的「无妄之疾」，已經無可期望，我還是走我自己的路，初九「无妄往吉，得志也」。六月到芝加哥時，書展只虛晃一招，即去看我旅美的三姊，心志轉換後就是如此。七月赴溫哥華壯遊落磯山脈，一覽天地開闊，轉赴休士頓太空中心參觀並探親，最後又到多倫多尼加拉瀑布，聆聽水聲震撼，心曠神怡，職場鬥爭的煩慮盡消矣！

●二〇一一年六月下旬，德國慕尼黑的氣功協會來函邀請，九月初二度赴德講易經，共分三梯次十天的課程。我問順利與否？為无妄卦初、四爻動，有觀卦（䷓）之象。初九「无妄，往吉」，九四「可貞无咎，固有之」，二爻相應，也是全卦中最沒問題的兩爻，不至偏離正軌。觀卦「風行地上」，「省方觀民設教」，宜針對歐洲學員做深入淺出的講授，也正好為陰曆八月的消息卦。八月下旬，我先偕家人赴希臘旅遊，飽覽愛琴海的明媚陽光，追溯西方文明的重要淵源，然後獨赴慕城授易，既「觀國之光」也「觀民設教」，一切功德圓滿。

●二〇一三年五月中，我還在峨嵋山旅遊，問往後多日在北京講《易經》的成效，為无妄卦初、二爻動，六二值宜變為履卦，齊變則有訟卦之象。《易經》太難，急功近利無法速成，肯定難有成效，事實也是如此。

●二〇一五年元月下旬，我問馬英九明年退職後的際遇，為无妄卦三、五爻動，齊變有離卦之象。〈繫辭傳〉稱：「三與五同功而異位，三多凶，五多功，貴賤之等也。」六三的「无妄之災」，即從九五「无妄之疾」而來。一旦由尊貴的君位退下來，沒了權力的保護傘，必遭報復陷害。翌年民進黨勝選執政，果然毫不留情發動一波接一波的訴訟攻擊。

三爻變占例

占事遇卦中任意三爻動，以本卦為貞、三爻齊變為悔，稱貞悔相爭，合參兩卦卦辭卦象以判斷。

若本卦三爻中有一爻值宜變，為主變數，加重考量該爻辭所造成的影響。

●二○○一年八月中旬，台灣政情波譎雲詭，動盪不息，朝野的對峙尤其嚴重，泛藍群眾希望國、親、新三黨整合力量，以制衡執政的民進黨。我占問整合成功的前景，得出无妄卦三、五、上爻動，貞悔相爭成豐卦。豐內離明、外震動，領導人須大公無私，各方勢力也互相尊重，均衡發展，才能成就豐功偉業。无妄卦六三遇「无妄之疾」，內部管理有問題；九五「无妄之疾」，領導人心病嚴重；上九「无妄之行，窮之災」，恐怕終究難成。果然日後紛紛擾擾，除了二○○四年大選連宋配的曇花一現外，親、新兩黨名存實亡，仍各據山頭而不相讓。

●二○○八年元月下旬，年底美國總統大選的前哨戰已如火如荼展開，我問希拉蕊能否有出頭天？得出无妄卦二、四、上爻動，貞悔相爭成節卦（䷻），无妄卦九四值宜變成益卦。无妄卦六二「不耕穫，不菑畬」，過於急切不行；九四「可貞无咎」，高層行政有一定實力；上九「无妄，行有眚，无攸利」，「窮之災也」。整體看來機會不大，九五君位之爻也沒動，若動則四爻齊變成臨（䷒），君臨天下有望。年底民主黨由歐巴馬代表參選且獲勝，希拉蕊屈居國務卿之職。

●二○一○年二月初，我占算幾位台灣大企業家的經營風格，台泥的辜振甫為无妄卦初、二、四爻動，貞悔相爭成渙卦（䷺），无妄卦九四值宜變，成益卦。辜氏出自名門，教養深厚，渙卦「風行水上」，有潛移默化之象。无妄卦初九「往吉」，少年得志，六二期於速成，稍急切，九四「可貞无咎，固有之也」，一切都還節制得宜，獲益可觀。

●二○○四年八月底，我問大陸未來十年政治改革的情勢？得出无妄卦初、五、上爻動，貞悔相爭成豫卦，无妄卦九五值宜變，成噬嗑卦。豫有行動的熱情，依預定計畫推展，无妄則顧及現實，不輕舉妄動。初九「往吉」有志，九五「无妄之藥，不可試」，領導人猶疑慎重，亦與政治鬥爭有關；上九「行有眚，无攸利」，怕蹈時窮之災。後十年大致如此，溫家寶總理屢次揚言政改的重要性，當局卻未大力響應推動，情勢相當微妙。

●二〇〇九年六月下旬，北朝鮮的核危機嚴重，前時發射遠程導彈，且進行地下核子試爆，牽動國際敏感神經。我問後續發展如何？為无妄卦初、五、上爻動，九五值宜變成噬嗑卦，貞悔相爭成豫卦（䷏）。豫卦「利建侯行師」，有積極備戰之象，但不會輕舉妄動，主要繫於領導人的心志意念，以及國內外政治鬥爭的需要。无妄卦初九「往吉」，上九「行有眚」，「窮之災」，當然要小心擦槍走火，一步走錯，全盤崩壞。迄至目前各方都算節制，沒有大問題發生。

●二〇一〇年三月初，我一對退休入籍新加坡的學生夫婦返台省親，他們計畫幾年後赴日本長住五年，深入了解東洋文化。我覺得不妥，現場占問日本未來五年國運，為无妄卦初、三、四爻動，九四值宜變成益卦，貞悔相爭成漸卦（䷴）。六三「无妄之災」值得注意，「行人之得，邑人之災」，很早就有日本將發生重大災禍的傳言。行人到日本旅遊一陣無傷，長住在那邊成邑人，遭災的機會就大了！初九為基層民生，九四為中央政府，黎民遭災，就看政府救災能力如何？結果次年三月十一日，日本福島就發生三合一的鉅災，重創其國計民生，易占的敏銳感應，令人印象深刻。災禍源於人心不淨，造業多端，日本近二十年發展遲滯，頻換首相也解決不了問題，原因安在？南京大屠殺至今沒向中國人民真誠道歉，業障未消，怎會振興？德國二戰後即道歉，遂發展成歐洲第一大國，天理昭彰不爽，豈有他哉！

●二〇〇二年八月上旬，我問授《易》十一年以來，所有學生資源之評估？得出无妄卦初、五、上爻動，九五值宜變，成噬嗑卦，貞悔相爭成豫卦。豫卦「利建侯行師」，基本成型，但不宜過度期望、輕舉妄動，主要的原因還在我自己的心態。「无妄之疾，勿藥有喜」，若能堅定初心，則「往吉，得志」，若把持不定，則「行有眚，无攸利」。

● 二〇〇四年初，我問來年身體健康狀況，為无妄卦初、五、上爻動，九五值宜變成噬嗑卦，貞悔相爭成豫卦。身體違和稱「不豫」，不變的豫卦則健康喜樂。无妄需注意心理狀況，「无妄之疾」為心病，若失去平衡則「行有眚」，「窮之災」，辜負了初志「无妄，往吉」。當年三一九槍擊案逆轉選情，台局窒悶已極，我心志不平數月，還瘦了幾公斤，然後調整過來，繼續面對現實奮鬥，正合无妄之豫的占象。

● 二〇一一年底，我和幾位學生去一位清人雅士處飲茶，聽他敘述一生的茶緣，以及烹煮普洱的心得。我邊聽邊占問：飲茶可至的最高境界為何？得出蠱卦（䷑）二、上爻動，上九值宜變成升卦（䷭），兩爻齊變為謙卦（䷎）。蠱為體內積毒，飲茶得宜確可解毒，提升體質淨化，獲得身心平衡的效果。「不事王侯，高尚其事」，「志可則」，茶中有至樂，雖南面王不易也！又問喝酒的最高境界，為无妄卦初、五、上爻動，九五值宜變成噬嗑卦，貞悔相爭為豫卦。豫為眾樂樂，熱情亢奮，「无妄之疾」卻有心神喪失的顧慮，「无妄之往」很好，「无妄之行」則惹禍招災。

● 一九九九年六月中，一位號稱是李登輝鄉親的人常來找我，談些有的沒有的事，其實大多是占問他套關係投資牟利等等，我也不動聲色應對，算是體察那時的台灣社會吧！有次他問某土地開發案，找當時炙手可熱的劉泰英合作如何？為无妄卦初、二、五爻動，貞悔相爭成未濟卦。遇无妄之未濟，不必妄想，一定不成。初九起心動念，六二急功近利，九五「无妄之疾」，理應不成。

●二〇〇二年十一月下旬，我們的周易學會成立一年多，統籌執行的工作設在台中，財務上有些爭議，負責出納的女學生提出辭意。我問以後財務如何處理為宜？得出无妄卦二、五、上爻動，貞悔相爭成歸妹卦（䷵）。歸妹內兌悅、外震動，「悅以動」為感情用事之象，卦辭稱「征凶，无攸利」。无妄自然是勿輕舉妄動，六二「不耕穫，不菑畬」，才「利有攸往」；九五「无妄之疾」，心定勿疑，以免上九「行有眚」，「窮之災」。後來將財務轉由台北同學負責，化解爭議。

●二〇一一年七月底，我占問次年是否我的閉關靜修年？為无妄卦上三爻全動，九五值宜變為噬嗑卦，貞悔相爭成復卦（䷗）。復卦〈大象傳〉稱「至日閉關」，潛心修煉調養微陽，修成後出關，即為无妄的「天下雷行，化育萬物」。遇无妄之復，出關遭遇考驗，再回頭入關充電補氣。九五「无妄之疾，勿藥有喜」，調心為主；九四「可貞无咎」，避免上九「无妄之行」招災。會有此問，是因為二〇一二年的浩劫傳聞，壬辰龍年剛好也值花甲本命之年，依《河洛理數》推算，當年年運為小過卦上六，不宜妄動出行。二〇一一年年運為旅卦六五，當年四處遨遊及講學，確實驛馬星動，次年閉關修行也合情理。結果或有意或無意，二〇一二年真的極少離台，主要就是六月去了復旦大學授《易》，以及赴美台灣書院巡迴演講而已。

●二〇一七年六月下旬，我受邀赴東莞演講，講題為「國學的當代價值與意義」，為當地海德集團辦的公益活動，三小時一氣呵成，總結為无妄卦初、四、上爻動，貞悔相爭成比卦。无妄重真誠，比則和諧交往，確實感覺不錯。結束後與同門師弟賈秉坤、香港學生唐德清參觀古蹟，如袁崇煥紀念館、可園、鴉片戰爭紀念館等，相當愉快。

●二〇一四年十二月初，廈門大學茶士班預備來台參訪，並邀我在宜蘭佛光大學講一場「談天説易」，我預占效果，為无妄卦三、四、五爻動，貞悔相爭成賁卦。无妄尚真誠心，賁為人文化成，心中遂有底。耶誕前夕講課，從漸卦「山上有木」、六爻爻辭皆稱「鴻漸于」干、磐、陸、木、陵、陸，談到《茶經》作者陸羽的名稱由來，再導入易理易象，茶士們的接受度自然很高，結果總結成效為復卦初九爻動，「不遠復，无祇悔，元吉。」

四爻變占例

占事遇卦中任意四爻動，以四爻齊變所成之卦的卦辭卦象為主，體會由本卦變成之卦的因由。本卦四爻中若一爻值宜變，加重考量其影響。

●二〇一〇年九月初，我跟學生再詳細講了一遍兵法，占問《孫子兵法》十三篇所成就的境界，為无妄卦初、四、五、上爻動，齊變成坤卦（䷁）。兵法慎謀能斷，絕不脫離現實打沒把握的仗。初九「往吉」、九四「可貞无咎」，九五決策者不犯「无妄之疾」，免蹈上九「行有眚」，「窮之災」。坤卦順勢用柔，以承擔保衛廣土眾民的重責大任。

巧的是一九九七年十二月中，我占十三篇的主旨，〈計篇第一〉即為遇无妄之坤。「兵者，國之大事也，死生之地，存亡之道，不可不察也。」興兵作戰前，一定須有完整周密的沙盤推演和計畫，絕不可隨便妄動，五事、七計、十二詭，該算的都得算到。「夫未戰而廟算勝者，得算多也；未戰而廟算不勝者，得算少也。多算勝，少算不勝，而況于無算乎！吾以此觀之，勝負見矣！」如此看來，〈計篇〉開宗明義，已將十三篇的思想闡明，顯現了孫子兵法的整體意境。

●一九九四年中，我台中的學生吳達人剛處社會，兼學易不久，自占台中可是未來事業發展之地？得出无妄卦二、三、四、五爻動，六二值宜變為履，四爻齊變成大畜卦（䷙）。由无妄而大畜，剛好依卦序演變。六二「不耕穫，不菑畬，則利有攸往」，年輕人剛入職場，先腳踏實地幹，別想太多；六三「无妄之災」、九四亡羊補牢、九五「无妄之疾」，來日方長，還會有很多始料未及的事情。大畜「利貞，不家食吉，利涉大川」。後來他去彰化、台中、台北往返奔波幾次，工作場所變動甚大，其實不限台中一地。他待過的公司，後來經營出狀況的不少，我們戲稱他是企業殺手，如歷史上對項羽的評論：「所過無不殘滅」。

五爻變占例

占事遇卦中任意五爻動，以五爻齊變所成之卦的卦辭卦象為主判斷，思考由本卦變之卦的緣由，若五爻中一爻值宜變，影響較大，稍加重考量其爻辭。

●二〇〇一年十月中旬，台灣立委將改選，我問選後國親兩黨組聯合政府的可能性？得出无妄卦初、二、四、五、上爻動，齊變成師卦，无妄九五值宜變成噬嗑卦。師卦為勞師動眾、組織對抗之象，无妄則機會不大，主要是居君位的領導人有心病，還陷在鬥爭的情結裡。十二月初的選舉結果，民進黨躍居第一大黨，國民黨大幅衰退，親民黨斬獲甚多，三黨不過半的對峙格局，國親聯合政府更不可能矣！

26. 山天大畜（䷙）

大畜卦為易經第二十六卦，前為无妄卦、後接頤卦。〈序卦傳〉稱：「有无妄然後可畜，故受之以大畜；物畜然後可養，故受之以頤。頤者，養也。」无妄卦「天下雷行」，〈大象傳〉稱：「茂對時，育萬物」；〈雜卦傳〉稱：「大畜，時也」，即以畜牧為象，由養馬、養牛及養豬的經驗，說出許多人生畜養的道理。頤為養生之卦，包括養身、養心及養賢養民。養前先得畜積，將有用的東西聚在一起，再分門別類消化吸收，以滋養壯大。

小畜卦由比卦而來，「密雲不雨」，畜積有限，表示外交結盟難以全面信賴。大畜卦起於无妄卦，真實內修而不外求，靠自己本身實力可求大成。小畜在夾縫中求生存，大畜則厚積資源，而有海闊天空的發展。

䷙

大畜卦卦辭：

利貞，不家食吉，利涉大川。

无妄真實不虛，保此真心正道即「利貞」，往外攝取資源以擴充壯大，稱「不家食吉」，冒險犯難終獲成功，為「利涉大川」。需卦內乾健、外坎險，健行遇險，卦辭最後稱「利涉大川」；大畜內乾健、外艮阻，健行遇阻，卦辭末亦稱「利涉大川」。可見人生在外遭遇險阻，只要內心剛健篤實、自強不息，都可突破艱困而獲成功。

〈彖〉曰：大畜，剛健篤實輝光，日新其德。剛上而尚賢，能止健，大正也。不家食吉，養賢也。利涉大川，應乎天也。

大畜卦內卦乾，剛健篤實，外卦艮，有光輝之象，見其〈彖傳〉：「時止則止，時行則行，動靜不失其時，其道光明。」內乾「天行健，自強不息」，故稱「日新其德」，此處有特指九三「良馬逐」之意，乾卦九三「朝乾夕惕」的精神，儼然再現。《大學》引商湯盤銘曰：「苟日新，日日新，又日新。」以解釋「在明明德」之後「在親民」之義。「剛上」指上九，居外卦艮止之頂，「尚賢」指六五君位，對上九之賢德崇尚備至。大學之道，在親民之後，在止於至善，外卦艮止，大畜卦上九即有至善之象。

大畜卦健行遇阻，時機未成熟前，仍應厚積實力，不宜輕舉妄動，故稱「能止健」。卦辭首言「利貞」，陽大而能正，故稱「大正也」。尚賢還得養賢，讓人才生活無虞，出來為大家任事。「不家食吉」，不要讓賢才待在家中自謀生計，由社會國家發薪俸供養，才是正道。人才薈萃，就能突破險阻而獲成功，這也合乎天理天道，故稱「應乎天也」。

易卦凡上卦為艮者，六五對上九，皆有尊崇禮敬之意：山水蒙，六五「童蒙吉」，對上九

「擊蒙」稱「順以巽也」；山風蠱，六五「幹父用譽」，稱「承以德也」；山火賁，六五「賁于丘園」，使上九「白賁无咎，得志也」；山地剝，六五「貫魚，以宮人寵」，正是上九「碩果不食」，「君子得輿，民所載」的緣由。六五上承上九，陰承陽、柔承剛，人君敬老尊賢，以期國泰民安。大有卦上卦雖非艮止，六五對上九仍有尚賢之意。〈繫辭上傳〉末章講的很清楚：「履信思乎順，又以尚賢也，是以自天祐之，吉无不利也。」

〈象〉曰：天在山中，大畜。君子以多識前言往行，以畜其德。

大畜卦內乾為天、外艮為山，有「天在山中」之象。天大山小，大的怎麼裝得進小的載體中呢？這就是心量無邊之義。无妄、大畜皆由復卦而來，「復見天地之心」，「復小而辨于物」，人心可容攝萬事萬物，自性生萬法，萬法唯心造。宇宙為一大天地，人心為一小天地，小中見大，自中有天，故而大有卦上九稱「自天祐之，吉无不利」。乾卦〈文言傳〉稱：「大人與天地合其德。」離卦〈大象傳〉稱：「大人以繼明照于四方。」皆為此意。佛教《維摩詰經》中記載，方丈斗室之中，可容三萬二千高廣之座，而無所妨礙，須彌山之高廣，納於芥子之中，無所增減。這是菩薩解脫後的不可思議法門，大畜卦上卦艮的止欲修行，功夫若至絕頂，必生無量智慧，心涵攝萬物不是問題。

人心感觸萬事萬物，可廣量吸收前人的思想言論與實踐經驗，並轉化為自己的智慧與德行。「多識」的「識」字唸「志」，同《論語》所稱「默而識之」之「識」，並非記住，而是「心會神通」之意。口耳之學不足以為用，博學、審問、慎思、明辨之後才能篤行。禪宗有言：「一切經典，皆婉轉歸於自己。」大畜無所不學，宗旨在融會貫通而經世致用。《大學》主格物致知，所謂致知在格物，物格而後知至，一直推到意誠、心正、身修、家齊、國治，而後天下平，其實就是大畜卦〈大象傳〉的涵義。无妄即誠，屬內聖之功；大畜修齊治平，為外王之業。《孟子・盡心篇》稱：「萬物皆備於我矣！反身而誠，樂莫大焉。強恕而行，求仁莫近焉。」「反身而誠」即无妄，「萬物皆備於我」，即大畜。

「以畜其德」、「日新其德」，「其」字都指自己，為自強不息之意。《大學》、《中庸》剴切論道，大多「其」字，皆指本身份內之事，不假外求，不涉外務。「君子戒慎乎其所不睹，恐懼乎其所不聞，莫見乎隱，莫顯乎微，故君子慎其獨也。」戒慎己所不睹、己所不聞，君子必慎己獨。「康誥曰：『克明德。』太甲曰：『顧諟天之明命。』帝典曰：『克明峻德。皆自明也！』」无妄、大畜皆由復卦發展而來，復為德之本，復以自知，自見自明，以現天地之心。

大畜可視為一智慧寶庫，取之不盡，用之不竭，而且永遠裝不滿。《易經》本身就是大畜的結構，卦爻辭的經文只有四千多字，卦爻象的無字天書涵蘊更深，經數千年詮釋闡發仍無窮無盡。〈雜卦傳〉稱：「大畜，時也。」活學活用大易的智慧，永遠與時俱進，歷久彌新。

以企業經營觀點，大畜為極好的庫存管理，依時之所需入庫，隨時去化，不造成呆貨呆料積壓，所謂即時庫存、甚至零庫存的理想，揀選得宜，都可能真正做到。物盡其用，貨暢其流，發揮經營管理的最大效益。

占例

●二〇〇七年二月中，我提前預測二〇〇八年大陸經濟情勢，得出不變的大畜卦。「利貞，不家食吉，利涉大川」。先固守國內經濟，做好宏觀調控，再積極往外發展，從國際經貿獲益。結果，二〇〇八年九月雖發生金融風暴，大陸仍在之前風光辦完奧運，之後應對無礙，當年維持九．〇百分比的高成長，而傲視全球。大畜節氣值陰曆八月中，恰當九一五爆發金融風暴之際，預示外貿受衝擊時，固守內需的重要，家裡吃飽了，才能往外吃四方。

●二〇〇八年元旦，我正式算當年中國大陸的經濟情勢，為需卦初、五爻動，有升卦之象，已於前述。遇需之升，開發內需，調控基層民生，雖然健行遇險，仍創造高成長。二〇〇七年二月提前算的為大畜，內乾外艮，健行遇阻，其實形勢差不多，外貿都會出現問題，世界經濟頗有險阻。

●一九九七年十月下旬，秋風清涼，我感於四十五歲生日將至，再探測自己的「本命」為何？得出不變的大畜卦。「利貞，不家食吉，利涉大川」。〈大象傳〉說的更切：「君子以多識前言往行，以畜其德。」我的本命就是學而時習先聖經典，融會貫通，以期經世致用。

●二〇〇九年八月上旬，我考慮將擱了近十年之久的〈繫辭傳〉書稿出書，由於有一定的專業性，在台出版不易。遂問先由大陸出簡體版如何？為不變的大畜卦。「利貞，不家食吉，利涉大川。」大方向正確，之前還得「止健，利貞」，做些準備功夫。我將十八萬字的手寫稿找學生打字，再審閱修訂，二〇一一年元月終於出書。屯卦草莽開創，六二稱「十年乃字」，此書問世之周折艱辛，足以當之。

●二〇一一年九月中旬，我二次赴德授易畢，占問未來發展前景，竟得出坤卦初六爻動，有復卦之象。「履霜堅冰至，由辨之不早辨也」。兩年上課弘道都很圓滿，怎麼反有危機之象呢？再棄電占改用手占確認，為不變的大畜卦。「利貞，不家食吉，利涉大川」。內乾健，外艮止，健行遇阻，是何原因？返台後不久，才恍然大悟，也暫停了歐陸之行，占象靈敏感應，我們當局者迷。

䷙

初九：有厲，利已。

〈小象傳〉曰：有厲利已，不犯災也。

初九當大畜之初，居內卦乾的「潛龍勿用」之位，畜積不足，自然不宜輕舉妄動，以免惹禍招災。「有厲」，前途動盪，危厲不安；「利已」，利於暫止不動。本爻變，為蠱卦（䷑），為防蠱害，最好別動。幹父之蠱，繼往開來，更須沉潛充實。

占例

●二〇〇一年元月中旬，我在《中國時報》的天母會館授課，教占時，大家合問當年（辛巳）台灣股市的情勢？得出大畜卦初九動，有蠱卦之象。「有厲利已，不犯災也」。看來行情不佳，勿輕易入場。當年台灣經濟為罕見的負成長，股市也下滑至五千點、四千點以下，「九一一」事件後甚至掉到三千五百點，創近十年新低，若貿然進入，肯定災情慘重。

●二〇〇九年十月初，時逢中秋佳節，與朋友閒聊編輯與創作的不同，隨手占問編輯工作的定位為何？得出大畜卦初九爻動，有蠱卦之象。「君子以多識前言往行，以畜其德」，編輯工作就是多方取材、消化吸收後，整理成一自洽的體系。「幹蠱」有繼承並改革之意，刪訂贊修，在所難免，孔子當年整理六經，就是很高明的編輯工作。

● 一九九八年十月底，我整理並講授劉劭《人物志》，針對十二篇的主旨都有占算，其中〈八觀第九〉為大畜卦初九爻動，有蠱卦之象。本篇提供了八種不同的方法與角度，去深刻觀察人的材性，為尚賢、養賢的經驗結集，正是大畜之象。知人很難，沒認識清楚前，勿輕易任用，「幹蠱」必須大才，才能克服險阻而成功。大畜卦與蠱卦卦辭皆稱「利涉大川」，初九居大畜之始，先從觀察入手，勿妄動惹災。

● 一九九八年初，我開始研究所謂「大易兵法」，以易理印證兵法，針對十三篇都有占斷，其中〈作戰第二〉的主旨為大畜卦初爻動，有蠱卦之象。〈作戰篇〉強調後勤補給的重要，又主張「因糧于敵，故軍食可足。」大畜正是多方儲備，以期大用，「不家食吉」，往外取食就是「因糧于敵」。後勤準備不足，萬勿輕啟戰端，否則很難善後。大畜卦初九稱：「有厲利已，不犯災也。」嚴正提醒，爻變為蠱，倉卒起事，必然事敗。

前文談无妄四爻變占例，曾言〈始計第一〉主旨為无妄之坤，〈作戰第二〉既為大畜之蠱，大畜接无妄之後，〈作戰〉續〈始計〉而作，義理剛好銜接無間。

九二：輿脫輹。

〈小象傳〉曰：輿脫輹，中无尤也。

大畜卦外艮內乾、上艮下乾，以「止健」為義。初九和六四相應與，接受六四畜止；九二應與六五，接受君位領導人的畜止，故稱「輿脫輹」。「輿」為車，「輹」為車下和車軸相鉤連的橫木，「輿脫輹」，車子即不能行動，也是受限制不妄動。九二陽居陰位，剛而能柔，又處下卦之中，依時中之道而行，接受畜止，心無怨尤。本爻變為賁卦（䷕），外型華美，內無動力，脫了輹的車子，中看不中用啊！

小畜卦九三稱「輿脫輻」，「輻」為車輪輻條，「脫輻」表示邊緣對中心的認同不足，輪子不能轉動，還是比較局部的問題。大畜卦九二「輿脫輹」，車體與輪軸的聯接脫鉤，表示高層與基層有了疏離，整體陷於停擺。「脫輹」就行車來說，比「脫輻」還要嚴重。以相處關係而論，「脫輻」為夫妻反目，對立衝突；「脫輹」心甘情願，並無怨尤。

占例

● 二〇〇三年初，我幫一位行銷電腦的老闆學生算新年運勢如何，得出大畜卦九二爻動，有賁卦之象。大畜志不在小，想「不家食吉，利涉大川」，賣到海外去；九二「輿脫輹」，少了關鍵的部件，而至行動受阻。賁卦雖亨，「小利有攸往」，難期大成，後果如是。

● 二〇一〇年元月中旬，我已在《聯合報》連續教了三年易經班，報方籌劃繼續開第四屆，也想嘗試另開兵法班招生。我問《孫子兵法》課開不開得成？為大畜卦九二爻動，有賁卦之象。「輿脫輹」，看來不行，「大畜時也」，時機未至，強行不得。再問第四屆易經班呢？為蒙卦九二爻動，「包蒙吉，納婦吉，子克家」，應可繼續啟蒙。結果兵法的確招生不足，而易經班在六月下旬順利開班。

●二〇〇八年二月中，大陸南方出現罕見的雪災，我一位頗有特異感應的女學生打開電視，不意剛好看到湖南老家受災的慘狀，從此身體極度不適，幾至垂危。我在春節期間聞知後，占問是否無礙？得出大畜卦九二爻動，有賁卦之象。「輿脫輹」，應該只是暫時虛脫，過了又能啟動前行。大畜時也，无妄災也，遙隔千里，見證此不時之災，而能感應若是，也是精誠所致了。年後沒多久，她果然康復無礙。

九三：良馬逐，利艱貞。日閑輿衛，利有攸往。

〈小象傳〉曰：利有攸往，上合志也。

九三陽居陽位，積健為雄，已蘊養成一把好手，像匹千里馬躍躍欲試，想逐鹿中原。大畜以止健為義，九三上應上九，仍得接受上九的畜止，學行未立之前，不得驕狂妄動，故稱「利艱貞」。「閑」字門中有木，為門檻之意。任何專業，進出都有門檻，非經熟習與前輩認定，不得擅自出入，學校或訓練機構的學員證與結業證書，即為一例。少林寺練功有成，得憑本事打出十八銅人巷，才能下山行道，若沒通過考驗，只有繼續留寺苦練，以免下山吃鱉，有辱師門。這是所謂品質管制，嚴格把關，以保證所畜養者均為有用的棟樑之才，落實養賢、尚賢的既定目標。

「日閑輿衛」，每天勤修苦練車馬進攻防衛之術，以期熟能生巧，通過下山門檻的嚴格考驗，才「利有所往」。「上合志」，方不辜負上九提攜愛顧之誠，先進後進，有志一同，為大畜事業奮鬥。小畜卦六四上承九五，〈小象傳〉稱：「有孚惕出，上合志也。」升卦初六上承九二，〈小象傳〉稱：「允升大吉，上合志也。」大畜卦九三上應上九，亦稱「上合志」，人生應追隨先進，組織團隊以開拓志業。大畜六爻全變，為萃卦（䷬），萃後為升卦，精英相聚，人文薈萃，才易創造高成長的格局。《禮記‧儒行篇》稱：「儒有合志同方，營道同術。」聚集志同道合者，共同奮鬥，是人生多美好的境界！

本爻變，為損卦（䷨），其〈大象傳〉稱「懲忿窒欲」，千里良駒往往自視甚高，不易與人和合，必須多加磨練，消其傲氣，才能合群而大成。〈繫辭下傳〉第七章稱：「損，德之修也……損，先難而後易……損以遠害。」大畜卦九三「日閑輿衛」，勤修其德，正是〈彖傳〉所稱「日新其德」，從早到晚，都不懈怠。

九三為內乾卦之極，乾為馬為心，所謂心猿意馬，容易妄念叢生。追逐欲望，必須艱貞自持，防閑杜漸，這才是此爻在修行上的意義。无妄、大畜，皆由「復見天地之心」而來，九三以良馬為象，實指良心，需「閑邪存其誠」，以免佚失。孟子說：「學問之道無他，求其放心焉爾矣！」无妄卦六三「无妄之災」，內控管理失宜；大畜卦九三內控嚴謹，正好對治无妄之災。无妄卦六二耕穫菑畬，急功近利；大畜卦九二「輿脫輹，中无尤」，不怨天尤人，只期下學而上達。无妄卦初九「往吉，得志」，大畜卦初九「有厲利已，不犯災」。二卦相綜一體，爻爻都是對治工夫。

九三「日閑輿衛」，繼九二「輿脫輹」之後，要加緊訓練，準備出擊了！噬嗑卦九四處強烈鬥爭中心，爻辭稱「利艱貞」，〈小象傳〉釋「未光也」；明夷全卦黑暗不明，卦辭稱「利艱貞」。可見大畜卦九三所受磨練非常辛苦，正是孟子主張：「天將降大任於是人也，必先苦其心志，勞其筋骨，餓其體膚，空乏其身，行拂亂其所為，所以動心忍性，增益其所不能。」

占例

●二〇〇二年元旦作一年之計，問當年與社會大學基金會的合作關係如何？得出大畜卦九三爻動，有損卦之象。貞我悔彼，合作多年，我是老友志業所養所尚之賢，而跨世紀之交，他的經營有了問題，財務上常出狀況，這是損卦之象的緣由。「良馬逐，利艱貞」，配合起來特別辛苦。雖然如此，我還是儘量配合他到最後，實在不行了，才終止合作，這是我一貫的行事風格。

六四：童牛之牿，元吉。

〈小象傳〉曰：六四元吉，有喜也。

六四陰居陰位，為上艮負責止下之健的高層，和初九相應與，畜止初生之犢，給牛角戴上橫木，以免長成壯牛後，牴觸傷人。如此設想周到，防範未然，可獲「元吉」。无妄卦九五「无妄之疾，勿藥有喜」；大畜卦六四不染疾患，「元吉，有喜」，預防勝於治療。本爻變，為大有卦（䷍），「遏惡揚善，順天休命」，而獲「元亨」。

六五：豶豕之牙，吉。

〈小象傳〉曰：六五之吉，有慶也。

六五居大畜君位，負責畜止下卦的九二，就像畜養野豬給其閹割去勢一樣，煩惱根一斷，野性變得馴服，空有銳利的獠牙也不足懼。初九似童牛，牛角尚未堅硬，六四及早加牿以制之，而獲元吉；九二似野豬，森森獠牙可怖，六五避其鋒芒，找到禍源一刀切，根治有效稱吉。「元吉」好過「吉」，預防勝於治療。六四為高幹之位，處置得宜稱「有喜」；六五君位影響力大，稱「有慶」，正所謂：「一人有慶，兆民賴之。」

六五爻變成小畜卦（䷈），「密雲不雨」，雨為陰陽和合，去勢的野豬無法再交配生育。「豶豕之牙」，除了馴服畜止九二外，也可用以自制，六五高居君位，必須以身作則，竭力克制私慾，才能為民謀福。金庸小說《笑傲江湖》中，練葵花寶典須先自宮，然後可成無上神功，亦有意趣。

占例

● 一九九七年底，我在台中的一位老學生三十多歲未婚，對另一位大陸來台的女生有好感，頗思追求，先占順利否？得出大畜卦六五爻動，有小畜卦之象。「豶豕之牙，吉」，嚇得他忙打退堂鼓，這還得了！談個戀愛還要自宮？如果那樣，談下去也沒意思了！這當然是笑話，至少表示對方難纏，彼此並不合適，還是趁早死心的好。後來他也另有良緣結了婚，還生了很可愛的兩個小孩，家庭生活美滿，無需「不家食」啊！

䷙

上九：何天之衢，亨。

〈小象傳〉曰：何天之衢，道大行也。

上九為大畜之終，爻變成泰卦（䷊），有畜極則通之象，上卦或外卦的艮阻終於突破，從此攀登絕頂，遠眺天下四方，海闊天空，自由自在矣！「衢」為四通八達的道路，天之衢為象徵，頗似莊子〈逍遙遊〉所稱的扶搖直「上九」萬里鵬程。「何」通「荷」，為負荷承擔之意，用法同噬嗑卦上九「何校滅耳」、小畜卦初九「何其咎」、隨卦九四「何咎」。「何」為「人之所可」，力能承擔，則旁人不會置疑。大畜卦「日新其德」，至此已臻大成，可慨然承擔重責大任，行天下之大道了！內卦乾，「自強不息」，三爻「在明明德」；外卦艮，畜止新進，六四、六五「在親民」；上九則功德圓滿，「止於至善」。

《論語》中孔子兩次談到「吾道一以貫之」，一次講後學生不懂，曾子解釋為：「夫子之道，忠恕而已矣！」一次問子貢：「汝以予為多學而識之者歟？」然後告知：「予一以貫之。」孔子博學多能，最後能集華夏學術之大成，建立本身的思想體系，正合大畜卦上九之象，「何天之衢，道大行也。」上卦一陽貫頂，即為「一以貫之」，「一」為完整渾融之意。朱子解釋「格物致知」之義，有云：「大學始教，必使學者即凡天下之物，莫不因其已知之理而益窮之，以求至乎其極。至於用力之久，而一旦豁然貫通焉，則眾物之表裡精粗無不到，而吾心之全體大用無不明矣！此謂物格，此謂知之至也！」都是大畜卦上九之義。

兩岸通商以來，台商西進者眾，「不家食吉，利涉大川」。初期幾處通商大邑，有「廣大上青天」之稱：廣州、大連、上海、青島、天津。「何天之衢，亨」，「道大行也」。「亨者，嘉之會也」，卦辭稱亨者多，爻辭稱亨者少。大畜卦上九真積力久，時至轉通，其實積蓄了一卦之力，至此成亨。

占例

●二〇〇一年二月中旬，我算年底立委選舉親民黨的戰績，為大畜卦上九爻動，有泰卦之象。畜極則通，「何天之衢，亨」，「道大行也」。宋楚瑜於二〇〇〇年高票敗選後，組織親民黨，整軍經武，氣勢如虹，看來會是大有斬獲之局。年底選舉揭曉，親民黨在二百二十五席次中獲四十六席，成為第三大政黨，在議題上有關鍵的影響力，果然一鳴驚人。「不家食吉，利涉大川」，讓大幅消退的國民黨黯然失色，所謂「親」出於藍、反勝於藍？

●二〇一一年四月下旬，我的恩師毓老過世五週，我問老師而今安在？得出大畜卦上九爻動，有泰卦之象。「何天之衢，亨」，「道大行也」。「多識前言往行，以畜其德」，老師學行圓滿，集先聖大成；「利貞，不家食吉，利涉大川」，而今已躋登道德高天之上，安渡彼岸矣！續問對我有何期勉？為不變的乾卦，「元亨利貞」，自強不息。老師生前遺志要組「中華奉元學會」，宗旨為「以夏學奧質，尋拯世真文」，我們能繼志述事嗎？得出不變的賁卦。「亨，小利有攸往。」〈彖傳〉稱：「觀乎人文，以化成天下。」大方向正確，但大家任事的實力不足，恐不易為，只能竭力以赴。最後問我們特須注意之事為何？為坤卦六四爻變，成豫卦。坤為「厚德載物」，順勢用柔，豫則「利建侯行師」，熱情行動。遇坤之豫，低調準備，俟機展佈構想。坤卦六四爻辭指示明確：「括囊，无咎无譽。」〈小象傳〉稱：「慎不害也。」

●二〇一一年元旦，我作一年之計，問自己辛卯兔年全年的策運，為大畜卦上九爻動，有泰卦之象。「何天之衢，亨」，「道大行也」。「多識前言往行，以畜其德」，「不家食吉，利涉大川」。看來為學做事，各方面的志業都有畜極則通的機會，以台灣為基礎，走向世界。當年的高潮在七、八月，連赴北京四次，主講「神州首屆大易菁英班」課程；八月下旬，偕家人赴希臘旅遊十日後，再獨自轉往南德慕尼黑，授易十天，正式為德國人講經。大畜卦氣約當陰曆八月上旬，恰為在歐講學之時，「不家食吉」，飄洋過海，算是功德圓滿。另外，當年五月下旬，還赴鄂、湘二地學術交流訪問；十月中旬，結伴入青海、西藏一遊，讀萬卷書，行萬里路，人生快意，莫此為盛。

兩湖、北京首次、希臘與青藏之行，內人都偕同出遊，也享受到旅行的愉快。元旦時算她的運勢，為豫卦九四爻動，有坤卦之象。「由豫，大有得，勿疑，朋盍簪」，「志大行也」。占象亦皆實現，歡樂行動，獨樂樂不如眾樂樂。

●二〇一一年五月底，我們學會在南投溪頭辦春季研習營，我的學生樓園宸中醫師，在附近經營民宿，當天也發表按五運六氣養生的專題演講。他剛由時報出版公司出版《算病》一書，總結多年來參訪鑽研及臨床的心得，並結合電腦資訊技術，提出「健康解碼」與「全人療癒平台」，皆頗有新意。我為其書寫序〈各正性命〉向讀者推薦，並占算其書成就，為大畜卦上九爻動，有泰卦之象。看來畜極則通、由博返約之境，確已達到，「何天之衢，亨」，「道大行也」。

●二〇一四年十月下旬，台北市長選舉，我問柯文哲勝算，為大畜卦上九爻動，有泰卦之象。「何天之衢，亨」，「道大行也」。顯然當選。連勝文代表國民黨參選，則為蠱卦二、上爻動，上九值宜變成升卦，齊變有謙卦之象。「幹蠱」繼往開來，連公子想繼續其父連戰的政治事業，九二「幹母之蠱，不可貞」，急切不得。上九「不事王侯，高尚其事」，做不了王侯，得另尋發展。

謙卦在此則有謙退之意。選戰結果揭曉，柯大勝連。

多爻變占例之探討

以上為大畜全部卦爻之理論及實例之闡析，往下再研究二爻以上多爻變的情形。

二爻變占例

占事遇卦中任意二爻動，若其中一爻值宜變，以該爻辭為主、另一爻辭為輔論斷。若皆不值宜變，以卦辭為主，參考二爻變動的意向判斷。

●二〇一〇年十一月下旬，我提前問二〇一一的一年之計，問謀道如何？得出大畜卦二、四爻動，九二值宜變成賁卦，齊變則有離卦（䷝）之象。離卦〈彖傳〉稱：「重明以麗乎正，乃化成天下。」〈大象傳〉則稱：「大人以繼明照于四方。」遇大畜之離，博學廣識，以傳道授業為我輩本分，「不家食吉、利涉大川」，當此全球化的新世紀，走出去弘揚文化確有必要。九二「輿脱輹，中无尤也」，時機未熟，得耐心等待；六四「童牛之牿，元吉」，「有喜」，先知覺後知，先覺覺後覺，教導後學尤需方向正確。二與四同功而異位，九二在內自養，六四在外養人，內外兼修，以期大成。

●二〇一一年我的學行生涯近乎如此，先去兩湖學界參訪，赴北京開班授易，再至慕尼黑教德國人學易，《詳解易經繫辭傳》在北京出版，《四書的第一堂課》在台北出繁體字版，均合大畜之義。

●二〇〇九年十一月底，我提前占問二〇一〇庚寅虎年的策運，為大畜卦二、五爻動，九二值宜變，成賁卦，齊變則有家人（䷤）之象。當年也是勤跑大陸講學，北京兩趟，常州一趟。四月下旬，帶學生赴湖北旅遊時，腰疾發作，被迫在武漢旅館裡調養多日，應了大畜卦九二「輿脫輹」之象。內人一旁悉心照顧，家人「利女貞」。九月中旬，同赴慕尼黑講學及旅遊多日，年初還偕家人赴澳洲旅行，十二月初，則夫婦倆去日本京都度假，真的是「不家食吉，利涉大川」，同時又家人「利女貞」啊！

●二〇一〇年二月下旬，一家四口的澳洲旅遊行程將終，我回顧近二十年的家庭旅遊活動，這算是第九次全員參與，總結得出大畜卦三、上爻動，上九值宜變，成泰卦，齊變則有臨卦（䷒）之象。「不家食吉，利涉大川」，至於「何天之衢，亨」，「道大行也」，確是人生天倫樂事。以致迄今仍不時有九三「良馬逐」的衝動，子女漸長大，當珍惜一道出遊的機會啊！

●二〇〇八戊子年元旦的一年之計，我占大陸行的策運，得出大畜卦三、上爻動，上九值宜變成泰卦，齊變則有臨卦之象。「良馬逐」，早蓄其志，當年應有突破，可致「何天之衢，亨」，「道大行也」。結果，五月參加蘇州舉辦的世界兵學會議，提出並宣講「大易兵法」的論文〈大道無形〉；十月赴杭州，參加中華民族文化促進會主辦的會議，發表〈窮變通久行地無疆〉，試論中華文化普適性的論文；十一月參加民進中央第六屆研討會，提出〈開枝散葉華夏一統〉，論族群遷徙與文化發展的論文。藉開會之便，也與上海、廈門各界緊密交流，可稱收穫豐碩。

●二〇〇三年三月底，台灣ＳＡＲＳ疾疫流行，我問疫情後續發展？得出大畜二、三爻動，有頤卦（䷚）之象。頤為敬慎養生之卦，大畜以止健為義，遇大畜之頤，疫情可獲控制。九二「輿脫輹」，九三「良馬逐，利艱貞」，「日閑輿衛」之後，應可「利有攸往」。幾個月後，疫情獲得控制，迄今亦未再發。

●二〇一一年六月上旬，台灣爆發塑化劑事件，影響民眾飲食安全，我問對人體的傷害如何？得出大畜卦二、三爻動，有頤卦之象。大畜「不家食」，主要影響外食人口；九二「輿脫輹」，呼應六五「豶豕之牙」，可能對生育有礙；九三「利艱貞」，調整後應該可恢復正常。整體來說，還在頤養的安全範圍內。最後問：會不會嚴重影響生育？為不變的小過卦（䷽），是有妨害，但非致命的大過卦。

●二〇〇一年元旦的一年之計，我問與時報會館的合作關係，為大畜卦二、三爻動，有頤卦之象。大畜尚賢養賢，我自一九九九年底與之合作以來，開創了都會習易的熱潮，曾一班招生逾百，分成三班，各八、九十人的紀錄，但難持之以恆。九二「輿脫輹」，九三「良馬逐」，「日閑輿衛」後，仍「利有攸往」。頤卦「貞吉，自求口實」，應該會穩定合作。當年除內湖原班繼續外，在天母新會館也開了新班，「不家食吉，利涉大川」。

●二〇〇四年十一月上旬，藍營提出的陳水扁當選無效訴訟失利，以下的選舉無效之訴尚未終結，學生問是否修正策略，不再沉默，發動輿論攻勢？得出履卦二、五爻動，九五值宜變成睽卦，齊變又有噬嗑之象。履卦九二「履道坦坦，中不自亂」，似乎仍以堅持本色為宜；九五「夬履貞厲，位正當」，藍營的領導人也是這種風格。睽卦與人寡合，噬嗑則不免政治鬥爭，也有「明罰敕法、利用獄」之義。再問若改變做法會如何？為大畜卦三、四爻動，有睽卦之象。九三「良馬逐，利艱貞」，屬下卦在野陣營；六四「童牛之牿，元吉」，當朝執政者遏制甚力，民與官鬥，互睽相爭，藍營恐怕仍難取勝。後來也未調整作法，官司依然敗訴。

●二〇一一年三月二十日，我的恩師毓老仙逝，享壽一百零六歲。他老人家在台講經授徒六十五年，造育人才無數，我問他對中華文化的貢獻如何？為不變的豫卦。「雷出地奮，先王以作樂崇德，殷薦之上帝以配祖考。」做為清皇室的後代子孫，帝王學的最後傳人，老師是無忝所生了！豫卦指向未來，為國家民族儲備了大量英才。我又問老師生平志業如何論定？為大畜卦三、五爻動，齊變有中孚（䷼）之象。大畜儲才以行大道，剛健篤實輝光，日新其德。九三「良馬逐，利艱貞。日閑輿衛」，真是老師勇猛精進的寫照。六五「豶豕之牙」，「有慶也」，來台獨居一甲子未再婚，化私為公，作了極佳的領導典範。中孚卦「利涉大川，利貞」，教化眾生，功不唐捐。大畜卦三與五同功而異位，都是為了上九而努力，「何天之衢，亨」，「道大行也」。

●二〇〇一年六月中，我的老友經營基金會失利，還挨告吃官司，初審檢方以背信求刑兩年起訴，他當然緊張，我代其籌謀，占得大畜卦三、五爻動，有中孚之象。中孚以誠信「利涉大川」，〈大象傳〉稱「議獄緩死」；大畜「不家食吉，利涉大川」。遇大畜之中孚，最終過關的機會很大。大畜卦九三「良馬逐，利艱貞，日閑輿衛」，與辯護律師熟習法庭攻防，則「利有攸往」。六五「豶豕之牙，吉」，「有慶也」，抓重點為自己爭清白，應該無礙。然後問此案最後吉凶？得出兌卦（䷹）九二爻動，有隨卦（䷐）之象。「孚兌吉，悔亡」。最後果然安全過關，算是人生的一場教訓與劫數。

●二〇〇五年元月中，我算蘇貞昌全年的運勢，為大畜卦初、上爻動，上九值宜變成泰卦，齊變又有升卦之象。大畜止健，初九「有厲利已」，年初不順；上九「何天之衢，亨」，年終青雲直上，遇泰成升。當年元月底，蘇貞昌接任民進黨主席，十二月初輔選三合一選舉，失敗下台；二〇〇六年元月十九日升任閣揆，接替罷黜的謝長廷。一年內的仕途發展，完全應驗了卦象。

● 一九九九年九月上旬，湖南長沙博物館的馬王堆漢墓文物來台展覽，其中有出土的《帛書易》，我占問其價值如何？為大畜卦二、上爻動，上九值宜變成泰卦，齊變則有明夷卦（䷣）之象。明夷「明在地中」，為藏於地下的光輝文明；大畜涵藏豐富，一旦發掘出土，「何天之衢，道大行」。《帛書易》的文獻價值甚高，現代研習易學必須參考。

● 二〇〇九年七月中，我占問何謂「大人」？得出大畜卦二、上爻動，上九值宜變成泰卦，齊變則有明夷之象。「多識前言往行，以畜其德」，畜極則通泰，「何天之衢，亨」，「道大行也」。成就之前「輿脫輹，中无尤」。明夷卦韜光養晦，〈大象傳〉稱：「君子以蒞眾，用晦而明。」大人為《易經》中修為的最高德位，與天地合德，日月合明，〈文言傳〉中講得很清楚，與此占象全通。

● 二〇一〇年三月底，我問龍是否或曾經真實存在？得出大畜卦三、上爻動，上九值宜變成泰卦，齊變則有臨卦（䷒）之象。大畜為集大成，傳說中的龍為馬首、鹿角、蛇身、魚鱗，九三「良馬逐」，上九「何天之衢，亨」，正是行地飛天之象。天地交泰，君臨天下，氣勢非凡。大畜由復、无妄而來，應該還是人心的創造。〈彖傳〉稱「剛健篤實輝光」，似乎又逼近真實。總之，此事不必深究了！

● 二〇一七年三月下旬，東北亞朝鮮又生事端，很多人擔心會否失控再爆發韓戰。我占得大畜卦初、二爻動，齊變有艮卦之象。大畜以止健為義，初九「有厲利已，不犯災」，九二「輿脫輹」，艮卦更是重重阻礙必須中止之意。絕不可能大戰，後果然如是。

●二〇一六年十一月下旬，我參加友人舉辦的「匡盧文化之旅」，禮拜禪宗諸祖道場。離開天柱山景區趕到三祖僧燦寺時，已夜色昏暗。朦朧中仍參拜法相，占其氣象為大畜卦四、上爻動，齊變有大壯之象。畜極則通，「何天之衢，道大行」，最終成就可觀；「童牛之牿，元吉」，應該是指調教四祖道信，使其二十六歲即承衣缽，培育人才有功。

三爻變占例

占事遇卦中三爻動，以三爻齊變所成之卦為悔、本卦為貞，稱貞悔相爭，合參兩卦卦辭卦象斷占。若本卦三爻中一爻值宜變，為主變數，加重考量其影響。

●二〇一〇年九月下旬，我給學生講《心經》，針對「五蘊皆空」占測，其中「想蘊」的意義為大畜卦初、二、上爻動，貞悔相爭成謙卦。大畜由復、无妄二卦而來，「復見天地之心」，无妄誠意正心，大畜為人心的認識及貯藏作用，可攝取外界境相，形成概念，並安立語言文字等，與唯識學中的第六意識關係密切。大畜卦的〈大象傳〉稱：「君子以多識前言往行，以畜其德。」已將心之大用說的很清楚。初九「有厲，利已」、九二「輿説輹」，強調畜止功能，上九「何天之衢，亨」，畜極則通，發揮大用矣！謙卦「聚多益寡，稱物平施」，成就「君子之終」，更見想蘊心意之美。

●二〇一〇年七月下旬，南北韓因天安艦事件，陷入劍拔弩張的危機，有人擔心二次韓戰爆發，我問一年內會出事嗎？得出大畜卦初、二、上爻動，貞悔相爭成謙卦（䷎）。大畜以「止健」為義，初九「有厲，利已」、九二「輿脫輹」，雙方皆會評估風險，不可能輕舉妄動。上九「何天之衢，亨」，交流管道暢通。謙卦則兼顧各方利益平衡，保證平和落幕。其後果然如此。

●二○○九年元旦假期，我作一年之計，占算馬英九己丑年運勢，為大畜卦四、五、上爻動，貞悔相爭成夬卦。大畜「利貞，不家食吉，利涉大川」。上卦亦外卦三爻全動，顯示執政高層會積極推動兩岸關係的改善，以利金融風暴後的台灣經濟有西進的出路。夬卦為集思廣益，以為重大決策，〈大象傳〉稱：「澤上于天，君子以施祿及下，居德則忌。」執政者為民謀福，應將利益資源布施達於基層，這是本分，不可以此邀功誇耀，居功居德。當年初為刺激消費，活絡經濟，有發全民消費券的措施，效果還不差，正為此象，而兩岸關係也確有大幅改善。

●二○○八年三月二十二日台灣大選當天，我於投票後最後占測大位勝負，謝長廷為大畜卦初、三、四爻動，六四值宜變為大有，貞悔相爭成未濟卦。大畜「不家食吉」，廣納各方人士欲成就大業，六四「元吉，有喜」，稍有機會，又不居君位；未濟則明示過不了河，不能成功。遇大畜之未濟，時間不夠，壯志難成，徒留遺憾。當日選舉揭曉，民進黨大敗，謝也從此與大位絕緣。

●二○○四年三一九槍擊疑案，對台灣社會衝擊甚大，藍綠對峙，族群矛盾嚴重。為了澄清疑慮與爭議，旅居在美的神探李昌鈺受邀，來台採查勘驗，民間風傳的「月中有貴人來」會應驗嗎？勘驗結果會導致選戰翻盤？我於三月底一占，得出大畜卦初、二、四爻動，六四值宜變為大有，貞悔相爭成旅卦（䷷）。

大畜也是各方蒐集資訊以求突破之義，「不家食吉」，仰賴外援。初九「有厲利已」、九二「輿脫輹」，都有遇阻難行之象，六四「童牛之牿，元吉」，似有些許希望。旅卦失時失勢失位，恐怕難以翻轉案情，其〈大象傳〉稱：「明慎用刑而不留獄。」談的正是司法行政的檢調事宜，由於外客在野，沒有執政權力，很難不受政治力的干預和影響。時過境遷，想重建案發當日的現場實況，也有困難。後來一切發展果如預期，陳水扁竊位成功。

- 一九九八年六月下旬，我剛看完美國前國安顧問布里辛斯基的名著：《大棋盤——全球戰略大思考》。占其立論的價值，得出大畜卦二、三、上爻動，貞悔相爭成復卦（䷗）。跨世紀的全球形勢錯綜複雜，每個國家或地區都得廣蓄資源，並往外發展，正是大畜卦辭所示：「利貞，不家食吉，利涉大川。」九二「輿脫輹」、九三「良馬逐」，秣馬厲兵，以爭天下強權，企圖上九「何天之衢，道大行」。復卦展現核心的競爭力，企圖在冷戰結束後的世局中，據有一席之地。遇大畜之復，充分說明了此書的構思，與美國欲稱霸天下的意圖。當然，十多年過來，其企圖並未完全實現，反而因擴張過度，吃了大虧。

- 一九九七年四月下旬，我在台灣寫的第三輯易書《易經與終極關懷》出版，我占其成效與定位，為大畜卦初、三、上爻動，貞悔相爭成師卦（䷆）。大畜為智慧寶庫，〈大象傳〉稱：「多識前言往行，以畜其德。」初九審慎、九三「良馬逐」，皆不輕發議論，上九「何天之衢，道大行」，畜極則通，功德圓滿。師卦〈彖傳〉稱：「能以眾正，可以王矣！」本書發揮不少微言大義，解卦時竭力闡揚王道思想，較此系列的前二輯書深刻細膩。《易經與現代生活》為第一輯，分《決策易》、《生活易》、《經典易》三卷，為易學基本概論；《易經與生涯規畫》為第二輯，分《治平易》、《性情易》、《組織易》三卷，解了三十二卦。第三輯分《天地易》、《人間易》、《神明易》三卷，除將剩下三十二卦解完，並論及〈說卦傳〉、〈雜卦傳〉、〈文言傳〉等易傳，做了那個階段自己治《易》心得的總結。

●二〇〇九年間，我的老學生邱雲斌占問：宇宙間有比光速更快的媒介嗎？為大畜卦初、三、上爻動，貞悔相爭成師卦。大畜基於「復見天地之心」、真誠无妄而來，代表人的心力無量無邊，上九畜極則通，「何天之衢，亨」，「道大行也」。人心念思維無遠弗屆，「不疾而速，不行而至」，絕對超過光速！台大前校長李嗣涔研究特異功能多年，他認為以火箭航行太空，註定無望，宇宙浩瀚，人類其實哪裡也去不了！真要遨遊八荒，只能用心力去旅行，說的也沒錯。

●二〇一五年五月中，我與同門師弟吳榮彬晤談奉元學會發展事宜，邀他出任十月換屆改選後的副理事長一職。吳為人大器，經營企業極成功，在各方面幫了學會很多忙，有「毓門子貢」的美稱。我問他所領導的恆耀國際集團未來發展，為大畜卦初、三、上爻動，貞悔相爭成師卦。大畜「不家食吉，利涉大川」，上九「何天之衢，道大行」，顯然前景甚開闊，確實如此。同時有算鴻海郭台銘未來事業發展，為履卦三、四、五、上爻動，九五值宜變成睽卦，四爻齊變為泰卦。卦序履卦之後即泰卦，「履而泰，然後安」，顯然也極度看好。郭董雄才大略，領導有方所致。

●二〇一五年十月中，我教《莊子・養生主》，對庖丁解牛後的「躊躇滿志」一語頗有疑義，一般都解釋成自信滿滿，志向遠大，這和「頗費躊躇」實相牴觸。「躊躇」本意應該是猶豫不決，態度非常敬慎，怎會如此驕狂呢？道家思想尚謙和，也於理不通。占算其義，為大畜卦初、三、上爻動，貞悔相爭成師卦。這就對了！大畜以止健為義，「有厲利已，不犯災」，「良馬逐，利艱貞，日閑輿衛」，多麼敬慎！專業上精益求精，才能獲「道大行」。志得意滿不行，需加躊躇考量啊！

●二〇〇九年十月中，我受邀參加某一印度來的修行人主持的道場，所謂身心靈的紓解與提升云云，台灣這些年頗流行這種法會。會期三天，免費讓我坐在最前排當中的位子，我只參加其中第二天的活動，也配合做些晃動肢體、放聲吶喊的動作，仔細聆聽台上高座中年輕的印人說法，還是很難進入狀況起共鳴。我心想：這樣簡單的道理，需要費這麼大勁兒宣揚嗎？無趣中，凝神以手機占測此法門的修為境地，得出小畜卦上九爻動，有需卦之象。再占則為大畜卦初、二、三爻動，貞悔相爭成剝卦（䷖）。

小畜「密雲不雨」，透顯現代人茫然無措、在夾縫中生存的情境，上九「既雨既處」，累積的鬱悶得以局部紓解，這是人心人情之所需。依卦序，小畜之後為履卦，能否敦篤行道，還在個人努力與造化。大畜「不家食吉，利涉大川」，希望集古今智慧之大成，而一以貫之。下卦三爻全動，成剝卦，顯然志量未成熟，「不利有攸往」。九三雖有「良馬逐」之志，還有待磨練精深，才能通達啊！

●二〇〇三年元旦的一年之計，我全年策運居然為不變的剝卦，真是令人沮喪。當時心有未甘，又加算一卦，問有無更高化解之策？得出大畜卦初、五、上爻動，貞悔相爭成井卦（䷯）。大畜止健，多方畜積資源，往外向上發展，不耽溺於近前安定狹小的格局。初九不躁進，六五「豶豕之牙」，清心寡欲，以求上九「何天之衢，亨」，「道大行」。一旦拋開小我包袱，又是海闊天空任翱翔。井卦之前為困卦、之後為革卦，正是開發潛在資源、以脫困創新之義。遇大畜之井，以解現況崩毀之剝，不亦宜乎？當年確實嚐盡剝的痛苦，而以大畜化解之策，也真正生效，易理指導人生周到懇切，真是如人飲水，冷暖自知。

● 一九九三年元旦的一年之計，我還在操煩那家出版公司的經營業務，為各雜誌圖書的產銷籌謀。其中一份幼兒科普月刊創刊不久，聲譽不錯，訂戶也在成長中，其當年策略為大畜卦初、四、上爻動，六四值宜變為大有卦，貞悔相爭成恒卦（䷟）。大畜表示大有發展可能，六四「童牛之牿，元吉」，又與幼兒刊物的特性及名稱恰好相符，假以時日畜極則通，上九大亨特亨。恒卦為長久而穩定之義，卦辭亦稱「利貞」、「利有攸往」。遇大畜之恒，前景看好。當年確實發展得不錯，可惜次年公司股爭引發內鬥，經營大受影響，這是後話，不在當年占測範圍內了！

● 一九九二年十一月上旬，我率幾位經營幹部赴日出差，順便赴箱根旅遊，夜宿熟人山間別墅時，和式房內清新，占問公司氣運，得出否卦上九爻動，有萃卦之象。「傾否，先否後喜」，由於精英薈萃、勵精圖治，公司確有扭轉敗局的希望。再進一步求啟示，得出大畜卦二、四、上爻動，六四值宜變為大有卦，貞悔相爭成豐卦（䷶）。大畜多方儲備資源，成就豐功偉業，令人怦然心動。九二「輿脫輹」、六四「童牛之牿，元吉」，又恰合公司品牌形象。上九「何天之衢，道大行」，真是衷心想望。一九九三年的經營確實將士用命，創造了有史以來最佳的業績；然而一九九四年五月的內爭變革，又導致一切成為泡影。

● 一九九七年底，我一位學生三十多歲未婚，另一位女同學頻頻對他示好，他問二人可有姻緣？為大畜卦二、三、五爻動，貞悔相爭成益卦（䷩）。貞我悔彼，內卦九二「輿脫輹」、九三「良馬逐，利艱貞」，有勸止意；外卦六五「豶豕之牙」，對方出手可制其情慾，難纏難鬥的很。益卦

「遷善改過」，還是另尋佳偶為宜。

●二○○八年中，我高雄的一位老學生從我習易已十年，自占往後再十年，當至何境？為大畜卦三、四、五爻動，貞悔相爭成履卦（䷉）。九三「良馬逐」、六四「童牛之牿」、六五「豶豕之牙」，皆含清心寡欲之意，時機未成熟前，切勿輕舉妄動。「履虎尾」，敦篤實踐易理於日常生活之中，心平氣和地化解稱雄稱霸的貪嗔妄念。他其實學得不錯，後因身體因素，勤習小乘佛法，「多識前言往行，以畜其德」，學業上另有因緣。

●二○一三年五月中，我應老友龔鵬程教授之邀，赴都江堰孔廟觀禮，再次近距離瞻仰這偉大的水利工程建設，占問其貢獻，為大畜卦三、四、五爻動，貞悔相爭成履卦。大畜即大量蓄水，興水利灌溉農田，防洪災嘉惠民生，千載功績不可磨滅。

四爻變占例

占事遇卦中任意四爻動，變數已過半，以四爻齊變所成之卦的卦辭卦象為主，理解由本卦往之卦變動的因果及過程，本卦四爻中若一爻值宜變，加重考量其在變局中的影響。

●二○一一年四月中旬，民進黨正進行大位候選人初選，我問蔡英文的勝算，得出大畜卦初、二、三、五爻動，齊變成觀卦。大畜「不家食吉」，廣蓄各方資源，以圖「利涉大川」；六五君位動，顯示勝選有望，「豶豕之牙，吉」，又多少跟她單身未婚有關。觀、臨二卦一體相綜，大觀在上、君臨天下應無問題。同時占蘇貞昌之卦為同人卦三、四、上爻動，上九「志未得」值宜變，貞悔相爭成屯卦。此占例已在同人三爻變中討論過，既然蘇無望，當然蔡會勝出，後來也是由她代表民進黨角逐總統大位。

●二〇一一年三月上旬，時報出版公司要出我早一年在大陸出的《四書的第一堂課》，除了由簡體字轉為繁體版外，還做了許多編輯處理，希望能更深入淺出，照顧到一般讀者的需求。原書也拆分成兩冊，書名改為：《一次看懂四書——孔子教你做人與處世》、《一次看懂四書——孔子教你齊家安天下》。我問簡轉繁後，推廣效果如何？為大畜卦初、三、五、上爻動，上九值宜變為泰卦，四爻齊變成坎卦（䷜）。大畜為厚積薄發，時至則通，多方編纂疏理，也是大畜的功夫；坎則水勢漫衍、多曲乃成。遇大畜之坎，需要一段時間，才能順遂通達。大畜卦上九「何天之衢，亨」，「道大行」可以預期。該書出版後，還做了新書發表會，不少各界學生師友參加，《中國時報》也做了報導，出書不久也再版，效果及回響不錯。

●二〇〇〇年五月上旬，我占問〈繫辭下傳〉第六章的主旨，為大畜卦初、二、三、四爻動，齊變成晉卦（䷢）。大畜「多識前言往行，以畜其德」，「剛健篤實輝光」，「日新其德」；晉卦為日出之象，〈大象傳〉稱：「君子以自昭明德。」遇大畜之晉，博學廣識，以建立自己風標，正是集大成而有創見。〈繫辭傳〉該章稱：「夫《易》，彰往而察來，而微顯闡幽，開而當名辨物，正言斷辭則備矣！」「多識前言往行」即「彰往」，「以畜其德」、「自昭明德」便能「察來」。大畜各方儲備，以待大用，開物成務，一切完備。本章義理深微，蘊含有孔子《春秋》大義的思想，夫子集華夏文化的大成，有所創獲而作《春秋》，正合遇大畜之晉的象。

●一九九七年六月下旬，我問「術數易」價值的精確定位，為大畜卦初、二、三、上爻動，九三值宜變為損卦，四爻齊變成坤卦（䷁）。大畜資料豐富，九三「良馬逐」，「日閑輿衛」，精益求精；上九「何天之衢，亨」，也能解通許多事理，未可小覷。坤卦「厚德載物」，廣土眾民深受影響，宜順勢用柔以待。

● 一九九五年十月上旬，我受邀參加海基會祕書長焦仁和主辦的一次座談，討論「文化因素在當前兩岸關係中可發揮的作用」。去之前，占得大畜卦初、三、四、上爻動，上九值宜變為泰，四爻齊變成解卦（䷧）。大畜「利貞，不家食吉，利涉大川」。兩岸同文同種，傳統文化為彼此共同的最大公約數，好好交流運用，可致上九「何天之衢，亨」。泰卦「小往大來，亨」，交流密切且順暢。解卦「動而免乎險」，冤家宜解不宜結，可促進兩岸和解。正所謂：「渡盡劫波兄弟在，相逢一笑泯恩仇！」

● 一九九三年十二月上旬，我經營那家出版公司大有起色，旗下一份兒童科普刊物十週年慶，我們想趁機漲價，以保障獲利，占得大畜卦二、三、五、上爻動，上九值宜變為泰，四爻齊變成屯卦（䷂）。屯卦「動乎險中大亨貞」，為新生之象；大畜畜極則通，機會很大。遂決定漲價，結果反應很好，又獲實惠。

27. 山雷頤（䷚）

頤卦為全易第二十七卦，前接大畜卦，後為大過卦。〈序卦傳〉稱：「物畜然後可養，故受之以頤。頤者，養也。不養則不可動，故受之以大過。物不可以終過，故受之以坎。」大畜各方攝取資源，消化吸收轉為本身的滋養，頤卦所談的正是調養之事，養身養心、養氣養靈，中國養生學的精要盡在此卦。除了小宇宙的養生外，也談到大宇宙自然生態的平衡，而社會上各種組織所形成的生態結構，亦涵括在內。休養充足之後，才能大動特動，大過卦動盪劇烈，非常消耗能量。若消耗過甚，失去應有的節控平衡，會引發危機，造成坎陷的重大風險。

頤與大過兩卦相錯，為六爻全變、性質徹底相反的瞬間巨變。易上經闡述天道演化，從乾、坤開天闢地起，即為相錯關係。屯、蒙生命繁衍之後，變為兩兩相綜的關係，表示變化趨緩，逐步演進。頤、大過相錯，之後的坎、離亦相錯，上經最後四卦變動加速，讓人很難適應。下經講人事變遷，最後四卦中孚、小過相錯，既濟、未濟相錯。這顯示天道人事一旦發展到快結束階段時，會大起大落，變動劇烈，當事者必須小心應付為宜。

頤卦談養生，大過卦操勞耗損過度，有瀕臨崩滅的危險，〈繫辭下傳〉第二章說大過有「棺槨」之象，換言之有死象。頤變大過，由生至死，正是急遽動盪的生死關頭。頤如果象徵一穩定的生態結構，大過則代表負荷過度（overloading）、失去平衡，而至系統的破壞崩解。孟子說「養生送死無憾」為王道之始，又說喪葬祭祀「可當大事」，頤、大過二卦總結生死大事，值得深入體會。

頤卦卦形上下二陽、中涵四陰，恰為一張大嘴欲吞食之象。上卦艮止、下卦震動，又似上顎不動、下顎動的咀嚼情狀，我們在前論噬嗑卦時已說明過。養生就得重視飲食，頤卦談的就是生與食的大問題。大過卦形上下二陰，中間四陽包裹不住，欲爆裂而出，有縱慾傷生之象。下卦巽入、上卦兌悅，下入而上悅，正為男歡女愛之意。飲食可以維生，卻不能免於衰老死亡，凡人要克服死亡的恐懼，只能訴諸愛。男女之愛會繁衍後代，生命的精魂藉子孫延續，愛再推廣擴大，不獨親其親，不獨子其子，可犧牲小我，成全大我。愛裡沒有恐懼，大過一卦闡揚的是愛與死的問題。〈雜卦傳〉稱：「噬嗑，食也；賁，无色也。」「食色，性也」，飲食男女，人之大欲存焉。需卦表面言飲食之道，卦爻意象多兼男女情色而言。頤、大過二卦，將食色與生死問題綜合論述，更見深刻。

〈雜卦傳〉稱：「大過，顛也；姤，遇也，柔遇剛也；漸，女歸待男行也；頤，養正也。」大過與頤相錯，卻沒排在一起，往下的四卦亦然：「既濟，定也；歸妹，女之終也；未濟，男之窮也；夬，決也，剛決柔也，君子道長，小人道憂也。」既濟、未濟相錯，漸、歸妹相錯，夬、姤相綜，卻都不緊鄰出現。〈雜卦傳〉的卦序中，大過以前的五十六卦，皆以錯綜為序，和〈序卦傳〉卦序的基本原理無大差異，相錯相綜總是緊鄰出現。大過以後的最後八卦卻亂了套，完全不按牌理出牌，好像因果關係失調，怎麼回事？這裡含有〈雜卦傳〉作者的絕高悲心與智慧，「大過，顛也」之後，世勢進入憂患亂世，佛教說的末法時期，一切正常的規範秩序都遭顛覆，人慾橫流，為了救亡圖存，撥亂反正，非常時代，也得用非常手段解決問題。大過之後為姤，不期而遇的事件頻頻發生，危機處處；漸卦強調團隊精神，循序漸進，消災弭禍；「頤養正也」，慢慢導入正軌，恢復正常而穩定的秩序。

曾有上海易學界的朋友，以高等數學轉換符號的方式，將六十四卦數位化，〈序卦傳〉所呈現出來的，為一平面銜接周整的圖形，〈雜卦傳〉的卦序呈現出立體配置圓融的結構，其中任何一卦，都不能隨便調度位置。這表示《易經》的卦序涵蘊甚深，有其理氣象數的道理存在，絕非任意為之。

頤、大過兩卦結構為對稱，沒有相綜的卦，一八〇度倒轉後的綜卦為其自身，稱為「自綜」。乾、坤、坎、離、中孚、小過等卦亦然。自綜的卦，表示其屬性不隨任何觀察角度而異，對任何立場不同的人公平均等，頤、大過既談生死愛慾，人人皆得面對，放諸四海而皆準。

䷚

頤卦卦辭：

貞吉。觀頤，自求口實。

頤卦養生有其正道，必須固守正道方吉。我們觀察一個人是否修養有素，一個組織的生態是否諧衡，主要看其自我規範，與自動自發攝取資源的能力。頤卦上下二陽爻，圍起一最大的內在空間，中間四陰爻暢通無阻，虛以求實，或滿足口腹之慾，或提升精神修為，消化吸收的容量甚大。

頤外卦艮止，不動如山；內卦震動，中心有主，生機澎湃。一般養氣練功深厚者，往往如是，內勁如潮，顯現在外卻是淵渟嶽峙，極度收斂。《老子》有云：「天地之間，其猶橐籥乎？虛而不屈，動而愈出。」頤卦吐納出入，即有此象。

其實從噬嗑、賁、剝、復、无妄、大畜諸卦的修煉，可以看出都在為頤卦作準備。噬嗑、復、无妄皆內震有主，賁、剝、大畜皆外艮斂止。內震外艮皆圓熟，即成頤卦。再以卦中有卦的理論來看，噬嗑、无妄的初至四爻、賁、大畜的三至上爻，都有頤卦之象。修練這些卦時，已內含頤養的因子，火候成熟，完整的頤卦遂應運而出，內練一口氣如震，外練筋骨皮如艮。

「口實」一詞，現在中文用法略有不同，「貽人口實」，是指言行不當，讓別人有批評責難的空間。頤卦既為人口之象，病從口入，須注意養生，禍從口出，也得謹言慎行啊！

〈象〉曰：頤貞吉，養正則吉也。觀頤，觀其所養也；自求口實，觀其自養也。天地養萬物，聖人養賢以及萬民，頤之時大矣哉！

〈彖傳〉發揮頤養之理更細膩，分成「觀其所養」與「觀其自養」兩個層次。「觀其自養」為內在核心，「觀其所養」為外圍資源。天地養萬物，乾坤生屯蒙；聖人養賢，為直接調養，賢再去頤養萬民，「以及萬民」，為間接調養。這是所有生態組織中，分層調養管理的機制，決策高層以培養幹部為主，不宜跨越職分，直接管理基層。若分層治理的好，一切自動自發，不勞費神。管理學中有所謂「管理跨度」之說，一個人再能幹，也不宜直接領導大多數群眾，必須藉助組織分工。

軍隊組織中所謂軍、師、旅、團、營、連、排的編制，強調分層指揮即然。《孫子兵法・勢篇第五》：「凡治眾如治寡，分數是也。」講的也是分層負責。

領導中心的才略如何，「觀其自養」；強將手下無弱兵，「觀其所養」。我們與對方陣營打交道，通常先接觸先頭部隊或接洽代表，為「觀其所養」；然後見到決策核心，為「觀其自養」。都得下功夫研究對方的修為，以好應對無礙。

養生與時令有關，四季早晚的飲食起居都不同，中醫有五運、六氣之說，故稱「頤之時大矣哉！」大過頤養失序，稱「大過之時大矣哉！」另外，下經的解、革二卦，〈彖傳〉中亦稱「解之時大矣哉」、「革之時大矣哉」。

〈象〉曰：山下有雷，頤。君子以慎言語，節飲食。

頤為人口之象，病從口入得節飲食，禍從口出須慎言語。「真心」為「慎」，恰到好處、無過與不及為節。《易經》第六十卦為節，恰為天干地支一循環之數，節氣、節令、節制，對養生特別重要。

占例

●二〇〇九年八月下旬，我給中醫學生樓園宸上的《易經》課歷經四年，終於結業，共上了五十五個週日的下午。課畢，我們去家附近小館餐敘，我以手機電占：習《易》對他的醫術是否確有助益？為不變的頤卦。頤為養生有道，「頤之時大矣哉！」應該確實有益。當然，師傅領過門，修行在個人，往後如何發展驗證，還得靠他「自求口實」啊！

䷚

初九：舍爾靈龜，觀我朵頤，凶。

〈小象傳〉曰：觀我朵頤，亦不足貴也。

初九為內震之主，當頤養之初，本應善自珍攝其靈明自性不受污染，然而外卦六四和其相應與，該爻爻辭稱：「虎視眈眈，其欲逐逐。」象徵外誘之私導致本性沉淪。虎噬靈龜，大快朵頤，吃得腮幫子鼓脹，生命的根基受到戕害，當然凶險。本爻變為剝卦（䷖），資源流失，岌岌可危。人生最可貴的就是內在的心性，若把持不住，受欲望誘惑而蒙塵，暴殄天物就太可惜了！

自性以靈龜為喻，欲望以虎噬為戒，也顯示弱肉強食的叢林法則。烏龜屬自營性生物，與世無礙不爭，生命綿長，遭遇橫逆不順時，頭腳縮回龜殼內可保無事，道家餐風飲露，有修練龜息大法者。猛虎屬異營性生物，須靠搏殺其他動物以維持生存，雖為萬獸之王，因虎皮斑斕昂貴，長期遭人獵殺，迄今只剩幾千頭，算是瀕於絕種的珍稀生物了！

「舍」同捨，「舍爾靈龜，觀我朵頤」，以「爾、我」對稱，突顯出生態世界中的互動關係。蒙卦論教學，卦辭稱「匪我求童蒙，童蒙求我」，與此類似。「觀頤，自求口實」，靈龜本性不假外求，受誘惑淪喪後，成「觀我朵頤，凶」。觀即觀卦的觀，仰觀俯察，反觀內省，為頤養正道。

王陽明講「致良知」，有詩云：「無聲無臭獨知時，此是乾坤萬有基，拋卻自家無盡藏，沿門托鉢效貧兒。」可為頤卦初九爻變成剝作註。孟子講仁義忠信為人之天爵，不假外求，自尊自貴。屯卦初九當內震之主，〈小象傳〉亦稱：「以貴下賤，大得民也。」德性為貴，萬民本性為貴啊！

占例

●二〇〇八年元月中旬，台灣立委大選，綠營空前慘敗，兩個多月後的大位競爭，情勢不利。我占問其勝負，為頤卦初九爻動，有剝卦之象。「舍爾靈龜」，基層支持大量流失；「觀我朵頤，凶」，藍營乘勝追擊，大快朵頤，享受勝利成果。同時占問藍營勝負，為豫卦六二爻動，有解卦之象，「介于石，不終日，貞吉」，前文豫卦占例中已討論過。兩相比較，藍大勝綠很明顯，事實也是如此。

●一九九八年十一月中旬，我們正在富邦金控上課，傳來地產界名人侯西峰財務危機、行將跳票的消息，由於蔡明忠與侯關係密切，大家都表關心。我先問侯未來半年到一年內的氣運如何？為頤卦初九爻動，有剝卦之象。「舍爾靈龜，觀我朵頤，凶」，根基流失，岌岌可危。再問富邦最佳對策為何？為不變的謙卦。「君子以裒多益寡，稱物平施」，儘可能地低調幫忙，幫朋友也是幫自己。後來侯果然不負眾望，十年多誠心還債一百多億台幣，恢復信用，東山再起，算是商界難得的典範。

●二〇一〇年十月下旬，我在赴台中上課的車程中，憶念起一些親人故友的不幸遭遇，惻然有感，針對其原因都占了卦。

我一位很親的晚輩，幼時活潑可愛，二十幾歲後，罹患精神疾病，而且抗拒治療，讓大家相當頭痛且心痛。我問她何以得病？為頤卦初九爻動，有剝卦之象。「舍爾靈龜，觀我朵頤，凶」，看來還是長養的環境有問題，在「虎視眈眈」的威權下，喪失了靈明自性。剝卦五陰剝一陽，岌岌可危，「不利有攸往」，未來發展真不樂觀。二〇一四年春她意外身亡，成了我的終生之慟，有機會都託學生友人在各種法會上為她超渡祈福。

● 二〇〇六年七月上旬，我給學生講三十六計與《易經》的關係，其中「假癡不癲」的占示，為頤卦初九爻動，有剝卦之象。「舍爾靈龜，觀我朵頤」，裝瘋賣傻，扮縮頭烏龜騙老虎，不失為應付強敵的一招。

● 二〇一六年六月上旬，台灣文化教育部門大搞「去中國化」的各項措施，修訂中學教育課綱為其重點。其時我與多位奉元同門齊赴瀋陽參加奉元書院揭幕，大家談起皆憂心忡忡。我占問其影響，為頤卦初九爻動，有剝卦之象。頤卦「養正則吉」，初九刨根，「舍爾靈龜」，剝棄自家無盡藏，傷之甚矣！再問這種文化台獨或獨台的企圖會成功嗎？得出遯卦三、上爻動，上九值宜變成咸卦，齊變有萃卦之象。遯卦初、二爻地位成虛，難以立足，很快就會消退。九三「係遯，有疾厲」，病態嚴重；上九「肥遯」，毫無懸念會完全退潮。

● 二〇一七年五月上旬，我的手機護套裂壞不堪使用，經常會將手機滑落地面，想起學生獻仁夫婦年前曾送我兩個精美的護套，因自己已先買了就束諸高閣，可是翻遍家中也沒找到。沮喪之餘，占卦試試，為頤卦初九爻動，有剝卦之象。這要怎麼斷呢？「失物占」一般不以辭而以象論斷，頤卦形為一封閉空間，最底下的陽爻動，是不是暗示護套藏在哪個箱子或盒子底部？再跟家人討論，終於在客廳置雜物的方几下找到硬殼紙箱，打開來就發現了手機護套，當時刻意收置，時間一久自己都忘了。

䷚ 六二：顛頤，拂經。于丘頤，征凶。

〈小象傳〉曰：六二征凶，行失類也。

六二居於初九之上，陰乘陽柔乘剛，關係不正，上和六五相應而不與，本身陰虛待頤養，由於爻際關係不當，得不到陽剛資源正常的挹注，故稱「顛頤」。頤以養正為尚，大過才稱「顛也」，頤養不以正道，為「顛頤」。六二居初九之上，上位者理應供養下位者，如今反過來剝削基層求供養，亦為「顛頤」。初九和六四相應與，須全力供應虎噬所需，再無足夠給養與六二；六二為了生存，還得向上九陽爻求助，二者不相應，需透過六五代為爭取。六五本身陰虛，轉手求助，事不牢靠。上九居上卦艮山之巔，稱丘，「于丘頤」，指出六二求援的意圖，這違反組織中資源輸送的經常管道，故稱「拂經」，強求更不易得，稱「征凶」。陰陽合為類，六二上下不合，故稱「行失類也」。本爻動恰值宜變，成損卦（䷨）。行事妄求多損，處境相當不利。

占例

●二〇〇六年三月下旬，週日下午我給樓園宸中醫師夫婦上課，他們台中診所想用人做企劃，推廣業務，問一位蔡小姐合宜否？得出頤卦六二爻變，成損卦。「顛頤，拂經」，「行失類」，顯然不適用，他們也同意另做考量。

䷚

六三：拂頤，貞凶。十年勿用，无攸利。

〈小象傳〉曰：十年勿用，道大悖也。

六三不中不正，本身素質極差，和上九相應與，仗恃有靠山相挺，揮霍資源無虞，這樣幹一定凶。頤養正道為「自求口實」，六二本身中正，只因爻際關係不佳，「行失類」，「征凶」。六三居位已經不正，無自力謀生能力，坐等奧援施捨，完全違背了頤養之道，長達十年也發揮不了作用，沒有任何利益。上九雖實力雄厚，為大局計，首先得支援六五之君，以及六四之臣，以穩定管理階層，維持組織運作。行有餘力，還得面對六二的求援，六三雖有私誼，全無償債能力，算是無底洞跟扶不起的阿斗，上九為了避嫌，而見死不救。六三不思自強，好吃懶做等供養，當然長期遭凶。本爻變，為賁卦（䷕），虛內而飾外，畢竟成空。

依《河洛理數》本命卦的說法，已於二〇〇六年八月往生的學生徐崇智，其先天本命元堂為頤卦六三，爻變為山火賁，上下卦交易，為火山旅（䷷）。其後天本命元堂為旅卦上九，爻辭大凶：「鳥焚其巢，旅人先笑後號咷，喪牛于易，凶。」他心臟病發作過世時，還不滿四十歲，先天的頤卦六爻尚未走完，大致行運至六二爻的情境。「顛頤，拂經」，「征凶，行失類」，南來北往忙於生計及教學，元氣消耗殊甚，成損。而他六三的元堂本命又那麼糟，「拂頤，貞凶。十年勿用，无攸利。」一養生之道大悖，遂至英年早逝？賁卦外強中乾，卻也有推廣經教的人文化成之意，到目前為止，他可能還是我教過習《易》最好的學生，人生命數如此，夫復何言？

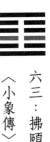

六四：顛頤，吉。虎視眈眈，其欲逐逐，无咎。

〈小象傳〉曰：顛頤之吉，上施光也。

六四陰居陰位為正，下和初九基層相應與，剝削其資源以為己用，和六二一樣，處上而不照顧下民，反而苛徵雜斂，亦為「顛頤」。六二「顛頤」凶，六四「顛頤」卻吉，因為和初九的關係不同，六二陰乘陽不正，六四相應與。六四以叢林中的老虎為喻，食物消耗量大，吃完一餐又得找下一餐。「眈眈」二字為「視近而志遠」，眼光盯住獵物不放，遲早要吞噬大快朵頤，給獵物的壓力很大。「虎視眈眈，其欲逐逐」，卻能無咎，相當發人深省。叢林中有老虎稱霸，也是自然生態平衡的一環，老虎殘害生靈為其天生肉食的本性，豈能歸咎？難道讓老虎改吃素？生態世界中有烏龜，也有老虎，必然有其演化的道理，人不能只是感情用事看問題。「顛頤，吉」，「其欲逐逐，无咎」，〈小象傳〉給了個說法：「上施光也。」六四胃納大，初九又要應付六二，無法完全滿足其需要。上指上九，一陽居於生態系統的頂峰，資源雄厚，為了維持領導階層的穩定，必會全力布施，六四可獲支持，吉而無咎。本爻變，為噬嗑卦（䷔），弱肉強食，真正體現了無情的叢林法則。

頤卦的組織生態適用性極廣，國際政治、國際金融都服膺其法則。初九自立更生，遭迫害；六四強橫霸道，反而沒事獲吉，強權有時就是公理。西方帝國主義幾百年來對亞、非洲民族的侵略，罄竹難書，造成了多少不公義與傷害？二〇〇八年金融風暴爆發，傷到許多投資大眾，而以華爾街為代表的精英肥貓，卻獲利無算，爛攤子也由政府或國際機構收拾埋單。所謂財團或銀行大到不能倒，非救不可的說法，真正合理嗎？頤卦六四貪欲得吉，不正是這些大肥貓的寫照嗎？上九為全卦的靠山，陽剛有實，基於全局的穩定，頤養一切，也不能說錯。但長此以往，必定累積很多問題，一旦矛盾激化，超過了上九的承擔能力，頤卦的生態就會瞬間瓦解，六爻全變，而成大過卦。

以前面談過的競爭論中「價值鏈」的理論來看，頤卦初九代表生產元素，憑自己的創意開發生產，六四代表大通路商所壟斷的行銷渠道，兩者相應與，產銷配合，叫好還得叫座。但一般掌握通路的行銷體系往往極強勢，用各種方式剝削小產品供應商，甚至買斷其專利，而致大者恆大、弱者很難翻身。之所以如此，乃因上九所代表的客戶服務決定一切，對終端消費者來說，他只享受通路所提供的方便服務，對供應源和產銷之間的爭議，毫無興趣，這就是六四佔盡便宜的地方，「上施光也」，說得真是太準確。初九吃虧要怎麼辦呢？合組「忍者龜」聯盟？二〇一一年末，美國中產階級「佔領華爾街」的抗議行動激發共鳴，傳播到全球，與此有關。

占例

●二〇一〇年二月初，我占問鴻海集團郭台銘的經營風格，為頤卦六四爻動，有噬嗑之象。「虎視眈眈，其欲逐逐」，郭是雄才大略、嚴格管理的梟雄個性，強勢經營，名聞遐邇。鐵與血的風格，頤卦六四恰如其分。

●二〇〇一年四月下旬，學生們籌劃成立「台灣周易文化研究會」，台中的徐崇智推動尤力，很能辦些事，習《易》亦有神悟，我既任創會理事長，占問他出任首屆執行長如何？得出頤卦六四爻動，有噬嗑之象。「虎視眈眈，其欲逐逐，无咎」。既然有心好好大幹一番，就讓他實至名歸吧！他確也相當投入，對學會頗有貢獻，可惜在第二任期間，心臟病發過世。按照《河洛理數》的算法，他的本命元堂就是頤卦六三，生命的軌跡其若是乎？

䷚

六五：拂經，居貞吉，不可涉大川。

〈小象傳〉曰：居貞之吉，順以從上也。

六五居頤卦君位，爻辭中獨不見頤字，陰虛自養不足，亦無力養民。雖然如此，和上九關係良好，陰承陽、柔承剛，只要順事上九這大靠山，便可獲得資源挹注，仍可坐穩君位。

「居貞」即固守不妄動，未獲上九支持前，勿親身涉險，故稱「不可涉大川」。本爻變，為益卦（䷩），得助後「利有攸往，利涉大川」。

頤卦中間四陰爻，上下求索，嗷嗷待哺，六二、六四稱「顛頤」，六二、六五稱「拂經」，六三稱「拂頤」，非顛即拂，沒有一個正經，為了生存不擇手段。「拂經」之「經」，應與經絡經脈有關，頤卦談養生，一定涉及經絡氣血的問題。《莊子・養生主第三》有稱：「緣督以為經，可以保身，可以全生，可以養親，可以盡年。」「督」應為任督兩脈中的督脈，為陽脈之海，主一身之陽，「緣督以為經」，正是說的陽氣運行的道理。人體陰陽和合為要，但仍以陽為主、陰為從，養生必以扶陽抑陰為準則。頤卦二陽調養四陰，方為正道，六二、六五「拂經」，陰氣不能主導運化。

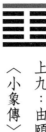

占例

●二〇〇七年我作一年之計，測台灣政情，其時施明德領導的紅衫軍反扁運動已失敗，綠朝藍野的對峙更嚴重。陳水扁、吳淑珍皆有官司纏身，我問吳淑珍全年的運勢，為頤卦六五爻動，有益卦之象。「拂經，居貞吉，不可涉大川」。她所作所為不合法紀，有官商勾結、利益輸送之嫌；由於身分特殊，只要陳水扁仍在大位硬挺，年內不會出大問題，仍可繼續獲利。但僅限一年，頤卦節氣屬陰曆十一月中，當年過完，形移勢轉，就會有變。頤卦也是巽宮遊魂之卦，造業多端，遲早遭受報應。次年民進黨敗選，馬英九上台，扁身陷囹圄，吳也生不如死。

☶

上九：由頤，厲吉，利涉大川。

〈小象傳〉曰：由頤厲吉，大有慶也。

上九居上艮卦巔峰，自養而後養人，為實質頤養之主。「由頤」之「由」，與豫卦九四「由豫」之「由」同義，既表示全局由他供養，又有田中作物順勢成長、自由自在之意。一人承擔全局，壓力很大，由於實力雄厚，可渡過險難而獲吉。「慶」為眾喜、皆大歡喜，「大有慶」，使眾生皆獲頤養，功德無量。本爻動，恰值宜變，成復卦（☷☳），「見天地之心」，一元復始，萬象更新。

六五居君位，「不可涉大川」；上九幕後力挺，「利涉大川」。六五「順以從上」、六四「上施光也」，明白顯示上九為頤養的中心。縱觀六爻爻辭，下卦三爻全凶，上卦三爻全吉，下震勞力、上艮勞心，「勞心者治人，勞力者治於人」。長此以往，貧富勞逸不均，矛盾累積到極處，頤的生態會崩解成大過，一切資源權責重新分配。下卦三爻全變，成蠱卦（䷑），民不聊生，積弊必須改革；上卦三爻全變，成隨卦，既得利益當然希望保持現狀，活在當下。

若以「數位觀象法」分析，陽爻當1、陰爻當0，1+0=0+1，0+0=0，1+1不能處理避開，則頤卦的結構可拆解為剝卦加上復卦。任何一個頤卦的生態體系中，不斷在進行剝極而復的變化，剎那滅，同時也剎那生新。有人不能適應被淘汰，有人繼續發揮創造力而獲新生。再以卦中含卦的理論看，頤中初至四、初至五爻組合成復卦，三至上、二至上爻組合成剝卦，頤中含有二剝二復卦。初九爻變成剝，上九爻變成復。總括來說，頤卦與剝、復二卦關係密切到極點，了解剝極而復的運化規律，就能對頤卦的涵義有相當的體會。

頤卦論述養生之道，六爻中四陰爻非顛即拂，初九「舍爾靈龜」，亦不善自珍重，一直要到上九，才徹悟順自然養生之義，豈非時不我予？「頤之時大矣哉」！真練身體，還是得從年輕時就注重調養，修為有素，免受老病之苦啊！

占例

● 二〇一〇年四月底，我的一位至親檢驗出初期的直腸癌，安排數天後開刀切除，憂心忡忡，我占其順利否？為頤卦上九爻動，恰值宜變成復卦。「由頤，厲吉，利涉大川」，可望刀到病除，恢復健康，後果如是。

●二〇〇二年元旦，我作一年之計，有算剛剛實體貨幣上市的歐元表現，得出頤卦上九爻變，成復卦。「由頤，厲吉，利涉大川」。當年表現確實耀眼，七月中與美元約等值，年底竄升至一：一．〇四，次年五月下旬衝到一：一．一八，二〇〇四年抵達到一．三五的高價位。今日回顧，當然恍如一夢。

●二〇〇三年元月初，某電視台政論節目主持人請益，她們夫婦一筆投資案的吉凶，委託經手者為財經界名人，我占得頤卦上九爻變，成復卦。「由頤，厲吉，利涉大川」，應可放心無虞，結果確實套利成功，皆大歡喜。

●一九九三年元旦，我作一年之計，當時經營出版公司已漸得心應手，占問圖書出版全線的氣運跟策略？得出頤卦上九爻變，成復卦。「由頤，厲吉，利涉大川」，「大有慶也」。當年底，創下了歷來最高的營運業績，圖書領先雜誌，為主要獲利來源，完全與卦象相符。

●二〇〇〇年七月中旬，我的學生張良維將為時報會館率團作一次「養生之旅」，預計拜會少林寺、中岳廟、陳家溝太極拳發源地等，也邀我免費參加。當時我占問此行合宜否？為頤卦上九爻變，成復卦。「由頤，厲吉，利涉大川」，正合養生有成、身心休復之象。八月下旬，欣然前往度假十天，還多去了安徽宏村、西遞村與黃山，行程相當愉快。

●二〇一一年六月下旬，我給老學生開的「以《易》通佛」課兩階段完成，共四十堂約一百小時，講了《金剛經》、《六祖壇經》、《心經》、《法華經》四部經典，感覺發展不錯。往下變長期開課，方式更揮灑自由，我占問前四十堂的功效，為頤卦上九爻變，成復卦。頤養有成，「復見天地之心」，「利涉大川」，「大有慶也」。精誠鑽研，引申觸類，可謂功不唐捐。

多爻變占例之探討

以上頤卦卦、彖及六爻分析已畢，往下再繼續探討二爻變以上的情形。

二爻變占例

占事遇卦中任意二爻動，若其中一爻恰值宜變，該爻爻辭為主變數，另一爻辭為次要變數，結合本卦卦辭論斷。若皆不值宜變，以本卦卦辭為主，參考二爻齊變所成之卦的卦辭卦象論占。

●二〇一〇年八月中，我受邀赴北大國學培訓班授易，針對二〇一一年的國際金融形勢預占，得出頤卦四、上爻動，六四值宜變成噬嗑卦，兩爻齊變，則有震卦（䷲）之象。頤卦呈現國際金融的生態，二〇〇八年九一五的金融風暴後，各國政府紛紛出手，救助瀕臨危險的企業或銀行，若力有未逮，再由國際組織撥款相助。上九「由頤，厲吉，利涉大川」，扮演的正是救火隊的腳色。六四「虎視眈眈，其欲逐逐」，稍復元氣後，大肥貓又故態復萌，依舊吃香喝辣，擇肥而噬，造成全局震動不安。二〇一一年希臘問題拖累歐盟，美債積弊深厚，短期難解，各地區民不聊生，還憤而發動「佔領華爾街」的抗議行動，在在顯示了卦象的精準深刻。

●二〇〇三年底，我占問二〇〇四年台灣的經濟形勢，為頤卦三、上爻動，齊變有明夷（䷣）之象。頤卦呈現台灣經濟生態，六三「拂頤，貞凶」，內需不佳；上九「由頤，厲吉，利涉大川」，可能須靠外貿來拉動。明夷「利艱貞」，回升的過程相當辛苦。二〇〇四年國際經貿普遍復甦，中國大陸也強勁成長，確實拉動台灣的產能，上半年成長可觀，全年約成長百分之六左右。

●一九九五年十月上旬，我受邀赴海基會參加座談，討論在兩岸互動的格局下，「文化中國」在台灣的作法。去前占得頤卦二、上爻動，齊變有臨卦（䷒）之象。頤卦六二「顛頤，拂經」，「行失類」，文化修養不足，過度的本土化已造成不少積弊；上九「由頤，厲吉，利涉大川」，要靠高屋建瓴的文化復興戰略，來指導接濟。臨卦開放自由，交流接觸，〈大象傳〉稱：「教思无窮，容保民无疆。」更是弘揚文教的典範，遇頤之臨，易占給了明確的指示。

●二〇〇七年十月上旬，我與溫世仁的長子溫泰鈞餐敘，他們小夫婦倆跟我上過完整版的《孫子兵法》，也聽過幾堂《易經》的基礎課程。溫世仁為台灣著名的科技遊俠，也是毓老師的弟子，不幸英年早逝，我們有同門之誼。我的老學生林獻仁離開電腦界後，就在他的幾個基金會幫忙策劃，我跟泰鈞可算是有好幾層的關係。當時世界經濟波動，我們談到了往後幾年的理財策略，溫是臨卦九二爻動，有復卦之象。「咸臨，吉无不利」，〈大象傳〉又稱無窮、無疆，應該很可做全球化的揮灑。他又問委託瑞士銀行如何？卻得出頤卦初、四爻動，六四值宜變成噬嗑，兩爻齊變，則有晉卦（䷢）之象。「虎視眈眈，其欲逐逐」，占卦貞我悔彼，瑞銀為叢林中的大老虎，溫的資金小心遭虎噬，一旦「舍爾靈龜，觀我朵頤」，豈不冤哉枉也，大凶特凶？晉卦〈大象傳〉稱：「君子以自昭明德。」莫不如自己料理，或另尋他途吧！次年九月中，金融風暴爆發，正是臨卦卦辭警告的「至于八月有凶」，世界經濟秩序大亂，而瑞士銀行也出了大紕漏，易占讓他逃過一劫。

●二〇一〇年十一月底，我耽讀孫皓暉所著《大秦帝國》一書，對秦將白起的種種行跡以占定位，為頤卦初、四爻動，六四值宜變成噬嗑，齊變則有晉卦之象。猛虎狂噬烏龜，白起百戰百勝，長平一役，坑殺趙國降卒四十萬，造殺業過甚，最後因抗秦昭王之命而被賜死，也是因果報應，歷歷不爽。頤、晉分為巽、乾二宮的遊魂卦，遇頤之晉，總透顯著凶險不祥的氣息。

● 一九九七年十月下旬，我提前占算一九九八年台灣的政經情勢，為頤卦初、二爻動，齊變有蒙卦之象。頤為政經生態，初九「舍爾靈龜，觀我朵頤，凶」；六二「顛頤，拂經」，「征凶，行失類」。蒙卦外險內阻，不知何去何從。遇頤之蒙，情勢不妙。九七年初李登輝廢省，與宋楚瑜決裂，埋下國民黨分裂的種子；亞太金融危機剛過，經濟亦不甚強韌；兩岸關係日趨緊張對立，也明擺著對台灣不利。這些亂象，都如卦占所示，在九八年一一浮現。

● 二〇〇四年三月下旬，陳水扁因兩顆子彈事件勝選連任，台灣社會陷入藍綠對抗的深重危機。其時，藍營有人建議用全民公投爭取連署，舉辦重選，以奪回政權。我占此議合宜否？為頤卦初、二爻動，有蒙卦之象。初九「舍爾靈龜，觀我朵頤，凶」；六二「顛頤，拂經」，「征凶，行失類」。遇頤之蒙，顯然不可行。

● 一九九六年耶誕夜，我在出版界結識的印刷界友人鬧離婚，夫妻倆我都熟識，家務事外人難斷，還是占問：若不答應離婚，繼續磨合如何？為頤卦初、二爻動，有蒙卦之象。「舍爾靈龜……凶」，「征凶，行失類」。陰陽合為類，既云「失類」，鴛夢難諧，已難挽回。友人離婚迄今，也未再娶，鰥寡孤獨，均未得其所。

● 二〇一〇年六月下旬，我的《四書的第一堂課》定稿，北京已洽妥出書，在台灣也想找一家出版社出繁體版。由於圓神出版社幾年前曾出了我的《易經的第一堂課》，銷售相當不錯，就想再找他們搭配出新書。當時占得頤卦二、三爻動，有大畜（䷙）之象。頤養失道，止健難行？頤卦六二「顛頤，拂經」，「行失類」，六三「拂頤，貞凶」，「道大悖」，明確顯示搭配不起來。後來試探果然如此，繁體版《一次看懂四書》最後由時報出版公司整編後，分兩冊出書。

●二〇一〇年二月中旬，我們全家四口赴澳洲旅遊，夜宿雪梨近郊藍山時，展望靜夜星空，為四人都算了「終生成就」的卦：我們這一輩子，倒能幹出什麼成績？我妻為遇蒙之觀，包蒙、童蒙相應與，已見前述。我自己則為頤卦四、上爻動，六四值宜變成噬嗑，兩爻齊變，則有震卦（䷲）之象。頤為自養養人，震為中心有主，積極行動。遇頤之震，內震外艮，轉為內外皆動，己欲立而立人，己欲達而達人，應很貼切我愈漸明晰的人生志業。頤六四「顛頤，吉。虎視眈眈，其欲逐逐，无咎」。雄心勃勃展佈理想，雖顛雖逐，而獲吉且無咎，關鍵在「上施光也」。上九「由頤，厲吉，利涉大川」，「大有慶也」，畢竟修為有素，可登峰造極，強渡彼岸。

●二〇一五年初，我教《莊子・齊物論》，針對其中一些重要的概念問其真意。「夫隨其成心而師之，誰獨且无師乎？」甚麼是「成心」呢？占出頤卦初、三爻動，齊變有艮卦之象。

人都有主觀的成心成見，自以為是，牢不可拔，妨礙與他人交流溝通，故有艮阻之象。頤卦「慎言語」，免生無窮是非。初九「舍爾靈龜……凶」，六三「拂頤，貞凶。……无攸利」，「道大悖」，指出成心之蔽害。

三爻變占例

占事遇卦中任意三爻動，以本卦為貞，三爻齊變所成之卦為悔，稱貞悔相爭，合參兩卦卦辭卦象斷占。若本卦三爻其中一爻值宜變，加重考量其爻辭在變局中所造成的影響。

●二〇〇一年十月下旬，蘇貞昌和王建煊競選台北縣長一職，王素有「聖人」之稱，臨危受命，希望替藍營奪回執政權。接近選前，雙方的民調不相上下，我占問王可有勝算？為頤卦初、二、三爻動，六二值宜變成損，貞悔相爭成蠱卦。頤卦下三爻全凶，幹蠱以撥亂反正不易，六二「征凶，行失類」，徒增損耗，白忙一場，看來會輸。選舉揭曉，果然以五萬多票的差距落敗。當時也占蘇貞昌的勝算，為不變的謙卦，「亨通有終」，理應獲勝，已於謙卦占例中論述。

●二〇〇九年七月中旬，我的老友巫和懋教授由北京來台開會，我邀他在周易學會的道場見面，六月下旬，我受邀赴北京人民大學國學培訓班講課，曾去北大中國經濟研究中心找過他。巫與我在台中一中初中三年同班，後來他在台大任教時，還去時報藝文沙龍聽了我一年的《易經》課，彼此談天下大勢，頗有感喟。他決定離台赴大陸，也是我極力贊成而成行。我占問他未來一年半內，在北京志業的發展，為頤卦四、五、上爻動，貞悔相爭成隨卦（䷐）。頤卦上三爻全吉，隨卦與時俱進無咎，巫以副院長之職，操辦研究中心事務，應可得心應手，相當順遂。

●一九九八年十二月下旬，我提前占算一九九九年台海兩岸的關係，為頤卦二、四、上爻動，六二值宜變成損，貞悔相爭成歸妹卦。頤本卦貞我悔彼，六二「顛頤，拂經」，「征凶，行失類」，台灣這邊躁動遭損；六四「虎視眈眈，其欲逐逐，无咎」，大陸當局以實力強硬回應；上九「由頤，厲吉，利涉大川」，「大有慶」，最終應該沒事收場。歸妹感情用事躁動，卦辭稱：「征凶，无攸利。」遇頤之歸妹，當年會有一段緊張的衝突。一九九九年七月九日，李登輝提出所謂「兩國論」，果然引爆兩岸劍拔弩張的衝突，美國當然介入調停平息，應驗了卦象。

●二〇〇八年七月下旬，一直有傳聞海南島在九一三左右會有大地震或海嘯，我問確然否？為頤卦初、三、上爻動，上九值宜變成復，貞悔相爭成謙卦（䷎）。謙「亨，君子有終」，遇頤之謙，就算有什麼天災地變，應該也無大礙。頤卦初九「舍爾靈龜……凶」，下震失宜，不太妙，六三「拂頤，貞凶」更糟，而上九「由頤厲吉，利涉大川」，維持生態穩定的機制極強，似乎足以擺平所有動盪不安的因素。後來九一三啥事兒也沒發生，反倒是九一五爆發了影響全世界的金融風暴，沒有傳聞的天災，而是處處人禍滔天。

●二〇一〇年十月下旬，我剛跟學生講完《心經》，對其修辭結構及意境十分推崇，並占測之，為頤卦初、三、上爻動，上九值宜變成復，貞悔相爭成謙卦。頤為人生百態，謙則心平氣和，了無罣礙。遇頤之謙，養心有成。頤卦初九「舍爾靈龜，觀我朵頤，凶」，芸芸眾生迷失自性；六三「拂頤，貞凶」，「道大悖」，更是躁動顛倒，徹底偏離；上九「由頤，厲吉，利涉大川」，全仗「觀自在菩薩，行深般若波羅蜜多，度一切苦厄」。頤卦前承復、无妄、大畜而來，頤養天地之心，成就究竟涅槃。

●一九九八年初寒假，我從大陸遊歷回來，在廣西桂林偶然買到蔣慶《公羊學引論》一書，三月中看完後，深感驚異，未有師說師承，何來穎悟若是？當下占其立論價值，為頤卦初、四、上爻動，上九值宜變成復，貞悔相爭成豫卦（䷏）。頤卦為政治文化生態，復卦「見天地之心」，豫卦對文明未來提出感奮人心的王道願景。頤卦初九提出警醒呼籲，勿「舍爾靈龜」，為生民立命；六四告誡執政者，勿以苛政擾民，「虎視眈眈，其欲逐逐」；上九「由頤，厲吉，利涉大川」，「大有慶也」，「聖人養賢以及萬民」，成就王道理想。孔子作《春秋》，微言大義甚豐，三傳中以「公羊學」得之為多，蔣慶結合當今世務，發揮義理極佳。

四爻變占例

占事遇卦中任意四爻動，以齊變所成之卦的卦辭卦象為主，思索由本卦變為之卦的情由。本卦四爻中若某爻值宜變，影響較大，加重考量其爻辭。

● 二〇〇三年十一月初，我進入「華夏又一春」的第十年開端，這是自一九九四年十一月初作的自我期許，其時出版公司經營權已生變化，多年心血付諸東流，痛定思痛下所立之志向：絕不回頭，另闢新局！我占問當月策運，為頤卦初、四、五、上爻動，六四值宜變成噬嗑，四爻齊變成萃卦（䷬）。萃為精英聚會，遇頤之萃，頤又上卦全動，六四「虎視眈眈」，雄心勃勃，看來是積極行動之象。當月受邀主講李奧貝納廣告公司一日《易經》研習營，與大企業經營者的學生檢討其併購計畫，參加中華易經學會在台舉辦的「兩岸青年論壇」，帶學生提多篇論文赴會，由學生安排見江丙坤，籌謀次年大選事宜等等，確實相當忙碌。

28.澤風大過（䷛）

大過卦為《易經》第二十八卦，繼頤卦之後，下接坎、離二卦，上經三十卦即告終了。頤、大過相錯，談養生送死的人生大事；肉身殞滅之後，坎、離相錯，談的則是精神生命的沉淪或上升，由世俗因果業報的觀點，就是地獄與天堂。大過卦的崩滅死亡，為人生所必經，死後遺臭萬年，還是流芳百世，就看人活的時候怎麼奮鬥了！《孟子‧告子篇》中稱：「生，亦我所欲也；義，亦我所欲也。二者不可得兼，舍生而取義者也。生亦我所欲，所欲有甚於生者，故不為苟得也。死亦我所惡，所惡有甚於死者，故患有所不避也。」所惡有甚於死者，即坎卦的永世沉淪；所欲有甚於生者，即離卦的薪盡火傳，輝煌燦爛。

〈繫辭下傳〉第二章論人類文明的發展，有稱：「古之葬者，厚衣之以薪，葬之中野，不封不樹，喪期無數，後世聖人易之以棺槨，蓋取諸大過。」大過上下二陰爻，中包四陽爻，有棺槨喪葬之象，死亡的意象昭著。喪祭先人為人生大事，孟子在〈梁惠王篇〉稱：「養生喪死無憾，王道之始也。」又在〈離婁篇〉中強調：「養生者，不足以當大事，惟送死，可以當大事。」頤為養生，大過講送死，大過甚至比頤卦的道理還值得重視。

《論語‧述而篇》記子曰：「加我數年，五十以學《易》，可以無大過矣！」《易》為改過之書，以夫子至聖之資，人生經歷豐富之後，再深研易理，也不過往後行事不犯致命失誤，換句話說，還不免小過不斷。《易》下經倒數第三卦為小過卦，和上經倒數第三的大過卦恰成對應，上經講天道，下經述人事，這叫天人相應。

䷛

大過卦卦辭：

棟橈，利有攸往，亨。

大過卦負載過度，有棟樑彎曲之象，中間四陽爻擠聚在一起，兩端二陰爻虛弱，難以承載，也是行將崩壞之象。處此危局，卦辭卻稱「利有攸往，亨」，不退反進，這正是兵法上所謂「破釜沉舟、背水一戰」的道理。非常時期得打破成規，用非常手段處理特殊難題，激發潛力，拚命一搏還有機會，猶疑畏葸就死定了！

〈彖〉曰：大過，大者過也；棟橈，本末弱也。剛過而中，巽而悅行。利有攸往，乃亨。大過之時大矣哉！

《易》例陽大陰小，大過卦即陽氣過盛居中，外二陰爻無法涵容而產生的結構失衡。初爻為本，上爻為末，大過初、上皆虛弱，搖搖欲墜。陽剛雖過，九五、九二分居上下卦之中，可以陰濟陽，矯枉過正而得乎中，這在兩爻爻辭中會說明。內卦巽入而隱伏，外卦兌悅而現，以此搭配行事，展現奇謀，出人意表。處此極險之境，不能退縮，反而要拚命往前突圍，還有機會亨通。大過屬非常時期，出奇制勝的膽識和智慧特別重要啊！

本、末二字，即由樹木取象，「本」字標明在木之根處，「末」字則在木之枝梢。復卦一陽復始，稱「德之本」；剝卦孤陽在上，已瀕臨崩滅末期。陽強陰弱，大過若稱「本末弱」，頤卦則為本末俱強。由頤變大過，出生入死，危殆萬分。

〈象〉曰：澤滅木，大過。君子以獨立不懼，遯世无悶。

大過卦下卦巽為柔木，上卦兌為澤，澤水泛濫淹滅了樹木，也有木船沉沒滅頂之象。大過卦講愛與死，兌卦也是象徵情慾的開竅口，高高在上顯現於外，人生須防縱欲傷身。世變滔滔，人情險惡，君子慎獨自重，以大無畏的精神意志勇敢面對，即便與世不合，蕭然隱遁，心中也絕不鬱悶。

乾卦〈文言傳〉發揮初九「潛龍勿用」的處世哲學：「子曰：龍德而隱者也，不易乎世，不成乎名，遯世无悶，不見是而無悶，樂則行之，憂則違之，確乎其不可拔，潛龍也。」「遯世无悶，不見是而无悶」，耐得住寂寞，自信自肯，正是大過非常之人的寫照。

噬嗑卦六爻中一半言「滅」，初九「滅趾」、六二「滅鼻」、上九「滅耳」，鬥爭殺機瀰漫；剝卦初六、六二「蔑貞凶」，初六〈小象傳〉稱「以滅下也」；大過〈大象傳〉稱「澤滅木」，全卦都籠罩在滅亡的陰影下，尤須敬慎以對。

大過既有死亡之象，千古艱難唯一死，「獨立不懼」，面對死亡毫無懼意。《莊子・大宗師》

稱：「朝徹而後能見獨，見獨而後能無古今，無古今，而後能入于不死不生。」人能大徹大悟，如紅日東昇般，見證到「慎獨」的境界，樹立宇宙的大生命，即可超越肉身的生死，而進入永恆。

占例

● 二〇〇九年四月下旬，我在《聯合報》第三期的《易經》班教占，大家合問的問題為：一年內世界經濟能否復甦？得出不變的大過卦。大過「棟橈」，二〇〇八年九一五的金融風暴爆發後，全球經濟生態陡變，陷入高度動盪不安的大過卦，一年半載不大可能回復舊觀，事後確實如此。

● 一九九五年元旦，我作一年之計，這時問的已不是出版公司的業務，而是自己「第二春」的志業開拓，得出不變的大過卦。「棟橈，利有攸往，亨」。過去多年經營的工作環境，已然徹底崩解，也不可能回復既往，只能以非常的耐心跟智慧摸索新路，下定決心前行，會創造新的亨通。

䷛

初六：藉用白茅，无咎。

〈小象傳〉曰：藉用白茅，柔在下也。

初六處大過危局之初，柔弱在下，以柔濟剛，用白色茅草做鋪墊，以緩和巨大的衝擊，而獲無咎。本爻變，為夬卦（䷪），「剛決柔」，基礎補強以進行決戰。初六上承九二，又與九四相應與，正合以柔濟剛之義，希望挽救陽剛過分亢進之失。

〈繫辭上傳〉第八章：「初六，藉用白茅，无咎。子曰：『苟錯諸地而可矣，藉之用茅，何咎之有？慎之至也！夫茅之為物薄，而用可重也。慎斯術也以往，其无所失矣！』」孔子選了此爻發揮，說明人生敬慎不敗的道理。荒郊野外，我們把東西直接放到地上就可以了，如果還懂得拿茅草掃掃地，再鋪在下面放東西，這麼體貼周到，怎麼會有咎呢？真是敬慎到了極點。茅草在野地裡到處都長，是很微賤的物事，有心人卻可以讓它發揮重大的用途。人生如果懂得運用這種方法往前奮鬥，永遠都不會失敗啊！

孔子講了半天，也沒說放什麼東西在茅草上，而爻辭本身就沒明確指稱。有人說是放供品以行祭祀，大過卦危機深重，基層人心惶惶，會訴求神靈保佑，野外沒有香案神壇，就摘取潔白乾淨的茅草，鋪在地上權當神案，置供品於其上，以表虔誠心志。這個說法可通，伊斯蘭教徒隨身帶一毛毯，任何地方均可對著聖城麥加的方向膜拜，即為一例。初六為下卦巽之初，巽為伏為入，有巽順俯伏之象，又有權變無方之義，荒郊野外不能失了禮數，就地取材以表敬意。「藉用白茅」應該另有所指，更切合「大過，顛也」、愛與死的本意，我們再往下論證分析。

前面頤卦通論時，曾說頤卦論生與食，大過卦談愛與死，下入而上悅，為男歡女愛之象。初六正當巽入之處，爻變夬，為「剛決柔」，豈非交合？上六為兌悅之極，如花般開放，因交而歡樂，欲仙欲死，所以上六稱：「過涉滅頂，凶，无咎。」死而無憾。《詩經・召南・野有死麕》全文：「野有死麕，白茅包之。有女懷春，吉士誘之。林有樸樕，野有死鹿。白茅純束，有女如玉。舒而脫脫兮，无感我帨兮，无使尨也吠。」描述青年男女郊外野合情景，楚楚動人，其實正是「藉用白茅」之義。血氣方剛，情慾衝動之際，還懂得在野地上鋪好茅草，體貼伴侶再行親熱，如此溫柔，能討佳人歡心。其實大過六爻都是情色的意象，或隱或顯，烘托出愛與死的顛狂之情，往下逐爻分析將予點破。

大過以最自然的男歡女愛取象，其寓意可不是僅限於此，而以此為基礎，擴充昇華到人性的各種大愛，情之所至，必要時可以為所愛的對象或理念而死，犧牲小我，以成全大我。「藉用白茅」，以自身為薦席，一身承擔天下的悲苦，任人羞辱踐踏而無怨無悔。明朝鐵血宰相張居正，曾在與友人書中發弘願，願以其身為薦席，使人臥眠其上，便溺垢穢，無所不至；佛菩薩捨身飼虎、割肉餵鷹；地藏王菩薩「地獄不空，誓不成佛」等，皆同此義。清代名臣林則徐，鐵肩承謗，有詩明志：「苟利國家生死以，豈容禍福趨避之？」趨吉避凶的人之常情，在大過卦的非常之愛裡得獲超越。

南宋時金國詞人元好問名句：「問世間情為何物，直教生死相許？」當代小說家金庸將其譜入《神雕俠侶》，成為該書蕩氣迴腸的主題。另一部《倚天屠龍記》中，明教教眾聚義於光明頂，散會時，悲歌慷慨：「焚我殘軀，熊熊烈火。生亦何歡，死亦何苦？為善除惡，唯光明故。喜樂悲歡，皆歸塵土。憐我世人，憂患實多！憐我世人，憂患實多！」頤卦中大半非顛即拂，生有何歡？大過卦「獨立不懼，遯世无悶」，死亦何苦？

占例

●二〇一〇年九月初，美國宣布將從伊拉克撤軍，勝戰後駐軍七年多，死亡四千七百人、傷殘三萬五千人，耗費軍帑逾兆美金，可謂師出無名，又勞而無功。如今被迫撤軍，我問此事本質及其後續影響？為大過卦初六爻動，恰值宜變成夬卦。「大過，顛也」，非常時期的非常行動，夬為重大決策。初六「藉用白茅，无咎」，期望緩和師老兵疲的形勢，安撫國內反戰的民情，以圖歐巴馬競選連任。《焦氏易林》遇大過之夬，詞云：「旁多小星，三五在東；早夜晨興，勞苦無功。」還真說中了這場不義之戰的失敗。

䷛ 九二：枯楊生稊。老夫得其女妻，无不利。
〈小象傳〉曰：老夫女妻，過以相與也。

九二陽居陰位，又上乘初六之陰，於大過卦危難發生不久時，以陰調陽，以柔濟剛，及早挽回危局。楊樹為親水性高的柔木，有水則生意盎然，但若水過多，也會受淹而枯萎，〈大象傳〉稱「澤滅木」，即為此象。「稊」為草木生發的新葉，「枯楊生稊」，枯木逢春，重現生機，植物栽培有所謂嫁接的技術，移花接木而見新生。老夫少妻的配對，雖然不大相稱，只要老夫的年齡沒超過六十四歲，女妻已過十四歲，交合仍能生子，得以傳宗接代，故稱「无不利」。本爻變，為咸卦（䷞），雖非少年男女，黃昏之戀仍可有白髮紅顏之愛。

占例

●一九九五年十二月下旬，我占問：易占的理論基礎究竟為何？得出大過卦九二爻動，有咸卦之象。咸為人人正心誠意都可具備的感應能力，大過為非常，遇大過之咸，表示易占為一種非常感應。〈繫辭上傳〉第十章稱：「以卜筮者尚其占。是以君子將有為也，將有行也，問焉而以言，其受命也如嚮。无有遠近幽深，遂知來物。非天下之至精，其孰能與于此？」又稱：「《易》，无思也，无為也，寂然不動，感而遂通天下之故。非天下之至神，其孰能與于此？」都可為此占作證。

●二○○五年元旦，我作一年之計，問台灣當年的政局如何？為大過卦九二爻動，有咸卦之象。「枯楊生稊，老夫得其女妻，无不利」，〈小象傳〉又稱「過以相與也」。這是何意？其時，前一年三一九槍擊案有關的訴訟皆已結束，藍營敗訴，陳水扁確定連任，國民黨連戰準備交棒，所推動的國親合併未見突破，政局相當窒悶。後來二月二十四日，陳水扁與宋楚瑜握手相會，建立所謂十項共識，兩人間還懸掛「真誠」兩個大字，風雲陡起，震驚了整個政壇。政治意識型態的兩個極端陣營宣布合作，就像老夫少妻的搭配一樣，怪異而不和諧，令一般人很難接受。結果也沒有「无不利」，雙方爾虞我詐，互相利用，沒多久即徹底破局，移花接木未成，非常做法難竟其功。陳水扁二○○六年貪瀆事發，遭遇紅衫軍的挑戰，二○○八年退職後，鋃鐺入獄；宋楚瑜也失去民眾支持，徹底走進「亢龍有悔」的窮途。

九三：棟橈，凶。

〈小象傳〉曰：棟橈之凶，不可以有輔也。

九三陽居陽位，過剛不中，處大過之世，仍剛愎自用蠻幹，雖和上六陰爻應與，上六垂死滅頂，無法發揮以陰濟陽的功能，故稱「棟橈」，難堪過重的負荷，而至棟樑彎折，大凶特凶，任誰也幫不上忙。乾卦上九「亢龍有悔，盈不可久」，〈文言傳〉即稱：「賢人在下位而无輔。」一意孤行，遂遭覆滅。本爻變，成困卦（䷮），窮途末路，一籌莫展。卦辭稱「棟橈，利有攸往，亨」，善用智慧以陰濟陽，還可力挽狂瀾；九三爻辭「棟橈，凶」，強硬偏執到底，終歸無救。

占例

● 二〇〇八年九一五金融風暴爆發後，十一月初美國大選揭曉，歐巴馬當選第一位黑人總統，他首要政務就是拯救美國經濟，我占問他任期內辦不辦得到？為大過卦九三爻動，有困卦之象，「棟橈之凶，不可以有輔也」。遇大過之困，美國經濟沉痾太重，短期內一定沒法脫困，什麼專家也幫不上忙。這些年來的發展，不正是如此？

除了美債，歐債的問題也相當嚴重，而易占早有徵兆。二〇〇五年五月下旬，我問歐元區未來三年的經濟展望，也是大過卦九三爻動，有困卦之象。「棟橈之凶，不可以有輔也」。果然自當時起，歐元區經濟開始走下坡，三年多後金融風暴爆發，更是雪上加霜，左支右絀，也連累了世界經濟而造成恐慌。

● 二〇一二年六月中，我受邀赴美國三大城市演講，在紐約一日遊中，佇足於華爾街的銅牛前，問華爾街對現代文明的影響？大過之困，「棟橈之凶，不可以有輔也」，罪狀明確，難怪近年來會有佔領華爾街的事。

● 一九九三年八月上旬，我已在社會大學文教基金會授《易》兩年，某夜該會負責人的老友來電，力邀參與他製作的「台灣百大企業」的錄音帶專案集資，我算合宜否？為大過卦九三爻動，有困卦之象。「棟橈之凶，不可以有輔也」。顯然不宜投入，遂婉拒，後事果驗。坤卦初六稱「履霜，堅冰至」，由往後十多年的發展回顧，一切演變多半都有跡可尋啊！

䷛

九四：棟隆，吉，有它吝。

〈小象傳〉曰：棟隆之吉，不橈乎下也。

九四陽居陰位，又跟初六相應與，以柔濟剛、轉陰補陽的資源不缺，在九三棟樑壓彎之後，又復隆起而獲吉。陽剛過度生悔，陰柔過度成吝，以陰濟陽恰到好處、恢復平衡即可，若輸入過多，又擺盪到另一極端而成吝。「不橈乎下」，「下」指下卦初六之陰，九四靠本身陰位調整作法即可，若外求初六之陰過多，反而失宜，又成新的橈屈。自力調整，「不橈乎下」，才得「棟隆」之吉。本爻動，恰值宜變成井卦（䷯），依卦序正居困卦之後，困、井一體相綜，澤中無水，就得另鑿井水以紓困。九三、九四皆屬卦中人位，「棟橈」致困，研發調整，「棟隆」轉吉，自己闖的禍，自己設法彌補改善解決。

頤、大過為自綜之卦，卦形結構對稱。物理學上有所謂「鏡像對稱」的觀念，鏡面前的形體投影在鏡內，虛實等距，互成對應。自綜之卦，若以上下卦間為鏡面線，下卦之形剛好與上卦之影相應，初爻與上爻、二爻與五爻、三爻與四爻呈形影相映的關係。大過卦六爻爻辭，兩兩對稱很明顯：九三「棟橈，凶」；九四「棟隆，吉」；九二「枯楊生稊，老夫得其女妻」；九五「枯楊生華，老婦得其士夫」；初六「藉用白茅，无咎」，上六「過涉滅頂，凶，无咎」。頤、大過談生死愛慾的大事，下與上、內與外有因果相照的關係，顛狂人生應時時攬鏡自省，以作必要的調整。曹雪芹的《紅樓夢》又稱《風月寶鑑》，司馬光的通史鉅著稱《資治通鑑》，男歡女愛與朝代興亡，都像照鏡子一樣纖毫畢現，引人深思。

大過談愛與死，六爻皆有情色的意涵，「棟橈」、「棟隆」也不例外。「棟」其實暗喻男根，九三「棟橈」致困，指陽痿不舉，不能人道；九四「棟隆，吉」，悉心整治後，又能勃起交合。以陰濟陽，過頭也不行，三心兩意不專注，「有它吝」，又會「橈乎下」。九三為下巽深入之極，急色挺入不宜；九四為上兌兩情相悅之底，溫火慢燉為佳。

占例

● 一九九七年十月下旬，香港回歸中國已數月，我問公元兩千年之後的十年間，香港的政經形勢？得出大過卦九四爻變，成井卦。「棟隆，吉，有它吝」，「不橈乎下也」。遇大過之井，先經「棟橈」，而後救助整治而棟隆。由後來的實際發展可知，一九九七年底亞洲金融風暴之後，繼之以一九九九年科技網路泡沫化、二〇〇一年「九一一事件」、二〇〇三年SARS肆虐等，對香港經濟都產生非常負面的打擊。之後大陸中央竭力提供優惠扶持，自二〇〇三年七月起復甦，持續五年成長。二〇〇八年九月中全球金融風暴爆發，又造成衝擊，大致二十一世紀的頭十年，合乎大過卦九四爻辭的預言。

䷛

九五：枯楊生華，老婦得其士夫，无咎无譽。

〈小象傳〉曰：枯楊生華，何可久也？老婦士夫，亦可醜也！

九五中正，居大過君位，累聚陽氣過盛，須以陰濟陽，然而上承上六垂死之陰，卻無裨益，故稱「枯楊生華」。華即花，枯萎的楊樹再開花，耗盡元氣，豈非加速滅亡？老太太與小伙子搞不倫之戀，如老婦過了四十九歲，少男十六歲以上，雖可滿足性慾，卻不可能生小孩，而且會飽受議論。為了追求生命最後一點璀璨的光輝，不計世俗毀譽，任性癲狂，但肯定不能持久。由於高居君位，別人也不好公開批評，多半保持沉默，故稱「无咎无譽」。坤卦六四爻辭：「括囊，无咎无譽。」〈小象傳〉解釋：「慎不害也。」即同此意。大過九五爻變，為恒卦，本意希望長長久久，卻註定不能長久，人生願欲難償，其若是乎？大過卦為動盪非常，恒卦為恆常穩定，常與非常之義在一般是衝突的，大過卦君位考量特殊，可兼而有之。

《易》卦居君位的第五爻，無論是非善惡、成功失敗，幾乎爻辭本身皆無負面批判，這與中國傳統避諱的精神有關。擁有最高權力者影響深重，為組織及廣大群眾計，我們期望領袖能做正確的事，即便犯錯，也希望能勸善回頭，這並非阿諛逢迎，而是與人為善。當避諱成為一種慣例時，別人也會推知，其實仍在嚴厲批判，只是表達的比較委婉而已。《春秋經》中即有避諱的體例，所謂「為尊者諱，為親者諱，為賢者諱。」研究中國傳統文化者，不可不知。舉《易》例而言，蠱卦卦六五本身可能就是最需改革的對象，爻辭卻只稱：「幹父之蠱，用譽。」〈小象傳〉稱：「承以德也。」噬嗑卦六五殺人不見血，幕後搞鬥爭，爻辭稱：「噬乾肉，得黃金，貞厲。」這些我們在前文中皆已闡明，習《易》者當有所會心。

大過為由生至死之卦，上六滅頂為死，九五瀕臨崩滅死亡，不顧一切掙扎求生，時不我與，其情可憫。九二「枯楊生稊」，救援的早能回春；九五「枯楊生華」，只能曇花一現，瞬即凋謝。

人病危彌留之際，有迴光返照的現象，生命如風中殘燭，最後還會爆出煙花，才完全熄滅，皆同此象。醫學上又有植物人安樂死的爭議，要不要拔管延續復原渺茫的生命，一直難以定論。再如金融風暴，許多垂死企業、銀行甚至政府、國家負債嚴重，瀕臨破產邊緣，規模大到不能倒，還有實力救援的，該不該救？這些都是大過卦九五要考慮的艱難問題。頤卦上九力挺六五，說得通；大過卦九五要怎麼做，就費思量了！

頤卦六二、六四稱「顛頤」，生中已含死象；大過卦九二、九五稱「枯楊生」，將死拚命求生。《莊子・齊物論》有稱：「方生方死，方死方生。」前文屯、蒙二卦相綜，已經提過；此處頤、大過相錯，亦含此意。大過卦為情色之卦，「枯楊生華」，又有水性楊花之意，舊社會譏女性色慾深重、交往隨便云云。

「老婦士夫，亦可醜也」，未必全為輕賤之意，「醜」也是類的意思，眾生戀情形形色色，老夫少妻可以，為什麼老妻少夫就不行？這種老少配也是其中一類，外人不容置喙，所以爻辭稱「无咎无譽」。觀卦六二「闚觀，利女貞」，〈小象傳〉稱「亦可醜也」，婦人之見也是一種常見的觀點，人生還是多學習寬裕包容。

占例

● 一九九八年十二月中，我研究一系列相錯綜兩卦的問題，問及剝、復相綜整體的意義，為大過卦九五爻動，有恒卦之象。剝極而復，生命一代一代滅盡又生，以此成就永恆。「枯楊生華」，個體生命必不能久；「老婦得其士夫」，只有在超越尋常的愛裡，解脫對死亡的恐懼。

上六：過涉滅頂，凶，无咎。

〈小象傳〉曰：過涉之凶，不可咎也。

上六居外兌之頂開竅處，當大過危局之終，不顧一切強行過河，終遭滅頂之凶。下接滔滔洪流的坎卦，應驗了〈序卦傳〉所言：「物不可以終過，故受之以坎。坎者，陷也。」「凶」後接「无咎」，是什麼意思？〈小象傳〉為什麼又稱「不可咎」呢？

過去許多解釋「无咎」，是說滅頂雖凶，堅持原則為所愛所信者獻身，視死如歸的精神可佩，所以不可咎責。中國過去有「知其不可為而為之」的殉道精神，殺身成仁，捨生取義，與大過卦此爻相當。這個講法當然說得通，但本爻也可以作策略運用的另解，就是悍不畏死，不惜玉石俱焚，與敵人同歸於盡。人一旦豁開了拚命，再強的敵人也會膽寒，有時反而置之死地而後生，不怕「過涉滅頂，凶」，而獲平安无咎。日本在二戰末期崩滅邊緣，成立神風特攻隊，進行自殺攻擊，雖未能扭轉敗局，也帶給美軍極大的損失。九一一發生在紐約的恐怖攻擊事件，之所以震撼人心，並因而改變了世局，也是伊斯蘭戰士的悍不畏死。這些都是大過卦上六的極端行為，「過涉滅頂」，雖「凶」但「无咎」。金融風暴後，一些出問題的大企業不惜放倒，政府還不得不救，藉此要求紓困而獲無咎。本爻變，為姤卦（䷫），先滅而後新生，既是危機，也可能是轉機。日本有所謂「會社更生法」，藉倒閉結束不堪收拾的現狀，再破產重整，都有此爻意味。

以男女情色視之，「過涉滅頂」就有殉情之意，死而無憾；上六為兌卦情慾的開竅口，也有縱慾傷身，甚至交歡中過度興奮致死，牡丹花下死，做鬼也風流，俗稱「馬上風」云云。爻變姤，正是外遇交歡之意。

綜論大過卦六爻，全為男歡女愛之意象：九二老夫少妻、九五老妻少夫，九三陽痿不能人道、九四矯治恢復性功能、初六野合、上六縱欲亡身。情欲於人大矣哉！老少配，年齡不是問題；野合，場所沒有關係，「棟橈」、「棟隆」，更是千古男性心事，其實也是交歡前後的不同情狀。

占例

● 一九九七年十月下旬，我占問公元兩千年後三年內，香港的政經形勢如何？為大過卦上六爻動，有姤卦之象，「過涉滅頂，凶，无咎」。事實上真的很糟，繼一九九七亞洲金融風暴、一九九九科技網路泡沫化之後，二〇〇一年九一一恐怖攻擊、二〇〇三年SARS肆虐流行，對香港經濟都造成嚴重衝擊，大陸伸以援手，提供各種優惠條件，二〇〇三年七月起開始慢慢復甦。正是因為占到此象，給剛回歸祖國的香港蒙上陰影，我才繼續問兩千年後十年間香港的情勢，如前例得出大過卦九四，爻變成井卦，整治後「棟隆，吉」，比上六極度危險的狀況好太多矣！

● 二〇〇八年五月中，我在蘇州參加孫子兵法會議後，轉赴上海幾天辦事，與某家出版社的人談判，他將我要出的《易經與現代生活》簡體版無理擱置甚久，違反合約精神。偕上海友人赴彼處面洽時，搞得很不愉快，最後仍未翻臉，增訂協議附時限罰則，繼續合作。談完回到住宿處，仍忐忑難安，占問出書前景，為大過卦上六爻動，有姤卦之象。「過涉滅頂，凶，无咎」。這回談判衝突，似乎有打出殺手鐧，置之死地而後生的味道，雖凶而無咎。後來其實仍舊拖沓了好一陣，再經一次折衝，才於一年多後出書，算是極不順遂的一次痛苦經驗。

多爻變占例之探討

以上為大過卦爻之基本理論及占例，往下再探討多爻變更複雜的情況。

二爻變占例

占事遇卦中任意二爻動，若其中一爻值宜變，為主變數，另一爻為次變數，考量二爻辭及本卦卦辭卦象之意義以判斷；若皆不值宜變，以本卦卦辭卦象為主，也參考二爻皆變所成之卦，思考其中可能的意含。

●二〇一〇年三月下旬，我針對世界主要貨幣未來之國際地位作預測，其中歐元十年後的地位為大過卦初、五爻動，齊變有大壯（䷡）之象。金融風暴後，歐債問題嚴重，所謂「歐豬四國」（即歐元區的 Portugal 葡萄牙、Italy 義大利、Greece 希臘、Spain 西班牙四個南歐國家，合稱 PIGS）快要拖垮整個歐盟的經濟體系。大過代表超負荷，可能崩解，「大壯則止」，固守則可，切忌衝動，否則一定出事。大過卦初六「藉用白茅，无咎」，民生基層生計似乎可得到支撐，而緩和衝擊。九五「枯楊生華，老婦得其士夫，无咎无譽」；歐盟大國的領導階層會設法救治，出很多花招，但未必真正有用。治標未能治本，短期振興，長期仍會衰頹。「大過，顛也」，未來十年相當動盪而艱苦。

我接著再問二十年後呢？為小畜卦（䷈）初、五、上爻動，上九值宜變成需卦（䷄），貞悔相爭成升卦（䷭）。此例已於小畜卦三爻變中討論過，可見歐元區經更長時間的努力，仍能突破「密雲不雨」的難局，恢復成長。

●二〇一一年八月上旬，美國國債信用評等遭標準普爾公司降級，維持七十年之久的AAA被降成AA+，動人觀瞻。我時在北京主持首屆精英班的《易經》教學，針對可能造成世界經濟的衝擊占問，為大過卦二、五爻動，齊變有小過卦（䷽）之象。「大過，顛也」，影響不小，轉成小過，還不至於太嚴重。大過卦九五「枯楊生華」，領導階層出面救治，華而不實，治標而未治本，長期仍會出問題；九二「枯楊生稊」，「無不利」，民間企業嘗試調節，可能轉危為安。兩下對沖，暫時還可減輕衝擊，不至於立刻出大事。

●二〇〇三年三月中，我為習《易》多年的學生開新課，以相錯的關係為主串講全經六十四卦，教他們精確掌握相反相成的高深易理，課程命名為「別開生面」，為期一年。我開課前問這種教法的前景，為大過卦二、五爻動，有小過卦之象。「大過，顛也」，這種非常新穎的教法，對學生負荷甚重，小過為小鳥練飛之象，「宜下不宜上」，初期只能小心謹慎低低地飛，不能好高騖遠。大過卦九二「枯楊生稊」，「无不利」，移花接木，湧現嶄新的生機，正合了別開生面的期許，有些學生應能獲益。九五「枯楊生華」，「无咎无譽」，也有些學生未能務實理會，徒勞而難成。

其實這樣的實驗教學，真正受益的是我自己，多年研《易》，至此又有新猷，對卦爻間錯綜交互的變化，全面體系性地深悟理解，教學相長，確非虛言。

●《易經》卦中有卦，所謂互卦的說法流傳已久，還說跟〈繫辭下傳〉第九章相關：「《易》之為書也，原始要終，以為質也；六爻相雜，唯其時物也。其初難知，其上易知，本末也；初辭擬之，卒成之終。若夫雜物撰德，辨是與非，則非其中爻不備。噫！亦要存亡吉凶，則居可知矣！」中爻應指二至五的中間四爻，以二至四為下卦、三至五為上卦，可組合成一個六劃卦，藏在本卦中發揮影響，稱為互卦。民初周善培著《周易雜卦證解》一書，根據「六爻相雜」的傳文，認定初、上爻亦可納入，組合成更多的卦中卦，如此則一卦中含有五個互卦，皆對本卦產生潛在的影響。此說新穎有趣，我於一九九七年十月中旬，占問能成立否？為大過卦二、五爻動，有小過卦之象。「大過，顛也」，立論非凡，小過「可小事，不可大事」，還不宜大肆運用。大過卦九二「枯楊生稊」，「无不利」，確實推陳出新，別開生面；九五「枯楊生華」，「无咎无譽」，也有華而不實之處，未必完全通達。多年來教學，不斷檢驗印證，大致如此。

●一九九七年十月初，我一個朋友兼學生習術數出身，離開職場潦倒甚久，很想將易占應用於股市投資上，賺一票以益生計。我占問合宜否？為大過卦初、四爻動，有需卦（䷄）之象。「大過，顛也」，基於純牟私利的需求用易，非正道也。初六「藉用白茅，无咎」，敬慎方能不敗；九四「棟隆，吉」，一旦遭遇挫折，得以柔濟剛調整，「有它，吝」，矯枉過正，還會出現新的問題，很不好搞。「易為君子謀」，「有是德，方應是占」，前賢警示並非虛言說教，這位老兄從未在股市獲利，至今也沒脫離窮困潦倒的生活境遇啊！

●二〇〇三年元月上旬，我赴高雄一位商界的學生處，六年多前見過的一位前省議員也到場，她仍困於貪瀆起訴的官司中，知我南下，遂前來請益。我算她全年運勢，為大過卦五、上爻動，有鼎卦（䷱）之象。「大過，顛也」，又屬震宮遊魂之卦，壓力沉重；鼎為公權力的象徵，貪瀆云云，就是多吃了鼎中不該吃的肉湯。大過卦九五「枯楊生華，何可久也？」上六「過涉滅頂，凶」，情勢已至崩滅邊緣，生機相當渺茫。當年五月下旬，台灣高等法院二審結果，將多年前初審判的十年半刑期，減為七年半，境遇沒改善多少。

早在一九九六年十月中旬，我就見過她跟弊案的主角，當時還是南部在任的縣長，捲入官司都很惶惑不安。當時我算那位縣長運勢，也是連出三個大過卦，即便爻有些出入變動，都是凶象昭著，難有善解。沒多久他赴北部法院應訊，即被當庭收押，初審終審都判了重刑。二〇〇一年俟機潛逃，二〇〇三年還名列十大通緝要犯，二〇〇八年九月染病而亡。大過之凶險，何其酷烈哉！

●二〇〇四年三月下旬，三一九槍擊案影響選舉剛過，台灣社會陷入動盪，形式上陳水扁還是以極微差距險勝。我問他最後能得逞否？為大過卦三、四爻動，有坎卦之象。「大過，顛也」，坎為險關不斷，顯然超負荷，很不輕鬆。大過卦九三「棟橈，凶」，九四「棟隆之吉，不橈乎下也」，先橈後隆，似乎又能強渡關山而獲吉。後事果驗，「大過之時大矣哉！」「險之時用大矣哉！」大過節氣屬十月中，坎屬冬至，當年所有官司在年終前勝負底定，扁當選已再難推翻，他真的得逞大願。

遇大過之坎，《焦氏易林》的斷詞為：「坐爭立訟，紛紛訩訩，卒成禍亂，災及家公。」扁一連任，給他自己及台灣都帶來災禍，倒是說的很切啊！

●一九九五年元旦假期，我作決心轉換的一年之計，前述全年為不變的大過卦，再算第一季的發展，又是大過卦三、四爻動，有坎卦（䷜）之象。「棟橈，凶」，「棟隆，吉，有它吝」。逝者已矣，來者可追，出版公司的種種病入膏肓，誰也救不了！自己的志業大可調整身心後追尋，專心一致，再無懸念。大過〈大象傳〉稱：「澤滅木，大過。君子以獨立不懼，遯世无悶。」正是我當時暫留公司、沉潛讀書之境遇。坎卦〈大象傳〉稱：「水洊至，習坎。君子以常德行，習教事。」人生一波未平，一波又起，勇敢而堅毅地接受一關關的衝擊與考驗吧！

● 一九九六年元月底，我已不管事，公司股爭持續惡化，市場派大股東跟老闆正面對著幹，又是分家，又是焦土抗戰什麼的，上下不寧。我問風暴中自己的最佳對策，為大過卦初、上爻動，有乾卦（䷀）之象。「大過，顛也」，劇烈動盪瀕臨覆亡；乾卦行健，自強不息。他們愛鬥的繼續鬥，我堅定走自己要走的路。初六「藉用白茅，无咎」，「柔在下也」，柔軟承受就是，沒什麼大不了！上六「過涉滅頂，凶，无咎」，這邊就算不能免於覆亡，盡過力了，也無遺憾。

● 二〇一一年二月下旬，我的恩師毓老本欲到我們學會一觀，當天早上作好一切準備，開車去接駕時，半途接獲師兄嫂電話，老師臨時身體不適，必須取消。我問奉元大業的後續發展，為大過卦三、五爻動，有解卦（䷧）之象。「大過，顛也」，解有解脫之意，九三「棟橈，凶」，九五「枯楊生華，何可久也？」領導者可能來日無多，這是我們做學生的心中最大的憂慮。大過卦又屬震宮遊魂之卦，〈大象傳〉稱「獨立不懼，遯世无悶」，合乎老師潛龍處事的風格。結果憂慮成真，三月二十日清晨，老師以一〇六歲高齡辭世，泰山其頹，樑木其摧，令人哀慟。

● 二〇〇九年三月中，我在工商建研會上一月一次的課，班長是急公好義的女強人，她老父空軍中將退伍多年，健談風趣，跟大家也很熟，不幸當年春節泡溫泉時，病發過世。她問七七之後老父的「境遇」？我占得大過卦初、三爻動，有兌卦（䷹）之象。「大過，顛也」，為震宮遊魂卦，初六「藉用白茅，无咎」，九三「棟橈，凶」，死而無憾？兌卦「亨利貞」，〈彖傳〉稱「忘勞忘死」，又為後天八卦正西方之位。老先生應該含笑九泉，已登極樂。

●二〇一三年五月中，我在北京講學多日，《易經》班學員合占一卦，問中華傳統文化未來五年的發展。得出大過卦二、三爻動，齊變有萃卦之象。大陸經文革後數十年，傳統文化確有嚴重斷層，承接不易。九二「枯楊生稊」，重新嫁接顯現生機；九三「棟橈，凶」，急躁不得。萃卦之前為姤卦，其後為升卦，有心人應利用難得機遇，全面推升傳統文化的振興。

●二〇一五年二月中旬，我們一家人在蘇格蘭旅遊，登臨天空島高地時，濃雲密雨，冰雹切面，我不慎失足滑跤，接著內人重摔兩次，左手骨折，立刻送到當地醫院照X光，上石膏固定。後面的行程她就待在旅館中休憩，大家憂心忡忡，我問預後如何？為大過卦四、五爻動，齊變有升卦之象。「大過，顛也」，屬非常事故；升卦則「元亨，南征吉」，返台後應無大礙。大過卦九四「棟隆，吉」，已經接續折骨，九五「无咎无譽」，應該還好。後來確實沒事，當地有公醫制度，態度親切且完全免費，如果類似意外發生在美國，可得花大錢消災了！

三爻變占術

占事遇卦中三個爻動，齊變所成之卦為悔，本卦為貞，稱貞悔相爭，合參兩卦卦辭卦象判斷。若本卦其中一爻值宜變，影響較大，加重考量其爻辭。

●二〇〇三年底，我在《中國時報》藝文沙龍日夜兩班授易，剛好都教到大衍之術的占法。由於次年大選在即，日班問連宋勝算，為不變的升卦；夜班問「水蓮配」勝算，為大過卦初、五、上爻動，初六值宜變成夬卦，貞悔相爭成大有卦。升卦氣勢高漲，一帆風順，當然看好。「大過，顛也」，落後的壓力甚大，非常時期逼出了非常做法。初六「藉用白茅，无咎」，「茅之為物薄，而用可重也，慎用此術以往，其无所失矣！」爻變夬，居然又可取得決戰的資格。初六為基層民意，什麼方法本輕利重，會收此宏效？九五居君位，「枯楊生華……无咎无譽」，有「括囊」絕密的妙計花招反敗為勝？上六「過涉滅頂，凶，无咎」，拚命把所有人拖下水，死纏爛打反而无咎？大有「元亨」，由大過變大有，箇中似有玄機。後來我們再問：「藉用白茅」是指什麼？為不變的咸卦，訴諸感情用事的民粹？雖然如此，敬慎小心，仍防不勝防。

三一九槍擊案發生，一夕翻盤，大有強過升卦，陳水扁連任成功。再審視卦爻，才恍然大悟：兩顆子彈太便宜，苦肉計煽動民粹就是「白茅」！舉辦公投，把美國都拖下水，就是「枯楊生華」的妙計啊！

●二〇〇〇年十一月上旬，我提前預占二〇〇一年的諸般大勢，中國大陸的國運為大過卦二、四、五爻動，九五值宜變成恒卦，貞悔相爭成謙卦。「大過，顛也」，遭遇問題壓力不輕，謙卦和平有終，又能處置得宜，圓滿解決。九二「枯楊生稊」，「无不利」，九四「棟隆，吉」，九五君位「枯楊生華……无咎无譽」，爻際上下配合不錯，可能也是通過難關考驗的原因。當年四月初，發生海南島中美撞機事件，造成兩大國的外交危機，經多時周旋，以美國輕度致歉和平落幕；經濟成長相當可觀，國際影響力日益增強，和平崛起的態勢十足，皆合乎卦象所示。九五爻動，也顯示二〇〇二年最高領導人即將交替，更需注意大局的安危。

●二〇〇八年元月下旬，我給老同學開講《春秋經》的微言大義，這是比《易經》還難的學問，前後也講了一年多。一位習《易》並不久的年輕學生有占，問《春秋》大義為何？得出大過卦二、四、五爻動，九五值宜變成恒卦，貞悔相爭成謙卦（䷎）。大過為癲狂亂世，謙卦和平有終，遇大過之謙，正是《春秋》之志，撥亂反正，以行王道於天下。大過卦九二「枯楊生稊」，「无不利」，藉《春秋》時史事為況，嫁接進新王革命的思想主張；九四「棟隆，吉」，力挽亂世沉淪崩頹的人心；九五「枯楊生華……无咎无譽」，密藏革除舊制、貶天子的民治思維，又示為尊者避諱的《春秋》筆法。這個學生聽講前，根本不識《春秋》宗旨，藉由誠心易占，卻一樣出現如此精切入微的卦象，易占的感應機制，真是令人讚嘆！

●二〇一〇年元月下旬，我問佛教輪迴說的基本認定應如何評估？為大過卦二、三、五爻動，九五值宜變成恒卦，貞悔相爭成豫卦（䷏）。大過瀕臨肉身死亡，信眾不怕死，相信靈魂轉世投胎又可再生。豫卦夙緣先定，還有來生可預期，〈大象傳〉稱：「先王以作樂崇德，殷薦之上帝以配祖考。」大過卦九二「枯楊生稊」，「无不利」，靈魂換個新的肉體重生；九三「棟橈，凶」，九五「枯楊生華，何可久」，此生結束，再依樣重來一遍。大過卦為震宮遊魂之卦，〈繫辭上傳〉第四章稱：「精氣為物，遊魂為變，是故知鬼神之情狀。」

●二〇一一年十一月十九日，我們學會在桃園龍潭鄉宏碁集團的渴望園區辦秋季研習營，請了涂承恩老師來談「生命演化的奧秘」。他曾在美國約翰霍普金斯大學暨德國柏林醫學院研究，深入了解分子生物學的最新發展，而當時激起他學習熱情的問題，就是「生命究竟是什麼？」我在台下聽得會心，一邊占問：「什麼是死亡？」得出大過卦二、三、五爻動，九五值宜變成恒掛，貞悔相爭成豫卦。《易經》對死亡的解釋與輪迴之象相同，合乎情理，也耐人尋味。大過的〈大象傳〉稱：「獨立不懼，遯世无悶。」相信死後仍有生命輪迴，就不會那麼怕死了！

●二〇一〇年十月初，我們周易學會改組人事，以整治積弊，當天開大會前，我問順利否？為大過卦初、四、五爻動，九四值宜變成井卦，貞悔相爭成泰卦（䷊）。「大過，顛也」，顛覆原體制以撥亂反正；泰卦「小往大來」，「吉亨」，調整後可通暢。大過卦初六「藉用白茅，无咎」，從新鋪墊立基；九四「棟隆，吉」，用心矯正義無反顧，困而鑿井，與時革新；九五「枯楊生華……无咎无譽」，領導班子汰舊換新，不得不為。當天會議結果，全如預期。

●二〇一五年十一月中，緬甸翁山蘇姬贏得大選，多年的民主改革似乎成功了。我問往後執政績效，卻是大過卦二、三、上爻動，貞悔相爭成否卦。「大過，顛也」，民主鬥士一生努力顛覆了舊政權，九二「枯楊生稊」嫁接新枝，九三「棟橈，凶」難當大任，上六「過涉滅頂，凶，无咎」，再變成否卦「大往小來，不利君子貞」，不妙之至。推翻舊的，不代表就能創造新的，馬上得天下，不能馬上治天下。

●二〇一七年二月底，我應邀赴上海授《易》，主辦方是健康管理的某機構，現場聽眾有五、六百人，海報文宣為「奔逸絕塵，守正出奇」，我的講題為「易學管理二〇一七」。兩小時半一氣呵成，看似流暢，我問效果如何？為大過卦三、四、上爻動，九四值宜變成井卦，貞悔相爭為渙卦。看來大多學員負荷過重，吸收困難。九三「棟橈，凶」，九四「棟隆，吉」，還勉強調整改善，上六仍「過涉滅頂，凶，无咎」。渙卦風行水上，為文化傳播之象，勉力為之。

占事遇卦中四個爻動，以齊變所成之卦的卦辭卦象為主，思考由本卦變為之卦的情由。若四爻中某一爻值宜變，影響較大，稍加重考量其爻辭。

●二〇一一年元月中，我高齡八十六的老母親不慎跌跤，急診住院開刀，我問手術順利否？為大過卦初、二、三、五爻動，齊變成震卦（䷲）。「大過，顛也」，為失足之象；震為足，應可恢復正常行動。大過卦初六「藉用白茅，无咎」，以柔鋪墊緩和衝擊；九二「枯楊生稊」，「无不利」，手術接合重現生機；九三「棟橈，凶」，大腿髖關節處受傷較重；九五「枯楊生華，何可久」？畢竟年事已高，往後更得小心謹慎。手術順利，但幾年來多少影響行走，有時得靠輪椅代步。

●二〇〇三年十月中，我在安陽參加兩岸易學會議，旅舍中問：左臉面痣循學生介紹，返台就醫切除如何？為大過卦初、二、三、四爻動，成屯卦（䷂）。「大過，顛也」，以雷射手術除斑，屯為新生，「動乎險中，大亨貞」。大過卦初六「藉用白茅，无咎」，九二「枯楊生稊」，「无不利」，九三「棟橈，凶」，九四「棟隆，吉」，顯然合宜。返台後就醫，一切順利，恢復容光。

●二〇一一年四月中旬，我的《四書的第一堂課》改編為兩冊繁體版在台出書，時報出版公司安排盛大的新書發表會，我還要專題演講介紹《四書》的內涵。準備投影片時，我問如何闡述為宜？為大過卦初、二、五、上爻動，九二值宜變成咸卦，四爻齊變成離卦（䷝）。大過負荷不輕，對一般讀者並不易深入了解，離卦看重文明的薪盡火傳。遇大過之離，仍以講明真理為要。大過卦初六「藉用白茅，无咎」，九二「枯楊生稊」，「无不利」，中華古典重現生機；九五「枯楊生華」，上六「過涉滅頂」，世俗誤解的表象讓它消逝。當天一個多小時的發揮精義，相當成功，許多人印象深刻，眼界大開。

●二〇一一年七月下旬，我在北京主講菁英班的《易經》兩整天，自覺很賣力，趕飛機回台時占問成效？為大過卦初、三、四、五爻動，齊變成臨卦（䷒）。大過卦表示對一般學員來說，含金量甚高，要完全搞懂不易。初六、九四不錯，九三、九五辛苦；臨卦「教思无窮，容保民无疆」，一旦解通大徹大悟，功力當可大為精進。

●二〇一二年八月中旬，我在學會開的「十翼齊飛」二十堂課結束，將所有《易傳》及《中庸》、《大學》融會貫通講授，檔次甚高，精義頗多。晚上的謝師宴席開三大桌，觥籌交錯中我問績效如何？竟得出不變的困卦（䷮）。搖搖頭再問，為大過卦二、三、四、五爻動，九三值宜變為困，四爻齊變成坤卦（䷁）。看來對學生來說負荷真的過重，九二、九四還不錯，九三、九五太吃力，程度也有參差不齊，令人著實無奈。

●二〇〇〇年七月中，我問：「中」究為何意？為大過卦二、三、四、五爻動，九三值宜變成困卦，四爻齊變成坤卦。大過陽氣過盛，九三「棟橈」更火爆，四陽齊變成坤，以陰濟陽，以柔化剛為中道。九二「枯楊生稊」，九五「枯楊生華」，九三「棟橈，凶」，九四「棟隆，吉」，致中和的過程並不容易，特需費心講究。

●二〇〇六年七月上旬，我給學生講三十六計與《易經》的關係，其中「苦肉計」的占象為大過卦初、二、四、五爻動，四爻齊變成明夷卦（䷣）。大過承擔身心大苦，明夷「利艱貞」，以圖取信於敵，翻盤獲吉。

●二〇一五年七月中旬，我在大陸作「華夏始祖文化之旅」，因月初在濟南時與某地產公司女老闆聚晤，曾討論當地開《易經》班的可能性，遂評估占算，為大過卦初、二、三、上爻動，九二值宜變成咸卦，四爻齊變為无妄卦。初六「无咎」、九二「无不利」、九三「棟橈，凶」、上六「過涉滅頂，凶」，發展態勢不佳，變无妄卦，還是別指望吧，後果然未成。

●二〇一五年十二月初，我在高雄與友人在其家中聚晤，過去彼此合作多年辦公益講座，出版錄音錄影教材，基本上關係不錯。時勢環境變動，針對網路媒介盛興，他提出新的企劃，我不得不猶豫了！直覺上難以為繼，再占卦檢驗，為大過卦三、四、五、上爻動，上六值宜變成姤卦，四爻齊變為蒙卦。九三「棟橈，凶」、九四「棟隆，吉」、九五「枯楊生華，何可久」，最終是「過涉滅頂，凶」，果然畫上休止符。

29. 坎為水（䷜）

坎卦為八卦之一，取象為水為險陷。坎字有「欠土」之意，地層下陷造成地面坑坑洞洞，坎坷不平，河川水深洶湧滅頂，山坡地崩坍成泥石流，甚至太空中吞噬一切的黑洞等，皆為坎象。江湖險人心更險，坎卦繼大過之後，也象徵末法時期人心墮落、習氣深重，有地獄眾生相。坎後為離卦，兩卦相錯，為六爻全變的關係，冒險犯難若能成功，前途將燦爛輝煌。

〈序卦傳〉稱：「物不可以終過，故受之以坎。坎者，陷也。陷必有所麗，故受之以離。離者，麗也。」「大過，顛也」，高度動盪的非常時期不可能太久，若救不回來，即落入坎險。落水之人為掙扎求生，雙手一定亂抓，希望攀附住任何物件，以脫離險境，重見光明。離卦為火、為日、為人群網絡，麗為附麗附著，兩頭鹿相依相偎溫暖動人的情景，所謂伉儷情深。人類歷盡艱險，創建光輝燦爛的文明，也是先坎後離。

〈雜卦傳〉稱：「離上而坎下也。」離為火往上燒，坎為水往下流，童稚皆知。宇宙間一切往上提升、嚮往光明的能量皆為離；一切向下沉淪、陰暗幽深的業障皆為坎。公元兩千年台灣跨世紀大選，李遠哲站出來力挺陳水扁，說結束國民黨政權即向上提升，避免繼續向下沉淪。結果民進黨上台執政八年，情形恰恰相反，得諾貝爾化學獎的科學家未免太無識人之明。

〈說卦傳〉稱：「坎者，水也，正北方之卦也，勞卦也，萬物之所歸也，故曰勞乎坎。」又稱：「離也者，明也，萬物皆相見，南方之卦也。聖人南面而聽天下，嚮明而治，蓋取諸此也。」這章說的是後天八卦方位，先天屬體，後天為用，離南坎北在中醫、風水等領域應用甚廣。坎水陰寒居北，奔流千里入海，似人勞頓終生還歸寂滅之象。離火光明溫暖居南，照耀萬物纖毫畢現，也象徵人際縱橫交織的互動關係。過去政府機關從皇宮到縣衙，一律座北朝南，避北方寒風侵襲，採光向陽，同時象徵政治嚮往光明、為民謀福之意。南面為王、北面稱臣，已為文化傳統的慣例。《論語・雍也篇》首章：「子曰：雍也，可使南面。」冉雍字仲弓，為孔門高才，孔子稱讚他有人君之度，可南面治理天下，正合孟子主張「人人皆可為堯舜」之義。仲弓蒙夫子誇獎，發揮君王無為而治的精義說：「居敬而行簡，以臨其民，不亦可乎？」領導人君臨天下，抓政策大方向，勿躬親庶務，化繁為簡，以簡御繁，即南面而聽天下，聽取臣下報告，做出正確裁斷。人臣之道正好相反，聽取指示，辛苦執行，故稱坎為勞卦。謙卦九三「勞謙」，一陽夾處於二陰之中，為「勞乎坎」之象，「勞而不伐，有功而不德，厚之至也」。

〈說卦傳〉第三章：「天地定位，山澤通氣，雷風相薄，水火不相射，八卦相錯。」這是說的先天八卦方位，乾天南，坤地北，離東坎西，兌東南艮西北，震東北巽西南，相錯的卦兩兩相對。乾、坤、坎、離分居四方，稱為「四正卦」，震、巽、艮、兌在對角，稱「四隅卦」。上經始乾坤終坎離，三十卦除隨、蠱、頤、大過四卦外，皆由乾、坤、坎、離的三劃卦構成，天地水火為其基本元素。下經震第五十一、艮第五十二、巽第五十七、兌第五十八距離很近，雷、風、山、澤也是下經三十四卦構成要素，僅晉第三十五、明夷第三十六、既濟第六十三、未濟第六十四為例外。上經闡天道，以四正卦為基，天地無私，水火無情；下經述人事，以四隅卦組成，人情難免偏執。

先天為體，後天為用，體用配合恰當，萬事皆宜。《易》卦有先後天同位者，如天火同人（䷌）、火天大有（䷍），乾天先天居南，離火後天居南，天人合一，締造王道文明。地水師（䷆）、水地比（䷇），坤地先天居北，坎水後天居北，山川形勢蘊育鬥智鬥力的兵法與謀略。水天需（䷄）、天水訟（䷅）、火地晉（䷢）、地火明夷（䷣），先後天南轅北轍，內外體用不合，卦爻中多紛爭罣礙。其他如火雷噬嗑（䷔）、雷火豐（䷶），先後天同居東方；風地觀（䷓）、地風升（䷭），先後天同居西南；山天大畜（䷙）、天山遯（䷠），先後天同居西北；山雷頤（䷚）、雷山小過（䷽），先後天同居東北；澤風大過（䷛）、風澤中孚（䷼），先後天同居東南；澤水困（䷮）、水澤節（䷻），先後天同居西方。以上諸卦都有體用相合的性質，值得習《易》者用心體會。

坎卦用於事業經營上，就是風險評估及控管的問題。風險與危機不同，危機是瞬間爆發，須在第一時間當機立斷，做好處置，以免失控擴大，姤卦五陽下一陰生，正當此象。風險可能為結構裡蘊含的長期風險，須深入洞察，以防範或運用。

䷜

坎卦卦辭：

習砍。有孚，維心亨，行有尚。

坎卦卦名前加一「習」字，為諸卦特例，值得注意。「習」為小鳥練飛，屢仆屢起，人生在世必遇險難，就在險難中學習奮鬥生存，這是必修的學分、必要的道場，如此才能成熟壯大，才能開創下一卦離的錦繡前程。坎卦爻象爻辭中，有深陷囹圄中的政治犯之象，似為三千多年前周文王姬昌羑里之囚的經驗省思，文王可能作卦辭時編入，作為可推廣的普世教訓，故而加一「習」字。

人生在險難中學習，首重誠信，對未來充滿信望愛，維持自己內心世界的亨通，如此前行，必有脫險的希望。需卦外坎險、內乾健行，卦辭稱：「有孚，光亨貞吉，利涉大川。」也是靠信心渡過險難。下經的小過卦（䷽），卦形卦義就是小鳥練飛，前為中孚，後為既濟，也是先有信心，後渡彼岸，意旨與坎卦辭相通。

〈彖〉曰：習坎，重險也。水流而不盈，行險而不失其信。維心亨，乃以剛中也。行有尚，往有功也。天險不可升也，地險山川丘陵也，王公設險以守其國。險之時用大矣哉！

〈彖傳〉解釋卦辭，仍稱「習坎」，可見卦名很早就加了「習」字，內險外險不斷，一波未平，一波又起，故稱「重險」。坎水奔流動盪，卻能維持水位穩定，而不泛濫成災，就像人雖遇險難，行事仍堅守誠信原則一樣，永遠維持內心世界的亨通。「剛中」指的主要是居君位的九五，意志堅毅，行事合乎剛柔互濟的中道。重重險關中，有如此強悍的領袖帶領，必可冒險犯難而獲成功。需卦健行遇險，〈彖傳〉稱：「利涉大川，往有功也。」蒙卦外阻內險，〈彖傳〉稱：「蒙以養正，聖功也。」師卦行險而順，上六〈小象傳〉稱：「大君有命，以正功也。」六三〈小象傳〉稱：「師或輿尸，大无功也。」人生建功立業，多從歷險中得來。

「天險不可升」，例如浩瀚太空的星系星雲，我們難以企及登越；地險例如山川丘陵，攀爬涉渡不易；政治統治階層可以利用及設計種種危險的情勢，以保衛他的國家。「險之時用大矣哉！」〈彖傳〉以此結尾，讚嘆坎險可為人所用，處逆境懂得用險的智慧太重要了！下經睽、蹇二卦，家人反目成仇，大家寸步難行，都是人生難堪逆境，而〈彖傳〉皆稱：「睽之時用大矣哉！」「蹇之時用大矣哉！」這是一種反面利用情勢的智慧，人處險境，把別人也連帶拖下水，可能同歸於盡，對方心存顧忌，就會轉危為安。大過卦上六「過涉滅頂」，凶而无咎，正是這個道理，坎接大過之後，繼續發揮背水一戰的精神，死纏爛打，以期脫險。當前歐債的問題，套牢與反套牢，欠巨額債務的國家，讓借款援助的國家傷透腦筋，即為「險之時用」的明顯範例。

「習坎」的「習」，先習慣坎險，不懼怕慌亂後，再觀察險中情勢，不斷練習學習，進而巧妙地利用坎險，以掯制強敵，由被動捱打轉為主動出擊，真正有效，人生必修。

〈象〉曰：水洊至，習坎。君子以常德行，習教事。

「洊」為水相永存、連續不斷之意，人生遭遇險難，一波未平一波又起，必須習以為常，從中受教學習，培養做人做事的德行與智慧。《易傳》多方闡釋經文，〈彖傳〉重視成功，〈大象傳〉強調修德。立德、立功、立言為中國人崇信的「三不朽」，坎、離在大過卦之後立論，嚴肅探究永生的意義。

《孟子・告子篇》稱：「天將降大任於是人也，必先苦其心志，勞其筋骨，餓其體膚，空乏其身，行拂亂其所為，所以動心忍性，增益其所不能……然後知生於憂患，而死於安樂也。」以互卦理論來看，坎卦中間四爻重組成頤卦，頤為養生，生於憂患；離卦中間四爻重組成大過卦，大過瀕臨滅亡，死於安樂。

初六：習坎，入于坎窞，凶。

〈小象傳〉曰：習坎入坎，失道凶也。

初六居坎險之始，又為柔弱無力的基層，落水後現學游泳怎濟事？驚惶失措、手忙腳亂掙扎，反而愈陷愈深，更為凶險。「窞」字為深陷穴中，為深坑，為坎中有坎，險中有險。河川中有深潭漩渦，海濱稍遠可能底部有急降的陡坡，都是「坎窞」之象，萬一失足陷入，會萬劫不復。坎如果象徵地獄，也有深淺之分，「入于坎窞」即打入十八層地獄，再難翻身。借新債還舊債，操作不當，也可能永遠還不了！「入于坎窞」的極大風險，無論借方貸方，都得認真評估。本爻變，為節卦（䷻），「習坎」若不節制，大凶特凶。〈小象傳〉稱「失道凶」，初六本身有問題，不能怨天尤人。坤卦〈彖傳〉稱：「先迷失道，後順得常。」失道者必須猛醒，迷途知返，正所謂苦海無邊，回頭是岸。

初六爻辭首稱「習坎」，〈大象傳〉稱「習教事」，〈彖傳〉稱「習坎」為「重險」，看來卦名前加上「習」字，其來有自，人生必須從險難中連續不斷地學習。

一九九五年初，我應邀在朋友的社會大學基金會授《易》，原先只開一季十二堂課，除基本理論介紹外，講不了多少卦。學員們覺得不過癮，皆願繼續上下去，遂開足了四季四十八堂課，將六十四卦都講完。在第二季開課時，有位宏碁企業集團的協理洪輝煌來插班聽課，他自學已有相當底子，不少冷僻而重要的書都看過，占卦也早就會了。決定來上課前，還占問順利否？居然得出不變的坎卦，大惑不解，我說「習坎」之義，通《易》很難等等。上了幾堂後就不見他蹤影，我也不知其故，真的坎了？到第二季快結束時，又看到他來上課，中休時他來解釋，原來公司調他到台北深坑鄉設廠，兩個月督辦上軌道後，才有餘暇。他半開玩笑說：原來坎是指深坑啊！「習坎入坎」，總之始料未及，學程相當不順，初六、六三爻辭皆稱「入于坎窞」，還真與深坑地名相符合。其實他的名字就有坎、離二卦的寓意：洪水滔天之後，繼之以輝煌燦爛！

占例

●二〇〇一年底，我在學生家晚宴，他們夫婦倆都有拿手廚藝，女主人擅長西班牙海鮮飯，男主人做大塊牛排都很可口。餐後閒敘，另一對學生夫婦問事求占。先生在台灣政界曾任高官，二〇〇〇年大選國民黨敗選下台，他也卸職離開，由於人脈豐厚，很多舊識找他在民間機構幫忙。其中一個邀他出任的機會似乎很不錯，但我占出坎卦初六爻動，有節卦之象。「習坎，入于坎窞，凶」。顯然不合適，新的領域他不熟習，進去會被深深套牢，最好節制，別去赴任。後來聽說，他覺得不可思議，與他的直覺判斷差得太遠，其實他只是順便問問，事前已經答應對方了！不過易占既然這麼說，他也多加了幾分小心，果然沒多久卦象應驗，裡面確實有外面看不出的風險，遂急流勇退，對易占神準印象深刻。二〇〇二年二月中，過陰曆年，他們夫婦倆送洋酒作年禮，所附卡片上寫著：「很慶幸，斟酌過您的預卜，而未掉入坎中，特此致謝。」

- 一九九七年三月下旬，我問：易占「不為小人謀」，真的如此嗎？得出坎卦初六爻動，有節卦之象。「習坎入坎，失道凶也」。小人心懷險詐，習氣深重，行事不合規範，想藉易占作惡謀私利，不會達到目的，徒然加速自己的沉淪。
- 二〇一〇年初，我作一年之計，占問中美兩大國之間的關係，為坎卦初六爻動，有節卦之象。「習坎，入于坎窞，凶」。兩國較勁，從年初起陷入險爭，人民幣升值等問題一再引發衝突，但肯定雙方都會有所節制，不讓坎水泛濫成災，後果如是。
- 二〇一四年元旦，我問當年底台灣七合一地方大選，國民黨的勝算如何？為坎卦初六爻動，爻辭稱：「習坎，入于坎窞，凶。」顯然大大不妙，結果確實如此，輸到近乎崩盤。

䷜

九二：坎有險，求小得。

〈小象傳〉曰：求小得，未出中也。

九二陽居陰位能忍耐，處下卦坎險之中，絕不莽撞，力求自保。照講九二上乘初六，關係不錯，應該提攜照顧，因初六失道慌亂，可能受其拖累而陷入無底深淵，大難來時，人人自危，故而九二僅能自保，沒法救人。「求小得」並非過分保守，全無作為，而是自保無虞的情況下，安全範圍內能出手獲取多少資源，還是要行動的。因為坎卦為「重險」，一波未平一波又起，過得了眼前初一，未必過得了十五，所以儘量求小得，增強本身實力，以備後用。「未出中」，充分意識到身處險中，並未出險，必須小心翼翼。本爻變，為比卦（䷇），一旦安全無虞，還得重視外交，尋找結盟對象，以共度險難。

占例

●二〇〇四年十一月上旬，我在蘇北淮安參加大陸民進中央辦的研討會後，與幾位好友轉赴南京參訪，旅館中預占二〇〇五年的兩岸關係，為坎卦九二爻動，有比卦之象。「坎有險，求小得，未出中也」。民進黨大選險勝，兩岸關係持續不樂觀，占卦貞我悔彼，內坎代表台灣，既未脫離險中，只能「求小得」，比卦為互動合作，當然也不希望跟大陸對抗。

●二〇一一年十一月十一日我在家休憩，二姊來電告知，老爸陪老媽台大醫院看醫生時腳軟昏倒，就近送急診看護中。趕去醫院前，我占病情為坎卦九二爻動，有比卦之象。「坎有險，求小得，未出中」，應該還無大礙。果然，當天看護觀察一陣後，即離院返家。

䷜

六三：來之坎坎，險且枕。入于坎窞，勿用。

〈小象傳〉曰：來之坎坎，終无功也。

六三不中不正，陰居陽位，處下卦坎險之極，上卦後續的坎險將至，故稱「來之坎坎」。這時慌亂盲動無濟於事，只會愈陷愈深，不如就地臥倒，縮小被打擊面，儘量利用空檔休息，還有些許脫險的機會。即便這樣，苟延殘喘可以，建功立業絕對辦不到了！〈彖傳〉稱「往有功」，六三小象稱「終无功」，此爻機會不大。爻變為井卦（䷯），遭困陷入狹窄的生存空間，得低調研發轉型，另尋新的活路。

「險且枕」三字大有意味，身處危險萬狀的殺戮戰場，不慌不亂，還能躺下來就地睡著，這種鎮靜功夫，正是「習坎」精神的表現，「常德行，習教事」，從容應付人生一場接一場的考驗。「且」有姑且、暫且之意，面對現實，不挑剔講究，什麼都能將就。人在荒郊野外求生存，大過卦初六「藉用白茅」，可獲無咎，訟卦九二「歸而逋」，敗陣鑽入地穴流竄，不僅自保，連帶「邑人三百戶无眚」。坎卦六三「險且枕」，值得習《易》者深思啊！人躺下來蜷縮肢體，一則少遭危險襲擊，一旦有事，也可保持應變的彈性，隨時一躍而起赴戰。經濟蕭條時，許多大公司樽節裁員、瘦身待變，都是「險且枕」。今世嚴峻可怕的美債、歐債問題亦然，由奢入儉難，希臘、義大利等國民眾必須體認時艱，學習過艱苦而負責的日子。

一九七三年八月，我還在台灣大學讀書，利用大三暑假，與朋友共六人結伴登山，在險峻的南湖中央尖稜線上遇險，差點出山難回不來，即與「險且枕」的情境相似。我們貿然從稜線上往溪谷衝下的那一霎那，就犯了致命的錯誤，陡坡上地形的險惡超乎想像，有時會發現自己走到斷澗之上，還得往旁移動，才不會摔下去。走著走著天快黑了，白天已經這麼危險，夜晚更不能摸黑，只好就地休息。陡坡上不能紮營，也不敢闔眼睡著怕往下滑，就坐著乾熬了一整夜。當時既不敢往下走，更不可能回頭上攀，來去皆險，豈非「來之坎坎」？乾坐休憩，豈非「險且枕」？如果冒險亂竄，就會「入于坎窞」，所以千萬「潛龍勿用」。其實第二天我們終於下達溪谷後，還不斷決策失誤，真正是險關不斷，「水洊至，習坎」啊！大難不死，那時還沒學《易》，後來學到坎卦六三爻辭，立刻回憶起當時情景，這是江湖險，處社會後，則是不斷的人心險，人生教訓無窮無盡，活到老學到老。

占例

●二〇〇二年五月初，台灣亢旱不雨，缺水嚴重，尤其北部持續甚久，為了供水給新竹科學園區連續運轉，一．四萬公頃農田停灌休耕，台北分區供水限電，影響庶民生活生計甚大。當時我問災情會多嚴重？為坎卦六三爻動，有井卦之象。「來之坎坎，險且枕。入于坎窞，勿用」。顯然相當嚴重，一時間還脫不了困。井卦前為困卦，正是「澤无水」的亢旱之象，需開鑿地下井水才能紓解，這在台灣當時及現在都明確不宜。

●一九九六年七月下旬，一位學生兼朋友辭掉小報的工作，想到我還待著的出版公司來任職，就近尚可切磋請益云云。他習術數出身，待人接物毛病不少，我一向只是「包蒙」不拒而已，共事則必須審慎，何況我根本已無心於此，哪有再添麻煩的道理？當時還是姑且一占，為坎卦六三爻動，有井卦之象。「來之坎坎，險且枕。入于坎窞，勿用」。講的如此明確，我自己在此暫歇，他外面不順遂，也想來此蹲點，愈陷愈深，絕對不宜用，擺明了「終无功」。當時也算了此人本命，為剝卦六三爻變，成艮卦，前文占例有說明，兩下對勘，沒同意他來打混。

六四：樽酒簋貳，用缶，納約自牖。終无咎。

〈小象傳〉曰：樽酒簋貳，剛柔際也。

六四陰居陰位為正，身處高位，卻由下坎進入上坎之中，上承九五之君，好好經營彼此的關係，可能是條生路。此爻及上六都有政治犯遭幽囚之象，應和周文王當年羑里之囚有關，可能也是「習坎」二字的由來。西伯姬昌以大諸侯之尊，遭猜忌而被紂王下獄，還害死其長子伯邑考，剁成肉醬要文王吃，這是人生多慘痛之事？據說為免當下的政治迫害，文王強忍吞食，之後又全吐了出來，現今羑里文王廟的景點還有所謂的「吐兒堆」，就在伯邑考墓附近，我都去參觀過。

「樽酒」是一壺酒，「簋」為盛飯菜的圓形或方形的食器，都是古代貴族餐飲所用，一般多以青銅打造，平民不可能用這種高規格的器物。「貳」非二，而是排比配合之意，一般主官的副手稱「儲貳」，為備位人選。「簋貳」是一碗飯配一壺酒，指的是牢獄中囚犯的供餐，牢飯牢水怎麼可能那麼講究，還用貴族的食器呢？後面「用缶」二字，點出了實際的情況。「缶」是樸質無華的瓦罐，用缶裝著飯菜和飲水，給犯人食用，「樽酒簋貳」，其實只是貴族囚犯的幻想，沒入獄前鐘鳴鼎食，吃喝都很奢華，如今淪為階下囚，表示能屈能伸，甘之若飴，不會被難堪的待遇所擊倒。

不僅如此，這麼粗糙儉約的飲食，還是從囚室牆壁上的小窗洞塞進來的，像餵狗食一樣遭人低賤。囚人不以為忤，依然接納無怨，低調忍受一切橫逆，最終可獲無咎。「納約」的「約」為雙關語，一為儉約簡陋，二也是約定結盟。拘囚之人須設法與外間取得聯繫，了解情勢的變化，以謀時機成熟後的脫身之策，而壁上的小洞就是唯一可利用的通道，是通往未來世界的機會之窗，千萬不要自我封閉，而斷了生路。「剛柔際也」，六四柔弱孤立、九五剛強有實，陰承陽柔承剛，兩爻居坎險高位，須結患難同盟，合作以共渡險難。以爻變觀念來檢視，坎卦四、五爻動，齊變為解卦（䷧），確可脫險，宜變爻位落在六四，單變成困卦，表示受困者更應積極主動與外界聯繫，以謀突破。

以文王羑里之囚而論，六四為文王，九五可能為施壓迫害他的紂王。即便如此，六四要脫困，仍得忍耐與九五周旋應對，沒有硬碰硬對抗的本錢，冤家宜解不宜結。反之九五亦然，強凌弱大欺小，遲早也會將自己陷入險境。我們在小畜卦六四與九五的互動關係中，以小事大、以大事小，已經講的很清楚。

「剛柔際」的「際」字，人際、國際、交際，陰陽剛柔大小，推移互動起來非常微妙。就像太極圖曲線所示：分陰分陽，陰中有陽、陽中有陰，陰極轉陽、陽極轉陰，陰陽交界處既在外也在內。人生要整體而長遠地看問題，任性直來直往、快意恩仇，未必處理得好錯綜複雜的江湖險境。

六三多凶，六四多懼，皆處坎卦人位，兩爻齊變為大過卦（䷛），壓力沉重，非常人所能負荷，箇中辛苦，不足為外人道。「險且枕」，睡沒好睡；「樽酒簋貳，用缶」，吃喝沒好吃喝；「入于坎窞，勿用」，「納約自牖」，活動空間迫狹侷促。真的必須放下身段，隨遇而安，鍛鍊在幽暗洞穴中憋氣生存的能耐。一九九九年發生在台灣的「九二一」大地震，除了中台灣災情慘重外，台北市區的東興大樓整棟倒塌，八十七人喪生，其中一對孫氏兄弟，於埋陷多日後死裡逃生的經驗，幾乎就是坎卦三、四爻的真實寫照。他們在一傾斜的冰箱下藏身，取用快爛掉的水果及礦泉水維生，最後實在撐不住，其中一個在幽暗中摸索出路，居然找到洞口出去呼救，外面施救的工程車、怪手正要打掉坍毀的廢墟……很多天塌地陷的震災、礦災、洪澇及山難等，都不乏類似的情景。

透過一個洞口溝通陰陽界的意象，引人入勝。西方童話《愛麗絲夢遊仙境》中，小女孩墜入坑洞，才開始一段神奇絢麗的際遇。陶淵明的〈桃花源記〉，武陵漁人也是從一狹洞進入，得窺古代避秦禍的悠遊天地，不知有漢，無論魏晉，再出洞回返現世後，怎麼尋覓，也不得其門而入了！漢代匡衡「鑿壁引光」，勤學苦讀的故事膾炙人口，雖做了大官，最後涉嫌貪污，被黜為庶人，幼時即破壞公物貪小便宜，長大瀆職亦不足怪，「習坎」之時望離明之光，輝煌之後，又「入于坎窞」，人生的上進與沉淪，真是難說得很哪！習坎、繼明，有詩云：「鬱沮人間世，彷彿若有光。」

占例

●二〇〇五年三月中旬，我在工商建研會的一位學生籌組台商會的組織，並引介某神祕人物與我見面，邀我入會云云。我心中已有底，仍占此會定位為何？為坎卦六四爻動，有困卦之象。「樽酒簋貳，用缶，納約自牖」。資源明顯不足，不易突破當時困窘的兩岸關係，闢其門來封王，自我感覺良好，卻無實際溝通成效。九五未動，六四只能唱獨角戲，我也不是台商，不必淌這渾水。當下推辭婉拒，該會往後紛爭不斷，真的沒有任何績效。

九五：坎不盈，祇既平，无咎。

〈小象傳〉曰：坎不盈，中未大也。

九五中正，居全卦君位，「習坎」有成，不僅立於不敗之地，還能調度資源興風作浪，以影響大局。爻辭以河川的自然生態取象，「坎不盈」，即〈彖傳〉所稱：「水流而不盈，行險而不失其信。」「坻既平」的「坻」為水中高地之謂，即一般河川中常見的礁岩，水位低時露出為明礁，水位升高時淹沒為暗礁。礁岩處水流湍急，人舟行過非常危險，明礁易躲，暗礁難防。坎水奔流而不滿溢，讓水中礁岩露出水面，人舟知所警惕，易保安全，水流與礁岩形成動盪中的平衡，而獲無咎。雖然如此，九五仍在坎險之中，並未真正強大到一片光明的地步，那得到離卦才亨通燦爛。九五、六四既然同處險中，不可再行壓制對抗，應相互尊重合作，以共渡難關。六四「納約自牖」，與九五保持溝通協商的管道暢通；九五持平對待水域中突起的六四，適度尊重其立場與看法，九五「无咎」，六四「終无咎」，豈不甚美？九五爻變，為師卦（䷆），「容民畜眾」，「丈人吉，无咎」，「能以眾正」，可以稱王。

《詩經・秦風・蒹葭》：「蒹葭蒼蒼，白露為霜，所謂伊人，在水一方……溯洄從之，道阻且躋，溯游從之，宛在水中坻。」這是極有名的情詩，就有「水中坻」的情景。坎卦三至五爻為艮山，九五正居山頂，又處上卦坎水之中，合而觀之，恰為「水中坻」之象。坎為險、艮為阻，九五是所謂險中之阻，為人生相當複雜的情境，需有大智慧及坦蕩氣度，才能處理得宜。

九五為最高的掌權者，能調度資源，淹滅一些不可告人的真相，就算一時辦到，將來不居其位，案情水落石出，他一手遮掩隱匿的作為曝露，身敗名裂的風險更高，甚至可能被追訴問責。有時執政者為求政績亮麗，不當投入種種基金拉抬股市，製造繁榮假象，對投資者未盡告知義務，一旦支撐不住下滑，讓投資大眾承擔過大風險，這是不道德。再如金融風暴爆發肆虐，種種衍生商品的精美包裝，將巨大的風險深深隱藏，以欺騙消費者，更是流毒無窮。誠實應該還是最好的策略，這就是九五爻辭的真意，「習坎」強調「有孚」，「行險不失其信」特別重要。

占例

● 二〇〇五年八月八日父親節，我的學生來電請益，前時台灣的媒體大幅報導其先父生前韻事，一對母女出來爆料，爭取私生女的財產繼承權等等。為了維護先人名譽，她們提起訴訟，學生問我往後吉凶？她自己占得不變的需卦，「健行遇險」，尚需耐心等待，若真有信心，遲早可渡彼岸。卦辭稱：「有孚，光亨貞吉，利涉大川。」然後我再幫她追問：應如何面對較佳？為坎卦九五爻動，有師卦之象。「坎不盈，坻既平，无咎」。居高位遇險難，坦誠平實以對，切勿刻意隱瞞什麼內情，為最佳方式。卦辭稱：「有孚，維心亨，行有尚。」需、坎二卦相類，總之皆重「有孚」。結果，她們接受司法部門的DNA檢測，對方的謊言被揭破且判刑，成功地熬過了考驗。

● 二〇〇六年十一月初，台灣媒體又大肆報導名人韻事，由於女主角是我熟朋友，男主角又是前政界高官，時當紅衫軍反扁熱潮消退之際，大有親綠媒體政治操作嫌疑。幾天後，女生來電問我意見，我占最佳對策，為坎卦九五爻動，有師卦之象。「坎不盈，坻既平，无咎」。既然實無此事，就坦誠面對不必遮掩，以消瓜田李下之嫌。政治鬥爭是一回事，對一般大眾釋疑仍應面對。後來新聞只炒了一天即止息，台灣的藍綠惡鬥習氣極壞，清濁之際經常淆亂。有趣的是事發地名為冷水坑，恰為坎卦九五的意象，這在易占中常常出現，當事者的人名、地名或事件名稱，每與易象、易辭相合。

● 二〇〇六年九月中，我習《易》滿三十一年、授《易》也過十五年，占問自己的易學造詣如何？

為坎卦九五爻動，有師卦之象。「坎不盈，祇既平，无咎」。多年「習坎」有成，一波一波逐浪前進，「常德行，習教事」，終至九五君位。《易》如智海無窮，其中的義理結構，也像水中有坻般錯綜複雜，深入理順其關係後，意氣自平。雖然如此，〈小象傳〉稱「中未大也」，已合「習坎」剛中之義，未至「繼明」光大偉境，還須努力啊！

●二〇一〇年九月下旬，我給學生講《六祖壇經》將畢，至最後的〈付囑品〉，六祖提出三十六對法，囑弟子解用，可道貫一切經法，掌握中道之義。我占其意蘊，為坎卦九五爻動，有師卦之象。「坎不盈，祇既平，无咎」。正顯「習坎」剛中之義，以此態度面對人生種種對立衝突，都能平衡包容而不偏執。這是弘揚佛法很重要的觀念與方法，仍非大道的究竟，坎後為離，「大人以繼明照于四方」，才是終極目標。坎卦九五〈小象傳〉稱：「中未大也。」說的真精切！

上六：係用徽纆，寘于叢棘，三歲不得，凶。

〈小象傳〉曰：上六失道，凶三歲也。

上六為坎險之極，下乘九五，陰乘陽柔乘剛，關係惡劣，得不到任何奧援。「係」是綑綁，「徽」、「纆」為扭成三股或兩股的麻繩，「寘」同置，「叢棘」為可怕多刺的荊棘叢。「係用徽纆，寘于叢棘」八個字，充分描述出政治犯的遭遇，被看牢拘囚，還丟到周圍長滿荊棘叢的獄所中，逃生無門，三年之久都不得脫險，當然大凶。近代的集中營虐待囚犯，周遭以通電的鐵絲網圍牆阻隔，即同此象。六四上承九五，「納約自牖，終无咎」；上六得罪領導，「三歲不得，凶」。

人在屋簷下，不能不低頭，留得青山在，不怕沒柴燒，這也是「習坎」之道。上六資質柔弱，卻驕亢不屈，故稱「失道，凶」。坤卦〈象傳〉稱：「先迷失道，後順得常。」坎卦初六、上六兩爻皆稱「失道」，陰柔不能自主，又不懂得順勢以剛濟柔，不凶何待？上六爻變，為渙卦（䷺），囚犯遭遇這種折磨，心神渙散，不垮都難。

「失道，凶」，也可能本身習氣太重、業障太深，遭此果報，實怨不得人。《楞嚴經》談末世情景，有云：「落愛見坑，失菩提路。」印證坎卦初、上爻境遇，相當發人深省。若以坎卦象徵地獄眾生相，六三「險且枕，入于坎窞，勿用」，重險之際還有喘息空間，算是「有間地獄」；上六「係用徽纆，寘于叢棘，三歲不得，凶」，則似「無間地獄」，上完刀山下油鍋，痛苦折磨無休無止，更令人恐懼戰慄。

占例

●二〇〇四年五月上旬，「三一九」槍擊案鬧得人心惶惶，台灣朝野對立嚴重。當時預備進行司法驗票，以平息爭議，我問連戰有無可能翻盤成功而登上大位？為坎卦上六爻動，有渙卦之象。「係用徽纆，寘于叢棘，三歲不得，凶。」不但不可能，在陳水扁第二任內還會被視為囚犯，嚴加看管，後事發展果然如此。

多爻變占例之探討

以上為坎卦卦、彖、象及六爻理論之闡析，往下討論二爻變以上的占例。

占事遇卦中任意二爻動，若其中一爻值宜變，為主變數，參考其爻辭所述，另一爻辭為次要變數。若皆不值宜變，以本卦卦辭卦象為主，也參考二爻皆變所成卦象，作綜合判斷。

●二〇〇二年元旦，我作一年之計，算兩岸關係為坎卦二、四爻動，六四值宜變成困卦，兩爻齊變，又有萃卦之象。其時民進黨執政，兩岸關係緊張，出現坎卦不奇怪。九二「坎有險，求小得，未出中」，台灣這邊得小心謹慎，力求自保。六四為主變數，民進黨的獨立傾向，使其陷入近乎政治犯的境遇。「樽酒簋貳」，關起門來自我封王；「用缶」，現實上卻根本不可能；「納約自牖。終无咎」，還是不能關閉兩岸的溝通管道，維持善意協商才可脫險。遇坎險成困，又有萃聚之象，解析當年兩岸情勢，真是深刻入微。前文已述二〇〇五年的兩岸關係，為坎卦九二爻動，有比卦之象。時隔三年，坎險本質未變，只是動爻單純了些。美國前太平洋總司令某上將曾形容兩岸關係為 abyss，意為無底深淵，關心兩岸人民福祉的仁人志士，得深切留意。

●一九九七年九月上旬，曾任海基會首席副秘書長的石齊平找我，連同另一位好友一起喝永和豆漿，談起他的前程展望，我占出未來十年為坎卦二、上爻動，齊變有觀卦（䷓）之象。九二「坎有險，求小得」，「未出中」，注意自保，「求大得」不可能。上六很糟，「係用徽纆，寘于叢棘，三歲不得，凶」。石的兩岸觀點與李登輝、陳水扁迥異，很難再在仕途上有所發展，幾乎被打入地牢，不能翻身。觀卦只有旁觀批評施政的份，與臨卦相綜，臨為直接參與投入，當局易迷，觀則旁觀者清。

我跟著試測其「本命」，為同人卦（䷌）初、三、四爻動，貞悔相爭成觀卦。大丈夫行走四方，「通天下之志」，「省方觀民設教」，卻未必順遂。初九「出門同人」，九三「伏戎于莽」，九四「乘其墉，弗克攻」，世路多歧，人心險惡，阻礙重重啊！遇同人之觀，又是旁觀批評的觀卦，真是命中註定？

兩卦都切中肯綮，往後十年齊平兄的發展確實不順。二〇〇一年底立委改選，他被新黨提名為不分區第一名，應該十拿九穩，結果新黨區域立委只選上一席，不分區沒名額，依然落選。從政無望，他換了幾個崗位，都不太得志，真的差不多二〇〇七年後才走出困境，現在還算平順。

●二〇〇六年十一月下旬，一位南部地下電台的主持人來找我，談當時政情，也送我兩副他研發出的耳針治療器，說有神奇療效云云。我私下占問合宜使用否？為坎卦二、上爻動，有觀卦之象。坎為耳，九二「坎有險，求小得」，上六「係用徽纆，寘于叢棘，三歲不得，凶」，真是自找苦吃，大可不必。此事還占得一象，為「遇師之蹇」，師卦六三宜變成升，「師或輿尸，大无功」，已於師卦三爻變占例中說明，皆明示凶險不宜。

●二〇〇六年八月中旬，我的學生徐崇智心臟病發，英年早逝，他學行俱佳，任學會執行長五年，貢獻甚大。幾天後我問：我想推動的平生志業而今如何？為坎卦三、四爻動，有大過（䷛）之象。「習坎」遭遇重大挫折，叫人難以負荷，六三「險且枕」，六四「納約自牖」，前險後險相繼，只能冷靜艱貞以對，「常德行，習教事」啊！

●二〇一一年三月十一日，日本福島發生三合一的震災，我一邊看著電視上驚悚的畫面，一邊卻掛念起毓老師的身體健康，五天前拜晤時，他的情況很不好。占出坎卦初、二爻動，齊變有屯卦

（䷂）之象。屯為「動乎險中」，也是新生之意，老師高齡一百零六歲，遇坎之屯是什麼意思？我心中頗有不祥之感。坎卦初六「入于坎窞，凶」，九二「坎有險，求小得」，「未出中」，初爻極險，二爻卻幫不上忙，情勢不妙。五天後，三二〇的清晨老師過世，惡兆成真，令人悲慟。

●二〇〇九年十一月中旬，我們學會在台北近郊的烏來山區辦秋季研習營，主題為「易與養生」，我在自己論文末附有二占。占中醫治療特色，「遇謙之復」，已於謙卦二爻變占例中說明；占西醫治療特色，為坎卦初、二爻動，有屯卦之象。屯為「動乎險中」的新生，與復卦調度人體內自我修復機制的再生不同；坎卦風險甚高，與謙卦重視整體平衡有異。坎卦初六「習坎入坎，失道凶」，九二「坎有險，求小得」，「未出中」，兩爻亦各行其是，不相救援。《易經》觀點，對西醫療法顯然評價不佳。

●二〇一二年二月中旬，重慶、成都方面所生的變故相當勁爆，對內對外的影響都相當大。我問當事人的真實處境如何？為坎卦初、二爻動，齊變有屯卦之象。初六「習坎，入于坎窞」，「失道凶也」，習氣深重，墮入罪惡的淵藪；九二「坎有險」，「未出中也」，長官自身難保，急於切割絕不救援。屯卦資源匱乏，「動乎險中」以求生，遇坎之屯，兩人都難得善終啊！

●二〇一一年三月上旬，我應邀赴基隆海洋大學演講，題目為「從《易經》中看台灣海洋的未來」。之前準備投影片時，我占問《易》中何卦最與海洋意象相合？得出坎卦四、五爻動，六四值宜變成困卦，齊變則有解卦（䷧）之象。八卦中兌為澤，為內陸湖泊水澤等安靜的水域；坎為水體總稱，奔流動盪不息，或為河川或為海洋，一波未平，一波又起。遇坎之解，百川匯海總有宣洩出口。六四「納約自牖，終无咎」，不會永遠受困；九五「坎不盈，祗既平，无咎」，水流而不盈，與六四連通無礙，動盪中維持平衡。

●二〇〇九年九月上旬，因八八水災嚴重，導致閣揆換人，劉兆玄下，吳敦義上。我問新閣運轉前景如何？為坎卦五、上爻動，齊變有蒙卦之象。「遇坎之蒙」，險境中前景不明，蒙卦外阻內險，情勢並不看好。坎卦九五居主政之位，「坎不盈，坻既平，无咎」，能否持平處理好政局諸多矛盾為至要。上六「係用徽纆，寘于叢棘，三歲不得，凶」，一旦處置失宜，身陷痛苦深淵，長年都不得解脫。往後幾年，吳內閣政績確實未見起色，占象精確，沒有冤枉他。

●二〇〇三年四月下旬，大陸SARS疫病流行，大陸當局以副總理吳儀掛帥，全力防治疫情。我問前景如何？為坎卦二、五爻動，九五值宜變成師卦，齊變則有坤卦之象。疫情艱險，九五領導作戰，為廣土眾民謀福。九二「坎有險，求小得」，先穩住疫情不再四處傳播；九五「坎不盈，坻既平，无咎」，再平復域中所有動盪不安的情勢。由後勢發展看，確實有效抑止了凶險的疫情。

三爻變占例

占事遇卦中任意三爻動，變數已至半，以三爻齊變所成之卦為悔，本卦為貞，稱貞悔相爭，合參兩卦卦辭卦象判斷。本卦三爻中若一爻恰值宜變，該爻辭影響較大，加重考量。

●二〇一〇年三月上旬，我一對學生夫婦由新加坡返台省親，由於他們未來想到德國長住五年，我就在飯店餐廳中，占測未來五年德國的國運如何？得出坎卦二、四、五爻動，貞悔相爭成豫卦（䷏）。德國為歐元區盟主，受希臘、西班牙等債務拖累，在金融風暴衝擊下陷入險境。九二

「坎有險，求小得」，「未出中」，德國經濟實力足以自保；六四「樽酒簋貳，用缶，納約自牖」，正是債務嚴重的南歐諸國，由奢入儉，很難適應，須靠德國紓困救援，才能終無咎；九五居君位，「坎不盈，坻既平」，德國資源雄厚，救助鄰邦就是救助自己，歐盟互相套牢，禍福與共。三爻齊變所成的豫卦，「利建侯行師」，積極熱情行動，希望力挽狂瀾。這些年來歐債危機的發展，全如卦象所示。「險之時用大矣哉」！「豫之時義大矣哉」！遇坎之豫，德國使盡渾身解數，扮演歐元區盟主的角色。

●二〇〇三年元月底，泛藍陣營籌議整合，以期贏得次年的選戰，我問能否成功？得出坎卦二、三、四爻動，九二值宜變成比卦，貞悔相爭成咸卦。咸卦卦辭稱：「亨利貞，取女吉。」為男女情投意合、準備婚配之象，國親合、連宋配似政治聯姻。遇坎之咸，失勢在野者結患難同盟，共濟險難。坎卦九二「求小得」，爻變比卦，聯合抗敵。六三「險且枕」，六四「納約自牖，終无咎」，應可整合成功。果然幾月後，連宋配成形，泛藍陣營聲勢大振，可惜次年「三一九」槍擊疑案，使其功敗垂成。

●一九九二年四月底，我在出版公司代行總經理職權，面對種種內憂外患，占問如何處置？得出坎卦二、五、上爻動，上六值宜變成渙卦，貞悔相爭成剝卦（䷖）。遇坎之渙之剝，凶險可知，前景也不看好。上六「係用徽纆，寘于叢棘，三歲不得，凶」，我已被深深套牢，日日辛苦，長期不能解脫。九二「坎有險，求小得」，注意自保；九五「坎不盈，坻既平」，既居君位，就得處理內在許多矛盾，負責擺平才能無咎。人在江湖，身不由己啊！

●一九九三年七月下旬，我的第一套《易經與現代生活》的書要出版，我問銷售前景如何？占出坎卦三、四、五爻動，貞悔相爭成恒卦（䷟）。遇坎之恒，職場多年歷練的心得，值得寫出來供人長期參考。坎卦六三「險且枕」，六四「納約自牖」，九五「坎不盈，坻既平，无咎」，「習坎」有得，書的內涵經得起考驗。恆為常道，穩定而長久，這套書應可長銷。後來完全應驗，繁體版至今仍在銷售，大陸上海三聯書局出的簡體版，也引起不錯的回響。

●二〇〇二年五月下旬，我們學會成立已大半年，執行長徐崇智在台中統籌推動，表現不錯，台北比較散漫，最好也責成同學整合。我先就矚目人選占測，為剝卦初六爻動，「剝床以足，蔑貞凶」，顯然不宜。再問那怎麼辦？得出坎卦初、二、四爻動，九二值宜變成比卦，貞悔相爭成隨卦（䷐）。坎卦初六「習坎入坎，失道凶」；九二自保「求小得」，上下不相通；六四「納約自牖」，溝通也有限，難獲無咎。這麼不相往來，缺乏適當人選，也只好隨遇而安了！

●二〇〇九年七月上旬，學生建議將我上課的筆記整理上網，由於內容有些批評人事的敏感部分，是否刪節須斟酌。先占全部上網，為噬嗑卦四、上爻動，上九值宜變成震卦，齊變則為復卦（䷗），「何校滅耳，凶，聰不明也」，引發鬥爭衝突，顯然不合適。再占保留局部上網如何？為坎卦二、三、五爻動，貞悔相爭成謙卦（䷎）。謙讓不爭，「亨通有終」，遇險之謙，這就是了！習坎九二「求小得」，先求自保；六三「險且枕」，不輕舉妄動；九五「坎不盈，坻既平」，恰當化解矛盾，取得平衡。「習坎」之後「繼明」，網路學習是現代人一種不錯的方式，局部上網較宜。

●二〇一二年八月底，我給學生講《楞嚴經》，佛祖與阿難辯證，所謂「七處徵心」。我問心究竟在何方？為坎卦二、三、五爻動，貞悔相爭成謙卦。坎稱「習坎」，卦辭稱：「有孚，維心亨，行有尚。」復卦的天地真心，與生俱來，人皆有之。經无妄、大畜、頤、大過後，入坎而受習氣染著，需明心見性才重見離卦的光明。九二「坎有險，求小得」；六三「險且枕」，經歷嚴酷考驗；九五「坎不盈，坻既平，无咎」，獲致動盪中的平衡。謙「亨，君子有終」，「稱物平施」，通天地人鬼神皆致太平。本心依真起妄，修行者就在重重習染中練達，去妄歸真哪！

30. 離為火（䷝）

離卦為上經第三十卦，也是天道演化的最後一卦，表示生命由身而心而靈，終至人類文明薪盡火傳、光輝燦爛的境界。前接坎卦，「習坎」之後「繼明」，歷盡艱險、克服困難始能大放光明。《西遊記》唐僧取經，經歷九九八十一難，才取得真經，脫胎換骨，肉身成聖。〈雜卦傳〉稱：「離上而坎下也。」坎水就下，象徵拖人向下墜落的習性；離火上燒，代表嚮往光明的上進心。人生修行就是業力與道力的拉扯，坎勝於離，下地獄，離勝於坎，上天堂。坎水、離火為上經最末，水火既濟、火水未濟居下經最末，四卦天人相應，深研坎離之性，就可決定人生成敗。

先天八卦方位中，乾南、坤北；後天八卦中，離南、坎北。乾為天理，顯現為離的人心，即心即理；坤為地勢，推演為坎的習染，物欲誘人墮落。卦序無論三劃卦或六劃卦，都是先坎後離。乾、坤之後，屯、蒙、需、訟、師、比都有三劃坎卦，生於憂患，風險不斷。泰極否來，天旋地轉之後，同人、大有才出現三劃離卦。這在乾卦〈彖傳〉中已清楚預示：「雲行雨施，品物流形；大明終始，六位時成。」雲雨為坎，大明是離，居上經之末，正是承先啟後、終而復始。

〈雜卦傳〉稱：「離上而坎下也。」先離後坎，與自然的卦序不同，顯示人為的造作失誤，本想往上提升，反成了向下沉淪。「小畜，寡也；履，不處也；需，不進也；訟，不親也；大過，顛也。」一旦墜落，即止跌不住，往下的諸卦都以負面文辭警示，最後終於負荷過度而顛覆。大過以下八個卦，更是天翻地覆的末世景象，極難撥亂反正。台灣兩千年大選，民進黨上台執政，人心不淨，賄賂公行，八年耗損甚鉅。當今歐債、美債拖垮世界經濟，短期絕難復元，亦復如是。這叫一失足成千古恨，再回頭已百年身，「為善如登，為惡如崩」，人生行事，真得慎之又慎啊！

䷝

離卦卦辭：

利貞，亨。畜牝牛，吉。

離卦卦辭稱「利貞，亨」，與一般稱「亨，利貞」的卦，如蒙卦等又不同，同樣欠「元」，卻是先言「利貞」後言「亨」，表示文明的傳承發展，雖非原創，卻須固守正道，才會產生利益，而獲亨通。「亨，利貞」是依自然順序，蒙卦啟蒙草創，離卦則已發展成熟，更須防止流弊，故強調「利貞」。坤為牛，取柔順之義，吃苦耐勞，負重行遠。牝牛為母牛，更是柔中之柔，離為中女，繼承坤母柔順之性，故稱「畜牝牛，吉」。離為網絡之象，佈建網絡之後，還得耐心維持養護，並繼續向各方延伸發展。坤卦「利牝馬之貞」，離卦「畜牝牛，吉」，前後呼應，發揮順勢用柔之大用。

〈彖〉曰：離，麗也。日月麗乎天，百穀草木麗乎土，重明以麗乎正，乃化成天下。柔麗乎中正，故亨，是以畜牝牛吉也。

離為「麗」，〈說卦傳〉、〈序卦傳〉、〈彖傳〉皆無二辭，兩頭鹿相依相偎，情深意切，流露出生物間平行相待的關係。孚、育二字，則代表卵生、胎生動物上下間愛顧的關係。三者合起來，就構成了縱橫交織的網絡，不獨親其親，不獨子其子，往各個方向輻射延伸。這種自然或人為展開的天羅地網蓋覆一切，任何個體都不能遺世而獨立，必須依附於上，找到自己的恰當地位，並與周遭密切互動。不僅生物世界如此，太空諸天體亦然，月亮發光是反射太陽光，太陽發光，也是有其開天闢地以來的緣由背景。大地上的百穀草木，札根於土中攝取營養，才能生長壯大；人類文明代代相承，依循正道發展，久而久之，便普及全民形成文化。賁卦〈彖傳〉亦稱：「觀乎天文，以察時變；觀乎人文，以化成天下。」兩〈彖傳〉涵意相近。

「柔麗乎中正」，指六二，為離卦主爻。內明為外明之基，前明啟發後明，故稱「亨」，「畜牝牛，吉」。坎卦以九五剛中為主，離卦以六二柔中為要，這與乾卦以九五為尊，坤卦以六二為主大意相同。坎卦〈彖傳〉中稱天險地險、王公設險，離卦〈彖傳〉稱日月草木重明，皆涵蓋天地人三才立論。

〈象〉曰：明兩作，離。大人以繼明照于四方。

離卦上下內外皆明，故稱「明兩作」。「大人與天地合其德，與日月合其明」，繼往開來，使文明光輝遍照天下四方。六十四卦的〈大象傳〉，絕大多數稱「君子以」；比、豫、觀、噬嗑、復、无妄、渙卦稱「先王以」；泰、姤稱「后以」；剝卦稱「上以」；離卦稱「大人以」，規格最高，可見〈大象傳〉作者尚德的精神。

占例

● 二〇〇一年十月中旬，台灣因為沒有適當人選，在那一年的APEC缺席，我問得失如何？為不變的離卦。再問兩岸關係是否受到衝擊？還是不變的離卦。「利貞，亨。畜牝牛，吉。」離，「麗」也，為繼續光明之象，看來實無影響。彼此關係密切互動，不因短期的事故而有所更變。

● 一九九一年底，我作未來一年之計，問出版公司旗下一份兒童科普月刊的經營策略，為不變的離卦。「利貞，亨。畜牝牛，吉。」「明兩作，離。大人以繼明照于四方。」該刊物夙負盛名，本來就是主要獲利來源，就在既有成功的基礎上繼續推廣就好，不必改弦更張。有趣的是離為中女，統理編務及所有編輯都是女生，而且該刊名稱就有牛字，真的是「畜牝牛，吉」。

● 二〇一六年九月下旬，我問：「中國有機會創千年盛世嗎？」為不變的離卦，〈大象傳〉稱：「明兩作，離。大人以繼明照于四方。」回答如此明確，印證毓老師昔年的預期與論斷。

䷝

初九：履錯然，敬之，无咎。

〈小象傳〉曰：履錯之敬，以避咎也。

初九為離卦之始，面對眼前錯綜複雜的人生路向，如何踏出正確的第一步，煞費思量。最好敬慎以待，小心從事，才能避免犯錯，而得無咎。「履」即履卦之履，人生奮鬥如蹈虎尾，如履薄冰，想要履險如夷，敬慎以求不敗。坤卦「利牝馬之貞」，初六「履霜，堅冰至」；離卦「畜牝牛，吉」，初九「履錯然，敬之，无咎」。

本爻變，為旅卦（䷷），人生旅程即將開始，老子有云：「千里之行，始於足下。」一切審慎為要。

占例

● 一九九三年初，我作出版公司的一年之計，由於前時成立了專門的公關部門，積極改善與媒體及社會各方的關係，頗有突破，遂問當年如何？為離卦初九爻動，有旅卦之象。「履錯然，敬之，无咎。」慎選對象互動，寧缺勿濫。

六二：黃離，元吉。

〈小象傳〉曰：黃離元吉，得中道也。

六二中正，為離卦主爻，柔中之道的充分體現。爻變為火在天上的大有（䷍）「元亨」，有日正當中之象，故稱「元吉」。離卦卦辭欠「元」，六二爻辭出現「元吉」，可見前途光明，力道沉厚。坤卦六五「黃裳，元吉」，離卦六二「黃離，元吉」，「黃」為中道之義，已如前述。

占例

● 二〇〇四年八月底，我問美國未來十年的國勢，為離卦六二爻動，有大有卦之象。「黃離，元吉。」雖經金融風暴衝擊，綜合國力仍然如日中天，還遙遙領先其他列強。至於二〇一四年以後會否衰落，則看是否依時中之道而行，大國強盛已久，確實不可小覷。

䷝

九三：日昃之離，不鼓缶而歌，則大耋之嗟，凶。

〈小象傳〉曰：日昃之離，何可久也？

九三過剛不中，為下卦離明之終，已是盛極轉衰的日落時分。離卦下三爻以日出、日中、日落取象。初九早晨起床，大家的鞋子錯雜擺了一地，千萬別慌忙穿錯了別人的鞋，在軍中或集體生活者，大概都有此經驗。

人生值此暮年衰運之時，當調整身心達觀以待，不要一天到晚悲愁嘆息，否則更惹人嫌棄，加速老化而致凶。「缶」為樸質的瓦罐，九三失勢，不能再過「樽酒簋貳」的奢華生活，要懂得在平淡中創造趣味，敲擊瓦罐放懷高歌。本爻變，為噬嗑卦（䷔），若不忘情爭權奪勢的歲月，天天牢騷滿腹想當年，失勢無法再起的逆境下，恐怕離死不遠了！

占例

● 二〇〇六年中，我一位學生占問：癌症的真正原因為何？為離卦九三爻動，有噬嗑之象。「日昃之離，不鼓缶而歌，則大耋之嗟，凶」，「何可久也？」人生處逆境，一定要想得開，若怨天尤人，滿腹牢騷，憂鬱躁鬱，都容易得癌症，這是醫學臨床上已證實的結論。離卦為文明，癌症是現代文明病，各方面噬嗑鬥爭的壓力太大，不善紓解，即易罹癌。

●二〇〇一年十一月初，泛藍陣營醞釀國親合連宋配，我問若整合成功，二〇〇四年三月大選能擊敗陳水扁否？為離卦九三爻動，有噬嗑之象。「日昃之離，……則大耋之嗟，凶。」連宋老矣，尚能飯否？似乎通不過無情政爭的考驗，結果還真是如此。

●二〇〇五年元月中，我問王金平的全年運勢如何？為離卦九三爻動，有噬嗑之象。「日昃之離，……則大耋之嗟，凶。」夕陽無限好，只是近黃昏，國會領袖連戰連勝，卻似乎漸轉衰微，在噬嗑的激烈政爭中可能落敗。當年馬英九運勢為不變的晉卦，兩人競選國民黨主席，晉為日出之象，當然勝過黃昏日落的離卦九三，王金平大敗。

●二〇〇五年十月下旬，我陪同老父母親上新店龍泉佳城看墓地，心中還是哀悲，問擇地合宜否？為離卦九三爻動，有噬嗑之象。「日昃之離，不鼓缶而歌，則大耋之嗟，凶」，「何可久也？」生老病死，任何人也沒法避免，嗟嘆無益，還是坦然面對吧！

●二〇一〇年三月上旬，我因旅居新加坡的一對夫婦學生返台省親，談到他們長住世界各國的計畫，算了一系列列強五年國運的卦。後來有另外一位學生加算印度，得出離卦九三爻動，有噬嗑之象。「日昃之離，……則大耋之嗟，凶。」離為網絡聯繫，印度的電腦軟件人才甚多，世界馳名，得列金磚四國之一，未來發展潛力似甚看好，但這五年有暮氣衰頹之象，未可樂觀。果然，二〇一二年中各方信評機構發佈負面訊息，宣稱印度經濟衰退，金磚神話破滅，又災禍不斷，火車燒死數十乘客，三大電網齊掛，全國一半大停電云云。

九四：突如其來如，焚如，死如，棄如。

〈小象傳〉曰：突如其來如，无所容也。

九四陽居陰位不正，違反離卦「利貞」之義，「繼明」不正而釀鉅災。九三「日昃之離」，已現老態，九四「突如其來」，竟然猝死。離為火，一把野火燒盡一切，遺物棄置於地沒人搭理，也不見救援。這是世界文明浩劫之象，災區遍覆全球，天地之大，幾乎無所容身。此爻動，恰值宜變為賁卦（䷕），華麗的表象下隱藏了致命的風險，局中之人若無預警，則易遭突襲而罹災。易卦中儘多凶險之爻，卻無過此爻之恐怖驚嚇者，因為牽連死傷太重，有第一凶爻之稱。

以身體易觀之，離為心火，九三「大耋之嗟」，有心臟衰竭之象，九四「突如其來」，則似心肌梗塞，瞬間畢命。

占例

●二〇〇四年台灣眾所矚目的大選，連宋民調一路領先，我台中一位學生在三一九槍擊案發生前幾天，占問藍營勝算，得出離卦九四爻變，成賁卦。「突如其來如，焚如，死如，棄如」，「无所容也」。賁卦文飾包裝，有官樣文章的假相，以掩飾突然發動的陰謀。他直覺不對，苦無恰當管道示警，結果選舉前夕的兩顆子彈，真正逆轉了選情。

●二〇一六年元月底，我在愛爾蘭都柏林旅遊，坐環城巴士到 Kilmainham Gaol 監獄參觀，只覺陰沉殺氣瀰漫，歷史總是當權者與被迫害者的報復輪迴，何時方有真正的正義與解脫？占氣場，為離卦九四爻變，成賁卦。離卦為延續不已的人類文明，賁卦為官樣文章，文飾骨子裡噬嗑卦的政治鬥爭。「突如其來如，焚如，死如，棄如」，「无所容也。」多可怕！經過行刑場時再占，則為同人卦三、五爻動，九五值宜變為離卦，兩爻齊變有噬嗑卦象。同人九三「伏戎于莽」，企圖暗算搞破壞；九五「大師克相遇」，強勢鎮壓威懾而取勝。離為文明，噬嗑「利用獄，明罰敕法」，說得多切啊！

䷝

六五：出涕沱若，戚嗟若，吉。

〈小象傳〉曰：六五之吉，離王公也。

六五為離卦之君，面對九四「突如其來」的毀滅，看到「焚如，死如，棄如」的慘狀，感同身受，痛哭流涕不能自已。爻變為同人（䷌），惻隱之心人皆有之，「戚」是哀戚，所謂休戚與共，陌生人也像親戚一般關懷愛顧。領導人視察災情若能如此，當可激發群眾的共鳴，化悲憤為力量，同心協力救災善後，轉凶為吉。「王公」可指六五本身，「離」為附麗，群眾團結於領導身旁而成事；也指天下的王道與公道，領導者衷心認同，全力以赴，而獲群眾擁護，具體展現見上九爻辭。

九三「大耋之嗟」為小悲，為自己的職場運勢與年華老去而鬱悶；六五「出涕沱若，戚嗟若」，人溺己溺、人饑己饑為大悲。離卦文明的進步，即因災難不幸，同情眾生悲苦，將各人小悲而昇華為同體大悲。前述觀卦時，曾言六三「觀我生，進退」為小我，九五「觀我生，觀民」為大我，棄小就大，實因六四「觀國之光」而開的眼界。三與五同功而異位，觀、離二卦由三而五的變化，值得習易者深思。

占例

● 一九九八年元月中旬，我問複製生命的科研成果應如何評估，複製桃莉羊的爭議不大，複製人則問題甚多，《易經》怎麼看呢？得出離卦六五爻動，有同人之象。離為文明發展，希望「繼明照于四方」，複製人與人類近同，卻出現哀悲涕泣之象，又承前九四突然毀滅的鉅災而來，似乎善後不易。其後多年，針對同樣問題再占，為无妄卦（䷘）初、五爻動，齊變有晉卦（䷢）之象。初九「无妄，往吉，得志也」，複製生命的技術前景樂觀；九五「无妄之疾，勿藥有喜」，「无妄之藥，不可試也」，警告明確，切勿輕易為之，免生不測之禍。

賁卦〈象傳〉稱：「文明以止，人文也……觀乎人文，以化成天下。」文明發展要懂得適可而止，才合乎可大可久、尊重生命的人文精神。離卦〈象傳〉亦稱：「重明以麗乎正，乃化成天下。」六五為繼明之主，亦得敬慎小心，與其惹災善後，不如不要輕舉妄動。複製生命的技術可觀，理論上應有可能，由復卦生生之道可知，大畜「童牛之牿」、「豶豕之牙」皆吉，也提示改造生命之法。但這樣做的風險甚高，一旦失控即會釀災，「頻復，厲」、「迷復，凶」的後果嚴重。「无妄之災」、「无妄之疾」必須納入考量。

上九：王用出征，有嘉折首，獲匪其醜，无咎。
〈小象傳〉曰：王用出征，以正邦也。

上九居離卦之終，繼六五以惻隱之情號召後，全民展開積極救難的善後行動，使邦國復歸於正。「嘉」為亨通喜樂，「折首」即斬首，所謂擒賊擒王，將釀災的禍首鏟除。「匪」為「非」，「醜」為依附同類的小角色。「獲匪其醜」即非獲其醜，只要除掉禍首就好，不必株連其他跟從的小嘍囉，使亂局儘快恢復平靜，而獲無咎。這種思想見於《尚書・胤征》：「殲厥渠魁，脅從罔治，舊染污俗，咸與維新。」被迫跟從的不必懲治，殺掉元凶首惡即可。該段前還有一段文字：「火炎昆岡，玉石俱焚。天吏逸德，烈於猛火。」講的正是離卦九四之象，一場無明之火燒盡一切，居高位肆行不正，使民生凋敝，社稷垂危，全民必須覺悟，誅除以正邦國。上九爻變，成豐卦（䷶），元凶首惡伏誅，撥亂反正，成就如日中天的豐功偉業。

占例

●二〇一〇年元旦，我作一年之計，問自己全年的人際關係如何？為離卦上九爻動，有豐卦之象。「王用出征，有嘉折首，獲匪其醜，无咎」，「以正邦也」。結果，年中左右學會人事紛爭不斷，逼得我幾番重手整頓，並改組理監事會，占象完全應驗。整治過程中，謹守「獲匪其醜」的原則，豐卦為「明以動」，絕不殃及無辜。離卦約當夏至時節，豐卦節氣屬陰曆六月，整頓過程就在那兩個月。

多爻變占例之探討

離卦卦、彖、象、爻之理論及實例已闡釋完畢，往下繼續討論二爻變以上的情況。

占事遇卦中任意二爻動，若其中一爻值宜變，以該爻辭為主、另一爻為輔判斷。若皆不值宜變，以本卦卦辭卦象為主，亦參考二爻齊變所成之卦的卦辭卦象。

二爻變占例

● 二〇〇三年六月上旬，由於我前時曾在 BenQ 總部與老同學李焜耀見面，他談起自創品牌的理想衝勁十足，我當時未表示任何意見，心中卻不看好。論資訊電子產業他是專家，而易理包羅萬象，卻可能是萬事萬物共通的理論（The Theory of Everything），旁觀者清，往往還可超越專家的當局者迷。我曾在月前探討台灣十年的經濟情勢，沒有自創品牌的可能，遇大有之頤的占例，已於前述。與李見面後幾天，自己在家算他的理想能否實現？三至五年間為離卦初、四爻動，齊變有艮卦（䷳）之象。離中虛，孔目相連，有資訊網絡之象，「繼明照于四方」，李焜耀的雄心可嘉，艮卦卻是阻礙重重，不易翻越。離為文明，不同文明間的跨國經營，會有想像不到的困難。初九「履錯然，敬之，无咎」，必須審慎踏出這一步，不然三個爻後，會罹九四「突如其來」之災，「焚如，死如，棄如」，「无所容也」，好不慘然！一爻當一年，三年多後，BenQ 併購德國西門子大廠失敗，賠了五百多億台幣，欲藉此走出品牌之路證實不可行。

● 二〇〇四年四月中，三一九槍擊案引起軒然大波，連宋對陳水扁提起法律訴訟，當選無效、選舉無效兩案，委託律師團進行。主打的律師夫婦與我認識，問能否平反勝負之局。我占得離卦初、四爻動，有艮卦之象。重重阻礙，前景實不樂觀。離初九「履錯然」，九四「突如其來如，焚如，死如，棄如」，為敗戰之象。後來果然敗訴，陳水扁在高度爭議下連任。

- 二〇〇八年元月下旬，我占問國民黨當年氣運，為離卦四、五爻動，齊變有家人卦之象。九四「突如其來」的災禍，指何而言？六五「出涕沱若，戚嗟若，吉」，災難後表示的溫情救助，轉而獲吉。家人卦視人如己，不分彼此，天下一家。國民黨失去政權八年，這年大選獲勝，六五為馬英九之位，特別費遭起訴無罪，才得以參選勝選，是所謂哀兵必勝？家人「利女貞」，周美青的形象絕佳，也幫了先生大忙。五一二大陸發生汶川大地震，災情慘重，台灣各界慷慨解囊，踴躍賑災，也促進兩岸關係和諧，擺脫了民進黨執政八年的對峙低潮。

- 一九九四年十月中旬，我已不管出版公司經營業務，高幹們的意向各異，人情冷暖在心。其中一位副總見風轉舵，讓我印象深刻，我占問他往後氣運如何？為離卦三、四爻動，齊變有頤卦（䷚）之象。頤為震宮遊魂卦，離卦九三「日昃之離，……則大耋之嗟，凶」，九四「突如其來如，焚如，死如，泣如」，竟是老死之象。後來他真的罹患癌症，沒幾年就過世，易占感而遂通，令人駭異。

- 一九九八年底，我品讀劉劭名著《人物志》，對終篇〈釋爭第十二〉深有感悟，占其主旨為離卦三、四爻動，齊變有頤卦之象。離為人群的互動關係，頤為修養身心，遇離之頤，當消弭紛爭，自養養人。離卦九三「大耋之嗟，凶」，九四「突如其來如，無所容也」。人情自私自利，為個人際遇怨天尤人，易釀成突發衝突，損人又不利己，智者實宜深戒。

●二〇一〇年六月下旬，幾位懂資訊的學生來晤，在茶館閒談時，我說大衍之數占法的程式雖好用，似乎也會有累積誤差。當下起占，為離卦四、上爻動，上九值宜變成豐卦，齊變則有明夷（䷣）之象。離為日，為資訊網絡，明夷為日落暗淡，可見操作時確有出現狀況的可能。離卦九四「突如其來如，焚如，死如，棄如」，顯示累積誤差發作；上九「王用出征，有嘉折首，獲匪其醜，无咎」，出現誤差後，當抓重點解決問題，恢復正常運作。整體來看，這套程式偶爾會出狀況，但還不至於要全面調整更新。

我接著再問傳統的手占方式如何？為大有卦二、三、四爻動，貞悔相爭成頤卦。大有「元亨」，豐富而均衡，人人可用；頤卦「貞吉」，自給自足。大有九二「大車以載，積中不敗」；九三「公用亨于天子，小人弗克」；九四「匪其彭，无咎，明辨晳」。大有上卦為離，也是資訊網絡之象，遇大有之頤，顯然穩妥可靠的多。

●一九九七年十月初，我曾對本書採用的爻變斷占法驗證，這套法則的理論依據在〈繫辭上傳〉第九章，民初學者高亨獨發其蘊，提出天地之數五五決定宜變爻位的主張，雖為一家之言，其理可信。我得出的卦為離，二、上爻動，六二值宜變成大有卦，齊變則有大壯（䷡）之象。離為資訊網絡，大有「元亨」，大壯「利貞」，相當正面肯定。六二「黃離元吉，得中道也」。上九「有嘉折首，獲匪其醜，无咎」。六二麗乎中正，照應全局；上九決定宜變爻位，抓主要變數，正合高亨的研究結論。

●二〇〇七年十一月底，我應邀赴高雄、台南作四次公益演講，主題分別為決策、教育、感情與修行。針對《易經》決策的特色問占，為離卦四、上爻動，上九值宜變成豐卦，齊變則有明夷之象。九四「突如其來如，焚如、死如、棄如」，代表人生的突發事故；上九「有嘉折首，獲匪其醜，无咎」，抓重點一舉解決問題。明夷卦〈大象傳〉稱：「君子以蒞眾，用晦而明。」韜光養晦，不動聲色。豐卦內離明、外震動，看準核心問題所在，一次搞定，成就大業。

●二〇一二年七月中旬，我去台大醫院探病，工商建研會《易經》班的班長李祖嘉不慎摔傷左眼，住院開刀，血汙糊眼相當嚴重。我算她可康復否？為離卦四、上爻動，上九值宜變為豐，齊變成明夷卦。離為目，九四「突如其來」遭意外，上九「王用出征，有嘉折首，……无咎」，善後治療有望，可重見光明。「明以動」為豐，不必擔憂；療程中視力損傷，明夷「利艱貞」，很辛苦。妙的是「有嘉折首」，其中就扣有她名字中的「嘉」字，這在易占中十分常見，對名稱真有感應？

她在前一年初占年運，為坤卦上六爻動，有剝卦之象。「龍戰于野，其血玄黃」，可能會有血光之災。當年初她是住院開了個小刀，其他也無大礙，照她說是參加許多場法會所致，讓我想起中孚卦〈大象傳〉所稱：「君子以議獄緩死。」二〇一二年初，我們在馬英九勝選後的聚宴中歡晤，我又算到她的年運為師卦（䷆）二、三爻動，齊變有謙卦（䷎）之象。九二「王三錫命」，為大將之才，六三「師或輿尸，凶」，陰柔乘於陽剛之上，又有流血衝突之象。謙卦「亨通有終」，歷險磨難後應可無事。

我在病房中跟她提起此事，她說左眼受傷跟前世夙業有關，若以卦象看說得通：謙卦與前一年的豐卦皆稱天地人鬼神，豐滿招損，謙和受益。前一年的明夷卦為坎宮遊魂卦，師卦則為坎宮歸魂卦，「師或輿尸」更是鬼氣森森，冤孽附身啊！

● 一九九八年七月下旬，我率學生二十多人赴大陸作「易經溯源之旅」，當時還任社會大學基金會總監的張良維隨行，他拜太極導引名家熊衛為師，想離開社大去開道場，專心弘揚拳術。我就在濟南赴鄭州的夜車軟臥上起占，得出離卦初、三爻動，齊變有晉卦（䷢）之象。離卦繼往開來，明照四方；晉卦日出東方，「自昭明德」；遇離之晉，張師從熊衛，繼其光明，似有自創新猷之意。離卦初九「履錯然，敬之，无咎」，審慎邁出這一步；九三「日昃之離，……則大耋之嗟，凶」，「何可久也？」師徒之緣短暫，由日出轉日落？

不久後，良維決心離開社大，創立了道場，搞得紅紅火火，媒體那陣子都有大幅報導。他與熊衛的關係一兩年後生變，同門師兄弟也圍剿他，再過幾年，他乾脆換了招牌，改稱「氣機導引」，真的走出了自己獨立研發之路。離卦由初至三爻，一爻當一年，兩年即生變化。

● 二〇一〇年九月中旬，我應邀赴德國慕尼黑講學，正趕上當地兩百週年的啤酒節，除了日間參觀大遊行外，一行人也去逛夜裡的熱鬧慶典。大帳棚內人山人海，平日認真嚴肅的德國人放鬆飲酒作樂，外面廣場走道上也擠滿了人，摩肩擦踵，談笑晏晏。我以手機現占此情此景，為離卦初、三爻動，齊變有晉卦之象。離為文明為附麗，初九「履錯然，敬之，无咎」，人多雜遝，走路真要小心；九三日暮後，「不鼓缶而歌，則大耋之嗟，凶」，對酒當歌，人生幾何？與其悲嘆，莫不如及時行樂啊！

● 二〇一一年元月十四日傍晚，台灣大選投票結束，一切已經定案，我占測最後的勝負。馬英九為不變的益卦，「利有攸往，利涉大川。」蔡英文為離卦初、三爻動，齊變有晉卦之象。離初九日出，九三日落，敗局明顯。結果，馬勝蔡近八十萬票。

●一九九七年七月下旬，我問老子思想的歷史定位，為離卦三、上爻動，上九值宜變成豐卦，齊變則有震卦（䷲）之象。離為文明發展，九三「日昃之離，不鼓缶而歌，則大耋之嗟，凶」，人欲過盛，遭逢逆境每多怨尤，老子教人少私寡欲；上九「王用出征，有嘉折首，獲匪其醜，无咎」，針對人性根深柢固的弱點克治，以回復人性清明。豐卦資源豐富，崇高偉大，震卦中心有主，不隨波逐流，老子思想極有高度。

●二〇〇九年七月下旬，我有事赴宜蘭鄉間，徜徉於田間小路上，念起恩師毓老，占問其人其業，為離卦三、上爻動，上九值宜變成豐卦，齊變有震卦之象。離為文明傳承，九三「日昃之離」，「大耋之嗟」，中華文化在近代飽受衝擊，頗現衰象；上九「王用出征，有嘉折首，獲匪其醜，无咎」，毓師經術明通，從大本處激濁揚清、撥亂反正，厥功至偉。韓愈文起八代之衰，毓師則是理起八代之衰，有其詩為證：「豈止日月易新懸？必也盤皇另闢天！」

●二〇一〇年十一月初，我在台北徐州路市長官邸已授課近十年，日式庭園風格優雅，是個讀書上課的好所在，教出不少學生。原先由《中國時報》支援承辦，後來《時報》易主，新的「富爸爸」尚未出現，一切課業暫停，我問往後緣分如何？為離卦三、上爻動，上九值宜變成豐卦，齊變則有震卦之象。離卦繼明四方，九三「日昃之離」，已漸衰微；上九「王用出征」，「无咎」，似乎仍有振興可能。果然，次年三月下旬，新課復開，再續前緣。

●二〇〇九年九月二十八日孔子誕辰，我問自己在台授易二十年，可有些許功德？得出離卦二、三爻動，六二值宜變成大有卦，齊變則有睽卦（䷥）之象。離為繼明四方，六二「黃離元吉，得中道也」，大有「元亨」，做得不錯。九三「日昃之離」，漸有衰疲之態，宜調適注意，睽象出現，與時勢變遷已不甚相合矣！

● 一九九九年八月中，我一位南部商界的學生邀我到林口宋楚瑜家拜訪，一同午餐，針對兩千年大選的情勢有些討論。其中一占問的是：宋能堪大任否？為離卦初、二爻動，六二值宜變成大有卦，齊變有鼎卦（䷱）之象。「黃離元吉」，大有「元亨」，鼎「元亨」，且為掌權之卦，看來答案相當肯定。雖然如此，當年底興票案爆發後，宋一路領先的民調大幅滑落，最後以三十萬票之差飲恨落選。大位真有天命？

● 二〇〇九年四月下旬，我學生的姑父手術後昏迷，高齡九十七歲，親人都很擔心，問生死吉凶。我占出離卦初、二爻動，六二值宜變成大有，齊變有鼎卦之象。占算生死病疾，得另類考量，耄年近百，一旦過世都稱喜喪。離、鼎、大有一般都是好卦，占算老人家生死，則死算解脫，未嘗不好，免受病痛之苦。大有為乾宮歸魂卦，離為上經最後一卦，鼎則有歸天祭祀之象。「履錯然」，「黃離元吉」，可能要上路了！果然，老先生不久即往生。

● 二〇一〇年七月上旬，世界杯足球賽進入最後四強爭逐，冠軍誰屬？我占西班牙為離卦初、上爻動，上九值宜變成豐卦，齊變則有小過之象。「王用出征，有嘉折首」，為擒敵奪冠稱王之意，建立如日中天的豐功偉業，機會應該很大。果然，西班牙擊敗荷蘭，獲世界冠軍。

● 二〇〇六年的世界盃大賽，義大利獲得冠軍。當時我的一位學生在《民生報》服務，占義大利為大有卦上九爻動，「自天祐之，吉无不利」。不僅如此，其他一些設定的問題都百分之百占對，震驚了報社同仁，還刊在某日頭版。他如果參與賭盤，要大發其財了！

占事遇卦中任意三爻動，以本卦為貞，三爻齊變所成之卦為悔，稱貞悔相爭，合參兩卦卦辭卦象以斷吉凶。若本卦三爻其中一爻值宜變，為主變數，加重考量其影響。

●二〇〇〇年十一月初，我提前算來年台灣政局，為離卦下三爻全動，貞悔相爭成未濟卦。其時民進黨上台執政，國民黨下野，角色互換，朝野表現錯置，彼此對抗嚴重，政事很難順利進行，故呈火上水下、各行其是的未濟之局。立法院藍多綠少，朝小野大，下卦能量強大，由日出、日中而日落，也會逐漸消退。次年底立委改選，民進黨成第一大黨，反映了卦象的預測。遇離之未濟，《焦氏易林》有詩云：「虎狼之鄉，日爭凶訟，叨爾為長，不能定奪。」台灣當年朝野惡鬥的政局，描述歷歷如繪。

●二〇一〇年二月下旬，我的學生因美國進口牛肉事，辭掉國安會之職，我問其往後吉凶？為離卦初、四、上爻動，貞悔相爭成謙卦。謙退以後，亨通有終。離卦初九「履錯然」，當年輔佐馬英九上任；九四「突如其來如，无所容也」，美牛案遭抨擊下台；上九「王用出征，有嘉折首，獲匪其醜，无咎」，頂下責任後便沒事，從此海闊天空矣！

●二〇一〇年六月下旬，我和幾位懂資訊的學生討論易占程式，有時會有累積誤差而不穩定，前面二爻變的占例中已說明。當時有人主張加入「故障時轉為手動切換」的指令，我再占得出離卦三、五、上爻動，貞悔相爭成隨卦。離為連續操作的資訊網絡，隨為視情況隨機調整應變，遇離之隨，合乎要求。離九三「日昃之離」，資訊流呈現疲態，難以持久穩定；六五「戚嗟若」，著手善後；上九「王用出征」，解決主要故障而獲吉。

不過與其如此麻煩，何不直接手占？為謙卦九三爻動，有坤卦之象。「勞謙，君子有終，吉」，一次搞定，就是花時較多，辛苦一點。

●二〇一〇年四月上旬，我們一期規模浩大的錯卦班課程結束，學生辦謝師宴。一位石同學將課堂聽講的筆記精心整理成冊，由學生認購。教書這麼多年，像他這麼秀異穎悟又勤奮精進者不多。我心念一動，即席占問以後與他的緣分，為離卦三、四、上爻動，貞悔相爭成復卦（䷗）。離為資訊網絡、繼明四方，九三趨疲、九四中斷、上九調整後接續，變化過程正是一元復始、萬象更新之意。再占其心性，為小畜卦九二爻動，「牽復，吉」，「密雲不雨」中受啟發，會走上創造之途。最後問其未來發展，為頤卦上九爻變，成復卦。「由頤，厲吉，利涉大川，大有慶也。」三占都有復卦之象，好好培養，將發揮可觀的核心創造力。

後來他創業，做行動載具上電子書的製作，三方面合作，將我歷年來一些重要課程上網，供有心習《易》者觀覽，名為「劉君祖解經書房」，「遇離之復」的態勢出現矣！

●二〇一〇年初，我問二〇一二年大選馬英九能連任否？為離卦初、五、上爻動，貞悔相爭成咸卦。咸卦卦辭：「亨利貞，取女吉。」離卦〈大象傳〉稱：「明兩作，大人以繼明照于四方。」六五君位動，上九「王用出征，有嘉折首，獲匪其醜」，「以正邦也。」遇離之咸，應該可獲連任。果然兩年後，馬以近八十萬票領先而獲勝。

●二〇一五年五月中，網路上瘋傳維生素B_{17}可治癌症。我占出離卦初、三、四爻動，貞悔相爭成剝卦。顯然胡扯！離卦初九敬慎、九三衰頹、九四毀滅，剝卦「不利有攸往」。真是騙死人不償命！那麼最終應如何治癌呢？臨卦初、二爻動，有坤卦之象。「咸臨，貞吉，志行正」，「咸臨，吉无不利，未順命」，「教思无窮，容保民无疆」，真啟發人啊！

●二〇一四年十一月中，大塊文化確定出版《劉君祖易經世界》一套十冊。之前占出離卦上三爻全動，九四值宜變成賁卦，貞悔相爭成既濟卦。所有問題都解決，「既濟，定也。」成就離卦之旨：「以繼明照于四方。」本來還曾考慮時報出版公司，占象為「遇離之剝」，確定不成。遠流出版公司占象為恒卦九四爻動，爻辭：「田无禽。」一場空。

●二〇一五年六月中，我問半年後「觀易賞樂」音樂會第二集的演出效果，為離卦二、四、上爻動，九四值宜變為賁卦，貞悔相爭成泰卦。「遇離之泰」，應可克服難關而致通泰，果然如是。前一年四月初，第一集與國樂團合作即一鳴驚人，演奏乾、坤、坎、離四卦；第二集演奏震、巽、艮、兑四卦。八音克諧，功德圓滿。

四爻變占例

占事遇卦中任意四爻動，以四爻齊變所成之卦的卦辭卦象為主論斷，其中一爻若值宜變，稍加重考量其影響。

●一九九八年十二月下旬，因當時電腦千禧蟲肆虐的傳聞很盛，我提前問二〇〇〇年之後台股的大勢，為離卦初、二、四、五爻動，六二值宜變成大有，四爻齊變成巽卦（䷸）。離為繼續光明，巽為風行多變，又有低伏之象，「遇離之巽」，開高走低。初九「履錯然」，六二「黃離元吉」，起步不錯；九四「突如其來如，焚如、死如、棄如」，六五「出涕沱若，戚嗟若」，往後遭遇突襲崩盤，股民痛苦哀號，領導人設法護盤善後。二〇〇〇年的股市變化的確如此，先盛後衰。十月初以後，廢核四的爭議大起，台股直線下滑，與年頭點數近乎腰斬，經濟受到重挫。

●二○○五年十二月三日，台北縣長選舉當天，我們工商建研會每月一次的《易經》班在投票後上課，現占民進黨候選人羅文嘉的勝負如何？得出離卦初、四、五、上爻動，上九值宜變成豐，四爻齊變成蹇卦。「遇離之蹇」，艱困難行。初九「履錯然」，九四「突如其來如」，遭受重挫，六五「出涕沱若，戚嗟若」，悲情怨嘆，上九力圖重振，最後可能未竟全功。晚間宣布選舉結果，羅文嘉大敗，國民黨的周錫瑋大勝，當選台北縣長。

●二○一○年九月下旬，我給學生講《心經》，占問「受蘊」是甚麼？得出離卦初、三、四、上爻動，九三值宜變為噬嗑卦，四爻齊變成坤卦。五蘊中，「色」為物質，「受、想、行、識」屬心。「受蘊」即「眼、耳、鼻、舌、身」等「五識」，對「色、聲、香、味、觸」領納所生的感覺。離中虛為心，往四面八方探測；坤為順勢用柔，「厚德載物」。「遇離之坤」，正是以「心識」自然攝受萬物之意。

●二○一○年十一月上旬，我快過五十八歲生日，心有所感二占。先問既往五十八年的生活總括如何？為需卦（䷄）二、四、五爻動，六四值宜變為夬卦，貞悔相爭成豐卦（䷶）。再問未來的生命發展還會如何？為離卦二、三、四、上爻動，上九值宜變為豐卦，四爻齊變成臨卦（䷒）。需卦「健行遇險」，九二「需于沙，小有言，終吉」，六四「需于血，順以聽」，九五「需于酒食，貞吉」。早立大志，中遭危難，而今站上資源豐厚的制高點，一路行來雖曲折漫衍，還算不負初志。展望未來半生，離卦期許「繼明照于四方」，臨卦「教思无窮，容保民无疆」，「遇離之臨」，「人文化成」之路非常明顯。六二「黃離元吉」，基礎很好；九三「日昃之離」，九四

「突如其來」，當心衰頹致凶；上九「王用出征，以正邦也」，無論遭遇甚麼挫折，都得抓住要點應對，重建輝煌。

五爻變占例

占事遇卦中任意五爻皆動，本卦已極不穩定，以五爻齊變所成之卦的卦辭卦象論斷，五爻中若有一爻恰值宜變，稍加重考量其爻辭即可。

● 一九九三年五月中旬，我努力經營出版公司，逐漸得心應手，想加強編輯處的產品研發力，舉辦多項研習活動，為此一占吉凶。得出離卦初、二、三、四、五爻皆動，九四值宜變為賁卦，五爻齊變成渙卦（䷺）。離卦想繼續光明，由初至四，卻遭「突如其來」的衝擊破壞，六五「戚嗟若」，惋惜不已，終成渙散之局。不到一年後，公司政變，所有想法不再可行矣！

● 二〇一五年九月初，我在青島的一名企業家學生關心一大標案能否過關？我占得離卦初、二、三、四、上爻動，五爻齊變成師卦。離為網絡光明之象，他正是做的電網生意，三衰四滅，上九又剷除病灶、重現光明，標案應可過關。審核揭曉，果然如是。

劉君祖易經世界13

易斷全書 第二輯

理解《易經》斷卦的實用寶典

作　者：劉君祖
責任編輯：李濰美
封面設計：張士勇
校　對：石粵軍、趙曼如、劉眞儀、劉君祖
出　版：大塊文化出版股份有限公司
地　址：台北市 105022 南京東路四段二十五號十一樓
網　址：www.locuspublishing.com
讀者服務專線：0800-006689
電　話：(02) 87123898　傳眞：(02) 87123897
郵撥帳號：18955675　戶名：大塊文化出版股份有限公司
總 經 銷：大和書報圖書股份有限公司
地　址：新北市 24890 新莊區五工五路二號
電　話：(02) 89902588（代表號）　傳眞：(02) 22901658
初版一刷：二〇一七年十二月
初版三刷：二〇二三年五月
定　價：新台幣二五〇〇元（四輯不分售）
法律顧問：董安丹律師、顧慕堯律師

易斷全書：理解《易經》斷卦的實用寶典 / 劉君祖著 . -- 初版 . -- 臺北市：大塊文化, 2017.12
冊；　公分 . --（劉君祖易經世界；12-15）

ISBN　978-986-213-846-5（全套：平裝）

1. 易經　2. 研究

121.17　　106021211